Libérate

Ginny NiCarthy

Libérate

Cómo terminar con el maltrato y empezar una nueva vida

PAIDÓS

Barcelona
Buenos Aires
México

Título original: *Getting Free. You can end abuse and take back your life*
Publicado en inglés, en 1997, por Seal Press, Seattle, EE.UU.

Traducción de Agnés Paltor

Cubierta de Diego Feijóo

© 1982, 1986, 1997 by Ginny NiCarthy
© 2003 de la traducción, Agnés Paltor
© 2003 de todas las ediciones en castellano,
   Ediciones Paidós Ibérica, S.A.,
   Mariano Cubí, 92 - 08021 Barcelona
   y Editorial Paidós, SAICF,
   Defensa, 599 - Buenos Aires
   http://www.paidos.com

ISBN: 84-493-1350-3
Depósito legal: B. 1.361-2003

Impreso en Novagràfik, S.L.,
Vivaldi, 5 - 08110 Montcada i Reixac (Barcelona)

Impreso en España - Printed in Spain

Para Jane Klassen,
que me apoyó material y moralmente
en la concepción de este libro,
cuando más lo necesitaba.

Y para todas las mujeres maltratadas
que conocí a través de la Abused Women's Network,
el New Beginnings Shelter For Battered Women
y el Women's Counseling Group,
y para las mujeres maltratadas con anterioridad
que me dedicaron generosamente su tiempo
en largas entrevistas.
Todo lo que sé lo aprendí de ellas.

Sumario

SEGUNDA PARTE
OBTENER AYUDA PROFESIONAL

CUARTA PARTE
DESPUÉS DE IRTE

Agradecimientos

No podría haber aprendido lo que aprendí sobre los problemas de las mujeres que sufren abusos si mis colegas Naomi Gottlieb, Holly Moss y Cheryl Richey no me hubieran apoyado en la creación de la Abused Women's Network como proyecto del Instituto de la Mujer. Su dedicación no decayó nunca, ni siquiera cuando la Network a veces parecía estar abrumando el Instituto. En las primeras fases del libro, hubo mujeres del New Beginnings Shelter for Battered Women, de la Abused Women's Network y de los grupos del centro YWCA que leyeron cada capítulo tal como estaba escrito y me hicieron comentarios de inapreciable valor. Si me desanimaba, siempre había alguna de ellas animándome a seguir para poder leer el siguiente capítulo. Por razones de confidencialidad, no puedo nombrar a esas mujeres, pero quiero que sepan que no podría haber terminado este libro si no hubiera sido por su entusiasmo.

Rachel da Silva y Barbara Wilson se arriesgaron al decidir apartarse de sus publicaciones habituales de literatura. Sabiendo que otros habían rechazado *Libérate* porque pensaron que no había un mercado suficiente, ellas quisieron correr el riesgo porque sabían que había una necesidad. El libro existe gracias a su decisión y a su valentía para llevarlo a cabo.

Un grupo de promotores planeó y preparó actos, folletos, camisetas e incluso los tradicionales productos hechos al horno: Linda Golaszewski, Mary Hambly, Marsha Kelley, Jane Cahill. Estoy particularmente agradecida a Rachel da Silva por las numerosas horas y trabajo imaginativo que dedicó a los actos y productos para recaudar fondos, así como a la revisión y a cada fase de la producción del libro.

19

Faith Conlon dedicó innumerables horas a revisar y a ayudar en los problemas organizativos. Los comentarios y las sugerencias de Carol Richard, enriquecidos con conversaciones para reflexionar sobre las vidas de mujeres maltratadas y sus hijos, estimularon mi emoción en las últimas etapas del libro.

Agradezco a las siguientes personas que hayan leído partes considerables del libro o un capítulo o dos pertenecientes a sus campos de conocimiento: Gay Abarbanell, Sally Buckley, Cathy Cado, Jane Cahill, Susan Crane, Deborah De Wolfe, Ann Fetter, Kay Frank, Wanda Fullner, Karen Kaur, Ruth McCormick, Karen Merriam, Carol Richards, Julee Rosanoff, Cathy Schmitz. Las sugerencias de Ann Halloran sobre cuestiones fundamentales así como sobre mis hábitos estilísticos resultaron especialmente útiles.

Doy las gracias a mis amigos por su paciencia cuando en cierta época desaparecí durante semanas o meses y por su ánimo para que siguiera escribiendo: Ruth Crow, Sue Davidson, Kathy Draper, Ruth Goodman, Naomi Gottlieb, Lisa Hicks, Jane Klassen, mi hija Iskra Johnson y Ruth McCormick. Mi hijo Nathan Crow me ha dado su apoyo entusiasta desde el principio y la paciencia de Matthew Crow con mis exigencias de tener una casa en silencio hizo que las últimas etapas de las revisiones del original fueran soportables.

Sandy Brown pasó a máquina las primeras correcciones con increíble rapidez y precisión. Lisa Thomas se leyó al menos dos versiones reescritas e improvisadas, descifrando infaliblemente el significado y convirtiendo el caos aparente en orden.

Y Barbara Wilson. ¿Qué puedo decir de ella? Supongo que nunca hubiera estado de acuerdo con este proyecto si hubiera previsto lo que pasaría con su vida durante un año o más. Su capacidad para organizar el material y reducirlo a lo esencial es de un valor incalculable. Su paciencia con mis impulsos periódicos de añadir material nuevo y su graciosa perspectiva de la tarea a mano hicieron lo pesado soportable y lo aburrido, divertido.

Agradecimientos adicionales

Quiero agradecer también la ayuda recibida de Sandra Coffman y Ruth Crow con sus comentarios perspicaces en los capítulos que se refieren al maltrato emocional y a los malos tratos entre adolescentes, respectivamente.

Las conversaciones con personas sobre los malos tratos entre lesbianas me han ayudado a empezar a entenderlos. Entre las personas que me han ayudado a aclarar mis ideas se encuentran Jay Craver, Sandra Coffman, Ruth Crow, Tina Ephron, Pam Hansen, Debbie Hamolsky, Barbara Hart, Dan Kelleher, Julee Rosanoff, Sunny Schwartz y, especialmente, Anne Harvey, mi codirectora en un grupo para lesbianas con problemas de ira abusiva. Estoy particularmente agradecida a las integrantes de ese grupo, en concreto a las dos que se han reunido conmigo y con Anne durante un año para analizar y evaluar nuestro trabajo. Por motivos de confidencialidad no se mencionarán sus nombres.

Agradezco a los estudiantes de secundaria de mis talleres sobre «Amor adictivo y abuso» que expresaran abiertamente sus sentimientos e ideas; además aprendí muchísimo de Anne Meunchow mientras codirigimos dos de esos grupos.

Mi comprensión del maltrato emocional ha aumentado a lo largo de los años con cada cliente que veo, cada grupo que dirijo y cada amigo con el que hablo. Karen Merriam me ayudó a ver con claridad determinados modelos y valoro especialmente el trabajo de Diana E. H. Russell de sacar a la luz la «tabla de coacción».

Introducción a la edición del 15 aniversario

Si has sido maltratada psicológica o físicamente por tu compañero sentimental y quieres cambiar tu vida, entonces *Libérate* es para ti. Puede que hayas escogido este libro porque necesitas respuestas a los problemas que tienes que afrontar. *Libérate* no tomará las decisiones por ti; eso sólo tú puedes hacerlo. Pero leerlo te ayudará a decidir lo que puedes hacer para protegerte y encontrar una vida más segura y satisfactoria.

No tienes que tratar este problema sola.

No tienes que tomar medidas tú sola.

Hay muchas personas que te ayudarán.

Sin duda alguna, eso no era cierto quince años atrás, cuando Seal Press publicó por primera vez *Libérate*. En 1982, el movimiento contra los abusos a las mujeres ya había hecho grandes progresos, incluyendo la creación de muchos centros de acogida para mujeres maltratadas, pero aún quedaba mucho trabajo por hacer. Muchas personas seguían creyendo que las mujeres se hacían merecedoras de las agresiones. Sin embargo, durante los quince años siguientes, defensores de mujeres maltratadas se unieron en coaliciones estatales y nacionales para educar al público y a los profesionales acerca de los abusos a las mujeres y para cambiar la ley. A mediados de los noventa, estas acciones tuvieron muchos efectos importantes, incluyendo la aprobación de una importante ley del Congreso, la Ley Nacional sobre la Violencia en contra de la Mujer de 1994.

Esta ley proporcionó fondos destinados a nuevos recursos para mujeres, entre ellos la creación, en Estados Unidos, de una Línea Permanente Nacional de Ayuda contra la Violencia Doméstica. Esta línea permanente está disponible veinticuatro horas al día, todos los días. Si decides llamar a este número, hay personal cualificado que puede facilitarte información, como por ejemplo cómo localizar un centro de acogida en tu zona, cómo contactar con la policía o cómo encontrar un terapeuta. Los trabajadores de esta línea telefónica también pueden ayudarte a hacer un plan de seguridad, para que cuando estés preparada para hacer un cambio, puedas hacerlo con un riesgo mínimo. *Si decides dejar a una pareja violenta, es imprescindible hacer un buen plan de seguridad.* Los abogados que trabajan en esta línea telefónica son conscientes de los peligros a los que se enfrentan las mujeres con compañeros que las maltratan y pueden ayudarte a protegerte de estos peligros.

Si vives en una zona rural, si eres una inmigrante recién llegada y todavía estás aprendiendo inglés, o si eres sorda, minusválida o formas parte de un grupo minoritario, un abogado del teléfono de emergencia puede dirigirte a alguien que hable tu idioma o que forme parte de tu comunidad. Esta ayuda especial ahora está disponible para grupos «poco atendidos» mediante fondos asignados por la ley del Congreso. Gracias a esa ley, jueces, policías, legisladores, médicos, enfermeras y abogados han aprendido mucho sobre la realidad de la violencia doméstica.

Otro cambio espectacular que ha tenido lugar en los últimos quince años ha sido la aprobación de leyes en muchos estados que exigen la detención inmediata de cualquier persona que haya maltratado a la pareja. Estas leyes reflejan el hecho de que la violencia física contra la esposa, o incluso contra la persona con la que se tienen algunas citas, ahora se toma en serio. Gracias a los esfuerzos educativos del movimiento para acabar con los abusos contra las mujeres, mucha gente es consciente ahora de que maltratar es un crimen, y es probable que no se culpe tanto a la mujer maltratada como se hacía en el pasado. Como consecuencia, muchas mujeres ya no tienen miedo de contar a sus familias y a otras personas lo que les han hecho. En muchos casos, denunciarlo es el primer paso importante para conseguir protección y escapar de ello.

Éstas son solamente algunas de las nuevas ayudas que no podían haberse previsto hace quince años. Presagian que vendrán más cambios, cambios por los que se está trabajando mientras tú estás leyendo estas páginas.

Hoy por hoy todavía no hay respuestas fáciles para el problema de la violencia doméstica. Como muchas otras mujeres, puede que estés decidida a poner fin a los abusos, pero que te sientas reacia a cortar la relación con la persona que te maltrata. Pero los malos tratos no desaparecen sólo con desearlo. La persona que maltrata tiene que estar dispuesta a decir: «Lo hice yo. Es mi responsabilidad acabar con ello. Necesito ayuda para hacerlo. Me comprometo a buscar esa ayuda y a trabajar para cambiarme a mí mismo». Entonces tiene que cumplirlo. Puedes animarle, pero no puedes hacerlo por ella.

Es posible que te hayas estado preguntando: «¿Por qué?», «¿Por qué lo hace?», «¿Por qué lo aguanto si sé que va a volver a pasar?». O quizás otras personas te hayan hecho estas preguntas. Muchas mujeres esperan que si pueden entender por qué sus parejas abusan de ellas, de algún modo pueden «solucionarlo». Pero los mismos terapeutas profesionales e investigadores apenas empiezan a entender qué tipo de personas pega o humilla a sus amadas parejas, por qué actúa de esta manera y cómo se le puede inducir a cambiar. Si, año tras año, sigues creyendo que puedes encontrar estas respuestas por ti misma, es probable que estés en un peligro cada vez mayor.

Tal vez has pensado que la respuesta a «¿Por qué?» se encuentra en algo que tú has hecho. Puesto que ninguna de nosotras es perfecta, siempre podemos encontrar algún defecto en nosotras mismas que parece explicar por qué alguien nos ha maltratado. No importa los defectos que tengas, éstos no dan derecho a nadie a pegarte, dominarte o humillarte. Pero incluso si decides que quieres mejorar en ciertos aspectos, vivir con una pareja que te maltrata posiblemente hará difícil evaluar qué es lo que necesita un cambio y qué tienes que hacer para conseguirlo. Puedes tener tanto miedo o sentirte tan deprimida que no tengas energía para hacer nada más aparte de las tareas mínimas de la vida diaria, o tal vez estás llena de rabia que no expresas a tu pareja. Si has llegado a ese punto en el que te das cuenta de que te has convertido en la persona que nunca quisiste ser, entonces la mejor opción que tienes para autosuperarte, para convertirte en la persona que quieres ser, es separarte de la pareja que te maltrata.

Tu miedo, depresión o ira, resultado de la vida con un compañero que te maltrata, también puede tener un efecto muy perjudicial en los niños. Estos efectos no deben ignorarse o minimizarse. Los niños que crecen en un entorno de violencia doméstica se vuelven temerosos e inseguros de sí mismos. O enfadados. Cuando se hacen mayores, sufren las consecuencias de haber tenido miedo de expresarse y de haber tenido que proteger a uno de los padres, en lugar de haber sido protegidos. Sin embargo, estas consecuencias pueden invertirse, y nunca es demasiado tarde para crear un entorno nuevo —y más seguro— para tus hijos.

Si tu pareja está dispuesta a comprometerse seriamente para poner fin a su comportamiento abusivo, esto puede ser una buena señal. Pero si su compromiso se desvía constantemente en promesas sin concretar acerca de lo que pasará «la semana que viene» o «cuando deje de beber» o «tenga un trabajo mejor» o «se me quite el estrés», tendrás que cortar la relación o vivir con los malos tratos. Si tu pareja expresa remordimientos y te promete que cambiará después de hacerte daño, pero después busca pretextos o te dice que ha sido culpa tuya, te demuestra que las disculpas son falsas y que los malos tratos no acabarán. Te toca tomar medidas.

Leer *Libérate* te ayudará a entender tu situación y a saber lo que puedes hacer para conseguir la vida que quieres y que te mereces. También te ayudará a entender tu torbellino de emociones y te dará un poco de respiro para que puedas ver con más claridad el camino que necesitas tomar.

Puedes optar por leer el libro de principio a fin o empezar con el capítulo que ahora mismo te parezca más importante. Si, por ejemplo, necesitas ánimos para considerar la posibilidad de cortar la relación, puedes pasar al último capítulo, que presenta breves relatos de mujeres que dejaron a las parejas que las maltrataban y crearon vidas satisfactorias para ellas. No fue fácil, pero todas están más contentas de lo que nunca creyeron que fuera posible.

Todas ellas quieren que sepas que tú también puedes liberarte.

GINNY NICARTHY
Seattle, enero de 1997

26

A quién se dirige el libro

Si eres una mujer que ha sido maltratada física o psicológicamente por un hombre con el que estabas íntimamente relacionada, este libro es para ti. Si todavía mantienes una relación con este hombre, puede ayudarte a dejarlo. Si ya le has dejado, o si sufres malos tratos por parte de un adolescente o un amante de tu mismo sexo o por un padre, también en este libro encontrarás partes que pueden serte útiles. Puede ayudarte también si eres un asesor profesional, un amigo de una mujer que sufre malos tratos o si tú misma quieres evitar verte implicada en una relación de ese tipo.

Muchas de las ideas y actividades del libro van dirigidas a mujeres que han sido sometidas a agresiones frecuentes y peligrosas durante un largo período de tiempo y que están casadas o tienen hijos. Otras van dirigidas a mujeres que tienen muchos temores, poco amor propio, poco dinero y pocas personas con quien tener contacto aparte del hombre violento. Es probable que todas esas mujeres necesiten mucha ayuda para cambiar sus vidas. Pero la mayor parte del libro se aplica a cualquier mujer que haya sido maltratada física o psicológicamente o haya sufrido abusos sexuales por parte de la persona con la que tiene una relación íntima. Si «sólo» has sido maltratada una vez, el libro te dará una idea de lo duro que es separarse del hombre cuando los malos tratos son cada vez peores y la relación se va alargando más. Algunas preguntas pueden ayudarte a entender si has sido maltratada o no.

Malos tratos físicos

Desde que el problema ha llegado a la opinión pública, muchas mujeres se han preguntado: «¿Sufro malos tratos?», «¿Soy una mujer maltratada?». En este libro utilizo «maltratadas» para referirme a agresiones físicas. «Malos tratos» o «abusos» incluye agresiones físicas, sexuales o emocionales, yendo desde las leves hasta las muy peligrosas. La palabra que utilizas para describir tu situación no es importante; lo que es importante es reconocer lo que te están haciendo y saber que no tienes que aceptarlo. ¿Tu pareja sentimental te ha hecho alguna de estas cosas?:

- empujarte;
- sujetarte para impedir que te vayas;
- darte una bofetada o morderte;
- darte una patada o ahogarte;
- pegarte o darte un puñetazo;
- lanzar objetos contra ti;
- dejarte fuera de casa con la puerta cerrada;
- abandonarte en sitios peligrosos;
- negarse a ayudarte cuando estabas enferma, herida o embarazada;
- someterte a conducción temeraria;
- obligarte a salir de la carretera o impedir que conduzcas;
- violarte;
- amenazarte o herirte con un arma.

¿Cuáles de estas acciones han tenido lugar reiteradamente? ¿Cuáles han tenido como resultado morados, cortes o huesos rotos? ¿Cuáles de ellas iban dirigidas a partes concretas de tu cuerpo, indicando que el hombre controlaba sus actos? ¿Cuáles requirieron tratamiento médico, hospitalización o tuvieron como resultado lesiones permanentes o desfiguración?

¿Cuántas veces o con qué frecuencia has sido agredida de uno u otro modo? ¿Cuántas de ellas podrían haber tenido como resultado una lesión grave si el hombre hubiera calculado mal? ¿Las agresiones han tenido lugar con la misma frecuencia o cambian? Si es así, ¿en qué sentido?

A lo mejor cuando respondas a la última pregunta te convences de que te están maltratando. O quizá las agresiones más peligrosas que se mencionan al final de las preguntas hacen que creas que tampoco estás tan mal, ya que todavía no te han roto ningún hueso o no te han apuntado a la cabeza con una pistola.

Aunque muchas cosas son claramente más peligrosas que otras, casi todas son potencialmente peligrosas y todas demuestran una falta de respeto y un intento de intimidarte y controlarte. Muchos hombres y mujeres a veces se empujan, se agarran o se dan bofetadas mutuamente, pero eso no significa necesariamente que esté bien hacerlo. Si todos en tu vecindario o en tu familia han hecho siempre cosas así, eso no quiere decir que tú tengas que seguir su ejemplo. Uno de los problemas que presenta aceptar un cierto nivel de abusos es que existe una tendencia por parte del hombre que maltrata a interpretarlo como un permiso para intensificar las agresiones y convertirlas en acciones más peligrosas y más frecuentes. Tú eres la única que puede decidir cuándo es demasiado y lo que vas a hacer al respecto.

Abuso sexual

Los abusos sexuales son tan frecuentes que además están empezando a parecer normales para ciertas personas. Históricamente, las mujeres han tenido tan poco que decir sobre su sexualidad que es un tema muy confuso para la mayoría de nosotras. Pregúntate a ti misma si tu pareja ha hecho alguna de las siguientes cosas:

- contar chistes contra las mujeres o hacer comentarios degradantes sobre las mujeres;
- tratar a las mujeres como a objetos sexuales;
- estar furioso de celos, suponiendo que te acostarías con cualquier hombre;
- insistir para que vistieras de una manera más sexy de la que tu querías;
- menospreciar la importancia de tus sentimientos sobre el sexo;
- criticarte sexualmente;
- insistir en tocarte cuando tú no lo deseabas o te sentías incómoda;
- rehusar sexo y afecto;
- llamarte cosas como «puta» o «frígida»;
- obligarte a desnudarte cuando tú no querías;

29

- mostrar en público interés sexual en otras mujeres;
- tener aventuras con otras mujeres después de haber acordado mantener una relación monógama;
- forzar el sexo con él o con otros o obligarte a mirar a otros;
- forzar determinados actos sexuales no deseados;
- forzar el sexo después de pegarte;
- forzar el sexo cuando estabas enferma o representaba un peligro para tu salud;
- forzar el sexo con el propósito de herirte con objetos o armas;
- cometer actos sexuales sádicos.

¿Has estado menos interesada en el sexo desde que estás con tu pareja o desde que él te pide algo en particular? ¿Te sientes físicamente menos atractiva que antes? ¿Te sientes sexualmente humillada o avergonzada, o crees que nadie más te querría sexualmente hablando? ¿Tienes miedo de iniciar lo que tú quieres sexualmente?

Puede que hagas siempre lo que quiere tu pareja porque es realmente lo que tú quieres y sabes que él haría lo mismo por ti. Pero si lo aceptas porque tienes miedo de lo que pasará si no lo haces, o porque sabes que no parará hasta que te canses, sería un paso importante admitir que realmente te está forzando.

Maltrato emocional

A veces el maltrato emocional resulta más difícil de definir y de admitir que los abusos sexuales. Casi todo el mundo lo comete alguna vez y hay muchas parejas que desarrollan la costumbre de lanzarse mutuamente una sarta de insultos. A menudo es difícil determinar quién hizo qué a quién primero, especialmente si el daño se hace de una manera sutil. ¿Cuántas de las siguientes cosas te ha hecho tu pareja?:

- ignorar tus sentimientos;
- dejar en ridículo o insultar a las mujeres como grupo;
- ridiculizar o insultar tus creencias más valiosas, como tu religión, raza, herencia o clase;
- negarte la aprobación, la comprensión o el afecto como castigo;

- criticarte constantemente, insultarte, gritarte;
- insultar o ahuyentar a tus amigos o familiares;
- humillarte en público o en privado;
- no aceptar salir contigo;
- privarte de trabajar, controlar tu dinero, tomar todas las decisiones;
- rechazar trabajar o compartir el dinero;
- llevarse las llaves del coche o el dinero;
- amenazarte a menudo con irse o decirte que te vayas;
- amenazarte con hacerte daño a ti o a tu familia;
- castigar o privar de algo a los niños cuando estaba enfadado contigo;
- amenazarte con raptar a los niños si le dejabas;
- maltratar a las mascotas para hacerte daño;
- contarte sus aventuras amorosas;
- agobiarte con supuestas aventuras amorosas que él se imaginaba que tenías;
- manipularte con mentiras y contradicciones.

Esta lista podría tener infinidad de páginas y es muy difícil ordenar los puntos desde el comportamiento menos perjudicial hasta el más perjudicial porque la sutileza y la frecuencia pueden hacer de ellos meros desaires o terribles humillaciones. Si hay cosas a las que has estado sometida que no corresponden con los puntos arriba mencionados, anótalas.

Si has hecho alguna de estas cosas a tu pareja, el cuadro puede ser confuso. Si quieres encontrar un culpable, tal vez la diferencia pueda estar en quién empezó, quién hizo qué, más y peor. Pero lo primero que hay que reconocer es si te han maltratado. Una vez hayas visto esto, puedes evaluar las consecuencias. Si todavía mantienes esa relación o acabas de cortarla, es posible que aún no seas capaz de apreciar el daño a largo plazo, pero responder a las preguntas siguientes puede darte algunas ideas sobre ello.

¿Con frecuencia has dudado de tu sano juicio o te has preguntado si estabas «loca»? ¿Has tenido miedo de tu pareja a menudo y has expresado tu opinión cada vez menos libremente? ¿Has empezado a tener miedo a los demás y a ver menos a otras personas? ¿Has estado mucho tiempo pendiente de su buen o mal humor antes de sacar un tema? ¿Has pedido permiso para gastar dinero, hacer clases o salir con amigos, y has tenido miedo de hacer algo incorrecto o de meterte en problemas? ¿Has perdido confianza en tus aptitudes, has estado cada vez más deprimida y te has sentido atrapada e impotente?

Si has respondido «Sí» a muchas de estas preguntas, es probable que hayas cambiado como consecuencia de haber sido maltratada. Si crees que merecías ser maltratada porque tú también maltratabas a tu pareja, ten en cuenta que tus actos no niegan el problema. Al contrario, indican que tienes dos problemas: tus maltratos y los suyos. Si te comprometes a respetarte y a protegerte a ti misma, verás cómo también te vuelves menos abusiva.

Cómo leer el libro

Es probable que quieras leer el libro de un tirón, especialmente si te encuentras actualmente en la fase «luna de miel» de una relación de malos tratos, cuando tu marido siente haberte maltratado e intenta compensarte por ello. Primero encontrarás páginas dedicadas a algunos de los aspectos políticos y sociales de los abusos y cambios históricos en el matrimonio y la familia. Con estas ideas como base, te animamos a considerar tus obligaciones hacia ti misma y hacia la relación para que en el último capítulo de la primera parte estés mejor preparada para decidir dejar a tu pareja o seguir con ella. Las partes siguientes aconsejan cómo escoger y evaluar la ayuda profesional y cómo ser tu propia asesora. La cuarta parte trata varios problemas prácticos y emocionales con los que tropezarás si decides dejar a tu pareja. La última parte relata las experiencias de mujeres que fueron maltratadas y que dejaron a sus parejas, e incluye algunos consejos de ellas.

Si estás en crisis, puedes decidir empezar por el capítulo 6, «Tomar la decisión», o por el capítulo 14, «La primera semana», que analiza los pros y los contras de irse a vivir a un centro de acogida o de alojarse en casa de familiares.

Si crees que nunca vas a poder cambiar tu vida o que si dejas a tu pareja estarás en una situación peor, podrías empezar por el último capítulo. Cuando veas que otras personas, no muy distintas a ti, se han liberado y han cambiado radicalmente sus vidas, puedes volver al capítulo 1 y leerte el resto del libro de arriba a abajo. Si estás tan deprimida o llena de odio hacia ti misma que estás casi inmovilizada, puedes empezar por el capítulo 10, «Tú puedes ser tu propia asesora».

Empieza por la parte del libro que te parezca más útil. Puedes releer algunos capítulos; significarán cosas distintas para ti en diferentes momentos, dependiendo de tu situación y de los cambios que hayas hecho en la manera de pensar acerca de ti misma, de tu marido y de tu vida.

Si existe algún tema que no se trata en un capítulo aparte, mira en el índice las partes de los capítulos, que te dirán lo que quieres saber. Si sigues la norma de leer un libro de principio a fin, sin «saltarte» partes, piensa en romperla ahora, por favor. Podría ser una oportunidad de dar el primer paso para hacer lo que es bueno para ti, en vez de seguir las anticuadas normas de otras personas. Rompe también con toda libertad esa vieja norma de no escribir en un libro. Éste está pensado para que se escriba en él. Sólo asegúrate de guardarlo en un sitio seguro.

Libérate se concibió como un libro delgado para poder guardarlo fácilmente en el bolso o en el bolsillo, pero ha amenazado continuamente con engordar de una manera increíble. Mis editores y yo tuvimos que contenernos a menudo, limitando el contenido a los temas inmediatamente más necesarios y a meras visiones de conjunto de algunos de ellos. La bibliografía de cada capítulo que se encuentra al final del libro compensa por las inevitables omisiones, y esperamos que leas muchos de los libros que te proponemos. Las bibliotecas son gratuitas, así que coge unos cuantos libros y cuando encuentres uno que merece más de una lectura, piensa en comprártelo. La mayoría de los libros recomendados son libros en rústica a precios razonables.

La mayoría de las bibliotecas tiene secciones dedicadas a la «autoayuda» y a las «mujeres»; gran parte de los libros que figuran en la lista los encontrarás en una de dichas secciones. Algunos tienen una orientación religiosa general, otros se inclinan hacia la libertad personal y sexual, y la mayoría está en medio de las dos posturas. Todos los libros han sido útiles para mí o para alguien que conozco. Pero no me tomes la palabra. Lee algunas páginas de distintos libros y decide por ti misma si son aburridos o estimulantes y si el autor comparte al menos algunos de tus valores.

Si eres asesor profesional o amigo de una mujer maltratada, lee *Libérate* y después pásalo a tu cliente o amiga, sugiriéndole las partes que parezcan más apropiadas para su situación. En algún momento, podrá centrarse solamente en una pequeña parte, dependiendo de lo grave que sea la crisis en la que se encuentra. Anímale a escribir en el libro y a hacer las actividades. Ofrécete para guardarle el libro en un sitio seguro si cabe la posibilidad de que su pareja lo encuentre. Si hay algunas actividades que no son adecuadas para su situación, entre los dos podéis hacer las modificaciones que creáis necesarias.

Hay mucho que aprender sobre los malos tratos y espero que quienquiera que lea este libro no lo vea tanto como la respuesta sino como uno de los primeros pasos para comprender un problema que nos afecta a todos. Profesionales, víctimas, mujeres y hombres necesitamos enseñarnos unos a otros para que podamos poner fin a la violencia.

Primera parte

Tomar la decisión de irse o quedarse

1
Aspectos sociales y políticos
de los malos tratos

Uno de los aspectos más dolorosos de ser maltratada por un hombre al que quieres es sentir que estás sola frente al problema. Este aislamiento emocional a menudo conduce a un sentimiento de «debo estar loca». Afortunadamente, esta situación está cambiando a medida que la gente se da cuenta de que los maltratos a las mujeres por parte de sus parejas se están generalizando. Entre un 25 y un 50 % de las mujeres que mantienen relaciones sentimentales con hombres serán maltratadas físicamente por ellos al menos una vez. El maltrato emocional está aún más extendido.

Aunque se puede ayudar a las mujeres solas a prever, prevenir y abandonar relaciones violentas, el problema no desaparecerá hasta que se produzcan cambios en el conjunto de la sociedad. Todos nosotros, incluidos los que gozan de posiciones de autoridad, tendremos que reconsiderar la idea generalizada de que la violencia es una vía aceptable para solucionar problemas. Además, tendremos que reexaminar y reestructurar la calidad de vida de hombres y mujeres y la manera en que se relacionan unos con otros. En este capítulo, daré una perspectiva general de los malos tratos a la mujer en la sociedad, de las teorías actuales acerca de por qué ocurren y propondré posibilidades para hacer un cambio.

La historia de los malos tratos

El mayor conocimiento de la violencia contra la mujer hace que muchos de nosotros nos preguntemos si la situación está empeorando. La documentación sobre el problema es incierta, incompleta y reciente. Es imposible asegurar si los malos tratos eran más corrientes en el pasado, pero existen algunos indicios de que así fue. El filósofo británico John Stuart Mill hizo algunos comentarios sobre el tema en 1869:

> Desde el primer ocaso de la sociedad humana, cada mujer [...] se encontraba en un estado de servidumbre hacia algún hombre. [...] Cuán vasto es el número de hombres en un gran país, poco más alto que el de las bestias, pero [...] esto no les impide ser capaces, mediante las leyes del matrimonio, de conseguir una víctima. [...] El malhechor más vil tiene a una mujer desdichada atada a él, contra la que puede cometer cualquier atrocidad menos matarla [...] e incluso eso puede hacer sin demasiado temor al castigo legal.

Hasta no hace mucho, las mujeres eran consideradas propiedad de los hombres. Pertenecían a sus padres hasta el matrimonio y luego pasaban a ser propiedad de sus maridos. Y los hombres tenían derecho a tratar a su propiedad como ellos quisieran. En el derecho consuetudinario británico, los maridos estaban autorizados a «castigar» a sus mujeres con «cualquier instrumento razonable». Más tarde la ley se modificó para establecer que los hombres podían golpear a sus mujeres mientras el arma no fuera más gruesa que el pulgar de un hombre.

Las leyes estadounidenses estuvieron muy influidas por la jurisprudencia británica y en ese país se conservó el derecho y la obligación de un marido de castigar a su mujer. En el último cuarto del siglo XIX, algunos estados abolieron ese derecho, aunque muchos de los que continuaron ejerciéndolo aún estaban protegidos de acusación. Un juez de Carolina del Norte declaró: «Si no se ha causado un daño irreparable ni el marido ha demostrado malicia ni violencia peligrosa, es mejor correr las cortinas, excluir a la mirada pública y dejar que las partes olviden y perdonen». Podemos imaginarnos que muchas esposas perdonaron una y otra vez, tal como hacen hoy en día.

Tan recientemente como en 1962, la demanda de una mujer que quería acusar a su marido por daños por agresión fue rechazada por un juez del Tribunal Supremo de California porque, según él, ver el caso «destruiría la paz y la armonía del hogar, y eso sería contrario a los principios de la ley».

Existen refranes y poemas que reflejan la aceptación histórica de la idea de que es natural que los hombres controlen a las mujeres y que exista la violencia masculina para respaldar el concepto de la superioridad del hombre. Un viejo proverbio inglés: «Al perro de aguas, a la mujer y al nogal, cuanto más los golpeas, mejores son»; Alfred Lord Tennyson: «El hombre es el cazador; la mujer, su presa»; un proverbio ruso: «Una esposa puede amar a un marido que nunca le pegue, pero no lo respeta». Paradójicamente, mientras la mayoría de las sociedades han aceptado que los hombres deben emplear la violencia para controlar a las mujeres, la frecuencia de estas acciones violentas ha sido negada y escondida sistemáticamente.

Minimizar el problema

Todavía hay miembros de las profesiones médica y psicológica, así como de la judicial, que cumplen esa orden del juez del siglo XIX de «correr las cortinas». Es típico que médicos y enfermeras eviten preguntar a las mujeres maltratadas los detalles de sus heridas o que finjan creer las historias inventadas de las pacientes de haberse caído por las escaleras o tropezado con una puerta. A menudo, los terapeutas no logran reconocer los abusos y lo aceptan cuando una pareja niega o minimiza la violencia. La policía está instruida para calmar la situación y para disuadir a las mujeres de presentar cargos; los fiscales son típicamente reacios a llevar el caso a los tribunales y los jueces a declarar culpable y condenar.

No es de extrañar que la mujer maltratada se sienta aislada y «loca» si, al parecer, médicos, abogados y policía conspiran para negar la existencia o la gravedad de su situación o para echarle la culpa a ella. Los familiares y amigos también pueden aumentar la desconfianza en sí misma de la mujer si no quieren creerla. Muchos hombres violentos insisten en que sus mujeres ponen fin a las relaciones con los demás. Cuando una mujer maltratada es la única persona que conoce o admite lo que está pasando y el hombre violento define la situación como no peligrosa, dice que él no tiene la culpa y que no es importante, la mujer empieza a pensar que le pasa algo a ella.

Al lado de estas actitudes constantes, hay actitudes nuevas que han empezado a desarrollarse. Los cambios más importantes empezaron en la década de 1970. Ahí empezamos a reconocer el problema y a hablar de él en voz alta; a comprender que la víctima no lo pide, ni lo quiere, ni lo merece; a pedir responsabilidades a la persona que es violenta; a apoyar a la mujer que quiere llevar el caso a los tribunales y que decide abandonar a un hombre violento.

Ahora que se ha abierto la cortina para desvelar el peligro y el dolor de una relación violenta, es posible trabajar para cambiar las leyes, reconvirtiendo a la policía y formando a abogados, jueces, terapeutas y personal médico, así como al público en general. Todo esto ya se ha llevado a cabo. Y podemos preguntar seriamente: «¿Por qué pega él?», «¿Por qué se queda ella?», «¿Por qué se queda él?».

El papel del hombre

¿Qué significa ser un hombre? Los terapeutas que fueron interrogados en una encuesta de 1968 dijeron que el hombre adulto y sano es muy agresivo, dominante, seguro de sí mismo, independiente, activo, competitivo, decidido, con mucho mundo, que no se deja influir fácilmente ni se pone nervioso en crisis de poca importancia y que cuando es sensible casi siempre lo esconde.[1] Algunos terapeutas han cambiado de actitud desde que se hizo esta encuesta, pero otros no.

Imagina por un momento lo que debe ser para un hombre intentar vivir de acuerdo con esta imagen. La definición de masculinidad se ve favorecida directa e indirectamente por todas nuestras instituciones: la Iglesia y el gobierno aceptan que el hombre sea el cabeza de familia desde un punto de vista autoritario y financiero; las escuelas presentan a los varones como aventureros, fuertes y valientes en las lecturas de primaria y en los libros de historia de secundaria; los programas de televisión describen a los hombres como violentos y poderosos.

1. Inge K. Broverman y otros, «Sex-Role Stereotypes and Clinical Judgments of Mental Health», *Journal of Consulting and Clinical Psychology*, vol. 34, n° 1, 1970, págs. 1-7.

Los miembros de la familia apoyan la idea de que incluso los recién nacidos varones coordinan mejor, son más despiertos, robustos y fuertes que las niñas. Es irónico que aunque la mayoría de las personas crean que los hombres nacen con determinados rasgos, todas las instituciones presionen a los hombres para que desarrollen esos mismos rasgos y castigue a aquellos que no se ajustan al modelo. No se puede explicar por qué es necesaria esa presión social si por naturaleza los hombres ya son así. Se considera apropiado y necesario que incluso los chicos muy jóvenes sean activos, valientes, competitivos y fuertes, y que no exterioricen sus emociones. Los padres se sienten orgullosos cuando su niño retiene las lágrimas y se levanta él solo al caerse, y están satisfechos cuando su hijo se empeña en seguir en un partido sin llorar ni quejarse, aunque la pelota u otro jugador le haya hecho daño. Se le recompensa por su valentía y por su resistencia física, y se le castiga si se comporta «como un gallina» o «como una niña» o un cobarde.

A los chicos se les transmite el mensaje general de que no deben pelearse, pero también se les enseña, como muestra de amor propio, a no permitir nunca que otro chico le golpee y salga impune. «No te pelees, pero si te golpean primero, devuelve el golpe.»

Los chicos sueñan con ser pilotos de coches de carreras famosos, boxeadores o estrellas de fútbol, pero a medida que se van haciendo mayores resulta más y más difícil vivir de acuerdo con la imagen del hombre dominante, mundano, seguro de sí mismo, agresivo y decidido. ¿Cómo puede una persona conseguir eso si tiene 16 años —o 23 o 45— y rara vez ha salido de la ciudad en la que ha crecido, si nunca ha tenido un trabajo fijo o si sabe que está atascado en el aburrido trabajo que tiene desde hace veinte años? ¿Qué es lo que hace cuando se siente débil, vulnerable o dependiente? ¿O cuando no sabe cómo hacer lo que tiene que hacer —ya sea reparar el fregadero atascado de la cocina, encontrar el camino en una ciudad desconocida o solucionar un problema financiero?

Muchos hombres, enfrentados con una amenaza a su imagen masculina, intentar esconder sus miedos con faroles y fanfarronadas. Actúan como si fueran fuertes y seguros de sí mismos, independientes y competentes, a pesar de cómo se sienten. A veces estas bravatas les ayudan a aprender a llevar a cabo bien las tareas. Pero cuando no pueden realizarlas de acuerdo con sus modelos de masculinidad, puede

41

que arremetan contra alguien verbal o físicamente, echando la culpa a quienquiera que esté cerca, para guardar las apariencias. En cualquier caso, los sentimientos inaceptables de impotencia, debilidad, dependencia o incompetencia se entierran en un aparente sitio seguro, por debajo del subconsciente. Con ellos se entierra mucho dolor.

Estos sentimientos de fracaso e incompetencia los sufren muchos hombres con trabajos de alto o bajo rango e incluyen a algunos que dan la impresión de estar seguros de sí mismos. A menudo solamente su esposa sabe lo vulnerable que se siente un hombre así y lo temeroso que está de que se descubra que está por debajo del ideal de masculinidad.

Algunos hombres son lo suficientemente afortunados para que desde jóvenes les fuera permitido e incluso se les animara a expresar los rasgos de «no masculinidad» como dependencia, vulnerabilidad y sensibilidad. Otros aprenden a hacerlo cuando son adultos, mediante el duro trabajo y el valor de arriesgarse a sentirse vulnerable. En ambos casos, serán capaces de afrontar los problemas con una valoración realista del reto y de aceptar sus miedos y esperanzas sobre su capacidad para hacerle frente.

¿Por qué maltratan los hombres?

¿Por qué razón podría un hombre utilizar a la persona a la que ama como un saco de arena? Existe el tópico de que del amor al odio sólo hay un paso y de que «siempre haces daño a la persona que amas». Las relaciones sentimentales provocan en algunas personas un sentimiento de vulnerabilidad y dependencia. Si una persona ama o parece amar más que la otra, esos sentimientos se verán exagerados en la persona que ama más y ello contribuirá a atribuir más poder a su pareja. Muchos de nosotros sentimos hostilidad hacia aquellas personas que ejercen poder sobre nosotros. En los hombres, a quienes se les supone que deben ser independientes o poderosos, el amor a veces causa sentimientos de resentimiento, incluso rabia, especialmente cuando la persona que ejerce ese poder es «simplemente» una mujer, una persona que debería ser inferior. Puede vivirse como una humillación intolerable, aunque pocas veces se expresa o se reconoce como tal. Cuanto más vulnerable se siente el hombre, y cuanto más importante es la invulnerabilidad para su idea de masculinidad, más puede odiar a la persona que quiere.

Permiso para maltratar

Otro factor importante que interviene es que los hombres tienen el permiso implícito de la sociedad para pegar a sus esposas o novias. Probablemente sea verdad que la mayoría de la gente diría que los hombres no deberían pegar a las mujeres que aman (o a nadie por el que sienten afecto o que sea más pequeño y débil que ellos). Pero hemos visto que históricamente esta idea coexiste con la suposición tradicional de que los hombres deben ser capaces de controlar a sus mujeres sean cuales sean los medios necesarios. Las ideas tradicionales no se pierden fácilmente.

En un estudio, más de la mitad de los maridos sondeados señalaron que estarían celosos si sus mujeres les fueran infieles y que probablemente responderían con algún tipo de violencia.[2] La respuesta de desconocidos a la violencia masculina contra la mujer respalda la idea de que tal reacción es aceptable. Tanto las situaciones experimentales como reales indican que una mujer agredida en público por un hombre no recibiría ayuda de un transeúnte.

Los amigos pueden culpar a la víctima por haber llegado a esta situación, los miembros de la familia tal vez no crean qué está ocurriendo y es probable que los terapeutas pregunten qué hizo la mujer para provocar esta situación. Aunque ninguna de estas personas declare con sus palabras que aprueba la violencia, negar las agresiones o la implicación de que la víctima tiene la culpa tiene el efecto de conceder al hombre una «licencia para maltratar», especialmente si el agresor es el marido de la víctima. Puede estar totalmente seguro de que sus amigos y familiares —y quizás incluso los de ella— le apoyarán; probablemente no irá a la cárcel o a lo mejor ni siquiera será interrogado por la policía. Las sanciones sociales que impiden a la mayoría de nosotros actuar por impulsos violentos no se aplican en el ámbito del matrimonio.

2. Suzanne Steinmetz y Murray Straus (comps.), *Violence in the Family*, Nueva York, Harper and Row, 1974, pág. 80.

La cuestión de por qué maltratan los hombres a menudo se confunde con por qué se enfadan los hombres con las mujeres que aman. Una relación entre amantes o miembros de la familia implica una cadena continua de acción y reacción, así que resulta fácil para un hombre que maltrata decir que la causa es el sarcasmo de su mujer (o la frialdad, la bebida, que no se ocupa lo suficiente de las tareas de la casa, la extravagancia). Con frecuencia, los terapeutas han tenido en cuenta esta opinión y se han centrado en lo que las mujeres pueden hacer de un modo diferente para provocar el cambio en los hombres.

Por supuesto que las parejas provocan sentimientos en el otro, y a menudo éstos están relacionados simplemente con las expectativas, necesidades y carencias en el momento en el que tiene lugar el enfrentamiento. Es probable que sólo sean el resultado de una historia de enfrentamientos entre la pareja. Un hombre que ha tenido varias aventuras extramatrimoniales obtendrá una reacción distinta por parte de su mujer cuando le diga que tiene que trabajar hasta tarde en la oficina a la de un trabajador duro, cuya mujer está segura de que le es fiel.

Una relación con otra persona también puede desencadenar una respuesta con enfado. «Reaccionas exactamente como mi madre/mi padre/mi profesora de primaria.» O puede ser el resultado del estrés. Los problemas de la vida real, como la pérdida del trabajo o la enfermedad de un hijo, pueden provocar una tensión que fácilmente estalla en ira, a la mínima oportunidad. Aunque el estrés que sufre una persona es tarea de cada uno, unos se enfadan, los otros se deprimen y aún hay quienes lo resuelven con terapia.

Cualquiera de estas situaciones puede ayudar a explicar por qué una persona reacciona estallando de rabia y otra simplemente se irrita, se siente dolida o preocupada. Ninguna de ellas explica por qué una persona enfadada pega a su mujer, otra a su hijo, por qué uno sale y se emborracha, otro arremete de palabra contra alguien o hay quien llora o se queda en silencio, con frialdad, u oculta sus sentimientos con bromas. Ninguna nos responde por qué maltratan los hombres.

Las estadísticas indican que cerca del 60 % de los hombres que maltratan creció en hogares donde eran maltratados o donde presenciaron a uno de sus progenitores maltratar al otro. Sin embargo, este hecho tampoco es una explicación. ¿Qué hay del 40 % restante? ¿Y qué ocurre con los que crecieron en un ambiente de malos tratos y no han maltratado a nadie? R. Emerson y Russell Dobash descubrieron en un estudio realizado en Escocia que sólo el 12 % de los hermanos de agresores fueron violentos con alguien.[3] Los hijos toman como modelo el comportamiento de los padres, pero también interpretan lo que ven y lo relacionan con otros acontecimientos, ideas y sentimientos. Es impredecible cómo utilizarán lo que ven y qué partes imitarán. (Esto significa que si tus hijos han visto cómo su padre maltrataba, hay una posibilidad de ayudarles a interpretar los malos tratos de tal manera que ellos no quieran imitar ese comportamiento.)

Lo que hace que un hombre pegue a la mujer que ama es una mezcla variada y complicada: tensión interna; permiso de la sociedad para pegar interpretado como derecho individual; imitación de padres violentos u otros modelos de comportamiento; luchas interpersonales con la mujer y otras personas; sentimientos de ira, vulnerabilidad, impotencia e incompetencia; y muy pocas acciones claras por parte de la mujer, el sistema jurídico u otros que manifiestan de manera inequívoca que la violencia no está permitida.

El papel de la mujer

Las mujeres, al igual que los hombres, también deben vivir de acuerdo con una imagen. Según el mismo grupo de terapeutas mencionado anteriormente, las características de la mujer adulta y sana son opuestas a las del hombre: es muy sensible, se deja influir fácilmente, es sumisa, nerviosa, pasiva, orientada al hogar, ingenua, indecisa y dependiente, y para nada competitiva, aventurera, agresiva, independiente o segura de sí misma.

Para algunas mujeres, resulta más fácil vivir de acuerdo con estas características que con los papeles que los hombres deben dominar. Pero muchas de nosotras no nos entregamos tan fácilmente a lo que estos rasgos implican. El hecho de que seamos capaces de llegar a ser ese tipo de mujeres debemos agradecérselo a las mismas instituciones que moldean el carácter masculino: las iglesias que tradicionalmente

---

3. R. Emerson Dobash y Russell Dobash, *Violence Against Wives: A Case Against Patriarchy*, Nueva York, The Free Press, 1979, pág. 154.

han intentado reprimir el poder sexual de la mujer y su independencia; los maestros de escuela que pintan a las niñas desesperadamente asustadas de las arañas, de las lagartijas y de la oscuridad; los anuncios de la televisión y las revistas, que enseñan a mujeres de 45 kilos que no hacen otra cosa que no sea lavarse y peinarse, pintarse la cara y las uñas, y empaparse con buenos perfumes.

Estos mensajes, sutiles y directos, nos inundan desde la infancia («¿Verdad que es encantadora, mona, diminuta, adorable?»). Paulatinamente, sucumbimos a la idea de que somos incapaces de tomar decisiones o de actuar con independencia, y de que necesitamos estar protegidas de las responsabilidades importantes y de los hombres peligrosos. El protector, por supuesto, es ese hombre especial en nuestras vidas. Muchas de nosotras estamos temerosas de salir por la noche sin la protección de un hombre y tenemos miedo de vivir solas. Las que trabajamos por 3 o 4 dólares la hora creemos que es pesado y deprimente tomar toda la responsabilidad financiera para nosotras y nuestros hijos, pero muchas de nosotras debemos hacerlo.

De jóvenes aprendemos que cuando somos sinceras sexualmente, somos objeto de duras críticas por parte de los padres, los hombres, las iglesias y las escuelas. Cuando imponemos nuestra independencia, demostramos nuestra competencia y tomamos responsabilidad en interacciones sociales, a menudo los hombres se enfadan o están dolidos y pueden suponer que dudamos de su capacidad para manejar las situaciones de la manera adecuada. Así que cuando mejor nos sentimos —es decir, cuando actuamos de una manera abierta, independiente, competente y responsable—, nos enfrentamos a juicios sobre nosotras mismas y los demás que nos inquietan: «Quizá yo no soy una "verdadera" mujer y a lo mejor mi marido no es un "verdadero" hombre a menos que ponga reparos a mi independencia». Cada vez que nos sometemos a esos juicios perdemos seguridad en nosotras mismas y abrimos un poco más la puerta a la dependencia, la sumisión y la consiguiente impotencia.

¿Por qué se quedan las mujeres?

A aquellas que nos las arreglamos para superar los aspectos más perjudiciales de la socialización por sexos y llegar a ser personas fuertes, aventureras y competentes nos gustaría pensar que estamos libres

46

del control y la violencia masculina. Pero no es así necesariamente. Aunque las mujeres que han sido maltratadas a veces encajan en el estereotipo de mujer sumisa, dependiente y desvalida, muchas son todo lo contrario: personas fuertes e independientes. A veces desempeñan profesiones importantes y agotadoras como por ejemplo la de médico, personaje de los medios de comunicación, profesora, o puede que tengan oficios tradicionalmente realizados por hombres. Estas mujeres han escapado de las restrictivas normas tradicionales, aunque todavía son capaces de enamorarse, sentirse responsables por lo que ocurre en una relación sentimental y comprometerse a hacer más allá de lo imposible para hacer que ésta funcione.

A medida que va creciendo, cada mujer aprende que para ser una «persona íntegra» tiene que tener una pareja masculina. Aunque las mujeres divorciadas, solteras y viudas constituyen más del 42 % de la población activa y a pesar de que más del 16 % de la población femenina nunca llega a casarse, aún persiste el mito de que cada mujer debe tener un hombre. Una mujer soltera todavía puede sentirse como un bicho raro que aterriza accidentalmente en el arca de Noé. Aunque los hombres viudos o divorciados tienden a ser más depresivos y vuelven a casarse más rápido que las mujeres en circunstancias similares, la mayoría de las mujeres cree que los hombres se las apañan muy bien sin ellas. Esto contribuye a que se valoren muy poco a ellas mismas y a que tengan miedo de no poder atraer ni tener a ningún otro hombre.

Miedo a la pobreza

La creencia de que será mantenida por un hombre puede disuadir a una mujer de tomarse en serio la necesidad de tener unos ingresos suficientes. Si tiene pensado tener una carrera profesional, es probable que la discriminación en el mercado laboral se lo ponga difícil para ganarse bien la vida. Si deja un trabajo remunerado durante unos años para tener hijos, probablemente perderá los ingresos y la seguridad en sí misma.

Incluso una mujer que tenga un buen trabajo sufrirá una gran pérdida económica cuando deje a su marido, especialmente si tiene la custodia de los hijos. El hombre al que ha dejado probablemente gana mucho más que ella; la pensión de manutención para los hijos casi nunca es suficiente para cubrir gastos y a menudo ni siquiera la recibe. El miedo a la pobreza o a un nivel de vida muy inferior es una razón importante para que las mujeres se queden en una situación de malos tratos, esperando año tras año que cambie y que no tengan que correr el riesgo de apañárselas solas.

Además, normalmente las mujeres aún se responsabilizan más de los niños, están más unidas a ellos y quieren su custodia, lo que aumenta la carga financiera. Puede que parezca imposible hacer frente a todas las necesidades emocionales de los niños, incluyendo la pérdida de la figura de un padre, además de tener que trabajar a tiempo completo o incluso más. Aunque muchas mujeres consiguen hacer todo eso, la realidad es que es una vida muy dura. Hasta que una mujer lo haga y aprenda de primera mano que aun así es mucho menos doloroso que depender de un hombre del que no se puede depender, tendrá demasiado miedo para arriesgarse a irse.

Amor y culpabilidad

Cuando una mujer maltratada supera su miedo a la pobreza y las ideas generalizadas sobre el papel de la mujer y se prepara para irse, puede que se enfrente al lado más irresistible del hombre que la maltrata: «Ya sé que soy un bestia, pero estoy de rodillas para pedirte perdón. [...] ¿Cómo puedes apartarte de mí cuando más te necesito? [...] Si realmente me quisieras, me perdonarías y confiarías en mí. [...] Mira cómo estoy sufriendo y lo mucho que lo intento. [...] Tengo miedo de desmoronarme sin ti. [...] Eres todo lo que tengo, todo lo que me importa [...]».

Con unas pocas frases él puede provocar el amor adictivo en la mujer (véase el capítulo 5), la culpa, la preocupación por él, el sentimiento de que ella es la responsable de su vida y de sus sentimientos, la esperanza, la idea de que debería ser una mujer confiada, educada, compasiva, y de que estaría mal no darle otra oportunidad, estaría mal darle la espalda justo cuando por fin está realmente dispuesto a cambiar.

Ella deshace sus maletas. El ciclo vuelve a empezar.

¿Por qué se quedan los hombres?

Si un hombre se siente tan mal con la mujer que eligió como para pegarla con regularidad, ¿por qué no se va? Si se siente presionado por tener que dar una explicación, podría decir que no puede hacer nada para controlar su amor, aunque es más probable que enmascare sus sentimientos con quejas de indignación sobre la mujer. Es improbable que confiese que siente la necesidad de una mujer, y que la vida sin una pareja sentimental sería insoportable. Puede que ni siquiera esté dispuesto a admitir para sí mismo la importancia de la relación porque la dependencia emocional es contraria a la imagen establecida de masculinidad.

A menudo el hombre depende tanto de su mujer como ella de él, aunque él pocas veces lo admitirá. En su adicción mutua, tienden a cerrar la puerta al resto del mundo, ella porque se siente avergonzada de sus cardenales y porque él exige que corte las otras relaciones; él porque no sabe cómo establecer relación con los demás y está celoso y temeroso de la relación de ella con otras personas. Cuanto más aislados están, más dependientes se vuelven, y más adictos son a una relación que esperan que satisfaga todas sus necesidades. Puesto que ninguno puede satisfacer todas las necesidades del otro, la continua decepción contribuye a aumentar la tensión, la depresión y la hostilidad.

Muchos hombres que maltratan son inmaduros y emocionalmente dependientes, aunque algunos lo esconden con éxito en su trabajo y en su vida social fuera de casa. A menudo son adictos a las mujeres de las que abusan, y maltratan con la esperanza de asustar tanto a las mujeres que no se atrevan a «abandonarles». Con frecuencia, el temor al abandono provoca unos celos extremos y la sospecha de que la mujer pueda engañar a su marido con otros hombres, unos celos interpretados a menudo por los dos cónyuges como «amor».

El agresor cree que puede forzar el cambio asustando a la mujer para que sea sumisa y fiel, y él, como la víctima, prorroga constantemente su esperanza de cambiar.

¿Qué se puede hacer?

Puesto que los malos tratos a la mujer son un problema que al parecer ha estado con nosotros desde el principio de la historia y es tolerado por todas nuestras instituciones, puede que te parezca imposible escapar de él.

Pero no es así. Por primera vez en la historia, las mujeres como grupo están diciendo «¡No!» a los malos tratos, se están ayudando unas a otras a liberarse de hombres peligrosos y están trabajando juntas para formar vidas mejores con y sin hombres. Hasta ahora, han cambiado leyes y procedimientos policiales, y actitudes por parte de médicos y profesionales de la orientación, y también han mantenido centros de acogida. Queda mucho más por hacer, pero para una mujer que quiere salir de una situación de malos tratos es más fácil obtener ayuda que en cualquier otra época de la historia.

Las mujeres solas, con la ayuda de las demás, están encontrando sus propias maneras para protegerse a sí mismas de la violencia, normalmente separándose de hombres peligrosos. La decisión —irse o quedarse pero hacer un plan para estar relativamente segura— es el primer paso difícil en el proceso de cambio.

2

El matrimonio y la familia: valores nuevos y tradicionales

Los conceptos de familia, matrimonio y fidelidad al hombre al que amas tienen significados distintos para los individuos y para los grupos religiosos, culturales y étnicos. Estas ideas no siempre se mantienen al día con las costumbres cambiantes, así que será útil que hagas un repaso rápido para ver si lo que tú crees tiene sentido, tanto si los demás están de acuerdo como si no. En este capítulo tendrás oportunidad de aclarar lo que valoras del matrimonio y de la familia.

¿Qué es una familia?

En una era de cambio social rápido, es difícil saber cuáles son nuestras obligaciones. Pronunciaste las palabras «hasta que la muerte nos separe», o si no estás casada puede que simplemente hayas asumido que te harás mayor con tu pareja, estando a su lado en los momentos buenos y en los malos. Puede que hayas crecido creyendo que la devoción y la fidelidad incondicional son necesarias para el matrimonio y que el matrimonio es la relación fundamental de toda familia. Dejar al marido, incluso hablar con alguien sobre los problemas en vuestra relación, puede parecer inaceptable. Cuando miras atrás a la familia en la que te criaste, quizá recuerdes que había todo tipo de defectos, peligros y relaciones dañinas. Pero a lo mejor te reconforta pensar que al menos la familia estaba junta.

Cuando piensas en dejar a tu marido e intentas imaginar tu vida siendo una persona sola, te parece que en todas partes hay parejas o unidades familiares «completas»: una madre y un padre y dos o más hijos. Ves parejas en los restaurantes y en las películas. Ves familias en el zoo. Los ves —madre, padre, chico con aspecto atlético, niña encantadora algo más pequeña— en anuncios de lavadoras, cereales para el desayuno y alfombras para el salón. Así que, por supuesto, eso es lo que debe ser una familia. Curiosamente, esta imagen de la familia «normal», nuclear, con los dos padres, persiste incluso entre personas que han visto o vivido muchos tipos de familias diferentes.

La imagen tiene un fuerte contraste con la realidad actual de que las mujeres están al frente de cuatro millones y medio de familias en Estados Unidos y, de éstas, casi la mitad son madres solteras con niños menores de 18 años. La familia nuclear ha ido encogiéndose en tamaño y número durante una generación, y algunas ceremonias matrimoniales ni siquiera incluyen ya las palabras «hasta que la muerte nos separe». A fin de conseguir una nueva perspectiva en cuanto a ser una persona sola, debes empezar a pensar en ello como un estilo diferente de vida, en lugar de centrarte en frases negativas como «no deseada», «hogar roto» o «familia sin padre». Estar sola no significa que vayas a tener un organismo familiar con un hueco abierto permanente al que se le ha amputado el padre. Como casi el 25 % de las familias de este país, el tuyo puede ser un hogar encabezado por una mujer o una familia completa que tiene un padre residente y uno que no lo es.

La familia en perspectiva

Históricamente, el marido era el protector de la mujer y de los hijos. Una mujer que daba a luz constantemente no podía salir adelante económicamente sin la ayuda de un hombre. Y él tampoco podía hacerlo sin ella. Un hombre no sólo necesitaba a una mujer para que se responsabilizara de los niños y de las tareas de la casa, la necesitaba para ayudar económicamente a abastecer la comida, la ropa y otras cosas que ahora se fabrican fuera de la casa. Ambos necesitaban a los hijos para que echaran una mano en la granja, en la tienda o en casa.

Tradicionalmente, se ha insistido en que las familias permanecieran juntas por motivos morales y religiosos, y, más recientemente, por motivos psicológicos. Sin embargo, la estabilidad de la familia —a veces aún definida como un padre con un trabajo remunerado, una madre en casa y un promedio de 2,5 hijos— también ha atendido a los intereses de instituciones políticas y económicas. Mientras las mujeres asuman la principal responsabilidad del cuidado y la formación de la próxima generación y de la mayoría de las tareas del hogar, los hombres quedan libres para poder hacer horas extra en las fábricas, las empresas y el gobierno. De este modo, en una economía inactiva, donde hay un excedente de trabajadores, se puede animar a las mujeres para que se queden en casa y tengan más hijos mediante ayudas del gobierno y leyes contra el aborto muy estrictas.

En Estados Unidos no estaba bien considerado que las madres dejaran a sus hijos en manos de otra persona que los cuidara. Durante la Primera y la Segunda Guerra Mundial, sin embargo, esta práctica fue aceptada cuando las prioridades nacionales hicieron necesario emplear a un gran número de mujeres para promocionar «los esfuerzos realizados por la población civil durante la guerra». Miles de mujeres fueron contratadas en fábricas, se suponía que sus hijos eran atendidos de forma apropiada. En muchos casos, se proporcionaba cuidado a los niños en el mismo puesto de trabajo. Pero en los años de posguerra, tan pronto como los hombres regresaron a casa para reclamar esos puestos de trabajo, los jefes de la industria y del gobierno acordaron de manera general que, después de todo, el lugar de una mujer estaba en casa y que los hijos necesitaban su presencia constante. Hoy por hoy, cuando tenemos escasez de empleos, ni el gobierno ni la industria cree importante o valioso proporcionar ayuda en el cuidado a los niños para las madres que trabajan. Y una vez más se pone en marcha un movimiento para convencer a las mujeres de que su trabajo a tiempo completo se necesita en casa.

Las decisiones del gobierno y las necesidades industriales se nos comunican de distintas maneras además de las evidentes por parte de las leyes y los anuncios de empresa. En un período de tan sólo unos años, se transmiten nuevos mensajes sobre los valores sociales a través de noticias y series de televisión, películas y revistas de moda. Dependiendo del período histórico, puede parecer que de repente «todo el mundo» habla de tener hijos, o que todas las amas de casa antes satisfechas con dinero contante y sonante están planeando tener trabajos remunerados. Puesto que la mayoría de nosotras nos sentimos incómodas con ideas que son distintas, también empezamos a cambiar nuestra manera de pensar, sin analizar exactamente quién fomenta estas nuevas ideas y cuáles son sus motivos. Podemos perder de vista con facilidad lo que realmente queremos para nosotras.

¿A quién escuchas?

Es una buena idea preguntar de dónde procede la voz —aparte de la tuya— que te habla de tus obligaciones:

«El lugar de una mujer está al lado de su marido».
«Ninguna verdadera mujer se va solamente por unas pocas peleas familiares.»
«Es responsabilidad de la mujer velar para que la familia funcione en armonía.»
«Tiene que ser por su culpa que su marido sea violento.»
«Debería aprender a ser mejor esposa.»
«No puedes huir de tus problemas.»
«La familia debe permanecer unida a las duras y a las maduras y debe resolver los problemas conjuntamente.»

¿Es la voz de tu madre? ¿La de tu marido? ¿La de tu pastor? ¿La de tu abogado? ¿La de tu padre? Cierra los ojos un minuto y escucha las palabras que te son más familiares, cualquiera de las palabras que te suenen ciertas sobre el hecho de quedarte con tu marido. ¿Quién dice estas palabras?

Una vez sepas de dónde vienen, puedes empezar a analizarlas. ¿Representan lo que tú crees realmente, o sólo son palabras que has ido repitiendo sin pensar lo que significaban o por qué podrían ser ciertas? ¿Cuáles son las razones por las que una mujer debe seguir con su marido a pesar de cómo él la trata?

¿Qué es importante para ti?

Ahora es el momento de que pienses un poco en lo que la «familia» significa para ti. ¿Cuáles son tus valores y cuáles son los más importantes? ¿Qué clase de familia fomentaría mejor esos valores? Aunque ahora no estés casada ni seas madre, es una buena idea examinar tus valores, puesto que es probable que tu relación con una pareja agresiva incluya el sueño o el plan de crear una unidad familiar.

Muchas personas creen que el matrimonio y, aún con más certeza, la familia facilitan y fomentan el desarrollo de cualidades y situaciones de valor inapreciable: afecto, seguridad (tanto emocional como económica), tranquilidad de espíritu, estabilidad, compañía, sexo cariñoso y satisfactorio, alguien con quien llegar a mayor, hijos para continuar el nombre de la familia y las tradiciones, interdependencia, cariño, fidelidad y poder compartir responsabilidades, preocupaciones, trabajo, recompensas y orgullo por los hijos y los logros conseguidos.

Otras personas afirman que el matrimonio y la familia no sólo no logran fomentar estos valores, sino que además impiden el desarrollo de la libertad, la aventura, la estimulación social e intelectual, el crecimiento, la flexibilidad, la independencia y la individualidad. Afirman que los abusos que sufren las esposas, los malos tratos a niños y el incesto son indicios de que las familias son demasiado a menudo centros de tensión que tienen como resultado graves daños físicos y emocionales a los miembros de la familia.

Que consideres que tu propia situación es relativamente satisfactoria o no depende de la relación con tu pareja y de la interpretación que tú hagas de esa relación, qué valores te aporta y hasta qué punto son importantes. Estar casada con un jugador no estará tan mal si la seguridad económica no representa un valor muy importante para ti. No estarás preocupada por tener un marido «liberal» si la fidelidad no es importante para ti. La seguridad emocional de una persona puede ser el aburrimiento de otra.

Es fácil perder de vista lo que es importante cuando parece imposible conseguirlo. Este primer ejercicio te ayudará a centrarte en las cosas que algún día fueron importantes para ti y que todavía pueden serlo si se lo permites. *Rellena los espacios en blanco* con toda la sinceridad que puedas.

Actividad 1   ¿Qué es importante para ti?

1. Si me quedaran veinticuatro horas de vida, intentaría estar con __
_____ y hacer
_____

No querría estar con _____
_____ e intentaría no
_____

2. Si estuviera a punto de morirme, me gustaría que la gente dijera
estas cosas de mí: _____
_____
_____

3. Espero que mis hijos y/o nietos nunca tengan que _____
_____
_____

4. Si tuviera mucho dinero, _____
_____
_____

5. Cuando los niños sean mayores, _____
_____
_____

6. Si fuera más joven, _____
_____
_____

7. Si no se tardara tanto, _____
_____
_____

8. Algunas de las cosas que ojalá hubiera hecho son _____
_____
_____

9. Si me sintiera mejor o fuera más valiente, _____

_____

_____

A lo mejor has llenado los espacios en blanco con cosas que tan sólo son los sueños o deseos que sientes más vagamente, cosas que te gustaría tener o hacer, pero que en realidad no esperas y, sin duda alguna, no tienes ningún plan para que ocurran. Muchas de nosotras vamos a la deriva, sacando el mejor partido posible de una vida dura y perdiendo de vista los objetivos y los valores que una vez fueron importantes para nosotras. Si esto es lo que te ha ocurrido, éste es un buen momento para recuperarlos y ponerlos en tu punto de mira. El ejercicio siguiente te ayudará a dar un paso más para reconocer tus objetivos. Sin considerar lo probable que es que los consigas, *rodea con un círculo* cada uno de los siguientes valores que sea importante para ti.

Actividad 2   *¿Cuáles son tus valores?*

Relación previsible

Seguridad

Dinero suficiente para vivir
   cómodamente

Riqueza

Tranquilidad de espíritu

Flexibilidad

Libertad

Amigos

Diversión

Trabajo

Creatividad

Amor

Sexo

Familia cercana

Tiempo para la familia

Viajar

Educación

Independencia

Poder

Control

Que te cuiden

Cuidar

Sentirme útil

Ser querida

Autoexpresión

Participación en bellas artes

Participación en deportes

Aventura

Emoción

Variedad

Estar entretenida

Tiempo libre

Relación cercana

Sinceridad

Humor

Clase

Ritos y tradiciones

Cuidado de los niños compartido

Fama	Integridad
Gloria	Tiempo para leer
Respeto	Vivir en el campo
Éxito	Aprender
Servicio	Intimidad
Liderazgo	Conocer gente nueva

Para ver más claramente cómo es más probable que consigas tus valores, *haz una lista* de todas las posibles ventajas y desventajas tanto de la vida de casada como de la de vida sin pareja. Utiliza la información que has puesto en los espacios en blanco y los valores que has marcado con un círculo de los últimos dos ejercicios para rellenar las columnas de «ventajas» debajo de los ejemplos que te doy en el ejercicio siguiente.

Actividad 3   ***Ventajas e inconvenientes del matrimonio y de la vida sin pareja***

Matrimonio

Ventajas	Inconvenientes
1. *Seguridad económica*	*Dependencia económica*
2. *Compañía*	*Falta de compañía*
3. *Sexo seguro*	*Sexo aburrido*
4. *Cuidado de los niños compartido*	*Cuidado total de los niños*
5. _____	_____
6. _____	_____
7. _____	_____
8. _____	_____
9. _____	_____
10. _____	_____

Vida sin pareja

Ventajas	Inconvenientes
1. *Seguridad económica*	*Pobreza*
2. *Opción de estar sola*	*Soledad*

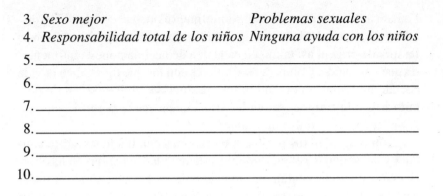

3. *Sexo mejor*   *Problemas sexuales*
4. *Responsabilidad total de los niños*   *Ninguna ayuda con los niños*
5. _____
6. _____
7. _____
8. _____
9. _____
10. _____

Sopesar los pros y los contras

Fíjate en las aparentes contradicciones. Que una condición concreta ocurra en el matrimonio o como persona sin pareja depende de las propias experiencias con determinadas personas. Si tu marido tiene un empleo fijo en un campo con perspectivas de futuro, buena salud y está dispuesto a compartir el dinero por igual, entonces tienes algo de seguridad económica. Pero si es un alcohólico, le despiden del trabajo, te deja por una mujer más joven, tiene un ataque al corazón o te proporciona sólo lo estrictamente indispensable, no tienes seguridad. En el segundo caso, podrías sentirte más segura viviendo sola, manteniéndote a ti misma.

Mira cuántas desventajas de la vida sin pareja pueden verse también como ventajas. El propósito de hacer esto no es hacer que decidas dejar al hombre, sino ayudarte a darte cuenta de que tienes una alternativa real. «Tener que tomar decisiones por mí misma» puede considerarse sin duda como una oportunidad de llegar a ser más independiente.

Éste es un buen momento para dejar de decir: «No puedo», «Quizá cuando los niños hayan crecido un poco», «No podría mantener a los niños», «No podría quitarle a los niños», «No podría dejar a los niños». Intenta sustituirlo por: «Si decidiera irme... mantener a los niños... dejar a los niños... ¿cómo podría sacar partido de la situación?». Son muchos los problemas de cuidar a los niños sola, pero las soluciones empiezan a aumentar, y criarlos sola —incluso en condiciones de tensión y pobreza— puede ser un alivio y en algunos aspectos mucho más fácil que intentar proteger a los niños de un hombre que maltrata.

Para aclarar cuáles son los valores que se pueden conseguir en distintos tipos de relación, considera los valores más dominantes en tu familia de origen, así como en cada una de las relaciones sentimentales que has tenido. Compara esos valores con los que tipificaban tu vida cuando no tenías una relación íntima. Incluye vivir sola, en un dormitorio o con amigos. Anota las situaciones que te permitieron conseguir tus valores más importantes.

¿Cómo encajan tus propias experiencias con tus ideas sobre ventajas y desventajas del matrimonio y de la vida sin pareja? Si has considerado que una ventaja del matrimonio es la compañía, un padre para tus hijos o la satisfacción sexual, pero durante dos matrimonios no has recibido ninguno de estos beneficios, necesitas decidir si tus expectativas de un marido son, siendo realistas, muy altas, o si deberías hacer algunos cambios al elegir a los hombres.

Si estás acostumbrada a verte a ti misma como hija, esposa o madre, al principio creerás que estas preguntas son desconcertantes. Puedes tomarte un tiempo para evaluar tu vida como una sola persona y también como miembro de una familia. Cada vez que sientas que estás enfocando tu vida de una forma ligeramente distinta, vuelve a estas preguntas y cambia o amplía tus respuestas. Algunas se harán más claras cuando leas el resto del libro y seas más consciente de tus obligaciones y tus opciones.

3

¿Siempre es correcto deshacer la familia?

La familia, esa familia nuclear de la que hablábamos en el capítulo anterior, representa para muchas personas todo lo que es bueno y la mejor esperanza para un mundo mejor. Puedes haber recibido un mensaje como éste de muchas fuentes mientras te hacías mayor —y, junto a él, el mensaje de que el papel de la mujer es mantener unido el matrimonio y la familia, y, de ninguna manera, destruir el matrimonio o deshacer la familia.

Si has decidido que lo que realmente quieres es poner fin a la relación con el hombre que te maltrata, tal vez aún te sientas culpable por adoptar esa actitud o responsable por las reacciones de otras personas. Este capítulo se centrará en la cuestión de tus obligaciones hacia el hombre, los hijos u otros miembros de la familia que pueden estar implicados.

¿De dónde proceden tus sentimientos de culpabilidad?

«Él me necesita.»
«No lo soportará.»
«Se suicidará.»
«Es lo único que tiene.»
«No puedo privarle de los niños.»
Si te preocupas con ese tipo de advertencias, es muy importante determinar si son el resultado de tu propio temor razonable basado en experiencias pasadas o de un intento por parte del hombre, sus amigos o familiares de provocar un sentimiento de culpa y «hacer» que te

quedes con él. La situación es difícil de solucionar cuando un hombre no sólo manipula tus sentimientos de culpabilidad, sino que además puede estar en peligro real de «desmoronarse» o suicidarse. Amigos, familiares y profesionales pueden decirte que si tu marido se vuelve autodestructivo después de que tú te vayas, tú tendrás un cargo de conciencia. Antes de evaluar estas opiniones, debes considerar algunas cuestiones; la primera es quién lo ha dicho.

Si eres la única persona que expresa claramente estos temores, deberías preguntarte si has cogido esta idea de las insinuaciones de otras personas o de sus miedos expresados indirectamente. A lo mejor estas ideas están ocultas en preguntas inocentes: «¿Crees que será capaz de apañárselas sin ti?», o en comentarios en tono despreocupado: «Realmente, si no es por ti y por los niños, él no tiene mucho por lo que vivir».

Si estos comentarios proceden de personas más cercanas a él que a ti, hazte más preguntas a ti misma antes de decidir que sus opiniones son ciertas. «¿Esta persona se preocupa algo por mí? ¿Ha estado escuchando solamente la versión de la relación que ha dado el hombre? ¿Tiene idea del miedo con el que vivo cada día? ¿Alguna vez, sin darlo a entender o hablando en general, le he contado exactamente lo que él me hace?» A menos que esa persona se preocupe como mínimo tanto por ti como de tu marido, y a menos que entienda totalmente por qué quieres escapar, deberías tomar sus consejos con reservas. Si la persona que te aconseja es un/a profesional que en realidad no os conoce a ninguno de los dos, puedes hacer otras preguntas. (Véase la segunda parte, sobre «Obtener ayuda profesional».)

Las personas que te dan muchos consejos han vivido el mismo condicionamiento social que tú, incluyendo la idea de que eres responsable del bienestar y la felicidad de tu marido. Aunque sus intenciones pueden ser buenas, quizá sus consejos no son lo mejor para ti. Después de escuchar las opiniones de las personas de tu vida que te aprecian, tú serás la única que debe tomar la decisión y vivir con sus consecuencias. Es una responsabilidad muy grande, y no hay respuestas fáciles. No podrás hacer responsable a nadie más por los resultados de tus decisiones, no importa lo generosos que fueran en dar consejos.

Suicidio y «desmoronarse»

Las dos posibilidades más espantosas son que el hombre se suicide o «se vuelva loco». No deberías esperar poder predecir con demasiada seguridad (tampoco podría un terapeuta profesional) si eso pasará o no. Sin embargo, hay algunas preguntas que te ayudarán a ponderar las posibilidades.

¿Lo ha hecho antes? Si en el pasado ha intentado suicidarse o ha tenido una crisis mental, esto indica que tiene una capacidad muy poco desarrollada de soportar la presión; si le dejas, es posible que repita sus viejos comportamientos. Pero esto no significa que se desmorone completamente sólo porque tú no estás ahí. Puede haber otros factores que le ayuden a controlar la situación de una manera más constructiva de la que utilizó para superar los problemas en el pasado. Si tuvo problemas emocionales antes de conocerte a ti, tú no eres la causa de ellos.

¿Ha hablado de ello? Si amenaza con comportamientos autodestructivos, eso no quiere decir necesariamente que los vaya a llevar a cabo, ni tampoco es el silencio un indicio seguro de que no lo haga. Sin embargo, las amenazas de suicidio deben tomarse en serio. Comúnmente se cree que los que hablan de suicidio no lo cometen, cosa que definitivamente no es cierta.

¿Qué puede hacer él por sí mismo?

Incluso si tu marido tiene pocos amigos y no tiene una relación cercana con su familia, en una situación de emergencia los amigos pueden salir y la familia puede acercarse. Intenta averiguar si ellos te apoyarían si te fueras y, si parece que se preocupan, encuentra la manera de hacerles saber que te irás cuando hayas tomado esa decisión.

Cuanto más aislado está el hombre, más probable es que sienta que no puede soportar ser «dejado» o «abandonado» por ti, y es más probable que sea autodestructivo. Muchos hombres que maltratan no tienen amigos ni familiares cercanos y dependen totalmente de una mujer especial para sostenerse emocionalmente. Es como si su supervivencia emocional dependiera de una relación agobiante para los dos, una relación que fomenta la impotencia mutua. Si le dices a tu marido que te vas, y especialmente si hay hijos que van a irse contigo, puede que sienta que no le queda nada por lo que vivir. El hombre podría resolver su problema de dependencia entablando amistades, implicándose en el trabajo o aficiones, o recurriendo a la ayuda de una persona profesional. Tú puedes intentar animarlo, suplicarle, rogarle, exigirle, amenazarlo y manipularlo para que amplíe sus horizontes, pero en el fondo es su decisión si quiere o no hacer uso de las oportunidades que se le brindan. Si él rechaza escoger la opción de depender menos de ti, tendrás que decidir dónde acaba tu responsabilidad hacia él.

¿Hasta qué punto puedes ayudarle?

Para aclarar los límites de tus obligaciones hacia tu marido, *haz una lista* de todas las cosas que podrías hacer y que podrían impedir que se suicidara o que se viniera abajo. A fin de ampliar tu perspectiva de lo que puedes esperar que se cumpla, considera que todo es posible. Si estás con él noche y día, es una buena opción para impedir el suicidio. (Aun así probablemente pueda hacerlo si así lo ha decidido.) Si prometes que nunca le dejarás, a pesar de lo que hace y de que no podrás involucrarte con amigos ni actividades que no le incluyan o que no se concentren en él, ¿va a evitar eso que enloquezca? A lo mejor ya estás cerca de vivir de esta manera. Si así es, ¿su estabilidad está mejorando o se deteriora? ¿Y qué hay de la tuya?

¿Qué otra acción menos radical, menos exigente podrías llevar a cabo para evitar que él cometa actos autodestructivos? Alguna, como la de ayudarle a encontrar un asesor o a hacer nuevos amigos, puede requerir su cooperación. Para estar disponible cada vez que él se sienta emocionalmente inestable o intentar subir su amor propio, puedes necesitar mucho tiempo e implicación emocional. Si decides dejarle, quizás una llamada telefónica diaria sería suficiente para ayudarle a mantenerse en una condición bastante estable.

Actividad 4   ***¿Qué puedes hacer para ayudarle?***

1. _____

2. _____

3. _____

4. _____

5. _____

6. _____

7. _____

8. _____

9. _____

10. _____

Cuando hayas hecho tu lista de posibilidades, *subraya* las que podrías realizar sin que eso representara un peligro para ti. Ten en cuenta la violencia fortuita y también la intencionada, especialmente si abusa del alcohol y las drogas. Ten en cuenta tanto el peligro psicológico como emocional. Si el hecho de estar regularmente en contacto con él agota tu energía, reduce tu amor propio y aumenta tu depresión, entonces representa un grave peligro para tu salud mental.

Si vas a llevar algo a cabo que necesita su cooperación, *anota* hasta dónde estás dispuesta a ayudar y cuánta cooperación requieres por su parte. Si después de tres meses él no ha hecho un esfuerzo serio para realizar el cambio que acordasteis que era importante, quedará claro que, por amable que seas, él no va a aceptar tu ayuda. Y si decides dejarle, tendrás constancia de todo lo que intentaste. Puede minimizar tus sentimientos de culpabilidad y reducir la probabilidad de que te culpes injustamente de algo que no podías controlar. Te librarás de las pocas posibilidades que tenías de poder salvarle del suicidio o de una crisis nerviosa. Sabrás que aunque hubieras sido capaz de hacerlo, habría significado arriesgar tu propia cordura o tu vida por la remota posibilidad que había de salvar la suya. Esto va más allá de cualquier expectativa razonable.

¿Y qué ocurre con los niños?

Si decides irte y llevarte a los niños, es probable que su padre se sienta dolido y enfadado. Puede que pinte un cuadro radicalmente desolador de separación total de sus hijos de ahora en adelante, describiendo incluso cómo paulatinamente los niños irán perdiendo interés en él o afirmando que tú los pondrás en su contra.

Llegados a este punto, tus sentimientos de culpa pueden hacerte daño, especialmente si esperas que los niños se *olvidarán* de él y no querrán verle. Pero no hay razón para aceptar lo que él ha descrito. Ninguno de los dos puede predecir cómo será la situación, puesto que los dos vais a cambiar. El proceso de maduración tendrá un gran efecto no sólo en los niños, sino también en vosotros, los adultos. Además, a medida que vuestras vidas sigan por caminos diferentes y que establezcáis relaciones con otras personas, vuestros sentimientos hacia el otro cambiarán.

A la mayoría nos resulta difícil imaginar un sentimiento distinto por alguien de lo que sentimos ahora. Cuando amamos, no podemos recordar lo que era odiar. Cuando estamos enfadados, no podemos imaginar cómo hubiéramos podido mantener la calma. Pero las personas cambian. Lo que haces hoy es importante y creará el marco idóneo para acontecimientos futuros, pero no establecerá permanentemente futuras relaciones concretas. Existen muchas, muchas maneras para que un padre y sus hijos estén en contacto, vivan o no en la misma casa.

Una excepción parcial de esta afirmación se produce cuando sientes que tu vida o la vida de tus hijos está tan amenazada que tienes que romper la relación por completo y desaparecer hacia un lugar donde el hombre no pueda encontraros. Incluso en esta situación extrema, puedes optar por reanudar el contacto en uno o dos años, o los niños pueden ejercer su derecho de pasar algún tiempo con su padre cuando sean mayores. Si decides cortar todos los lazos, sin duda no debería hacerse a la ligera. Tienes derecho a estar preocupada por el efecto que pueda causar en los niños. Probablemente querrás consultar no sólo con tu abogado, sino con algunos amigos o un asesor antes de tomar la decisión final. Pero asegúrate de que tus asesores comprenden que tanto tú como los niños podéis estar en verdadero peligro si mantenéis el contacto con el hombre.

Aunque es tu decisión llevarte a los niños, la relación que el padre mantiene después de la separación depende en gran medida de si se puede confiar en él y no de que no os amenace. En otras palabras, él tendrá mucho que ver si al final se le priva de sus hijos.

¿Qué significa privar al padre de sus hijos?

A fin de valorar simplemente lo que significa «privar» al padre de sus hijos, pregúntate a ti misma lo que él obtiene de ellos: ¿afecto?, ¿respeto?, ¿importancia?, ¿cariño?, ¿un sentido de continuidad de una generación a otra?, ¿una oportunidad para educar?

Define exactamente lo que obtiene de ellos ahora y cómo lo consigue. ¿Existe la manera de que todavía pueda obtenerlo, incluso si os separáis? La importancia y la continuidad pueden existir tanto si es un padre a dedicación plena como si no. A lo mejor su afecto y educación se limitan a unos pocos minutos cada noche antes de que los niños se vayan a la cama o a medio día los fines de semana cuando se siente bien. Si es así, la separación hará que la rutina cambie, pero no necesariamente que los niños estén menos tiempo con su padre. Hay padres divorciados que se implican mucho más a fondo con sus hijos después de la separación, ya que ser responsable de ellos durante veinticuatro horas de forma regular requiere una relación más compleja.

Es posible que el «respeto» de los niños hacia su padre se componga principalmente de miedo, y la relación más íntima que se forma a raíz de una atención de veinticuatro horas (incluso en períodos cortos) resultará en una clase de respeto más profunda o diferente. El padre puede sorprenderse al ver que lo que él pierde en respeto temeroso queda compensado por un aumento de confianza y amor.

Maneras de que él pueda mantener el contacto con los niños

Si el padre no maltrata a los niños y si la preocupación que expresa por perder el contacto con ellos es sincera, puedes encargarte de que pase el tiempo habitual con ellos. Sin embargo, te va a llevar algún tiempo hasta que puedas resolver esta situación de una manera que garantice tu seguridad, tanto por su violencia como por tu propia vulnerabilidad hacia su persuasión. (Véase el capítulo 15, «Protegerte a ti y a los niños».)

Si el padre pasa bastante rato con sus hijos por las tardes y los fines de semana, con el tiempo puedes tener en cuenta la opción de la custodia compartida. Es decir, si te vas y te llevas a los niños contigo, tal vez quieras vivir cerca de su casa para que los niños puedan cenar con él varias noches a la semana y pasar la mitad de los fines de semana con él. Pero recalca «con el tiempo».

Probablemente, será demasiado peligroso asumir la custodia compartida hasta que él haya demostrado durante un año entero que se puede confiar en él para mantener las citas con los niños, que no está celoso de tus nuevas relaciones y que entiende totalmente que tu estilo de vida no es asunto suyo. Tiene que demostrar que no es violento ni te maltrata emocionalmente a ti o a los niños.

Si piensas que más adelante puedes tener en cuenta esta opción, hazle saber que existe una posibilidad. Háblalo con él una vez, o escríbelo, y asegúrate de que él entiende que no volverás a hablar del tema durante un año. El motivo por el que se habla del tema una vez es que os quede claro a los dos que depende de *él* si se ve privado de la compañía y el afecto de sus hijos. Y eso debería ayudarte a tener en cuenta que es él quien se ha privado de pasar tiempo con sus hijos, no tú. Si realmente es importante para él pasar tiempo con los niños, actuará de modo que eso pueda ocurrir.

Mientras tanto, ten muy claro lo que quieres y lo que no quieres soportar durante este período de tiempo. Es tu trabajo conservar tu salud mental y física durante este primer año, y no debes arriesgarte. Al cabo de un año, estarás en una posición mejor para valorar el cambio y para distinguir el progreso de las promesas.

Si tus ideas se vuelven repetitivas y no conducen a nada, probablemente es porque estás decidida a llegar a alguna solución que no haga daño a nadie. No puedes hacer eso. Tanto si te vas como si te quedas, alguien quedará dolido, al menos a corto plazo. La cuestión es cómo minimizarlo.

Malos tratos a niños

Los niños presentan problemas específicos, puesto que no tienen el poder de controlar sus propias vidas y pueden ser más vulnerables al rechazo y a los sentimientos de abandono que los adultos. Por otro lado, a veces son mucho más flexibles y fuertes que los adultos.

Si el padre es tan violento con los niños como lo es contigo, debería ser más fácil para ti tomar la decisión, a causa de tu obligación de protegerles de malos tratos físicos o psicológicos. Puede que seas la única persona con la que los niños de corta edad puedan contar para protegerse de los peligrosos errores de cálculo de la fuerza de un padre violento, que pueden resultar fácilmente en daños irreparables o incluso la muerte.

Existen muchos tipos de malos tratos a niños. Es fácil encubrirlos o incluso no reconocerlos porque existe una línea muy tenue que separa el castigo físico a los niños, aceptable para la mayoría de adultos, y los malos tratos, que están fuera de control.

Nos horrorizamos cuando oímos que un adulto ha pegado, quemado o abandonado a un niño. Nos preguntamos cómo puede un adulto hacer esto a una persona tan pequeña. Pero muchos de nosotros, que hemos estado limitados durante algún período de tiempo por un niño pequeño que llora o gimotea constantemente o que no hace caso de nada y está «en todas partes», al menos podemos entender el impulso.

Cuando a las tensiones habituales de la vida se le añaden el aislamiento social, la pobreza, los sentimientos de incompetencia o preocupación, resulta fácil arremeter contra la criatura más débil que está a tu alcance. Para un hombre, acostumbra a ser una mujer o a veces los niños. Para una mujer acostumbran a ser los niños, y para un niño puede ser otros niños más pequeños o el perro o el gato.

La violencia contra los niños, al igual que la violencia contra los adultos, al principio es inconcebible. La primera vez que una persona se permite perder el control, puede haber horror y remordimientos inmediatos, y promesas de que nunca más volverá a pasar. Sin embargo, esa primera violación de la inhibición ha convertido la acción en «concebible» y, por tanto, susceptible de volver a ocurrir. Con el tiempo puede empezar a parecer normal.

Para tener una perspectiva de lo que es maltratar a un niño, imagina por un momento que estás sola al cuidado de un gigante de 400 kg que insiste en que hagas cosas que no te gustan y que no comprendes, y que te da una bofetada con una mano que pesa 25 kg o con algo enorme cuando no haces lo que te dice o cuando lloras o te quejas. Resulta tan aceptable para los padres y profesores adultos agredir físicamente a niños pequeños que perdemos fácilmente la perspectiva de que somos, en comparación, como gigantes totalmente poderosos. También tenemos más recursos que utilizar para resolver problemas, puesto que nuestro cerebro está más desarrollado. Tenemos más información y se supone que debemos controlar mejor nuestras emociones.

Aunque la violencia contra los niños es comprensible, no se puede aceptar. Si es el padre el que es violento con ellos, es responsabilidad tuya velar por la seguridad de los niños. Si también es violento contigo, lo único que puedes hacer para proteger a tus hijos es alejarlos de él.

Si tienes miedo de que obtenga la custodia aunque maltrate a los niños, asegúrate de llevarlos a un médico cada vez que eso ocurra, tanto si crees que necesitan tratamiento como si no. Si pides al médico que haga un informe de las lesiones, podrás utilizar ese documento en caso de que más adelante os disputéis la custodia. El médico puede informar de las lesiones a los servicios de protección de menores, lo que a corto plazo puede dificultarte la vida, pero a largo plazo te ayudará a proteger a tus hijos. (Véase el capítulo 8 para más detalles sobre la custodia.)

Si eres tú la que es violenta con los niños, el primer paso para solucionarlo es admitir que tienes un problema. Puede que necesites ayuda para detener la violencia, y pedirla es el segundo paso. Llama a la sección de protección de menores del Departamento de Sanidad o Bienestar Social de tu zona, a un asesor o a un teléfono de ayuda. Será duro, pero una vez que tengas el apoyo de personas que entienden tu problema y que pueden darte la ayuda adecuada, probablemente te sientas muy aliviada por haber contado tu secreto. No sólo puedes aprender a contener tu genio, sino también a encontrar mejores maneras de castigar, jugar y disfrutar de tus hijos. También pueden ayudarte a reducir tu estrés.

Cada día que tu hijo pasa en una casa donde tiene lugar la violencia es un día más que el niño aprende que la brutalidad física es aceptable. El niño está aprendiendo de ti —mucho más que de otras personas— cómo ser adulto. Si quieres aumentar las posibilidades de que más adelante el niño evite una relación violenta, ahora puedes poner el ejemplo de «nunca más».

Abuso sexual de niños

Hasta no hace mucho, el incesto había sido un tema tabú, e incluso para los que ahora entendemos lo extendido que está resulta duro imaginar que alguien que conocemos pueda hacer una cosa así. Sin embargo, ocurre en familias de todas clases, razas y estilos de vida.

Para los hombres que maltratan no es poco común abusar sexualmente de los hijos de la mujer, sean o no también sus propios hijos. No cierres los ojos a esta posibilidad y no esperes a que el niño te lo cuente. Si el hombre ha abusado de tu hija o hijo (sí, también les ocurre a los chicos), es probable que también le haya amenazado con alguna consecuencia nefasta si lo cuenta. Puede ser que la criatura se sienta culpable y avergonzada o tenga miedo de que la culpes a ella. Es probable que sea así aunque tú no le hayas dado ningún motivo para que piense que la culparías a ella, y aunque no tenga ninguna razón para sentirse culpable.

Hay personas que culpan al menor «provocativo» por su propia victimización y muchos adultos afirman que los niños, incluso con sólo 5 o 6 años, «lo pedían» por su comportamiento «sexy». Pero incluso un adolescente se siente impotente —con bastante justificación— cuando se enfrenta a las peticiones sexuales de un adulto. La autoridad del adulto más la confusión emocional de la adolescente acerca de su sexualidad pueden provocar una reacción confusa. El adulto es quien debe asumir la responsabilidad, incluso si la adolescente se pasea por la casa medio vestida. El adulto, en lugar de aprovecharse de ella, tanto si es su padre, su padrastro o tu novio, debe decirle que se ponga una bata encima.

Si tienes la más mínima sospecha de que en tu casa un adulto ha hecho insinuaciones a alguno de tus hijos, busca un sitio tranquilo donde podáis estar los dos solos sin prisas. Saca el tema, explica que es algo que te preocupa y que no le culparás de nada de lo que haya pasado. Después, pregunta.

Si la niña dice: «No, no ha pasado nada», explícale que aunque parezca horrible, es algo que ocurre y que ella tiene derecho a decir «No» al sexo las veces que quiera, sea quien sea la persona que quiere hacerlo. Dile también que si alguna vez quiere hablar de algo con alguien aparte de ti, te ocuparás de que vaya a ver a un asesor.

Hoy en día se oye que las personas que pretenden ser expertos dicen que un pequeño incesto entre adultos y niños no es dañino y que incluso puede ser algo bueno. No te lo creas. Ser utilizada como un objeto sexual por un adulto de confianza es una traición que produce en la víctima una mezcla inquietante de ira, culpa y confusión y a menudo tiene como resultado una disfunción sexual cuando se hace mayor. Esto no significa que la niña no pueda recuperarse nunca, sino que necesitará ayuda para poner en orden sus sentimientos y reconstruir su amor propio. Si un hombre con el que has mantenido una relación abusa sexualmente de tu hija, la persona que más puede ayudarte es un asesor profesional, especialmente si tienes problemas con tus propios sentimientos de culpabilidad, ira o celos.

Maltrato emocional

En este momento ya debes estar acostumbrada a la humillación, a que tu orgullo sufra graves daños y a insultos no provocados a tus hijos y también a ti. Has perdido la capacidad de distinguirlo de lo que era una broma o un incidente de grosería sin importancia. Si ya has desistido de poder parar los insultos verbales, puedes intentar convencer a los niños de que, sencillamente, desconecten. Si el padre intimida a todo el mundo, tú misma puedes hablar con los niños y decirles que no se tomen como algo personal el maltrato emocional al que él les somete. En realidad, los niños pueden afirmar que no les molesta, sea porque creen que se les debe culpar por algo o bien porque quieren relajar la tensión familiar. Sin embargo, al alimentar el dolor y los motivos de queja, su amor propio se va debilitando con cada insulto, agresión verbal sarcástica o arranque de genio.

Incluso si el hombre no es cruel con los niños, el hecho de presenciar su comportamiento brutal hacia ti probablemente afectará a su capacidad de establecer relaciones sentimentales satisfactorias cuando sean adultos. Esto también es un tipo de maltrato a niños. Muchas mujeres sienten un profundo pesar por haber permanecido junto al hombre violento porque querían mantener a la familia unida por el bien de los niños. Algunas de ellas ven cómo de mayores sus hijos maltratan a sus esposas o cómo sus hijas son maltratadas como resultado de haber seguido el modelo familiar de una relación sentimental. «¿Por qué nadie me advirtió de esto?», preguntan desesperadas.

El padre puede amenazar con abandonar a sus hijos por completo si tú te vas con ellos: «Está claro que no voy a ser un padre de fin de semana. Después de un tiempo, ni siquiera van a saber quién soy. Si te los llevas, no los volveré a ver jamás». Si te amenaza de esta manera, no sólo te enfrentas a tu sentimiento de culpa por su abandono «forzado» de los niños, sino que también te enfrentas a tu propio miedo de tener que criar a los niños sola, lo cual puede representar más de lo que esperabas. (El tema de criar sola a los niños se trata en el capítulo 15.)

Normalmente el secuestro es una amenaza vana, fruto de la desesperación del momento. Pero a veces se produce, así que no puede tomarse a la ligera. Si el secuestro parece ser una posibilidad real, necesitas asesoramiento legal y quizás un especialista que te ayude a controlar tu ansiedad.

¿Qué es lo que se merecen los niños?

¿Qué cosas positivas sacan los niños de su padre: amor, seguridad, afecto, respeto, dinero, estabilidad, diversión?

¿Qué es lo que perderán si se van contigo? Por supuesto, sólo puedes hacer una conjetura, pero al menos no debes suponer que lo perderán todo. Tal vez pierdan algo de seguridad, estabilidad y dinero, pero no del todo. En cuanto al afecto, respeto, amor y diversión, no hay motivo para que pienses que estas cualidades desaparecerán; podrán disponer de ellas de distintas maneras o en diferentes momentos. Esos momentos no tienen por qué ser sólo cada domingo. Se puede llegar a muchos tipos de acuerdos por la custodia.

Si has tenido varias relaciones sentimentales con hombres, puede que te sientas culpable porque tus hijos rompen los lazos de cariño con ellos cuando vosotros os separáis. *Es* duro para los niños separarse de figuras paternas, pero a la larga ni mucho menos será tan duro como estar con un hombre que maltrata.

Nunca es suficiente con decir: «Los niños necesitan un padre». Ten en cuenta qué otras cosas se merecen y también tus propios derechos. ¿Tienen derecho a vivir sin oír comentarios humillantes, sin malos tratos físicos, sin miedo? ¿Tienen derecho a vivir en un entorno que fomente la colaboración, el respeto mutuo y la protección, el derecho a tener modelos adultos no violentos? Si casi nunca has ejercido estos derechos para ti misma, puede que necesites la ayuda de un amigo o de un asesor para que adquieras una perspectiva razonable sobre estas cuestiones.

Un niño que es reacio a dejar al padre puede presentarte un problema difícil. Esto es posible incluso si el padre maltrata al niño, y

73

será especialmente difícil si el niño elige esta opción y es suficientemente mayor como para decidir por sí mismo.

Tal vez sea tentador permanecer junto al hombre, o bien porque no estás dispuesta a separarte del niño, o bien porque esperas poder protegerlo. Probablemente no podrás proporcionarle la protección apropiada. Además, estarás siguiendo el ejemplo de una mujer adulta que está indefensa ante la violencia. El mensaje es: «Cuando la gente actúa brutalmente contra ti, lo único que puedes hacer es aceptarlo».

Puede resultar sumamente difícil dejar a tu hijo con su padre, pero si lo haces, al menos estarás diciendo —de la manera más convincente posible—: «No tengo por qué aceptarlo. *Puedo* irme». Estás ofreciendo una oportunidad a tu hijo, por si dentro de unos meses, o unos años, decide dejar al padre e irse a un hogar seguro. En cualquier caso, no hagas suposiciones sobre quién obtendrá la custodia. Asesórate con un abogado para saber lo que es más probable en tus circunstancias.

Tú no debes a tus hijos una familia biparental. Aunque existan opiniones que afirman lo contrario, no hay pruebas convincentes de que los hijos sean más felices o estén más sanos en un hogar biparental que en uno monoparental. No hay nada que demuestre que los niños cuyos padres no viven con ellos se resientan de la falta de una imagen masculina. Sí *existen* algunas pruebas de que los varones que han tenido padres violentos tienden a ser hombres violentos. Tienes la obligación de proporcionar a tus hijos el entorno más seguro que puedas, y la mejor oportunidad de crecer y llegar a ser adultos sensatos y responsables.

4

¿Qué te debes a ti misma?

Intenta leer este apartado como si te sintieras libre de tomar tus propias decisiones. Quizá sientas la tentación de decirte: «Está muy bien, pero voy a recibir una buena paliza» o «La idea suena muy bien para dos personas razonables, pero él me mataría si le propusiera hablar de ello». Después, querrás considerar si es seguro actuar de acuerdo con estas ideas y probablemente decidas de manera acertada que sería demasiado peligroso si vas a seguir viviendo con ese hombre. Pero por ahora limítate a considerar si estas ideas son justas y sensatas. Este capítulo te ayudará a darte cuenta de tus derechos y a recordar que la vida no siempre es una especie de cárcel. Si sólo consigues algunas de las cosas a las que todo el mundo tiene derecho, entonces no tienes la obligación de seguir en esa relación.

Las orientaciones para hacer valer tus derechos sirven para ayudarte a recordar que puedes pedir lo que quieras. En ocasiones, incluso los cónyuges intransigentes te sorprenden, cuando actúas como si creyeras realmente en tus derechos.

¿Eres alguien además de esposa, madre o novia?

Es sumamente fácil que muchas mujeres fundan su identidad con la de sus hijos o maridos, es decir, son incapaces de delimitar dónde acaba la familia y dónde empiezan ellas mismas. Cuando pierdas de vista quién eres, aléjate de tu marido e hijos, puesto que es fácil sentirse confusa acerca de lo que te mereces y lo que te debes a ti misma.

Actividad 5   *¿Quién eres?*

Responde en una o dos frases a las siguientes preguntas:

1. ¿Qué quieres? _____
_____

2. ¿Qué quieres hacer ahora? _____
_____

3. ¿Qué te gusta hacer? _____
_____

4. ¿Con quién te gusta pasar el tiempo? _____
_____

5. ¿Qué ropa te gusta? _____
_____

6. ¿Dónde te gusta ir? _____
_____

7. ¿Dónde te gustaría vivir? _____
_____

8. ¿Qué quieres estar haciendo dentro de cinco años? _____
_____

9. ¿Y de diez años? _____
_____

10. ¿Y de veinte años? _____
_____

¿Cuántas respuestas han sido algo así como: «No sé, no lo he pensado», o «Quiero vivir aquí porque no querría alterar los estudios de los niños», «A mi marido le gusta que me ponga...» o «No tiene demasiado sentido pensar en eso porque los chicos son demasiado jóvenes», «Mi marido haría oídos sordos», «Es demasiado caro» o «Me da igual, me contento con cualquier cosa»?

Si has contestado algo parecido en la mitad o más de las preguntas, lo más seguro es que te hayas olvidado de quién eres. En algún momento dejaste de ser persona individual, separada de tu familia o de tu marido. O bien hace tiempo que dejaste de pensar lo que querías, o has desarrollado la costumbre de prever obstáculos casi antes de darte cuenta de lo que querías. Normalmente, esos obstáculos son cosas que otros quieren o necesitan. O tal vez te hayas convencido a ti misma de que tienes lo que quieres para así evitar enfrentarte a la realidad de que tu marido y tus hijos no te harían caso aun cuando les pidieras algo.

Intenta contestar de nuevo las preguntas, sin tener en cuenta cómo afectaría ello a quienes te rodean. A lo mejor te muestras reacia a hacerlo porque crees que no está bien y que es egoísta. *Egoísta* significa «dedicarse sólo a uno mismo o preocuparse sólo por uno mismo». No es lo que te propongo aquí. Pretendo que seas consciente de lo que quieres y lo que te gusta, de forma que, junto con los que están a tu lado, puedas encontrar tu porción de satisfacción y felicidad. Tienes que saber qué quiere cada persona antes de poder tomar decisiones sobre lo que es bueno para una pareja o para una familia en general, y antes de que puedas llegar a compromisos acertados. Eres persona y tus deseos deben considerarse por sus propios méritos, tanto como los de los demás.

Entender sus sentimientos, entender los tuyos

Las mujeres aprenden a anticiparse a las necesidades de los demás como parte de su papel, especialmente como madres y esposas. Dado que los hijos pequeños son incapaces de expresar sus necesidades, quienes les cuidan, en su mayoría mujeres, desarrollan la capacidad de interpretar. A veces las madres olvidan que los hijos mayores pueden hablar por sí mismos. Esos hijos aprenden que sus madres sabrán lo que quieren a veces antes que ellos mismos.

Pero se podría pensar que los maridos son bastante capaces de manifestar su voluntad y sus necesidades, así que ¿por qué tendría la mujer que gastar energías psíquicas en adivinarlo?

Cuando decimos que en principio un hombre no tiene que ser débil o dependiente, no incluimos su vida emocional. Se considera correcto que un hombre sea incapaz de expresar determinadas emociones —ternura, amor, vulnerabilidad, incapacidad, soledad, dependencia, miedo— y, aun así, se le tiene que dar consuelo cuando, de un modo u otro, surgen estos sentimientos. Impotente ante estas emociones, depende de la mujer que tiene cerca para que las interprete y, a menudo, para darle ánimo, incluso cuando no sabe que lo necesita.

A menudo es fundamental para la salud y la seguridad de una esposa que sepa satisfacer las necesidades de su marido, incluso cuando ni él sabe cuáles son. Si ella es incapaz de hacerlo, los sentimientos de vulnerabilidad, dependencia o miedo del marido podrían emerger en forma de demandas airadas de sexo, comida u otras formas de atención. Una mujer ocupada en otra tarea, profundamente dormida a las 2 de la madrugada, o tranquila y despreocupada por el buen humor anterior de su marido pagará muy caro no estar acorde con los deseos del hombre, tanto si los ha expresado como si no. (Esto no significa que alguien que lea perfectamente el pensamiento de otra persona se encuentre segura. Algunos hombres violentos explotan tanto si se les atienden sus deseos como si no.) Tendrás que decidir cuánta energía estás dispuesta a dedicar a leer el pensamiento y si realmente te mantiene a salvo. Sin embargo, aunque continúes dándole mucha importancia, ya es hora de que empieces a «leer» también tus propios sentimientos. Te serán tan extraños que tendrás que empezar a tomar cuidadosas notas de cuándo te sientes cansada, triste, herida, rechazada o utilizada. Empieza por fijarte en signos físicos o comportamientos abiertos. Cuando te sientes demasiado cansada y con sueño, busca síntomas de dolor, rechazo, tristeza o depresión. Cuando hablas a los niños de forma brusca sin motivo aparente, pregúntate si te sientes utilizada y no valorada o si estás enfadada con tu cónyuge. Cuando no puedes comer o cuando te atiborras de dulces o bebes demasiado, ¿qué pretendes compensar? ¿La soledad? ¿La carencia de afecto? Cuando te vuelves demasiado restrictiva con los hijos o te molestan los buenos momentos por los que otros pasan, ¿podría ser que sintieras tu propio confinamiento y falta de placer en la vida?

A medida que empieces a reconocer cómo te sientes, podrás explorar qué quieres, y ése es el inicio de una identidad separada. Entonces estarás preparada para responder a la siguiente pregunta: «¿Qué me debo?». Pero antes hay otra pregunta.

«¿Y si realmente es culpa mía?»

Si crees que eres responsable de los aspectos destructivos de la relación, la conciencia de tus errores quizá te impida ni siquiera considerar que tienes derecho a ponerle fin. Se trata de una trampa especialmente peligrosa para ti si has arremetido contra él física o verbalmente alguna vez. Quizás en alguna ocasión le hayas empujado, o hayas perdido los nervios y le hayas tirado algún objeto, o incluso hayas empezado tú misma la situación de violencia. A lo mejor te atormentas pensando cosas como «Tal vez lo empecé todo yo», «No debería ser tan descuidada en las tareas del hogar... tan fría en la cama... tan egoísta... tan exigente... tan mal genio...», «Me ha aguantado de todo».

Piensa en las cosas que hiciste, o que no hiciste, que habrían empezado por «tu culpa». ¿Cómo sabes que fue así? ¿Siempre que has hecho esas cosas te ha pegado? ¿*Sólo* en esos casos? Sé escrupulosamente sincera. A veces se pega a una mujer por «motivos» que ella no entiende. En un intento desesperado por crear orden en medio del caos, la mujer reconstruye los acontecimientos y decide que sus propias deficiencias «causaron» la paliza. Por un rato puede funcionar como técnica de supervivencia, ya que parece depositar en ella algo de responsabilidad y control si consigue cambiarse a sí misma, o hacer que el hombre reaccione de forma distinta. Pero con un hombre que pega, en contadas ocasiones existe tal control sobre el comportamiento.

Para tomar una decisión razonable, serían convenientes preguntas diferentes y respuestas más claras. Si hay alguien en quien has confiado todo este tiempo, ahora es el momento de pedirle ayuda. Esa persona probablemente tenga una memoria más objetiva que la tuya sobre la exactitud de las causas y las consecuencias.

Si algunas de tus acciones o actitudes van seguidas de agresiones, obsérvalas con atención y decide si es razonable que el hombre les ponga objeciones. Supongamos que se pone violento cada vez que pasas un rato con una amiga, o cuando no estás en casa para contestar sus llamadas desde el trabajo, o cuando te quejas o cuando la cena no está lista.

¿Cuál de estos «defectos» deberías corregir? ¿Cuál quieres cambiar? Tal vez desde tu punto de vista valga la pena dedicar tiempo y esfuerzos a cambiar porque quieres hacerlo o porque complacerías a tu pareja. Pero, independientemente de si se trata de defectos que ambos queréis que cambien, *tus imperfecciones no dan derecho a tu pareja a que te «castigue» con violencia física.*

Preguntas que hacerte a ti misma

Veamos su objeción a que pases tiempo con amigas. Si esto siempre provoca que te golpee o te pegue y estás decidida a seguir con él, o bien deberías dejar de ver a tus amigas para protegerte de su violencia o bien sigues viéndolas pero mantienes los encuentros en secreto.

Si un día cedes a tu soledad y quedas con una amiga con la esperanza de salirte con la tuya pero él se entera y te pega, pensarás que te lo has buscado. Amigos y familiares te dirán lo mismo. «Después de todo, sabías que te pegaría si se enteraba, ¿verdad?»

La frase implica que te lo merecías, lo que significa que o te has portado mal y, por lo tanto, mereces un castigo o te has portado de forma estúpida, puesto que conocías las consecuencias que tendrían tus acciones.

Pregúntate si quedar con tu amiga estaba mal, si un adulto tiene derecho a castigar a otro y si la gente que se comporta de forma estúpida merece que le sucedan cosas malas.

¿Estaba mal quedar con un amigo? ¿Mereces tener amigos, estar con gente que te dé algo del calor y cuidados que rara vez obtienes de tu marido? ¿No es lo mínimo que se merece *todo* el mundo? Si estás de acuerdo, pregúntate de nuevo si realmente fue por «tu culpa». En el peor de los casos puedes ver que no actuaste de la forma más prudente. Pero estabas protegiendo otro aspecto de tu vida igualmente importante, esa semilla de independencia e individualidad, ávida por crecer y necesitada de calor y cuidado para lograrlo. Arriesgaste tu integridad física por alimentar tu espíritu. Es imposible tomar una decisión sabia si las alternativas que se presentan son o arriesgarte a que te peguen o resignarte al aislamiento.

¿Tiene derecho un adulto a castigar a otro? Si tu marido te pega, probablemente te diga que era su último recurso, recordándote con ello que él tiene autoridad sobre todos los aspectos de tu vida. Que tenga ese derecho no tiene que ver con que tú tengas defectos. En cierto modo tiene derecho a señalártelos y pedirte que cambies, de la misma forma que tú tienes el mismo derecho en cuanto a sus defectos. Pero tú

no eres su hija, ni su empleada, ni de su propiedad. No tiene derecho a controlar tu vida (a propósito de este tema, ahora incluso se sabe que los derechos de los empresarios a disciplinar a los empleados y los de los padres a castigar a los hijos están duramente limitados por la ley).

No existe posición de autoridad que comporte el poder de un juez, de un carcelero y de un apaleador. De hecho, la institución del matrimonio, supuestamente basada en el amor, el respeto y el compañerismo, no debería alentar tal poder. Ni tampoco debería conceder al miembro de mayor fuerza física y poder económico el derecho de castigar al cónyuge por defectos reales o imaginarios.

¿La gente que se comporta de forma estúpida merece que le pasen cosas malas? Como hemos mencionado antes, corriste un riesgo calculado para conseguir algo que querías. El simple hecho de predecir que te pegaría si se enteraba no supone que te comportaras como una idiota o que merecieras una paliza.

Si tu pareja y tú tenéis graves defectos no significa necesariamente que os merezcáis mutuamente. Si llegáis al punto de que sacáis lo peor del otro, quizá sea necesaria una separación temporal. Y esto es aún más conveniente si ambos sois personas violentas, alcohólicas o drogadictas, puesto que os hace peligrosos el uno para el otro. La separación pondrá tierra de por medio y podréis aprender formas más amables y constructivas de trataros. Luego o podéis volver juntos o podéis iniciar nuevas relaciones que serán igualmente constructivas y de apoyo mutuo.

Si realmente crees que eres una persona con la que cuesta convivir, puedes empezar a cambiar ahora tu conducta practicando los ejercicios de la parte «Ayudarte a ti misma a sobrevivir», en particular los del capítulo 11, «Una acción valiente al día».

¿Qué es lo que te mereces?

Para mucha gente, merecer algo supone habérselo ganado con trabajo y sufrimiento. Sin embargo, existen cosas que todos merecemos, nos las hayamos ganado o no.

La libertad de expresión es un derecho fundamental. Muchas mujeres pierden este derecho una vez casadas, a medida que se dan cuenta de más y más cosas que molestan o hacen enfadar a sus maridos. Tal vez el primer tipo de comentarios que se elimina es el relacionado con las relaciones anteriores de la mujer, especialmente con hombres. Entonces deja de hablar de sus deseos para el futuro, cuando él los interpreta como crítica a su capacidad de asegurar el porvenir de la familia. Tras esto, viene la expresión de cualquier sentimiento negativo: depresión, frustración, soledad. La mujer ya no le preguntará sobre el trabajo, dónde ha estado o cómo se siente, para no ser acusada de entrometida o gruñona. Al final, la mujer dejará de dar su propia opinión para evitar que la llamen idiota.

A menudo una mujer tendrá esta actitud, al principio por consideración hacia los sentimientos de su marido, y luego para protegerse de su carácter. Tal vez él le pida directamente que se calle en determinados temas y poco después ella misma se convencerá de que no tiene derecho a hablar. Cree que hay algo malo en querer expresarse.

Debería reconocerse a ambos cónyuges el derecho a mantener en privado determinados aspectos de la vida. Muchos hombres violentos llaman a sus mujeres en varias ocasiones para comprobar si están en casa, insisten en acompañarlas a la compra y no las pierden de vista a menos que sea absolutamente necesario, lo cual significa que están en el trabajo. Puede que el hombre haga preguntas minuciosas a la mujer sobre las más ínfimas actividades que ha llevado a cabo durante el día y la castigue físicamente si se niega a responder al interrogatorio. Y sin embargo, si la mujer pregunta sobre asuntos que conciernen a ambos, como si van a salir el sábado por la noche o cuánto dinero hay en el banco, se la acusará de invadir territorio de hombres.

Tal vez hayas ido perdiendo tus derechos sin pensar mucho en ello. ¿Qué me dices del derecho a elegir tus amistades?, ¿y a decidir en qué te gastas el dinero?, ¿y en qué dedicar tu tiempo?, ¿qué comer, vestir o qué aspecto tener?

Hablemos de tu aspecto. A la mayoría nos gusta estar atractivas para la gente que nos rodea, pero es tu derecho decidir si te vistes y te arreglas el pelo para complacer a tu familia o a ti misma. Si tu marido cree que vas demasiado llamativa o quiere que vayas excesivamente sexy, o tu hija te acusa de parecer «vieja» o pasada de moda, no tienes por qué cambiarte para amoldarte a sus gustos. Una de las formas de empezar a establecer tu identidad separada es vestirte según el estilo que te sea cómodo, que te haga sentir tú misma.

En cuanto al dinero y al tiempo, hay una parte que pertenece a la familia y que está sujeta a decisiones familiares. Pero hay que hacer dos matizaciones importantes. Sólo una parte pertenece a la familia; tú tienes derecho a usar parte del dinero y del tiempo simplemente para complacerte, sin que nadie pregunte. En segundo lugar, el hombre solo no debería decidir o distribuir el dinero de la familia, sino que tendrían que hacerlo al menos los dos adultos del hogar.

Quizás ahora ya te encuentres en posición de considerar los derechos básicos que todos tenemos. *Marca con una cruz* en la primera columna los derechos que crees que todos merecemos.

Actividad 6   *Lista de derechos*

	I Todos tienen derecho	II Ejerzo mi derecho
1. *Derecho a la intimidad*	_____	_____
2. *Derecho a expresar las ideas,* *incluidas las controvertidas*	_____	_____
3. *Derecho a expresar los sentimientos,* *incluso los «negativos»*	_____	_____
4. *Derecho a elegir el puesto de* *trabajo, religión y estilo de vida*	_____	_____
5. *Derecho a no tener miedo*	_____	_____
6. *Derecho a tener tiempo para* *dedicarte a ti misma*	_____	_____
7. *Derecho a gastar algo de dinero* *como tú quieras*	_____	_____
8. *Derecho a apoyo emocional* *por parte de familia y amigos*	_____	_____
9. *Derecho a que familia y amigos* *te escuchen*	_____	_____
10. *Derecho a cultivar las amistades* *que tú elijas*	_____	_____

11. *Derecho a realizar un trabajo*
   creativo, desafiante, absorbente
   y que valga la pena
	_____	_____

12. *Derecho a decidir si quieres* *practicar sexo o no*	_____	_____

Ahora puedes ejercer todos estos derechos, excepto dos (las excepciones son el derecho a tener un trabajo satisfactorio y derecho a elegir el puesto de trabajo. La mayoría de la gente no lo logra sin una planificación, formación meticulosa y quizá sacrificio de otras satisfacciones inmediatas).

Marca con una cruz en la segunda columna los derechos que actualmente ejerces.

Si existen diferencias entre las columnas 1 y 2, comprueba qué ha ocurrido con el ejercicio de tus derechos. Quizá creas que todo el mundo tiene determinados derechos menos tú. ¿Significa esto que eres menos persona? ¿Significa que los derechos humanos y civiles quedan suspendidos para las mujeres o esposas o madres hasta que los hijos crecen?

Al leer estas preguntas es fácil distraerse con monsergas como «Sí, pero...» o «Sí, pero como me invita él a salir, no me deja opción a decir dónde quiero ir o a negarme al sexo», «Sí, pero no puedo elegir porque él es quien gana el dinero», «Sí, pero ninguno de los dos tiene tiempo o dinero que gastar, así que no tenemos elección», «Sí, pero él no escogió su trabajo y no es nada gratificante, así que yo no tengo ningún derecho a...».

Dinero

Hablemos de esta cuestión. Bien podría parecer que no hay nada que decidir, sobre todo si se gasta en cosas de primera necesidad. Sin embargo, incluso en los casos en los que casi no se llega para pagar los recibos, parte del dinero se gasta en objetos discrecionales. Si la cesta de la compra incluye cerveza, dulces, un bote de salsa, gaseosa, congelados, revistas o cigarros, ya has tomado varias decisiones sobre artículos «no indispensables». Es difícil tomar decisiones conjuntas en estos aspectos, puesto que lo que para una persona es necesario para otra es un lujo.

Todo el mundo debería ejercer el derecho a tener unos fondos que gastar sin que nadie le preguntara, aunque se tratase de una cantidad de dinero pequeña. Si gastas parte de tu dinero como quieres, ya es un principio. Pero a lo mejor lo consigues colando una revista al comprar la verdura o acumulando a escondidas pequeñas cantidades de dinero hasta tener suficiente para llevar a los niños al circo, comprarle unos vaqueros nuevos a tu hijo adolescente o comprar algo que querías para ti. O quizá compras lo que quieres y luego esperas nerviosa las represalias cuando lleguen los recibos.

Así tal vez consigas lo que quieres, pero lo pagas muy caro y no estableces ningún derecho. Si tienes que ser cautelosa para salirte con la tuya o te arriesgas a que te castiguen, desempeñarás el papel de niño irresponsable que no sabe tomar sus propias decisiones, alguien que sólo puede tener lo que otra persona decide arbitrariamente que merece. Una consecuencia peligrosa es el aumento de tu sentimiento de culpa y la disminución de tu amor propio.

Tiempo

Aquí hay que aplicar el mismo principio. El tiempo que te dediques depende de tu estilo de vida: la gestión de las tareas domésticas, el tamaño del jardín, el tiempo del que dispone tu marido para cuidar de los niños (por ejemplo, cuánto tiempo no trabaja fuera de casa, la edad de los hijos, etc.). Como mínimo, ambos deberíais disponer de medio día y una noche a la semana para hacer lo que quisierais.

El problema podría surgir si uno o los dos no quiere aceptar ese tiempo. Imaginemos que no quieres ese tiempo, o que te gusta la idea pero no sabes qué hacer con él. Para ti será bueno aceptarlo de todos modos. Aprovéchalo para apuntarte a clases de algo, para ir de compras, pasear por el parque, ir a ver una película que no interese a tu pareja o cultivar tus amistades para empezar a restablecer tu identidad separada. Quizá pases unas horas aburrida o nerviosa hasta que te acostumbres a tomar decisiones y participar en nuevas actividades, pero a la larga valdrá la pena.

Para la relación es bueno si cada uno os tomáis algo de tiempo para vosotros mismos, pero si él insiste en que no necesita o no quiere ese tiempo, tú tienes poco margen de maniobra. Tal vez se valga del hecho de que él no acepta su parte de tiempo para hacerte sentir culpable por aceptar tú el que te corresponde. En tal caso, siempre debes pensar que la elección ha sido suya. No se está sacrificando por ti. Hace lo que quiere, y tú tienes el mismo derecho.

Ganarse el respeto en el lugar de trabajo
(en casa y en el trabajo)

A menudo, los maridos y las esposas consideran que el dinero que gana la mujer es simplemente «calderilla». Hombres y mujeres quieren creer que el hombre es el que mantiene a la familia porque es parte del mito tradicional de la masculinidad. Sin embargo, a medida que la inflación sube vertiginosamente, hay más gente que admite que para vivir bien hacen falta dos sueldos. Los ingresos de una mujer se dedican a comprar bienes y servicios importantes para la familia y no son menos importantes que los del cónyuge. Las mujeres no pueden seguir aceptando estas afirmaciones tradicionales:

- Las mujeres merecen menos dinero dentro del mercado laboral, puesto que su trabajo es menos importante que el trabajo de los hombres.
- Dado que sólo ganan dinero «extra», su trabajo no es tan importante.
- Dado que su trabajo fuera del hogar no tiene demasiado valor, y de todos modos las mujeres tendrían que estar en casa, deberían seguir encargándose de las tareas domésticas y del cuidado de los hijos.

Estas afirmaciones deberían sustituirse por:

- El trabajo tiene el mismo valor, independientemente del sexo de quien lo desempeñe.
- Las mujeres necesitan un trabajo y un sueldo apropiado igual que los hombres.
- Si dos personas tienen hijos, ambos deberían ser responsables de la casa y del cuidado de los hijos.

Con esto no quiero decir necesariamente que cada cónyuge deba realizar la mitad exacta de cada tarea, sino que la cantidad de horas trabajadas dentro y fuera de casa sea casi igual y aceptable para la persona que realiza el trabajo. Cuando arraigue esta idea en la sociedad, ya no encontraremos mujeres realizando los trabajos no remunerados de esposa, ama de casa y madre, además de uno mal pagado de camarera, secretaria o enfermera. Hombres y mujeres compartirán y valorarán la contribución del otro dentro y fuera del hogar.

Si desempeñas el papel de mujer o madre tradicional y tus labores del hogar y el cuidado de los hijos rara vez acaban pronto, la falta de sentido de realización quizá contribuya, también, a crear la idea de que no has hecho nada de valor. Este sentimiento es uno de los aspectos que hace que el cuidado del hogar sea un trabajo duro. Según estadísticas recientes, las mujeres *sin* hijos pasan cinco horas y media aproximadamente realizando labores domésticas. Así que no le quites méritos a tu trabajo.

Si tus hijos van al colegio o ya son mayores, puede que no tengas demasiado trabajo en casa. Algunos de nosotros nos tomamos más en serio las labores del hogar que otros, y si tú realmente quieres que realizar las tareas domésticas se convierta en un trabajo a tiempo completo, incluso si tus hijos ya son mayores, quizás es lo que tendrías que hacer. Pero si puedes con las tareas domésticas en un par de horas o tres diarias, considera la opción de buscar un trabajo a tiempo parcial o completo fuera de casa. Ser consciente de que tú también tiras del carro te ayudará a decidir mejor si te quedas con tu marido o le dejas. Antes de plantearte buscar un trabajo, contabiliza correctamente las horas que pasas con las tareas domésticas y el cuidado de los niños, asegurándote de que incluyes las visitas al zoo u otras actividades para los niños en fines de semana y tardes. También ten en cuenta las actividades de voluntariado en tu comunidad y en la iglesia; también son trabajo. Si tu marido quiere que estés en casa y aun así desprecia tu trabajo en casa, tienes que cambiar algo. Si has empezado a estar de acuerdo con él acerca del poco valor de tu trabajo en casa, será necesario que redescubras el respeto por tu trabajo o que empieces a buscar un empleo fuera de casa, es decir, empieza a respetar lo que haces o a hacer lo que respetas.

Mira de nuevo las respuestas en la columna II de la actividad 6 y decide qué derechos vas a empezar a exigir. Decide si será seguro hacerlo mientras vivas aún con tu marido. Por si acaso, planea comentárselo cuando estéis en algún sitio seguro para ti o donde puedas escapar rápidamente si se pone violento.

Entender lo que los dos merecéis

Quizá te gustaría introducir cambios en tu vida pero piensas para ti: «Se merece cosas que tampoco obtiene» o «No hay forma de obtener lo que merezco». Estudiemos ambas respuestas.

Él tampoco obtiene lo que se merece. Un buen punto de partida es preguntarle qué cree que se merece y qué es lo que no obtiene. A lo mejor se niega a participar en esta conversación. Puede que crea que es inútil pensar en esas cosas, ya que, de todos modos, la gente tampoco obtiene demasiado en la vida. O tal vez reaccione con recelo, en cuyo caso deberías ser sincera y decirle que tienes tu propia lista y que quieres compartirla.

Si él muestra voluntad por participar, empezad por haceros algunas concesiones para conseguir algo que queráis y merezcáis. Sin embargo, el sistema de concesiones no funcionará a menos que haya, como mínimo, atisbos de igualdad. Si cree que se merece paz y tranquilidad cuando vuelve a casa del trabajo, ¿te reconoce un tiempo merecido de paz y tranquilidad? Si se merece no ser «importunado» con los quehaceres domésticos durante el fin de semana, ¿estará de acuerdo en no molestarte para coserle un botón, servirle las comidas, etc., durante el fin de semana? Si no es el caso, no hay base en la que iniciar la negociación.

Si se niega terminantemente a participar, no habrá mucho que hacer. Quizá tengas otro elemento que añadir a tu propia lista de derechos (actividad 6): «Cuando quiero negociar un trato justo para ambos, merezco una respuesta y esfuerzo para que funcione».

No existe ninguna manera de poder obtener lo que merezco. Si has decidido que no existe ninguna manera de poder obtener lo que mereces, pregúntate por qué no, por qué no va a suceder. Mucha gente sí lo obtiene. No siempre es porque tienen suerte o son listos. La mayoría de la gente que obtiene lo que merece se ha dado cuenta de que ya es hora de hacer que ocurra. No puedes controlar algunas partes de tu vida, pero puedes centrarte en las que sí puedes hacer algo.

Puedes sentar las bases para dejar a tu marido o adquirir experiencia laboral. Puedes planificarte cómo superar los obstáculos que se interpongan en tu camino para obtener lo que te mereces.

No quiero decir que sea fácil. Y con más razón debes empezar a planificarte ahora mismo. El hecho de recordar las penas, los fracasos y los desastres que imaginas si consigues un trabajo, si vas a la escuela o si vives sin un hombre asusta esencialmente porque son elecciones nuevas para ti. Tu modo de vida actual (casi sin libertad, golpeada físicamente y sufriendo malos tratos emocionales, sintiéndote atrapada e inútil) sería probablemente mucho más peligroso y aterraría aún más si no estuvieras acostumbrada a él. Puedes habituarte a los nuevos aspectos difíciles de una nueva vida y las recompensas igualarán de sobra el trabajo. Simplemente, date un poco de tiempo.

Te debes a ti misma empezar a obtener las cosas que tú y todo el mundo merece. Seguramente nadie te las dará a menos que te des cuenta de que es tu derecho tenerlas. Te debes a ti misma decidir, elegir y hacer de tu vida lo que realmente quieres que sea.

5

«Pero aún le quiero»

Puede que tus amigos y familiares se desesperen al oírte decir que aún quieres al hombre que te maltrató, en especial si el maltrato fue físico y considerablemente dañino. Tal vez te sientas desconcertada o humillada por darte cuenta de que aún quieres al hombre que se comporta con tanto odio contigo.

¿Qué significa estar enamorado?

Pese a que no podemos explicar el estado del enamoramiento, lo reconocemos cuando nos llega y, por lo general, lo aceptamos sin cuestionarlo cuando alguien nos cuenta que le ha sucedido. Date cuenta de que le «llega» a alguien «como una bomba». Irremediablemente, uno «cae en las redes del amor». Estas palabras muestran la pasividad de la víctima de Cupido. De acuerdo con las canciones, las historias y las poesías, el amor es incontrolable, no es algo que se elija hacer o en lo que trabajar. Presenta síntomas parecidos a los de una enfermedad: palpitaciones, temblores, pérdida del apetito, debilidad.

Estos síntomas, que muestran tanto el dolor como el júbilo de estar enamorado, fueron probablemente creados por los griegos, que inventaron el concepto de amor occidental al que, con importantes modificaciones, hoy nos hemos aferrado. Pero, a diferencia de los americanos modernos, los antiguos griegos consideraban que el amor era un pasatiempo divertido, una distracción de los asuntos de mayor seriedad e importancia. No creían que fuera necesario para considerarse buena persona, ni que fuera un compromiso eterno, ni lo asociaban con la unión del matrimonio.

Cada época suele suponer que su concepción del amor es la única y la correcta. Los patrones amorosos de épocas anteriores parecen cómicos o trágicos. Morton Hunt, en *The Natural History of Love*, nos da una útil y moderna perspectiva: «En ningún momento de la historia ha existido una proporción grande de la humanidad que haya valorado tan alto el amor, pensado tanto en el amor o mostrado un apetito tan insaciable por sus palabras».[1]

A la mayoría nos horroriza la idea anticuada de los matrimonios concertados, sin amor ni romanticismo, pero Hunt muestra lo absurdo de la idea contemporánea de que «la atracción romántica se considera apropiada y de hecho es el único principio para elegir a nuestra pareja en la vida». Pone en tela de juicio la extendida idea de que «la libido [...] debe satisfacerse completamente y de forma permanente dentro del matrimonio [...] y se espera que la ternura, el misterio y la pasión coexistan con el cuidado del hogar, los problemas de la educación de los hijos y la rutina de las 15.000 noches juntos».[2]

En cierta medida estamos apegados a esas ideas, nos parezca absurdo o no, haya o no una carga imposible sobre el matrimonio. Las películas, novelas y canciones, la legislación, la economía y la religión nos han inculcado la idea de que el amor sólo toma determinadas formas, y el resto son inmorales, locas, inmaduras o simplemente caprichos.

Tan romántico como ha sido el siglo XX, existen variaciones sobre el tema del amor y puedes analizar tus sentimientos (y los suyos) para definir si mantienes una relación peligrosamente romántica o adictiva, o si compartes un amor sano y enriquecedor que incluso puede soportar las 15.000 noches de rutina.

Para conseguir un punto de vista más claro sobre el tipo de amor en concreto que os profesáis tu marido y tú, *marca con una cruz* los siguientes enunciados según los consideres ciertos:

1. Morton Hunt, *The Natural History of Love*, Nueva York, Knopf, 1959, pág. 341.
2. *Ibid.*, pág. 342.

Actividad 7   ¿Cómo os amáis el uno al otro?

1. *Nunca podría encontrar a otro hombre al que amar como a él.*
2. *Sin él, no tengo razón de vivir.*
3. *Sé exactamente lo que amo de él.*
4. *Nadie podría entenderle como yo.*
5. *Supongo que debería interesarme por otras personas y otras actividades, pero sólo quiero estar con él.*
6. *Nos ayudamos mutuamente a explorar nuevas posibilidades en la vida.*
7. *La idea de hacer el amor con otro hombre es impensable.*
8. *En cuanto llego un poco tarde o quiero estar sola, cree que estoy con otro hombre.*
9. *Amarle me hace sentir más cariñosa con el resto de la gente.*
10. *Intento verlo todo de color de rosa y sólo ver lo mejor de él.*
11. *Le quiero tanto que no puedo soportar la idea de que esté con otra persona.*
12. *Espero que nunca me deje, pero si fuera así, yo estaría bien.*
13. *Nunca querría a otra mujer como me quiere a mí.*
14. *A menudo me siento mejor cuando está lejos, y aun así me encuentro llamándole en contra de lo que me aconsejaba mi juicio.*
15. *Me siento bien conmigo misma cuando estoy con él.*
16. *Nunca dejo que me vea sin maquillar o con los rulos puestos. Quiero que vea siempre lo mejor de mí.*
17. *Siento que no soy nada sin él.*
18. *Saca lo mejor que hay en mí.*
19. *No sé por qué le quiero, simplemente le quiero.*
20. *Cuando las cosas van bien entre nosotros, no necesito a nadie excepto a él.*
21. *Tiene muchas cualidades que valoro y que intento desarrollar en mí.*
22. *Es mucho más listo y experto que yo, parece que lo sabe todo.*
23. *Cuando intento imaginarme sin él, me siento vacía.*
24. *Es maravilloso pasar el tiempo con él practicando deportes, trabajando o distrayéndonos con otras personas, y me divierto estando sola o con amigas.*
25. *Es tan especial que no sé por qué está interesado en una persona tan corriente como yo.*

26. *Sin mí, no tiene razón de vivir.*
27. *Quiere que me sienta bien, tanto si estoy con él como si no.*
28. *Esta vez sí. Va a cambiar de verdad.*
29. *Sé que me quiere porque quiere saber dónde estoy en todo momento.*
30. *Me gusta que hable de los buenos momentos que ha pasado con otras personas.*

Como parte del análisis de tus respuestas, mira los tres tipos de amor conyugal comunes hoy en día. El amor romántico, el adictivo y el enriquecedor cuentan con características que se superponen, pero también pueden observarse por separado.

Amor romántico

El amor romántico ha nacido fruto de la tradición cortesana de los siglos XI y XII de los «caballeros con brillante armadura». Se trataba de un amor noble, puro, con sacrificios, a menudo trágicamente destinado a no consumarse, y, aun así, los amantes se eran fieles hasta la muerte, soportando años de trágico sufrimiento porque los destinos de ambos se negaban a permitir que estuvieran juntos. Con frecuencia, estos amantes lograban mantener su encanto porque se querían en la distancia y pocas veces entraban en contacto lo suficiente como para distinguir los defectos (y virtudes) reales de carácter del ser amado. Por supuesto, estas aventuras románticas no se veían contaminadas por la sexualidad libidinosa del lecho matrimonial.

Hoy en día, por supuesto, se supone que el amor romántico debe conducir a la sexualidad, al amor del matrimonio y a la felicidad eterna. Los amantes ya no están lejos uno del otro. Ya no pasarán largas noches componiendo sonetos, ni años de serenatas anónimas bajo los balcones. Hoy en día, las relaciones amorosas seguramente empiezan con una pregunta «¿Cómo te llamas?» un lunes, seguida de un «¿Quedamos?» un martes y unos cuantos sábados después un «Acostémonos», que puede o no ir acompañado de promesas de amor leal y eterno.

Pero aún nos queda la poesía, aunque sea de una forma alterada. Las canciones más conocidas envuelven a la pareja romántica con la

94

magia, la locura, la espiritualidad y, a veces, la deliciosa tragedia del amor sexual.

El aspecto «mágico» del amor implica impotencia en la cara de una fuerza sobrecogedora, insiste en que el sentimiento no está sujeto a análisis racionales. Y tampoco hacen falta unas cualidades que se puedan nombrar para hacer que se quiera a una persona en concreto. Es «el roce de su mano», «pensar en ti» u otras respuestas que se sienten vagamente cuando se piensa en él, más que sus cualidades tangibles.

Para ver cuán romántica es tu relación, echa otra ojeada a tus respuestas en los enunciados sobre el amor de la actividad 7. Fíjate en cuántas cruces en total tienes en los enunciados 1, 4, 7, 10, 13, 16, 19, 22, 25. Cuantas más cruces, más romántica es tu relación.

Los puntos 1, 4, 7 y 13 reflejan el sentimiento de que sólo existe un hombre para cada mujer en el mundo. Tal vez no aceptes esta idea enunciada de forma tan clara, pero las cruces en estos enunciados muestran tu firme creencia en la idea.

Si has respondido afirmativamente a los puntos 19, 22, 25 y 28, eres una víctima de la idea romántica de que tu marido es alguien fuera del reino común de los humanos. Y aun así no sabes decir qué rasgos suyos valoras. Crees que pasará de bestia a bella, que la rana se convertirá en príncipe. Independientemente de las pruebas que indican lo contrario, dejará a un lado la brutalidad y se volverá tierno y cariñoso. Las respuestas afirmativas en los puntos 10 y 16 indican que amas tu propia idea de la persona, más que lo que realmente es, y quieres que él sólo vea lo mejor de ti. Esto fomenta la creación de ilusiones y de distancia psicológica. Si no te permites ver los defectos de quien amas, conseguirás mantener la idea de que no es un ser humano corriente, sino una superpersona, alguien que por un motivo misterioso ha elegido amarte a ti. En virtud de este amor, te has acercado un poquito más al mundo de las superpersonas. Si te arriesgas a no complacerle, quizá te deje, haciéndote volver directamente al mundo de las personas comunes, a donde en secreto tú creías pertenecer, de todos modos. Es fácil convencerse de que fracasarás sin él.

Esta relación romántica puede ser divertida, emocionante, totalmente apasionante, erótica y entretenida. Puede mantenerte en un estado de felicidad «delirante» y sumirte en la desesperación. Es una experiencia sublime, una «subidón» sin par.

Amor adictivo

Existe un parecido notable entre los efectos del amor romántico y determinadas drogas, no sólo por el estado de «subidón» y el «bajón» de la abstinencia, sino por el potencial de adicción. A todos nos han enseñado que existen determinadas drogas extremadamente adictivas y para estar seguro hay que mantenerse alejado de ellas, pero hay un creciente número de pruebas que demuestran que la adicción depende tanto de la persona como de la sustancia.[3]

Mucha gente ha utilizado la cocaína, el alcohol, el tabaco, el azúcar u otras sustancias supuestamente adictivas sin ningún problema. Otros se han enganchado, rápida o lentamente. Al principio, se sienten muy bien, su mente y sus sentimientos se expanden. Pero de vez en cuando, los adictos creen que se han vuelto aburridos y que su mundo se ha hundido. Además de con las drogas, esto puede pasar con una sobredosis de televisión, deporte, manualidades, lectura, labores domésticas o amor.

A menudo la adicción se aprende. Con frecuencia, los efectos de las drogas son el resultado de lo que *esperan* quienes las usan. Si a un consumidor que se inicia en el consumo de cocaína, marihuana o alcohol se le ha enseñado a esperar un «viaje» o una sensación física, probablemente experimente lo que le han dicho que pasaría.

Una mujer que desde pequeña haya aprendido a anticiparse puede experimentar una amor romántico como una especie de elevación, en la que la «unidad» de ser una pareja hace que al instante se desvanezca la soledad y el sentimiento de enajenación que muchos sufrimos. Si la mujer tiene una buena imagen de sí misma y otras relaciones sólidas a través del trabajo y amigos, tal vez se dé cuenta de que está enamorada de la idea del amor y no de la persona con la que está. Si el marido deja de quererla, pasará por un período de luto, pero no dejará que la ruptura destruya su imagen de ella misma. Ni tampoco pensará que su amor perdido era el único hombre en el mundo para ella.

Pero una mujer que se valore menos o necesite amar más irá un paso más allá de este amor romántico hasta la adicción. Además de las ca-

3. Stanton Peele y Archie Brodsky, *Love and Addiction*, Nueva York, New American Library, 1976.

racterísticas del amor romántico, la mujer estará segura de que no puede sobrevivir, ni querría hacerlo, sin el amor del hombre porque entonces no tendría razón de vivir. Su mundo se ha hundido y si el hombre deja de amarla, se sentirá abandonada y desolada. Si él de vez en cuando la desatiende o la maltrata, ella permitirá autoconvencerse cada vez de que no ocurrió realmente, de que fue su culpa o de que se trató de una única aberración que no sucederá nunca más.

El nivel de vulnerabilidad de la mujer en referencia a este guión depende de cuán sugestionable sea y de la medida en la que la sociedad —sus amigos, familia, anuncios, canciones y películas— la haya preparado para creer que estar enamorada proporciona un estado de éxtasis y ser abandonada por tu amor es una tragedia.

Los hombres que creen que no pueden sobrevivir sin amor a menudo temen que su mujer tenga un lío con alguien si va sola al súper o se pondrán hechos una furia de celos si resulta que ella no coge el teléfono cuando la llaman. Quieren ejercer el control total sobre la vida de la mujer; si se niega, o parece negarse, su temor a ser abandonados puede conducir a malos tratos físicos o psicológicos a la mujer que aman, y dependiendo del grado de adición de ella hacia él, la mujer se sentirá incapaz o sin voluntad para escapar del maltrato.

Cuando sucede esto, la mujer se vuelve inútil y dependiente. Su vida puede reducirse al ciclo adictivo: la abrumadora necesidad de él, el «subidón» de la realización momentánea y el «bajón» cuando se retira el «suministro». Si él desaparece, física o emocionalmente, con frecuencia o durante largos períodos, ella se verá absorbida por su soledad y aflicción. Paradójicamente, si él siempre está disponible, la dependencia de la mujer de él no hará más que crecer.

Cuanto más se centra el mundo de la mujer en su adicción, más estrecho se vuelve; cuanto más estrecho, más se centra en su adicción. Cuando en una pareja ambos son adictos del otro, es posible que logren una relación tolerante, pese a que fomenta llevar vidas muy limitadas. Cuando uno de los miembros pega, se trata de una relación peligrosa y mortal, y a menudo mucho más difícil de romper que cualquier otra forma de adicción.

Puedes comprobar si sientes un amor adictivo revisando las respuestas a los puntos 2, 5, 8, 11, 14, 17, 20, 23, 26, 28 y 29. Si en los puntos 8, 26 y 29 has respondido afirmativamente, tu pareja siente adicción por ti. Si hay cruces en los puntos 2, 5, 11, 14, 17, 20, 23 y 28, tú sientes adicción por él. En una «costumbre» bidireccional, ambos creéis que sin el otro no tendríais razón de vivir. Cuando sentís esa adicción, estáis seguros de poder satisfacer todas las necesidades del otro y que vuestra demanda de posesión total y exclusiva del otro demuestra vuestro amor. Si hay alguna característica que valoras en él, tal vez sea algo que tú crees que te falta. Si estás convencida de que no eres muy lista ni experimentada, quizá sientas la necesidad de asociarte con un hombre que parezca poseer esas cualidades. Si tienes la autoestima muy baja, tu necesidad de unirte a un hombre que parezca competente puede ser tan grande que tengas un concepto extremadamente exagerado de sus cualidades deseables. Dependes de él para salir ambos adelante, así que no tienes por qué desarrollar tus propias facultades. Mientras tanto, tu visión exagerada de sus cualidades tal vez le ayude a negar sus sentimientos de incapacidad y la necesidad de superarlos. Él tampoco crecerá y los dos os volveréis inútiles e interdependientes.

Amor enriquecedor

El amor enriquecedor es lo contrario del amor adictivo. Sustenta la vida, favorece el crecimiento y aumenta la energía. No es posesivo y nace de una apreciación realista de las cualidades atractivas del ser amado, sin necesidad de minimizar los defectos.

El amor enriquecedor se basa en lo que cada miembro *quiere*, más que en lo que necesita. Si el ser amado posee unas cualidades importantes de las que el amante carece, la mujer pretenderá desarrollarlas en sí misma en vez de simplemente disfrutar bajo la luz que irradian las admiradas cualidades del ser amado. Este tipo de amor permite ampliar las facultades, conocimiento y experiencia, y no reducir las relaciones y las actividades. Para saber si sientes este tipo de amor por tu pareja en tu relación, comprueba el número de respuestas en los puntos 3, 6, 9, 12, 15, 18, 21, 24, 27 y 30. Cuantas más cruces tengas, probablemente más enriquecedor será tu amor. Si gozáis de una relación sana, basada en el respeto mutuo, uno de los dos puede perder los nervios de vez en cuando, pero sin llegar a las manos. Puede esperarse que un hombre de una relación enriquecedora no pegue a su mujer, pero en caso de perder el control, encontraría inmediatamente una forma de recuperarlo o buscaría ayuda profesional, y por lo menos prevendría la seguridad de la mujer si hubiera posibilidades de volver a producirse una situación parecida.

Motivos para dejar a alguien a quien amas

Cuando las mujeres que han sufrido malos tratos dicen «Sé que debería dejarle, pero le quiero», quieren decir «Porque le quiero, no puedo dejarle». Pero no tiene por qué ser así. Querer a un hombre que te maltrata hace que dejarle sea difícil, pero no imposible. Es probable que amarle haga que quieras estar con él, pero a la larga, lo más entrañable que puedes hacer por ambos es separaros, al menos temporalmente. Nadie desea que su ser querido siga con la rutina de violencia y remordimientos. Si os separáis, al menos romperás el modelo. Si mantienes una relación amorosa adictiva con malos tratos, deberás cortar inmediatamente la relación de raíz. En cualquier caso, tendrás que quitarte de la cabeza esas ideas románticas de que sólo él puede darte lo que necesitas, que nunca encontrarás a otro hombre al que amar y que la vida no vale la pena sin amor.

A estas alturas ya deberías tener una idea bastante clara del tipo de amor que sientes y el alcance del problema al que te enfrentas si decides que te vas por tu propia seguridad. Pero para muchas mujeres hay un largo camino entre darse cuenta de la situación y tomar medidas al respecto.

6

Tomar la decisión

Bien, aquí estás, pensando en separarte de tu marido y horrorizada ante la idea de que la voz de nadie llenará el silencio cuando vuelvas a casa del trabajo. Tal vez tengas uno o más hijos que mantener y educar, enseñar y querer por ti misma. Quizá pienses en el trabajo que tendrás durante muchos años, te guste o no, o tal vez te preocupe la responsabilidad de tomar todas esas decisiones: dónde vivir, qué comprar, quién arreglará el lavabo, cómo hacer tú misma la declaración de la renta. Resumiendo, siempre que surja una pregunta acerca de algo que tiene que hacerse, deberás tomar una decisión.

Si has estado dándole vueltas al asunto sin parar, mareando la perdiz, incapaz de decidir si te quedas o te vas, ahora es el momento de dar el primer paso decisivo. Es hora de actuar.

¿Hasta qué punto hablas en serio?

Algunas personas utilizan libros de autoayuda para aclararse las ideas o empezar a cambiar sus vidas. Otras leen uno tras otro sin que les sirva de ayuda. Se valen de los libros para evitar realizar cambios, a medida que se convencen de que lo «intentan». Del mismo modo, hay mujeres que han sufrido malos tratos y que leen todo lo que se edita sobre mujeres en su situación con la esperanza de encontrar una solución que no suponga ni dejar a su marido ni correr riesgos ni sufrir dolor. Pero esto no pasa. Si decides cambiar tu vida, puede resultar desafiante, apasionante y provechoso, pero posiblemente al principio también sea un proceso difícil, solitario y aterrador.

Como prueba de si te has tomado en serio el contenido de este libro, vuelve atrás y fíjate en cuántos cuestionarios has respondido a lápiz o bolígrafo en lugar de simplemente leerlos por encima. Cuanto más activa haya sido tu lectura, probablemente más seriedad tengas a la hora de tomar decisiones con las que hayas de vivir o a las que te aferres.

Si has sido una lectora pasiva, vuelve atrás ahora y contesta los cuestionarios. Están concebidos para ayudarte y aclarar tus ideas y sentimientos. Participar significa para ti que te estás tomando en serio tu supervivencia.

¿Qué es lo peor que puede pasar si te marchas?

¿Te imaginas que siendo totalmente responsable de ti misma o de la familia, puede llegar el día en el que te enfrentes a la opinión de otra persona que crea que eres todo un fracaso, que eres un rechazo de la sociedad, que eres incapaz de salir adelante tú sola o ser una madre soltera competente? Quizá tus temores se presenten en forma de percepciones que sientes vagamente o tal vez veas claramente una tragedia. Te deprimes tanto que te tomas una sobredosis de pastillas. Pierdes la custodia de tus hijos porque no puedes sacarlos adelante y cuidarlos a la vez; tu hijo se vuelve alcohólico; llaman a los servicios de protección del menor porque informan de que descuidas a tus hijos.

Posiblemente tus preocupaciones no lleguen a ser tan extremadamente dramáticas como éstas. Puede que se trate más bien de los problemas diarios de la educación de los niños o los continuos resfriados y años de narices mocosas que quedan por delante. O a lo mejor te imaginas años de aburrido trabajo en la fábrica o en la oficina, pobreza y monotonía con apenas esperanzas de tener una aventura o seguridad, o el vacío continuo de saber que no hay nadie especial que se preocupe por ti, nadie que entienda tus bromas o que comparta responsabilidades, culpas y éxitos contigo. La idea de empezar de nuevo con alguien parece totalmente onerosa.

Tal vez tus mayores temores sean el aburrimiento, la falta de emoción, amores y compañía. Intenta concretar la espantosa noción de sentirte sola. ¿Echas de menos el sexo, a la compañía, a alguien con quien salir o con quien compartir las preocupaciones y los placeres de criar a

102

los hijos; todo lo anterior, además de alguien en quien apoyarte y que te necesite?

Actividad 8   *Lista de tus peores temores*

PEOR TEMOR: Perder la casa y el jardín en los que he trabajado durante veintidós años.

Razones por las que es probable

No puedo pagar los recibos
Probablemente Bob no pague el mantenimiento de la casa
Soy demasiado mayor para conseguir un trabajo mejor

Razones por las que no es probable

Seguro que obtendré la casa porque probablemente me den la custodia
La pensión de manutención de los hijos quizá me llegue para los recibos
Los niños podrían compartir habitación y alquilo las otras dos
Quizás obtenga financiación de nuevo

Ahora haz tú este ejercicio.

Peor temor: _____

Razones por las que es probable

_____

_____

Razones por las que no es probable

_____

_____

Puede que rellenes algunos de los espacios con total seguridad. Pero quizás haya otras respuestas provisionales que planteen más interrogantes. Esto es importante. En algunas situaciones quizá sólo

103

puedas tantear el terreno y necesitarás ayuda de especialistas en determinados campos para responder a tus inquietudes. Las cuestiones pueden ser sobre el convenio de propiedad, la custodia, el empleo o los subsidios, y la gente a la que te dirijas pueden ser abogados, asesores laborales, trabajadores de un centro de acogida para mujeres maltratadas o trabajadores sociales.

Obtener asesoramiento de expertos puede resultar caro. Ponte en contacto con un centro de acogida o con un centro de mujeres, con servicios jurídicos o la American Bar Association [Asociación americana de abogados], con el teléfono de ayuda o un servicio de asistencia para consultar si existen servicios asequibles para personas en tus circunstancias. Cerciórate de mencionar que has sufrido malos tratos físicos, en caso de que haya servicios especiales para mujeres maltratadas. (Si nunca has hablado del tema, quizá resulte difícil, pero es un buen momento para empezar. Decir en voz alta que has sido maltratada es un buen modo de recordarte que no tienes nada de qué avergonzarte.)

Si en tu comunidad no existen servicios especiales para mujeres maltratadas, tal vez tengas que desplazarte para encontrarlos. Si el coste es elevado, probablemente valga la pena a largo plazo, pero primero pide referencias a varias personas para tener más oportunidades de encontrar a alguien que valga todo ese dinero. (Lee la siguiente parte para tener ideas sobre cómo tratar con médicos, abogados y asesores.) La otra opción es pasar más años preocupada por acontecimientos que probablemente nunca sucederán, y seguramente tomar malas decisiones basándote en tus previsiones erróneas.

Cuando hayas recopilado el máximo de información, modifica las respuestas de las cuestiones sobre la probabilidad de que tus miedos se vuelvan realidad. Comparte esta nueva información con amigos o familiares de los que estás segura que te entienden y que te desean lo mejor de corazón. Desconfía de consejos demasiado fáciles. («Bueno, no porque tengas cincuenta años vas a tener problemas para encontrar trabajo.») Pero si la mayoría de las personas en quien confías cree que tus miedos no tienen justificación, y si está ahí para ayudar, quizá quieras reconsiderar tus juicios negativos.

¿Qué es lo peor que puede pasar si te quedas con él?

Muchas mujeres que mantienen una relación con un hombre que las maltrata se describen como temerosas, sin ganas de correr riesgos e incluso cobardes. Pero las que lo vemos desde fuera reparamos en que estas mujeres corren unos riesgos enormes cada día de su vida. La gente tiene una capacidad extraordinaria para acostumbrarse casi a lo que sea y, por tanto, a definir su modo de vida como normal o incluso gratificante.

Si te consideras una persona normalmente temerosa, tal vez no te des cuenta de la cantidad de riesgos que corres cada día. *Haz una lista* con todos los riesgos de los últimos días, incluyendo las oportunidades de triunfar o fracasar, de resultar lesionada o estar a salvo, de sentirte aceptada o rechazada, de hacer mejor o peor tu vida.

Actividad 9   Lista de riesgos

1. _____
2. _____
3. _____
4. _____
5. _____
6. _____
7. _____
8. _____
9. _____
10. _____

¿Qué es probablemente lo peor que te puede pasar si te quedas? Ten en cuenta el daño físico y psicológico para ti y para tus hijos, tanto a largo como a corto plazo. *Enumera las cosas* de las que tienes miedo. Si no parecen tan malas, recuerda la última vez que sufriste los malos tratos. Acuérdate de lo que entonces te daba miedo y *anota todo* lo que temías que te pasaría durante los minutos u horas posteriores a la crisis. Aunque sea un paso doloroso, hazlo, y *compara esa lista* con la de las cosas de las que ahora tienes miedo. Si hay mucha diferencia, lo más probable es que estés dejando que se desvanezca la memoria de los peligros reales de tu situación, así que no tendrás que irte y enfrentarte a la experiencia desconocida de estar sola. Pregúntate: «Si me quedo, ¿qué probabilidad hay de que ocurra una situación de peligro?». ¿El 90 %? ¿El 75 %? Si temes que te maten, incluso un 20 o un 5 % ya es una proporción muy elevada.

Actividad 10   *Comparar los peligros*

«Miedos que tengo ahora»	«Miedos que tenía cuando sufría malos tratos»
1. _____	1. _____
2. _____	2. _____
3. _____	3. _____
4. _____	4. _____
5. _____	5. _____
6. _____	6. _____
7. _____	7. _____
8. _____	8. _____
9. _____	9. _____
10. _____	10. _____

Intenta imaginarte cómo sería morirse. Luego, fuérzate a imaginarte cómo sería si mataras a tu marido, ya que muchas mujeres lo hacen tras años de malos tratos. Piensa en cómo sería todo si por sus brutales lesiones te quedaras paralítica o sorda. Que no te dé escalofríos pensarlo y te encojas de hombros. Sigue pensando en ello. Visualízate, a tu marido, tu familia, la policía, la familia. Siente lo que sentirías en esos casos si realmente se produjeran.

¿Obtienes lo suficiente de la relación como para arriesgar todo esto?

Si decides separarte de tu marido, seguramente eches la vista atrás con asombro por la peligrosa situación en la que has vivido y tu bajo nivel de conciencia del peligro. Es impresionante cómo muchas mujeres son capaces de soportar tales situaciones. Y, sin embargo, no es del todo sorprendente que una mujer que se encuentra en una situación de peligro de la que aparentemente no tiene escapatoria use todos los medios psicológicos que pueda para mantener su miedo a un nivel tolerable. La negación es uno de estos medios y en determinadas ocasiones es bastante útil. Pero si quieres salir de esa situación, deberás romper con la fase de la negación y simplemente admitir la cantidad de peligros a los que te enfrentas cada día.

Equilibrar la balanza

Si realizaste la actividad 3 en el capítulo 2, cuentas con una lista de los inconvenientes del matrimonio, en general, y de la relación con el hombre que te maltrata, en particular. Vuelve a mirar las listas y si se te ocurren otras desventajas, añádelas. Ahora, enumera los inconvenientes que supone *dejar* esta relación.

Aunque sea un poco repetitivo, tal vez haga que surja nueva información. A lo mejor ves que también aparecen en la lista de «Inconvenientes de quedarse» algunos elementos que normalmente consideras como inconvenientes de dejar la relación. En ambas listas puede estar apuntado el «temor de no poder afrontarlo», aunque sólo te centres en ese aspecto cuando piensas en irte.

Quizá, sin decirlo con demasiadas palabras, has ido asumiendo o esperando o deseando que superarías los inconvenientes de quedarte, que de un modo u otro encontrarías una forma de satisfacer a tu marido para que no se pusiera violento. Ahora es el momento de intentar en serio, por última vez, hacer cualquier cosa que pueda superar un inconveniente de quedarse.

Podemos decir lo mismo de tus esperanzas y sueños para superar los inconvenientes de irte. Si aún no los has podido superar, nada cambiará a menos que urdas un plan específico para ocuparte de esos obstáculos y deshacerte de ellos desde ya.

A menudo la soledad y la inseguridad económica se presentan como inconvenientes importantes de irse, puesto que se asume que no podrás sobrellevar ninguna de las dos situaciones y no encontrarás amor ni seguridad en nadie más. Enumera las formas de superar estos inconvenientes. Las soluciones pueden ser muy variadas, desde métodos de aceptación de la falta de amor o seguridad en tu vida, o de desarrollo de otras satisfacciones para no echarlas tanto de menos, o de búsqueda de gente, lugares o actividades que satisfagan esas necesidades de diferentes maneras.

Una vez hayas enumerado los posibles métodos para superar los inconvenientes, *subraya* los que más te interesa probar cuanto antes. Luego desarrolla tu «plan de acción», escribe cuándo lo empezarás y el plazo para llevarlo a cabo. En tu hoja debe de haber algo parecido a lo siguiente:

Actividad 11 *Plan de acción*

Inconvenientes de irme	Plan de acción	Inicio	Plan cumplido
Soledad	*Hacer nuevas amistades*	*Esta semana*	*Dos amigos, tres meses*
	Aprender a disfrutar de mi propia compañía	*Hoy*	*¿Un año?*
	Apuntarme a clases	*El siguiente trimestre*	*Cuatro meses*
Sin vida sexual	*Ser sensual yo misma*	*Hoy*	*Tres meses para acostumbrarme*
	Hablar conmigo sobre no necesitar sexo	*Hoy*	*¿Seis meses para convencerme?*
	Quedar con un hombre de vez en cuando	*¿Un año?*	*Dos años para estar segura*
Dinero insuficiente	*Apuntarme a un curso de informática*	*El siguiente trimestre*	*Dos años*

Inconvenientes de quedarme	Plan de acción	Inicio	Plan cumplido
Huesos rotos, lesiones internas	*Esconder dinero y llaves para huir*	*Hoy*	*Hoy*
Mal ejemplo para los niños	*Explicarles que no es bueno*	*Hoy*	*Seguir indefinidamente*

Depresión	Hablar con un viejo amigos dos veces por semana	Mañana	Tres meses para retomar la costumbre
	Hablarme de forma más positiva	Hoy	Tres meses para crear el hábito
No tengo amistades	Llamar a Sally	Mañana	Tres meses
	Hablar con los vecinos aunque Tom se enfurezca	La semana que viene	Tres meses para crear el hábito

Inconvenientes de irme	Plan de acción	Inicio	Plan cumplido

Inconvenientes de quedarme	Plan de acción	Inicio	Plan cumplido

Es importante seguir el plan a rajatabla durante un determinado período de tiempo, así sabrás que has trabajado duro para hacer que las cosas cambien. Puede que no tengas éxito, pero es importante que sepas que has realizado un gran esfuerzo muy planificado.

Si un poco antes de la fecha límite para cumplir el plan te das cuenta de que no lo estás siguiendo, intenta no sentirte culpable. En vez de eso, piensa qué puede estar mal en el plan y corrígelo, así será algo que realmente puedas hacer. Si llegas a la fecha límite y ves que realmente no lo has intentado, no asumas a la primera de cambio que pasa algo malo contigo y que tienes que continuar fingiendo que seguirás el plan antes o después. Acepta que se trata de un plan que no estás dispuesta a seguir y que en ese momento no tienes forma de superar ese inconveniente en concreto.

Cuando de forma sensata hayas intentado cambiar por un período de tiempo determinado, *enumera* de nuevo las ventajas e inconvenientes de irte y de quedarte. Si aún no consigues decidirte, clasifica los elementos del 1 al 10, siendo este último el de más importancia. Basa tu decisión en la puntuación más alta. Si hace que te sientas mejor, decántate por hacer ambas cosas, irte y quedarte, no para siempre, sino durante un período específico de prueba. No obstante, este tiempo no debe ser inferior a seis meses, puesto que necesitarás al menos este margen para valorar los resultados. Y el hecho de que sea una prueba no significa que no te comprometas.

Actividad 12   Irse y quedarse: *ventajas e inconvenientes*

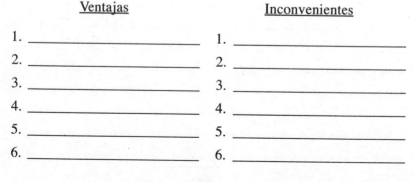

Ventajas	Inconvenientes
1. _____	1. _____
2. _____	2. _____
3. _____	3. _____
4. _____	4. _____
5. _____	5. _____
6. _____	6. _____

7. _____   7. _____
8. _____   8. _____
9. _____   9. _____
10. _____   10. _____

El compromiso de quedarse

No basta con decir: «Bien, supongo que no puedo irme, así que por ahora tengo que quedarme con él». Esto no es un compromiso real. La próxima vez que sufras lesiones, tengas miedo o estés furiosa, seguro que volverás a fantasear con irte de nuevo. Comprometerse supondría algo así como: «Los inconvenientes de quedarme no son tan malos como los de irme, así que me quedaré con Tom seis meses y llevaré a cabo mis planes de cambio con más seriedad. Ni siquiera consideraré la idea de irme hasta que haya hecho todo en lo que puedo pensar durante estos seis meses». Si tu marido te ha hecho alguna concesión, la variante podría ser: «Me quedaré con él y me mantendré firme en cuanto a la realización de mi plan de acción, siempre que él acuda a Alcohólicos Anónimos, reciba asesoramiento, o no me humille».

Si te permites el lujo de fantasear con la idea de que dejas a tu marido aun sabiendo que realmente no vas a hacerlo, no haces más que avivar un peligroso autoengaño. Pero ello no significa que no debas tener un plan para irte como medida temporal de emergencia con el fin de protegerte cuando notes que vuelve a surgir en él la violencia.

¿Qué puedes hacer si te quedas?

Si te quedas, tal vez puedas ganar algo de libertad. A veces, las mujeres creen que sus maridos no van a «permitirles» que vayan a trabajar, hagan amigos o contraten a una niñera, pero si simplemente van y lo hacen, se sorprenderán al ver que o bien los maridos no se dan cuenta o no les importa o se conforman de mala gana. Muchas de las mujeres que sufren malos tratos son las que piden nimiedades y son considerablemente sumisas. Si te pega sin un motivo evidente o si te castiga incluso cuando haces lo máximo por complacer, tal vez valga

111

la pena arriesgarse a defender tus derechos. Algunos hombres sólo tiranizan a quien les teme. De todos modos, es un gran riesgo, así que es una buena idea contar con un plan de escapada a un lugar seguro antes de volver a intentar nada.

Otra opción es empezar a cambiar tu vida en secreto. Ahorra dinero del destinado a la compra, no le comentes a tu marido que vas a una clase de un día o a un grupo de apoyo. También es potencialmente peligroso. Un compromiso con un hombre violento siempre es un compromiso de alto riesgo, independientemente de lo que pretendas cambiar, o aunque no lo hagas (se puede decir lo mismo de un hombre que maltrata psicológicamente, pero el peligro es para el concepto que tienes de ti misma y para tu capacidad decisoria).

Sin embargo, si has mantenido una larga relación con un hombre, si no estás cualificada para el mercado laboral, si no tienes un empleo fuera de casa, si tienes hijos pequeños, si no tienes amigos de verdad o gente que te apoye, a lo mejor decides quedarte con un hombre violento hasta que puedas cambiar realmente tu vida de tal modo que entonces te verás más obligada a escapar continuamente cuando te vayas y te sentirás más capaz de mantener tu compromiso. Adquirir experiencia laboral, llevar a los niños al colegio, hacer amistades o unirte a un grupo de apoyo son actividades que te ayudarán y que puedes empezar antes de irte de casa y, en cierto modo, serán más fáciles de hacer entonces.

Si no logras evitar su violencia y le remuerde la conciencia después de pegarte, aprovecha esa fase para empezar a salir con amigas, unirte a un grupo de apoyo o apuntarte a la escuela de tu comunidad, o si no, a desenvolverte un poco y empezar una vida por tu cuenta. Para cuando se haya repuesto de su culpabilidad, tal vez se haya acostumbrado a tus nuevos hábitos. Será difícil salir y conocer gente nueva con un ojo morado o con un diente menos. De todos modos, inténtalo, porque si dejas pasar demasiado tiempo, se volverá a producir la fase violenta del ciclo. Tan pronto como desaparezcan tus heridas, será fácil para ambos hacer como si nada hubiera ocurrido.

Conocer los signos de la violencia

Si prestas especial atención, tal vez logres detectar la ira de tu marido en su fase inicial. Quizá ya conozcas los indicios. ¿Bebe más, se queja por tonterías, quiere salir cada noche o prefiere apoltronarse de mal humor delante de la tele más de lo normal? Si sientes que se acerca el momento pero no tienes palabras para describir los cambios que se producen en él, afina tus observaciones. Es importante para tu autoconfianza que seas capaz de determinar si su tono de voz, lo que dice, sus costumbres, su comportamiento hacia ti y los niños cambia antes de pasar a la fase violenta. Conviene que estés lo más segura posible, tanto si estos cambios se producen semanas o simplemente unas horas o minutos antes de que se ponga violento. Escribir estos indicios te ayudará a tener una idea más clara del patrón que sigue y hará que tengas más confianza en tus observaciones.

Quizá cuentes con una oportunidad de desarrollar un plan de escape si convives con un hombre violento que se siente tremendamente arrepentido después de maltratarte y que te promete que nunca volverá a levantarte la mano, o que te dice que hará cualquier cosa que le pidas si te quedas con él y le ayudas a superar su problema. Precisamente durante esta fase de «luna de miel» es cuando tendrías que plantearle que hay ciertas cosas que él hace que te indican que se está volviendo violento. Si consigues que acceda a que te marches temporalmente, o que él se vaya en esos momentos, mucho mejor. Pero probablemente intentará convencerte de que no será necesario porque no dejará que se repita la situación.

Tanto si está de acuerdo como si no, coméntale que la próxima vez que atisbes indicios de violencia te irás a un lugar seguro.

Irte para protegerte

Cuando tu marido vuelva a entrar en una fase violenta, seguramente no se acordará ni se preocupará de que quedó en que tú deberías buscar un lugar seguro. Pero tú sí te acordarás y eso te facilitará ponerte en marcha. En cuanto le hayas dicho que existe un determinado conjunto de acciones que normalmente conducen a la violencia, cuando veas que pasa otra vez, no te resultará tan fácil decirte «Quizás esta vez no ocurra» o «A lo mejor me lo estoy imaginando».

La pregunta más importante es qué puedes hacer para protegerte. La mejor opción es ir a casa de un buen amigo o de un familiar, un lugar donde haya mucho espacio para ti y la gente que te importa. El único peligro es que, para no abusar de la amabilidad de los demás, esperes hasta que sea demasiado tarde. Si en el pasado ya has acudido a ellos o a otras personas después de haber sufrido una agresión, intenta tener en cuenta que la mayoría de la gente prefiere protegerte que secarte las lágrimas cuando el daño está hecho.

Deberás permanecer en ese lugar seguro hasta que se pase la ira de tu marido. El problema, por supuesto, es que te será difícil saber cuándo ha llegado ese momento. Si consiguieras que una tercera persona hablara con él de vez en cuando, tal vez conseguirías información más fiable y evitarías la posibilidad de que te hablara de volver a casa demasiado pronto. Existen dos problemas en este plan. Puede que el hombre esté tan acostumbrado a liberar tensiones utilizándote como saco de arena que no tenga otra salida y te espere hasta que vuelvas. El otro problema es que, aunque esté a punto de perder el control, sea un experto en convencerte a ti o a tu intermediario de que se le ha pasado la rabia y que está preparado para ser cariñoso y afable. Y luego, cuando vuelvas a casa, te encuentras con que está decidido a castigarte por haberte marchado. Quizá recuerdes momentos en los que te ha manipulado controlando temporalmente su violencia y tú has creído que el peligro había pasado.

Plan para casos de emergencia

Por lo menos deberías tener suficiente dinero para un taxi hasta un lugar seguro, y si te encontraras en una zona que no es la tuya, el suficiente para pagarte una o más noches en un motel. También deberías tener un duplicado de las llaves del coche y de casa y una lista de los números de teléfono a los que llamar en caso de emergencia. Tal vez también quieras ir separando ropa para ti y/o los niños. Lo ideal sería que guardaras todas estas cosas en casa de un vecino, en el trabajo o en alguna parte lejos de casa. Si tienes que huir con prisas, puede que no te quede tiempo para cogerlas de casa.

Incluso si no tienes ningún otro sitio al que ir excepto a un motel, deberías saber a cuál y cómo llegar hasta allí, y deberías ir de tu casa hasta allí varias veces para que en un momento de mucho estrés te des cuenta de que se trata de un lugar alternativo familiar y que no supone amenaza alguna, donde vivir sin un hombre peligroso. El miedo

114

puede conseguir paralizarte, pero no es probable que ocurra si has urdido un plan de escape con suficiente antelación.

Ensayar la partida

Estáte segura de no decirle a tu pareja que te vas por tu propia protección. Seguramente se pondrá aún más furioso y dominante e intentará detenerte. Ttata de adelantarte a su violencia con suficiente antelación para poder escapar mientras está trabajando, pero si no puede ser, di que tienes que salir a por leche para el niño u ofrécete para irle a comprar cerveza o comenta que le prometiste a una vecina que le llevarías una receta. También debes practicar estos movimientos con antelación. Debes contar con varias razones plausibles para irte en diferentes momentos del día o de la noche. Si su ira surge en plena noche, ten pensada una razón para salir. Desarrolla la costumbre de olvidarte de hacer la colada hasta bien entrada la noche, de pasear al perro o de sacar la basura a media noche. En cuanto hayas cruzado la puerta, no te detengas. Móntate en el coche y conduce lo más rápido y silenciosamente que puedas o sigue caminando hasta encontrar un teléfono.

Cómo y por qué llevarse a los niños

Tal vez quieras irte sola para no molestar a los niños, especialmente si crees que están durmiendo felizmente en medio de la noche. No obstante, las cosas no son así y estarán tumbados despiertos, muertos de miedo por la violencia que se avecina. Posiblemente les dé menos miedo levantarse y huir de un padre amenazador que encontrar por la mañana que has desaparecido sin decirles adiós. Otro punto que debes recordar es que, pese a que el padre nunca haya pegado a los niños, no puedes estar segura de que no vaya a empezar ahora, especialmente cuando descubra que te has ido de casa.

Escaparse con los niños es más complicado que hacerlo sola, pero también te puedes preparar. Háblales a menudo de la importancia de la seguridad. Enseña a los mayores a llamar a un familiar, a un amigo o a la policía cuando oigan o vean escenas de violencia. Si el chico o vecino al que llaman tus hijos puede avisar a la policía, puede que los agentes te ayuden a irte con los niños.

Si quien te preocupa es un bebé, dile a tu marido que lo estás oyendo llorar, sácalo de la cuna y sal por una puerta trasera o ventana antes de que se dé cuenta de lo que está pasando. No te detengas hasta estar en un lugar seguro.

Cuando los acontecimientos se desarrollan tan rápido que tienes que irte sin los niños, intenta volver a por ellos lo antes posible. O bien los recoges en el colegio o vuelves a casa acompañada por un agente de policía. Necesitas garantizar la seguridad física de tus hijos, hazles saber que no les has abandonado y protege tu derecho a la custodia.

En los casos de custodia, la tendencia generalizada es dejar a los hijos con el familiar con el que estaban en el momento en el que el caso llegó al juez. Si están contigo, tienes muchas más probabilidades de ganar la custodia definitiva que si los dejas con su padre, independientemente de las razones.

Prepararse para irse definitivamente

En muchas ocasiones, las mujeres que han dejado a su pareja de repente o con un mínimo plan de emergencia nunca vuelven. A veces siguen la pauta de irse y volver cuando el hombre se ha calmado. Y a veces se quedan con él para siempre.

Puede que no estés dispuesta a tomar la decisión de marcharte hasta que tengas heridas físicas. Te encontrarás con todos los problemas de una huida precipitada y el sentimiento de crisis que acompaña al momento de cambio. Si sopesas las ventajas e inconvenientes de irte en un momento de tranquilidad, seguramente tu decisión sea más fiable y provocará menos trastornos emocionales a ti y a los niños. Al menos, planearlo todo con antelación te dará algo de seguridad económica.

Aunque es poco común, difícil y a menudo peligroso, algunas mujeres que han sufrido malos tratos se quedan con su pareja durante meses y años mientras planean la separación. Para algunas supone ir a clases, conseguir un trabajo o unas prácticas para obtener unos ingresos independientes cuando finalmente se marchen. Para otras significa ahorrar pequeñas cantidades de dinero para pagar un billete e irse a la otra punta del país o esperar un año o dos más, dolorosos y llenos de riesgos, hasta que los niños vayan al colegio o sean bastante mayores como para cuidar de sí mismos.

Irse en un caso de emergencia y volver cuando todo se haya acabado porque no te sientes preparada para vivir por tu cuenta es una conducta comprensible. Pero ello no significa que debas mantenerla el resto de tu vida. Los capítulos anteriores tendrían que haberte dado ideas para recabar información y decidir el cómo y el cuándo entrar en acción. Ahora te proponemos otros asuntos de carácter práctico que deberías considerar si pretendes irte definitivamente.

Protege tu dinero y tus propiedades

Los derechos de propiedad en el matrimonio varían según la zona geográfica y son mucho más difusos cuando se trata de parejas de hecho, así que necesitarás asesoramiento legal para tener una idea de lo que probablemente te conceda el juez y lo que legalmente puedes considerar tuyo. (Véase el capítulo 8, «Tomar decisiones legales».) Luego planifica cómo conseguir lo que te pertenece.

Llévate de casa con anterioridad todos los objetos personales que puedas, sobre todo cosas de valor sentimental o económico u objetos que tu pareja sepa que les tienes un aprecio especial. Si vas a arriesgarte a quedarte con él unos meses más, puedes guardar estos objetos a buen recaudo en casa de un amigo. Dile a tu pareja, si fuera necesario, que es ropa para lavar, fotos de familia por enmarcar, joyas que arreglar. Sin embargo, si tu pareja es muy observadora y sospecha, quizá no sea seguro. Es importante que conozcas a tu marido y sepas si se dará cuenta de lo que se tarda en hacer la colada, etc., antes de correr riesgos.

Si es desconfiado, será mejor que hagas una lista con los objetos más importantes y poco a poco los vayas colocando en dos o tres lugares de la casa, y piensa en qué maletas, cajas o bolsas los meterás para que, cuando te vayas, los puedas guardar más rápido. También cuenta con objetos importantes para los niños. Intenta no dejarte nada que pueda provocarte dudas si tu pareja te amenaza con apoderarse de ese objeto o destruirlo.

Averigua si los agentes de policía de tu zona u otra entidad estarán presentes mientras te llevas tus objetos personales. Realiza esta operación mientras tu pareja está fuera de casa, pero haz que un amigo te acompañe por si él volviera antes de lo esperado. Aunque nunca antes haya destruido objetos de tu propiedad, en cuanto le hayas dejado, probablemente se valga de cualquier herramienta que tenga a mano para amenazarte o castigarte.

A menos que legalmente te hayan aconsejado otra cosa, coge la mitad del dinero de la cuenta corriente, de la de ahorros y de cualquier otro activo, como cuentas abiertas, que puedan ser amortizados rápidamente. Si crees tener derecho a algo más, consulta con un abogado. Asegúrate de no dejar tu parte del dinero en una cuenta común para sacarlo después. En cuanto se entere de que le has dejado, tu pareja retirará todos los fondos de las cuentas, te quitará la titularidad de las tarjetas de crédito o cambiará las cerraduras de las puertas. Muchas mujeres se han negado a creer que su pareja haría tal cosa, pero se han encontrado sin recursos a las 24 horas de dejarla. Si no sabes con certeza qué activos compartes con tu pareja, invierte algo de tiempo buscando documentos que indiquen qué valores, propiedades, planes de seguros, préstamos u otros activos hay. Toma nota de toda la información o fotocopia los papeles, si puedes hacerlo con seguridad. En caso de que fuera necesario, da a un amigo los papeles y las listas para que los guarde en lugar seguro. Coger lo que es tuyo no es ser mezquino ni cruel, así que no os privéis de nada, ni tú ni los niños, por sentimientos de culpabilidad injustificados.

Planea adónde ir

Si es posible, encuentra un lugar donde vivir antes de irte, aunque sea un centro de acogida temporal o un centro para mujeres maltratadas, la casa de un amigo o pariente, o un piso nuevo. Intenta decidir dónde te asentarás definitivamente, si en un barrio diferente o en una nueva ciudad (en cuyo caso puede buscarse allí un centro de acogida para una temporada). Lee bien los anuncios de viviendas para saber qué esperar según tu margen de precio. Este paso te facilitará la posterior búsqueda de un lugar fijo.

Si crees que puedes necesitar asistencia social o una vivienda de protección social, recaba toda la información que puedas antes de mar-

118

charte. Averigua qué documentación te hará falta, consíguela y lléva-tela contigo.

Muchos de los problemas prácticos con los que te encontrarás al marcharte se tratan en profundidad en la cuarta parte. Esa informa-ción te ayudará a realizar planes efectivos ahora. Aprender a ver di-rectamente lo que puedes y no puedes hacer para labrarte tu propia vida y la de tus hijos puede darte una imagen realista de tus opciones.

Si para cada propuesta has respondido algo así como «Sí, pero no puedo hacerlo...» porque no tengo coche, no tengo dinero, no tengo amigos u otros problemas, piensa qué significan estas respuestas. Estás diciendo que no existe forma de protegerte de los malos tratos y del miedo que les sigue. Estás diciendo: «Acepto una vida con violencia periódica. No voy a intentar cambiarlo». ¿Estás dispuesta a aceptar esta situación? Si no es así, será mejor que hagas planes para irte.

Segunda parte

Obtener ayuda profesional

El problema del sexismo

En ocasiones, la intervención de un profesional puede ayudarte a curar tus heridas, a aumentar tu seguridad, ofrecerte asesoramiento acerca del sistema legal, defender tus derechos o reorganizar tu vida. La formación y los conocimientos de médicos, policías, abogados o asesores —cuyo trabajo goza de cierto reconocimiento en la sociedad— pueden suponer una gran diferencia y hacer que esta crisis, en lugar de tener efectos dañinos y permanentes para ti, se convierta en una motivación para que empieces a construir una nueva vida más satisfactoria.

Sin embargo, en otras ocasiones, la ayuda de un profesional también puede empeorar tu situación. Algunos de ellos no son suficientemente competentes, a pesar de haber recibido cierta formación. Otros sí son competentes, pero su postura social o la forma de relacionarse con sus clientes tal vez resulten perjudiciales o incluso descompensen el bien que puedan hacerte en la sala de operaciones, la sala de juicios o el consultorio.

Una forma de poder minimizar el daño y aumentar los beneficios de la ayuda de un profesional es saber cuanto te sea posible acerca de lo que la ley o la ética profesional les exige o prohíbe hacer. Otra forma es escoger escrupulosamente a los profesionales a los que contratas, que respeten tus propias reacciones ante ellos y que conozcan bien tus derechos. En esta parte del libro voy a describir una serie de pautas útiles para decidir cuándo contratar la ayuda de un profesional, cómo escoger a esa persona y cómo evaluar sus servicios.

El sexismo, en su forma más extrema, es la creencia de que los hombres y las mujeres tenemos características completamente distintas, más inherentes que aprendidas; de que los hombres son superiores a las mujeres; de que los hombres tienen derecho a tomar decisiones y a dictar las leyes para gobernar la vida de las mujeres. Los «trabajos de hombres» son considerados más importantes y más difíciles que los «trabajos de mujeres», por lo que están mejor pagados. Esta creencia encaja con la idea de que los hombres son quienes mantienen a la familia y que por este motivo no sólo se merecen tener un sueldo superior, sino que además tienen más necesidad de ello. Desde siempre se ha relacionado a las mujeres más con el mundo de las emociones, las relaciones y la intuición. La creencia de que estas cualidades inherentes en ellas hacen que sean superiores a los hombres es una forma de «sexismo inverso». Puesto que las ideas sexistas se han ido infiltrando en todas nuestras instituciones y todos hemos terminado absorbiéndolas, es imposible dividir en dos categorías claras aquellas personas que son sexistas y las que no lo son. Sólo podemos hablar de las que lo son más y las que lo son menos. Para ser más prácticos voy a usar los términos «sexista» y «no sexista» para referirme a las personas que son más sexistas y a las que son más bien no sexistas, respectivamente. Es esencial saber percibir las tendencias sexistas de muchos de los profesionales que probablemente te ofrecerán su ayuda.

La conciencia de la existencia del sexismo institucional empezó a desarrollarse en los años sesenta, y a principios de los setenta ya tuvieron lugar cambios significativos tanto en el ámbito escolar, como en el religioso, el legal, el médico o en otro tipo de instituciones. Sin embargo, mucha gente —incluyendo a algunos profesionales— sigue creyendo en la idea de que las mujeres estamos biológicamente limitadas en cuanto a nuestras habilidades intelectuales, artísticas, físicas o financieras. Por consiguiente, consideran que los hombres están destinados a cuidar y a proteger a las mujeres y, puesto que ellos están limitados en cuanto a sus habilidades para expresar emociones o tratar con tareas domésticas o problemas personales, las mujeres tenemos la obligación de cuidar de sus necesidades personales y emocionales.

Nadie puede negar la fuerte tendencia que tenemos hombres y mujeres a adoptar estos roles al relacionarnos entre nosotros y con el resto del mundo. La cuestión está en si dichos rasgos son inherentes o adquiridos. Las personas sexistas creen que los roles tradicionales no pueden cambiarse, a pesar de la gran y reciente evidencia de que las mujeres realizamos trabajos que implican gran esfuerzo físico, que a la vez hacemos contribuciones intelectuales y artísticas importantes a la sociedad, y de que los hombres pueden criar a los hijos y ser emocionalmente expresivos. Las personas no sexistas creen que muchas de estas características estereotipadas son sólo el resultado de que las mujeres aprendan roles que la sociedad considera «sexualmente adecuados» y de definir otros rasgos como inaceptables o impensables («Las niñas no deben pelear» o «Los chicos no lloran», por ejemplo). Los no sexistas creen que cada persona debería ser motivada para desarrollar los rasgos, adquirir las habilidades y escoger las profesiones que desea y para las que está personalmente preparada. Los hombres pueden trabajar en guarderías y las mujeres de bombero. Pero a su vez, los hombres también pueden trabajar de mecánicos y las mujeres de enfermeras.

El sexismo institucional aún determina en gran medida las profesiones de los hombres y las mujeres. Los puestos de trabajo de mayor prestigio y mejor pagados —considerados a menudo erróneamente como los que requieren mayor riesgo y más resistencia que «los trabajos de mujeres»— han sido desde siempre reservados para los hombres. A pesar de que en los últimos años las mujeres han sido admitidas en todo tipo de profesiones, es más probable que encontremos a más hombres ejerciendo de médicos, policías y abogados, especialmente fuera de las grandes ciudades. Entre los asesores, en cambio, hay más posibilidades de encontrar mujeres, si bien la mayoría de los psiquiatras y psicólogos todavía son hombres. (La mayoría de los trabajadores sociales son mujeres, por ejemplo.)

Las mujeres pueden llegar a ser tan sexistas como los hombres, pero los roles sexistas sobre los que todos hemos sido educados suelen aplicarlos más los profesionales hombres en relación con sus clientes mujeres. Un abogado que crea que él, como hombre, puede hacer su trabajo mejor que las mujeres tenderá a hacer mucho más de lo necesario y a tomar decisiones que deberías tomar tú misma. Y si te sientes sola, sin otra ayuda, compartes sus ideas sobre los roles de hombres y mujeres, o te intimida su masculinidad, podrías dejarle asumir todo el control. Este tipo de reacciones no suelen tener lugar cuando se trata de una abogada —u otra profesional—, incluso aunque ésta sea un poco sexista. Una profesional mujer puede ser arrogante, imperativa o despreciar tu inteligencia, cada uno de los cuales es un rasgo sexista. Pero el impacto de este tratamiento nunca será ni mucho menos como el que provenga de un hombre en posición de autoridad. Desde el momento en que seas víctima de tu propio sexismo —como todos lo somos en cierto modo—, interpretarás la actitud de este profesional como un indicativo de algún error tuyo y empezarás a dudar incluso de tu propio criterio.

No es tan inusual que algunos profesionales utilicen su posición de autoridad y la vulnerabilidad del cliente para aprovecharse sexualmente de este último. Esta práctica tan poco ética, y a menudo ilegal, suele ser casi siempre perpetrada por hombres que explotan a sus clientes mujeres. A menudo se les presenta como algo bueno para ellas, y su soledad, mezclada con la necesidad sexual y la posición de superioridad del profesional, ubica a dichas mujeres en una posición muy vulnerable. La mayoría de las veces salen perjudicadas por este tipo de relaciones.

Por todos estos motivos es más seguro que contrates a una profesional mujer, suponiendo que puedas encontrar a una que sea sensible, relativamente no sexista, suficientemente competente para solucionar tu problema en concreto y dentro de tu presupuesto. Cada una de estas características es importante. Si tu capacidad de elección se ve limitada por el tiempo, el dinero o la comunidad en la que vives, es importante como mínimo reconocer las deficiencias de dicha persona para que puedas prevenirte frente a ellas. Los capítulos siguientes te guiarán a través del proceso de encontrar, contratar y evaluar a un buen profesional.

7

Asistencia médica, policial o legal en caso de emergencia

Incluso si aún no estás preparada para dejar a tu pareja, los profesionales pueden ofrecerte una gran cantidad de servicios para ayudarte a soportar mejor tu situación y a prepararte para poner fin a la relación. Una vez hayas llevado a cabo la ruptura, pueden contribuir a aumentar tu seguridad y ayudarte a empezar una nueva vida más satisfactoria.

Este capítulo te ayudará a decidir qué es lo que debes esperar de la asistencia médica o policial y te dará algunas ideas acerca de qué hacer si no obtienes los servicios que estás buscando.

Asistencia médica

La sala de urgencias

Si necesitas tratamiento médico inmediato, probablemente sea en plena noche o durante el fin de semana, y te dirigirás a la sala de urgencias del hospital más cercano para que te atienda el primer médico que te asignen. Intenta que te acompañe alguien, puesto que la espera puede ser larga. Dile a la recepcionista o a la enfermera que has sido golpeada por tu marido o compañero sentimental. Describe el dolor y las heridas tan detalladamente como te sea posible. Llegados a este punto, sólo podrán saber todo el dolor que sientes si tú misma se lo cuentas.

Pide que te den un cálculo aproximado del tiempo que tendrás que esperar hasta que te atiendan. Puede que no sea exacto porque en una sala de urgencias se trata con prioridad a las personas que corren más

127

peligro, independientemente del orden de llegada. Pero si tienes una idea del tiempo que tendrás que esperar, podrás relajarte sin sentirte posiblemente ignorada u olvidada. Ahora es el momento de preguntar si existe algún programa especial de ayuda a las víctimas de la violencia doméstica. Si es así, puede que haya algún trabajador social que pueda darte referencias para un centro de acogida u otros servicios, e incluso ofrecerte su apoyo mientras esperas el tratamiento médico. Si notas que empeoras, avisa inmediatamente a la persona que esté en recepción.

El médico de familia: pros y contras

Si no se trata de una urgencia, tal vez decidas ir a tu médico de cabecera. Un médico de familia puede resultar bastante útil si te conoce bien, se preocupa por tu bienestar y te respeta. Sin embargo, puedes tener algunos motivos para no acudir a tu médico habitual. A lo mejor conoce tanto a tu cónyuge que imaginas que no te creería, o puede que te haga sentir incómoda o quieras proteger a tu pareja. (Trata de recordar que es esa persona violenta quien debería sentir incomodidad o vergüenza, pero si prefieres hablar con un médico a quien no conozcas de nada, adelante.) También puede que sepas, por experiencias anteriores, que te presionaría para que le denunciaras a la policía, para que te separaras antes de estar preparada para ello o para que *no* le denunciaras, a pesar de ser lo que tú quieres hacer en realidad. El médico podría incluso mostrar una actitud sexista ante ti, insinuando que te mereces lo que te han hecho o que se te hagan preguntas, puesto que sigues viviendo con tu agresor.

En el momento de recibir tratamiento médico, probablemente tendrás la sensación de que no quieres volver nunca más con tu compañero. Cuando un médico o enfermera te aconseje que te alejes de tu pareja, seguramente estarás completamente de acuerdo y te sentirás con ganas de hacerlo. Entonces te creerán, y cuando vuelvas al mes siguiente con nuevas contusiones, se sentirán decepcionados, desanimados y temerán por ti. Este sentimiento de desesperanza puede convertirse en resentimiento o en una sutil y camuflada hostilidad cuando se den cuenta de que su atención y su tratamiento médicos tendrán que repetirse la próxima vez que seas golpeada. Lo único que ven ellos son los resultados de los peores tratos de tu compañero y las pruebas de su carácter destructivo. Para ellos es difícil imaginar que en vuestra relación se cubran otras necesidades.

Si estás decidida a probar con un médico nuevo, trata de encontrar a uno que sea sensible, que respete a las mujeres y que sea capaz de entender los problemas de aquellas personas que son víctimas de la violencia. Pregunta en un centro de acogida, en una clínica de mujeres, en algún otro servicio para mujeres víctimas de malos tratos o incluso puedes probar en una línea de emergencia para casos de violación si pueden darte algunas referencias. Aunque no tengan una lista oficial de médicos sensibilizados con el problema de los malos tratos a mujeres, es posible que algún miembro del personal pueda darte alguna recomendación a título personal.

Qué decir al médico

Muchas mujeres son poco claras al explicar a su médico lo que les ha ocurrido. Puede que en realidad quieras contárselo, pero que no te atrevas a soltar: «Mi marido me ha pegado». Esperas a que el propio médico o la enfermera logren sonsacártelo y te preguntas por qué ni siquiera te interrogan cuando te ven aparecer una y otra vez con el cuerpo repleto de inexplicables magulladuras. Cuando les cuentas que te salen hematomas con facilidad, en parte estás esperando que te pregunten, pero hay muchos médicos que no quieren saber nada de este tema. Puede que se sientan incómodos, que tengan miedo de que des rienda suelta a tus sentimientos si te hablan de ello, o de tener que aparecer ante un tribunal. Por lo tanto, si quieres que el médico lo sepa, tendrás que decírselo. Puedes llamar su atención empezando con: «Quiero que sepa cómo me he hecho estas heridas». Una vez hayas empezado, probablemente ya te será más fácil seguir, y te supondrá un gran alivio habérselo contado a alguien.

Si no se lo cuentas al médico, te ahorrarás algún que otro mal rato, pero puede que te arrepientas más tarde. Además, tienes muchas probabilidades de que tu historial médico se admita luego como prueba si presentas cargos por agresión y que contribuya a convencer al juez de la gravedad de tu situación. Si entabláis una disputa por la custodia de los hijos, el historial que pruebe la violencia del padre puede ser un factor importante a tu favor y en algunos Estados podría incluso ayudarte a llegar a un acuerdo más favorable en los trámites del divorcio. Puede que prefieras evitar cualquier acción legal, pero siempre existe la posibilidad de que te veas involucrada en ella, te guste o no. Y, en todo caso, si nunca tienes que usar este historial médico, simplemente puedes ignorarlo y no vas a perder nada con ello.

Si has encontrado a un médico cooperativo, infórmale desde un principio de que quieres una descripción detallada de todas y cada una de las heridas que se incluyan en el historial y de que querrás verlo cuando esté terminado para que te añadan información relevante si es necesario. Te será útil tener contigo a una amiga que te apoye cuando exijas estas condiciones. No debes sentirte culpable por hacerles perder tiempo. Forma parte de su trabajo ofrecerte un tratamiento competente y respetuoso, tanto en los centros de la seguridad social como en las clínicas privadas.

Si te intimidas ante la autoridad de un médico, llévate a una amiga contigo y pídele que te apoye al exigir tus derechos. Puedes decirle al médico que quieres que ella entre contigo en la consulta, e intenta ceñirte a este plan, a pesar de que el médico se oponga a ello. Recuerda que eres tú quien le está pagando y que en caso de que no te satisfagan sus servicios puedes irte a buscar a otro. La mera presencia de otra persona en la sala puede provocar una gran diferencia en la actitud del médico.

En función de la relación que tengas con tu médico, de tu estado de ánimo y de si tienes o no a otras personas para que te ofrezcan ayuda y asesoramiento, puede que te sea útil escuchar sus consejos. Si crees que éste desea lo mejor para ti y entiende la situación, intenta sacar cuanto puedas de sus consejos. Pero no olvides que has ido allí sólo para recibir atención médica. Si a ti no te apetece, el médico no tiene por qué seguir aconsejándote sobre tu relación. Tienes derecho a decir que no quieres explicar lo que ha ocurrido más allá de lo que exijan las necesidades médicas y que no quieres hablar de tus planes de futuro.

Intervención de la policía

En algunas comunidades, la policía tarda mucho tiempo en responder a las llamadas por violencia doméstica y muchas de éstas ni siquiera reciben respuesta. Sus motivos abarcan desde el miedo a ser asesinados —no es nada sorprendente, puesto que, en Estados Unidos una quinta parte de los homicidios de miembros del cuerpo policial ocurren cuando éstos acuden a atender las llamadas por violencia doméstica— hasta la decepción, cuando responden a la misma llamada un mes tras otro y nada parece cambiar, pasando por el mero sexismo («Si su marido le ha dado una paliza, es que se lo debe merecer»).

Por otro lado, sin embargo, también hay miembros de la policía que son protectores en el sentido más estricto de la palabra y se llevarán a la víctima a un centro de acogida o a un hospital, le darán referencias sobre servicios especiales para mujeres maltratadas y le ofrecerán consejos prudentes y precisos acerca de cómo afrontar su caso.

¿Debes llamar a la policía?

Si puedes, decide con anterioridad si quieres o no llamar a la policía la próxima vez que tu marido te golpee o transgreda los límites de tu propiedad. Piensa qué resultado esperarás obtener. ¿Querrás que venga un oficial a detenerle para que no siga golpeándote, que le calme, que le arreste, que se lo lleve de la casa o que te lleve a ti a un lugar seguro? Cuando hayas respondido a estas preguntas, llama a un centro de acogida para mujeres maltratadas, una asociación para los derechos de la mujer o a la County Bar Association [Asociación de abogados provincial] para averiguar qué expectativas razonables puedes tener acerca de la intervención policial o de un abogado en tu comunidad.

Puede que creas que no vale la pena llamar a la policía si hay pocas posibilidades de que le arresten o le lleven a la cárcel. Él puede incluso reforzar este sentimiento mostrando su indiferencia, pero nadie se queda indiferente al enfrentarse a la policía, aunque no le arresten ni se lo lleven a la cárcel.

Puede que no estés segura de llamar a la policía porque te sabe mal por él y no quieres castigarle con la cárcel. Pero este miedo a mandarle a la cárcel probablemente es infundado, a no ser que él ya tenga otros problemas con la ley. Si tiene antecedentes penales y está en libertad condicional o vigilada, tu miedo ante un período de condena puede ser más justificado. Pero si simplemente te sientes culpable por ello, recuerda siempre que son sus propias acciones las que le han llevado ahí. Puede que también tengas miedo de que un período de tiempo en la cárcel le haga enfurecer y cuando salga se muestre incluso más violento contigo. Para protegerte de su ira, a lo mejor tendrás que buscar un lugar seguro en el que esconderte mientras esté libre bajo fianza. Es posible que pasen meses hasta que el caso llegue a los tribunales, por lo que estaría bien que preguntaras a tu abogado si puedes obtener una orden de alejamiento (véase la página 139).

Aunque cueste muchísimo hacerlo, tal vez valga la pena presentar cargos. Emprender acciones legales y seguir adelante a pesar de las consecuencias quizá sea la única forma de que tú y otras mujeres podáis convencer a estos hombres violentos y a los miembros del sistema judicial que no toleráis los abusos por parte de los hombres. Si esta persona no tiene antecedentes penales, probablemente le recomienden recibir asesoramiento para alcohólicos u hombres violentos, lo que probablemente sería la mejor solución, tanto para él como para ti.

Si decides llamar a la policía, mantente tan calmada como puedas. Es difícil hacerlo en caso de urgencia, pero si practicas de antemano algunas frases, probablemente seas capaz de decirlas de forma automática si se da el caso. Lo más importante es poder dar a la policía tu dirección de forma detallada y correcta, y asegurarte de que saben que se trata de una emergencia. Debería bastar con una o dos frases cortas: «Me están dando una paliza. Estoy en la calle Borden, número 628, en el lado este». No digas que se trata de tu novio o marido.

CÓMO OBTENER LA REACCIÓN MÁS EFICAZ DE LA POLICÍA

1. Muéstrate tan calmada como puedas.
2. No tengas miedo de decir a la policía que quieres presentar una denuncia.
3. Cuéntales todos los detalles de la agresión.
4. Muéstrales cualquier herida, contusión u objeto dañado.
5. Infórmales acerca de si hubo testigos.
6. Cuéntales que hubo otras agresiones anteriores.
7. Muéstrales cualquier documento legal que tengas, como órdenes de alejamiento o restricción.
8. Pregúntales acerca de recursos sociales como centros de acogida, líneas de emergencia, asesores y abogados.

---

9. Pregúntales el número de registro de la denuncia y un número de teléfono al que llamar por si quieres hacer el seguimiento del caso.

Presentar cargos por agresión

No tienes que decidir si presentar cargos o no en el mismo momento en el que llegue la policía. Sólo asegúrate de que perciben las pruebas de la agresión y de que velan por tu seguridad física. Ya decidirás al día siguiente si es o no buena idea presentar cargos en tu caso concreto.

Si presentas cargos y le condenan, puede ser positivo, tanto para ti como para él. El tribunal puede ordenarle no tener ningún tipo de contacto contigo durante el tiempo que dure la sentencia (de seis meses a un año), recibir asesoramiento para agresores o tratamiento para alcohólicos y pagar tu tratamiento médico o devolverte tus bienes. A algunos agresores les preocupa tanto lo que les pueda ocurrir ante el tribunal, que dejan de amenazar y maltratar a sus mujeres mientras el caso está pendiente. Y si vuelve a agredirte mientras el caso esté pendiente, tiene más posibilidades de que le arreste la policía. Si te agrede o

133

amenaza, llama a la policía para informar de estos cargos adicionales y comunícaselo inmediatamente a tu abogado.

Una vez hayas decidido cooperar con tu abogado para presentar cargos, es importante que sigas adelante con ello. Es una forma contundente de decir a tu pareja que debe cambiar. Es un modo de demostrarle a él y a ti que sabes cuidar de ti misma.

En caso de que te reconcilies con él antes de que le lleven ante el tribunal, probablemente te sentirás bajo mucha presión para retirar los cargos. Pero eso sólo podrán hacerlo el fiscal o el juez, lo que supone una ventaja para ti porque siempre podrás decirle a tu pareja que no es algo que esté en tus manos.

¿Qué es lo que tú quieres que ocurra?

Cuando te hayas informado en un centro de acogida o asociación de mujeres acerca de cómo interpretan la ley y cómo te tratarán los policías y abogados en tu comunidad, hazte más preguntas. Analiza lo que quieres que ocurra y tus propias reacciones frente a varios resultados:

- *Además de los resultados ya mencionados anteriormente, ¿cuáles son tus razones personales para presentar cargos?* ¿Buscas el castigo, la venganza, que se lo lleven lejos de ti o que le obliguen a recibir tratamiento? ¿Quieres que tu acción se convierta en una demostración pública de que no se volverá a permitir a los hombres que maltraten a las mujeres sin que esto conlleve ciertas consecuencias legales?
- *¿Has presentado cargos alguna otra vez? ¿Seguiste adelante con ello?* ¿Cómo te afectó el resultado? ¿Te sentiste decepcionada o traicionada por el sistema? Es posible que antes los tribunales fueran menos receptivos que ahora ante las mujeres víctimas de la violencia. Infórmate a través de algún grupo de mujeres o servicios legales si ha habido cambios importantes en tu distrito.

Quizá decidieras que, después de todo, todavía querías a esa persona y no querías que sufriera. O quizá te sentiste culpable por «haberle mandado a la cárcel», aunque fuera sólo durante unas horas. Tanto él como la familia podrían haberte convencido de que fue culpa tuya, a lo mejor tenías miedo de mayores represalias, te venció el continuo estrés o creías que había cambiado.

- *¿Qué ha cambiado respecto a situaciones anteriores?* Si otras veces tus acciones no han dado ningún resultado, ¿hay alguna razón para creer que esta vez el juez tomará otra decisión al respecto? ¿Existen pruebas más evidentes? ¿Puede ser que tu abogado se tome el caso más en serio por tratarse de una segunda vez?

  ¿Cómo puedes estar segura de que ya no le quieres, aunque ahora mismo sientas odio o indiferencia? ¿O estás dispuesta a seguir adelante a pesar de que todavía le quieres? ¿Tienes motivos para creer que ahora controlas mejor los remordimientos y la confusión, y que ya no podrá convencerte para que cambies de idea? ¿Hay alguna razón por la que no debas tener miedo a represalias o te encuentres con suficientes fuerzas para pasar por todo esto?

- *¿Dónde puedes obtener apoyo emocional y ayuda práctica?* ¿Existe un proyecto específico en el despacho de tu abogado o en el centro de acogida? ¿Tienes a una amiga dispuesta a apoyarte durante todo el proceso y a acompañarte a las entrevistas con tu abogado y en el proceso judicial? ¿Tendrás a un abogado que responda a todas tus preguntas a medida que vayan surgiendo? ¿Tienes un lugar seguro en el que esconderte en caso de que tu pareja intente agredirte?

Consigue la ayuda de una amiga para reflexionar sobre estas preguntas. Haz que actúe como una persona persuasiva y amenazadora —tu pareja, un familiar o el abogado— y que se aproveche de tus sentimientos de culpabilidad y ambivalencia. Trata de responder de forma honesta, como si se tratara realmente de esa persona, para que puedas hacerte una idea de tu propia vulnerabilidad ante cualquier persuasión. Después de todo, es posible que decidas no presentar cargos o que prefieras seguir practicando tus respuestas para poder enfrentarte y resistir cualquier tipo de presión en el futuro.

Quizá creas que no necesitas este tipo de ayuda. Tal vez ya habías presentado cargos en otra ocasión pero los retiraste al suplicarte él que volvieras. Si te estás autoconvenciendo, es inútil poner a prueba tus reacciones ante estas súplicas porque esta vez está claro que él no quiere seguir con esta relación, piénsalo bien. Y aunque se esté portando muy mal contigo y esté ya con otra mujer, en el momento en el que vea que realmente quieres emprender acciones legales, puede que vuelva a amenazarte, a ser dulce contigo o ambas cosas. Aunque creas que no hay ninguna posibilidad de que venga a suplicarte, un poco de práctica para aprender a resistirte tanto a sus amenazas como a sus promesas siempre te ayudará a ser más fuerte.

Lo que el abogado puede y no puede hacer

Muchas mujeres se sorprenden al descubrir el poco poder que tienen para llevar a su agresor ante un tribunal. Esperan que la principal preocupación del fiscal sea garantizar la seguridad de la víctima. Pero el trabajo del fiscal consiste más en preservar la paz y el orden del Estado que en proteger al individuo, en subsanar las injusticias públicas, no las privadas.

Como la figura del fiscal suele ser de carácter autoritario, es fácil imaginar que tiene más poder del que en realidad tiene. Puede que sientas que se ha olvidado de ti cuando te diga que aún no se conoce la fecha del juicio, o que se ha retrasado, y que creas que tu abogado no te ha tomado lo suficientemente en serio si no consigues que le mande a la cárcel. El éxito de la acusación depende de una gran cantidad de factores, entre ellos la evidencia de las pruebas, el historial violento del agresor, la actitud de la comunidad y el juez o la capacidad y esfuerzo del fiscal dedicados a trabajar en ello.

El hombre que te haya agredido puede ser llevado ante un tribunal tanto si es tu marido como si no, pero como técnicamente se trata de un caso del Estado, pertenecerá al Estado tomar esta decisión. Jennifer Baker Fleming, en *Stopping Wife Abuse*,[1] describe la situación del siguiente modo:

> El fiscal tiene una amplia libertad de acción al decidir si una acusación se convertirá en un cargo formal o no. Su decisión es apenas revisada y prácticamente no existen directrices que seguir; por ese motivo los

---

1. Jennifer Baker Fleming, *Stopping Wife Abuse*, Nueva York, Anchor Books/Doubleday, 1979, págs. 198-200.

fiscales tienden a ejercer su poder de «discreción fiscal» basándose en sus propios valores, su percepción de la visión que tiene la sociedad respecto al delito y las posibilidades de éxito para conseguir una condena. La estimación de dichos factores y su decisión de procesar o no son decisivas.

Normalmente esta decisión se toma basándose en la observación de varios factores básicos por separado: la cantidad y gravedad de las contusiones, la aparente intención del acusado, la voluntad de la víctima para enjuiciarle, el historial o conducta violenta del acusado —especialmente si tiene antecedentes penales— y la propia estimación por parte del fiscal (basada, entre otras cosas, en la existencia de pruebas tangibles y testigos) de las posibilidades de éxito en el momento del juicio.

Dicha decisión se ve dificultada por el hecho de que a menudo los abogados fiscales no se dan cuenta del grado en el que sus propios valores, incluyendo las actitudes sexistas que tienen, influyen en sus decisiones acerca de temas que son supuestamente factuales y objetivos.

Tratar con el abogado

Sin embargo, también está en tus manos influir en esta decisión. Un factor que puede ayudar es tu entusiasmo para seguir adelante con el caso y tu comprensión de todo cuanto requiere por tu parte. El hecho de que en alguna otra ocasión hayas presentado cargos y luego los hayas retirado, no significa que no quieras presentarlos esta vez. Si éste es el mensaje que te transmite tu abogado, trata de tener a alguien a tu lado para que te ayude a apoyar tu caso. Debes enumerar previamente y de forma detallada las razones por las que esta vez es diferente, de manera que, si se te olvidan algunas de ellas, esta persona pueda ayudarte durante la entrevista con tu abogado. Si en otra ocasión presentaste cargos pero no recibiste ningún tipo de información o apoyo por parte del bufete de tu abogado, explícaselo con todos los detalles posibles. Utiliza afirmaciones como éstas: «Cuando usted insinuó que fui yo quien le dije que volviera a casa y que por ese motivo me agredió, tuve la sensación de que usted no me creía y de que no mostraba mucho interés por ese caso» o bien «Si su bufete pudiera mantenerme informada acerca del proceso y me ofreciera cierto ánimo y apoyo emocional, sería más fácil para mí seguir adelante con todo esto».

Si tu abogado te dice que su bufete no tiene personal suficiente para cubrir estas necesidades y ofrecerte el apoyo e información que requieres para ayudarte a comprender todo el proceso legal, párate a sopesar si realmente vale la pena seguir luchando. Mientras reconsideras la situación, pregunta en asociaciones para mujeres (National Organization for Women, grupos YWCA, una oficina local, provincial o estatal para los derechos de las mujeres) así como en un centro de acogida para conseguir ayuda. Es posible que alguna de ellas presione al fiscal para que se tome tu caso más en serio y te ofrezca el apoyo e información que vas a necesitar para pasar por este suplicio. Quizá puedan ponerte en contacto con otras mujeres que ya hayan pasado por un proceso judicial. En estas circunstancias, es fácil sentirse sola y equivocada. Saber que otras mujeres en circunstancias similares pudieron sacar buen provecho del sistema te ayudará a ganar una perspectiva más objetiva.

En cualquier caso, si tu abogado sólo te ofrece respuestas ambiguas o no te devuelve las llamadas y parece que no esté llevando a cabo ningún tipo de acción, sigue preguntando, insistente, aunque educadamente. A menudo, el caso sigue adelante según su proceso normal, pero no puede hacerse mucho más hasta que no se le asigne una fecha para el juicio. En ese caso, tu abogado está haciendo el trabajo tal como le corresponde, pero simplemente no se ha dado cuenta de tus sentimientos o no ha tenido tiempo de devolverte la llamada.

Cuando te sientes herida y enfadada, es difícil darse cuenta de que tu abogado tiene muchos otros casos en los que trabajar que son igual de apremiantes que el tuyo. Quizá te parezca que te está ignorando, pero tal vez él ya sepa que no puede hacer nada más hasta unos días antes de la fecha del juicio y que además tenga otros casos que le exijan la misma dedicación. Sin embargo, cuéntale a tu abogado cómo te sientes. A lo mejor estaría bien añadir que cuanto mejor informada te mantenga, más segura te sentirás para seguir adelante y ser una buena testigo. Lo que quiere el fiscal es ganar el caso, y para ello necesitará tu testimonio.

Sin embargo, si estás convencida de que no te está tomando en serio o si tu abogado es descaradamente sexista, pide que te asignen otro fiscal o que te dejen hablar con su superior. En algunas comunidades puede que te asignen a alguien más compatible, más sensible y menos sexista. Pero en otras tu solicitud puede no llegar a ninguna parte. O es probable que en este bufete concreto no haya abogados fiscales que estén sensibilizados con el tema de las mujeres maltratadas. Un problema añadido es que, en muchos bufetes, a menudo se reasignan los casos de forma frecuente y, si simplemente esperas un poco, tal vez tu caso termine siendo asignado a alguien mejor en el momento del juicio. Podrías preguntar en alguna asociación de mujeres que conozca bien el tema antes de decidir hasta dónde quieres llegar luchando en contra del sistema.

¿Cómo puedes mantener alejado a tu agresor?

Existen muchos métodos legales para ordenar a una persona violenta que se aleje y que deje de amenazarte o de agredirte. Sin mebargo, tú no necesitas métodos especiales a no ser que tengas una relación legal con dicha persona, como pueden ser, por ejemplo, un matrimonio o un hijo en común. Si un novio, antiguo amante o marido del que estás legalmente divorciada entra en tu casa sin tu aprobación, te obliga a mantener relaciones sexuales con él, te amenaza o te agrede, tienes los mismos derechos que si él fuera un extraño. En algunos Estados, puedes acusarle de violación de la intimidad, de abuso sexual o de lo que correspondería si se tratara de alguien con quien nunca has tenido ningún tipo de relación. Debes preguntar en el tribunal de distrito cuáles son exactamente los cargos que puedes presentar contra él.

En cambio, si tienes dicha relación legal con esta persona, puede que necesites una orden judicial para mantenerle alejado. El tipo de orden y su denominación varía en función de cada jurisdicción: puede ser una orden de restricción temporal, una orden de alejamiento, una orden de protección, etc. Para obtener algunas de estas órdenes no tienes que dirigirte a un abogado o fiscal privado. Llama a tu County Bar Association o tribunal de distrito para averiguar cuál es la denominación correcta de la orden, si necesitas a un abogado para obtenerla y cómo conseguirla.

La orden por sí misma probablemente no le mantendrá alejado, pero la combinación de ésta con tus repetidas llamadas a la policía cada vez que sea vulnerada y demás llamadas a tu abogado puede que le asusten y le mantengan lejos.

Estas formas de utilizar el sistema judicial penal te ayudarán en cierto modo, pero no lo cubren todo. Es posible que tengas otros problemas legales que no tengan nada que ver con el delito. Éstos constituyen el tema del próximo capítulo.

8

Tomar decisiones legales

Para muchos de nosotros, la ley es un misterioso conjunto de reglas y disposiciones, un sistema de deducciones que a menudo nos confunde o intimida. Cuando nos enfrentamos con problemas legales y tenemos sólo una vaga comprensión del funcionamiento del sistema, quizá no sepamos cuándo debemos acudir a un abogado, cómo encontrar a uno privado que sea de confianza, qué preguntarle o cómo evaluarle. Algunas de estas lecciones podremos aprenderlas a partir de la experiencia, pero en este capítulo voy a intentar ofrecerte una serie de sugerencias para que te ahorres algunas de las más duras.

¿Cuándo debes contratar a un abogado?

Aunque un fiscal acepta casos en los que hay un delito contra el Estado, lo que significa también contra otro ciudadano, y aunque hay muchas acciones que puedes emprender sin su ayuda, existen también situaciones en las que preferirás los conocimientos más profundos de un abogado privado. En las décadas de los sesenta y los setenta, los organismos públicos ofrecían servicios legales a los pobres acusados de delito y, en algunas ocasiones, también a mujeres maltratadas. La mayoría de estos programas han desaparecido, pero si todavía existe alguno en tu comunidad, debes sacarle provecho. Pregunta si en los servicios legales locales, en la County Bar Association, en el bufete de fiscales local o provincial o en la asociación de mujeres tienen algún servicio de abogacía. En ciertas ocasiones, los trabajadores de los organismos públicos tienen tanto trabajo que no pueden ofrecer a cada cliente toda la atención que se merece, pero a menudo este problema se ve compensado por el alto nivel de especialización del abogado o asistente de abogado en un área determinada del derecho que a lo mejor un abogado privado no conocería de forma tan profunda.

Si estás poniendo fin a tu matrimonio o te estás separando del padre de tus hijos, tendrás que sentar una serie de cuestiones legales importantes. Se trata de casos de derecho civil, es decir, casos entre particulares, en los que el Estado no tiene mucho interés porque no se ha cometido ningún delito contra él.

Si eres plenamente consciente de los delitos que haya cometido tu pareja contra ti o tus hijos, probablemente te parecerá ofensivo que el Estado se muestre indiferente. (Como discutimos en el último capítulo, el Estado puede involucrarse si presentas cargos contra tu agresor por un delito en concreto.) Las pruebas de los malos tratos pueden ayudarte en algunos Estados, pero en otros no tiene nada que ver con tu divorcio o con la distribución de tus bienes o custodia.

Algunos Estados contemplan el «divorcio sin culpa», lo que significa que no debe culparse a ninguno de los cónyuges del fracaso del matrimonio, sino que se parte de la suposición de que la pareja tiene el derecho de disolver su matrimonio y las razones por las que lo hace no incumben al Estado. Este cambio ha tenido el efecto beneficioso de permitir la separación amistosa de una pareja y a su vez ha llevado a la eficaz eliminación de las pensiones alimenticias en dichos Estados. Sin embargo, también significa que los malos tratos no se tienen en cuenta en el acuerdo.

Divorcio

Te ahorrarás mucho dinero si llevas los trámites del divorcio tú misma, sin la ayuda de un abogado. Si puedes ponerte de acuerdo con tu marido acerca de la custodia de los hijos, la manutención y el reparto de los bienes, lo mejor para ti es que lleves tú los trámites del divorcio. Sin embargo, si posees grandes cantidades de bienes muebles o inmuebles, si tu marido te ha manipulado en alguna ocasión y ha escondido sus bienes y los tuyos o si simplemente te hace vagas promesas acerca de lo que hará por ti en el futuro, ten cuidado. No hay muchos hombres violentos dispuestos a hablar de forma razonable acerca de estas difíciles cuestiones y a ser justos y honestos para llegar a un acuerdo. Sin embargo, si tu marido es la excepción, no cabe duda de que puedes plantearte la posibilidad de conseguir un pacto. Si quieres más información acerca de cómo llevar tú misma los trámites de un divorcio, pregunta en tu County Bar Association o en alguna otra asociación de mujeres si tienen dossieres de material informativo acerca de cómo llevar un divorcio sin la ayuda de un abogado. La disponibilidad de dichos materiales de autoayuda legal varía en función de cada localidad.

Si decides contratar a un abogado, pide antes a varios amigos que te recomienden a uno, o llama a las asociaciones mencionadas anteriormente para que te sugieran a alguien que esté concretamente especializado y tenga experiencia en casos de violencia doméstica.

Cuando le llames para pedir una cita, dile que quieres analizar la posibilidad de contratar o no a un abogado y pregúntale si tiene algún coste la entrevista inicial. Intenta encontrar a un abogado que no cobre nada por la entrevista de exploración.

Antes de la primera visita, trata de aclarar tus ideas y tener claro qué es lo que quieres exactamente. Puede que te sientas confusa acerca de lo que debes hacer porque amas y a la vez odias a tu marido. Un abogado privado no tendrá demasiado tiempo ni capacidad para hacer frente a tus oscilaciones emocionales y te cobrará una gran cantidad de dinero por escucharte o hablar sobre ello. Si no eres capaz de aclarar tú misma tus sentimientos, quizá pueda ayudarte un asesor. Pero antes, trata de responder a estas preguntas:

¿Quieres realmente el divorcio? Ésta suele ser una decisión agónica. Y para reflexionar acerca de ello podrías revisar la primera parte. Es esencial analizar tus miedos y obligaciones, así como el papel que juegan el amor y la soledad en tu vida.

Si consigues el divorcio, ¿es éste el mejor momento? ¿Crees que el estrés y la rabia que sientes te darán la fuerza necesaria para pasar por todo esto o, al contrario, te provocarán tal sensación de impotencia que te echarás para atrás antes de que termine el proceso y te quedarás sin nada, con una enorme factura que pagar al abogado?

Si no es el mejor momento para ello, ¿qué debes hacer primero? ¿Qué cambios puedes hacer para prepararte para dar el golpe? ¿Necesitas hacer amigos, hablar con un asesor, encontrar un trabajo o po-

143

nerte a estudiar? ¿Cómo puedes hacerlo para empezar con estos cambios ahora mismo?

La custodia de los hijos

Acordar la custodia de los hijos es uno de los problemas legales más difíciles de resolver y más aún si tiene que ver con un padre violento. Este tema lo trataremos con más profundidad en el capítulo 15, pero mientras tanto, puede serte útil seguir preguntándote algunas cosas, esta vez acerca de tu opinión respecto a la custodia.

¿Quieres realmente la custodia de los hijos? ¿Tienes razones para creer que puedes perder la custodia? Si tu marido es una persona influyente en una pequeña comunidad, si en tu historial médico consta algún trastorno mental o emocional, por drogas, alcohol o maltrato infantil o si tienes antecedentes penales, puede que tu preocupación sea justificada. Sin embargo, no lo des todo por perdido. Puede que el padre sólo te esté amenazando con ganar la custodia para mantenerte a raya. Y si te resistes, puede que ceda rápidamente. No tienes modo de saber si tendrás problemas para obtener el acuerdo de custodia que deseas hasta que lo consultes con alguien que conozca las leyes, la comunidad, sus jueces y los detalles de tu situación. Esta persona puede hablar contigo acerca de lo que puedes esperar bajo ciertas circunstancias así como qué puedes hacer para que el caso te sea favorable. Un abogado tiene más información para predecir el resultado; sin embargo, nadie puede estar seguro de ello hasta que el caso haya llegado a un tribunal.

Si crees que no has sido una madre responsable, ahora es el momento de empezar a cambiar. Apúntate a clases sobre educación de los hijos, a Alcohólicos Anónimos, o haz trabajos voluntarios en tu comunidad: cualquier cosa que pueda ayudarte a establecerte como buena madre y ciudadana. Quizá no quieras la custodia, pero te sientas culpable.

Si cedes la custodia, ¿con qué frecuencia podrás ver a tus hijos? ¿Cómo reaccionarán éstos y cómo te afectará a ti? ¿Estarán físicamente a salvo? ¿Recibirán el cuidado emocional necesario? ¿Qué pasa si más adelante cambias de opinión? Trata de tener claro qué es lo mejor para tus hijos y lo mejor para ti, y de encontrar el equilibrio entre estas dos cosas.

144

Quizás ahora mismo te parezca que apenas puedes cuidar de ti misma. Sin embargo, dentro de unos meses te sentirás mucho mejor y querrás a tus hijos contigo, pero entonces tal vez su padre no lo permita. Piensa qué tipo de ayuda puedes recibir por parte de asesores, parvularios, amigos, familia e instituciones como servicios de protección al menor. Tener la custodia no significa necesariamente que debes hacerlo todo tú sola y a la vez. Sea cual sea la decisión que tomes, siempre será mejor si la tomas una vez hayas sobrellevado la crisis.

Reparto de bienes, pensión alimenticia y manutención de los niños

Si poseías bienes compartidos con tu marido, lo ideal sería simplemente poder dividirlo todo, repartir la mitad para cada uno e irse cada uno por su lado. Pero eso no suele ocurrir, especialmente entre personas con poco poder adquisitivo. Puede que, si estás casada, tu marido ganara entre 10.000 y 30.000 dólares al año y que tú trabajaras en casa y cuidaras de los niños o ganaras entre 5.000 y 16.000 dólares al año; puede que seas propietaria de una parte de la casa, el coche u otros bienes domésticos, que tengas una hipoteca considerable y algunas facturas fijas de cantidades significativas que pagar. Quizá tengas pequeños ahorros o inversiones o, si eres como la mayoría de los americanos, probablemente llegues justo a fin de mes con tu propio sueldo. Los objetos de más valor como el coche o la casa no se prestan a ser divididos por la mitad. Si vendes uno para repartir los beneficios, cada uno de vosotros tendrá que comprar otro, y con los tipos de interés de hoy en día, probablemente no podrás permitírtelo.

En algunos Estados, los bienes de las parejas casadas son considerados «bienes de la comunidad». Es decir, que la propiedad de la mayoría de los bienes adquiridos durante el matrimonio está compartida por las dos personas, que poseen los mismos derechos para disponer de ellos o usarlos. En la mayoría de estos Estados, sólo las herencias y los bienes adquiridos antes del matrimonio o después de una separación legal o un divorcio se consideran de propiedad individual. Las deudas de cualquiera de las dos partes también se consideran de responsabilidad compartida.

En otros Estados «con derecho consuetudinario», los bienes usados de forma común entre la pareja pueden pertenecer a uno de los dos miembros. Si el matrimonio funciona bien, todo parece ser «nuestro», pero esto puede cambiar rápidamente al cambiar la relación. Si el pago de tus compras más importantes lo hiciste a nombre de tu marido, podría ser que se le considerara a él el propietario. Si has trabajado duro y has contribuido a compartir gastos, ya sea llevando la casa o comprando otros objetos más pequeños, te parecerá, naturalmente, un sistema injusto. No hay modo de decir cómo se repartirán exactamente los bienes hasta que empiecen las negociaciones. Si no podéis poneros de acuerdo, probablemente tendrás que llevar el caso ante un tribunal para que lo decida un juez. Trata de evitarlo, puesto que será una tensión emocional más y resultará increíblemente caro. Intenta mantener las negociaciones a través de tu abogado, aunque sea un trámite molesto. Muchas mujeres pierden lo que les pertenece por derecho sólo porque lo único que desean es terminar de una vez con la relación y los desacuerdos, cueste lo que cueste.

Aunque las leyes y las posturas de los jueces están empezando a cambiar junto con las costumbres sociales, todavía es bastante común ceder a las mujeres la custodia de los hijos, especialmente la de los más pequeños, y que se ceda al cónyuge que tenga la custodia el domicilio familiar, hasta que los hijos crezcan. Sin embargo, las situaciones y las comunidades son tan variadas que uno nunca puede estar seguro de qué decidirá un juez en concreto.

Pensión alimenticia

El dinero muy probablemente seguirá siendo una atadura —y un problema— importante con tu ex marido. Si habéis estado casados durante mucho tiempo y tenéis una casa de propiedad, si no has trabajado mucho fuera de casa o tienes la custodia de hijos pequeños, probablemente se te concederá la casa y quizá tu ex marido tenga que pagarte alguna cantidad durante un tiempo. Tal vez tenga que pagarte también una manutención provisional (hasta que se acaben los trámites del divorcio y se hayan repartido los bienes o hasta que hayas tenido tiempo de seguir un programa de formación profesional o edu-

146

cativo) o bien una pensión alimenticia si es que vives en uno de los Estados que así lo contemplan.

La pensión alimenticia puede ser de gran ayuda para aquellas mujeres que profesionalmente están menos capacitadas, pero incluso en aquellos Estados en los que aún se asigna culpa a una de las dos partes, menos del 5 % de los hombres divorciados están obligados a pagar una pensión a sus ex mujeres y, de entre aquellos que están obligados, el número de los que lo hacen es muy reducido.

Si has compartido gastos de alojamiento, bienes inmuebles u otros gastos con algún hombre con quien no estás casada, tu situación legal es incierta. Ésta plantea cuestiones legales nuevas que justo ahora se están empezando a aplicar en los tribunales. Y aunque no decidas llevar tu caso ante un tribunal, un abogado con experiencia en dichos casos probablemente sabrá llevar una buena negociación para el reparto de los bienes.

Manutención de los niños

Tanto el padre como la madre están obligados a mantener a sus hijos. Y aunque no estés casada con el padre de tus hijos, él deberá ayudarte económicamente. El juez puede ordenaros, tanto a ti como al padre, pagar la manutención de los hijos, pero menos del 25 % de los padres divorciados o no casados la pagan y, de entre los que sí lo hacen, sólo la mitad aproximadamente paga la cantidad establecida por el tribunal. Los padres que efectúan pagos regulares durante el primer año después de la separación o el divorcio suelen dejar de hacerlo o reducir dicha cantidad.

Algunas veces la resistencia que opone un padre para pagar es el resultado de su segundo matrimonio, más hijos y más gastos. Otras veces la causa es que el padre ausente cree que es injusto tener que pagar él la manutención cuando no se le permite vivir con sus hijos. También puede que esté resentido, sobre todo si la mujer vive con otro hombre que parece tener un papel mucho más significativo en la vida del hijo. Si el padre no paga, puede que tengas tentaciones de retirarle los derechos de visita, pero legalmente no tienes derecho a hacerlo. Desde el punto de vista legal, la manutención no está relacionada con los derechos de visita.

147

Costes y beneficios de la manutención del padre

Cuando finalmente has conseguido liberarte, después de meses o años de dependencia emocional y económica, lo mejor para minimizar el dolor sería no tener que volver a mirar atrás ni tener ataduras que condicionaran tu libertad. La continuidad de la dependencia económica siempre será dura para ti y muy probablemente será usada por tu ex pareja para amenazarte o engatusarte para que vuelvas con él.

En función de si se trata de una persona peligrosa y de si crees que la continuidad de la dependencia económica te pondría o no en peligro, deberás decidir si ejerces tu derecho a recibir una ayuda por su parte. También deberías tener en cuenta si en general ha sido una persona responsable con su economía. Si no es así, no tendrá demasiado sentido arriesgarse, a no ser que realmente desees llevar a cabo una larga y pesada lucha para defender tus derechos meramente por cuestión de principios.

Incluso aquellos hombres que son generosos con el dinero y entregados a sus hijos suelen volverse mucho menos dependientes después de la separación. Jugarás con ventaja si puedes hacerte con tu parte de los bienes o con una cantidad económica global desde un principio. Aunque sea menos del total que recibirías si te lo pagara de forma mensual durante unos años, piensa que ya lo tendrás en tus manos. No tendrás que estar todos los meses preguntándote si el pago llegará tarde, temprano o no llegará.

Si decides pedir esta ayuda, recuerda que tanto tú como tus hijos estáis en vuestro derecho. No es que el padre os esté haciendo un favor, por mucho que él crea que así es. Si tienes la custodia, mantener a tus hijos supone un gasto para ti. Tu estás dedicando una gran cantidad de horas a su cuidado y educación que podrían valorarse en cientos de dólares, o puede que incluso tengas algún otro gasto adicional para cuidar de ellos mientras estás en tu trabajo. (Si, por el contrario, es él quien tiene la custodia y tú tienes tu propio empleo, tal vez quieras pagar tú una manutención sea cual sea la decisión del tribunal.)

Pregunta si los pagos pueden realizarse a través del tribunal o ser retirados automáticamente de su sueldo para que recibas el ingreso directamente en tu cuenta corriente o de crédito. Con esto te asegurarás de que llega siempre a tiempo y te ahorrarás tener que hablar con él todos los meses. El arreglo de estas condiciones dependerá de la legislación de tu Estado, de su empresa y, en algunos casos, de su predisposición para cumplir.

Otros problemas legales

¿Hay algo más que quieras y que no termine de encajar en ninguna de estas categorías? Existen otros procedimientos y objetivos legales que pueden ayudarte. Es probable que quieras poner una demanda por daños causados a ti o a tus bienes que obligue a tu marido a marcharse de tu casa, que le prive de destruir tus cosas, de amenazarte o incluso de acercarse a tu casa o lugar de trabajo. Quizás también quieras algo que no pueda llevarse a cabo a través de un procedimiento legal. El único modo de saber si la ley puede ayudarte a alcanzar tus objetivos es preguntar a un abogado especializado en problemas domésticos y que tenga experiencia en casos de malos tratos.

Si no quieres obtener el divorcio o una separación legal, lo que debes hacer es garantizar tu seguridad. ¿Puedes mantenerte suficientemente alejada como para que tu pareja empiece a recibir asesoramiento, se apunte a Alcohólicos Anónimos o lleve a cabo cualquier otro tipo de acción constructiva? ¿Tienes algún modo de evitar que tus hijos presencien al menos la peor parte de estos malos tratos?

Para tomar decisiones te será útil reflexionar sobre cada una de estas opciones legales y tus propias dudas con la ayuda de alguna amiga. Escribe la respuesta a cada una de tus preguntas, incluso aunque utilices respuestas parciales como por ejemplo: «No lo sé», «Puede que sí» o «Preguntar esto al abogado». Si te encuentras con demasiadas respuestas vagas, vuelve a empezar y revisa cada una de las preguntas. Y cuando ya no puedas responder más, hazte una lista de todas aquellas que deberás hacer a un abogado. Una vez que conozcas las posibles consecuencias legales de ciertas acciones, podrás responder el resto de las preguntas sobre las que ahora tienes dudas.

Entrevista con el abogado

Siempre que te sea posible, llévate a una amiga contigo cuando vayas a ver a tu abogado para que te apoye, es decir, para que te ayude a defender tus derechos. Quizá te cueste comprender y recordar todas las explicaciones y consejos de tu abogado. Tu amiga siempre puede tomar notas si tú estás demasiado nerviosa, confundida o distraída para ello. Si te incomoda preguntar o admitir tu ignorancia, puede ayudarte preguntando ella. También puede ser útil para que te dé su visión objetiva una vez ya fuera del despacho. Debe ser alguien, por supuesto, en quien puedas confiar. Si no puedes encontrar a nadie, no dudes en tomar tú misma las notas y, si es necesario, decir: «Por favor, vaya más despacio para que pueda apuntar algunas cosas».

Preguntas que hacer al abogado

Si ya entras en el despacho del abogado con una clara idea de lo que quieres, lo que no quieres, de lo que no estás segura y con un listado de preguntas para él, la situación te será mucho más favorable. No te sientas incómoda por tener en la mano tus preguntas escritas a fin de poderlas ir eliminando. El abogado probablemente agradecerá tu actitud eficiente, y hacer un buen uso del tiempo de tu abogado te ahorrará mucho dinero. Facilítale una copia de tus preguntas para que no te veas obligada a irte sin haber obtenido todas las respuestas.

Puedes empezar por preguntarle lo siguiente:

1. ¿Cuáles son sus honorarios?
2. ¿Estos honorarios incluyen también el tiempo dedicado a consultas telefónicas? ¿Qué más incluyen? ¿Incluye la tarifa inicial los gastos de presentación?
3. ¿Me enviará una factura detallada como mínimo una vez al mes?
4. ¿Me facilitará un cálculo aproximado del tiempo que espera dedicar a cada una de las tareas a medida que vayan surgiendo?
5. ¿Contestará a todas mis preguntas incluso aunque le parezcan difíciles o poco importantes?
6. ¿Cuánto tiempo será necesario para finalizar mi caso?
7. ¿Qué papel tendré yo en la toma de decisiones? (Y entonces especifica si quieres participar activamente o prefieres dejar que sea él quien las tome.)
8. ¿Me mantendrá al corriente de sus planes y los problemas que surjan a lo largo del proceso?

Los honorarios de un abogado pueden variar desde 30 hasta más de 100 dólares, en función de dónde vivas, así como de la experiencia y del prestigio del bufete. Algunos abogados aplican una escala móvil de tarifas según los ingresos del cliente. La mayoría de ellos no aceptan un caso hasta que no han recibido una paga y señal, la cual puede ser de 500 dólares o superior. En caso de que no tengas ningún tipo de ingresos y de que tu marido tenga un buen sueldo, podrías encontrar un abogado que acepte tu caso sin cobrarte nada, bajo la condición de que en el acuerdo se incluya la obligación de tu marido de pagar sus honorarios.

La mayoría de los abogados cobran por cualquier consulta telefónica, por el tiempo que pasan en el juicio y por el tiempo que dedican a tu caso desde su despacho. Los clientes suelen subestimar los precios porque probablemente no recuerdan que tres llamadas telefónicas de 20 minutos cada una pueden llegar a sumar 75 dólares y no se dan cuenta de que la burocracia requiere muchas horas de trabajo previo. Si pides a tu abogado que te mantenga informada de los costes a lo largo del proceso, te ahorrarás la sorpresa de encontrarte con enormes facturas al final de sus servicios.

Si el abogado no te ofrece respuestas concretas a tus preguntas sobre honorarios, si crees que son excesivos o si no estás satisfecha con sus respuestas en general, no te sientas obligada a seguir con esta persona. Dile que ya le comunicarás tu decisión más adelante o simplemente expónle tus objeciones. Puede que haya algún malentendido. Pero, si es necesario, empieza de nuevo la búsqueda de otro abogado con el que te sientas cómoda trabajando y que te inspire confianza.

Qué hacer si no entiendes al abogado

Algunos conceptos legales son difíciles de traducir en términos simples para alguien lego en derecho, pero no es imposible. Sin embargo, a menudo, hay abogados que olvidan que están utilizando términos legales que generalmente son desconocidos para el resto de la gente. Algunos de ellos incluso utilizan más tecnicismos de los necesarios para ganar autoridad.

Deberías dejar claro desde el principio que quieres que te hable de forma clara y simple para que puedas comprenderlo todo. Cuando el

151

abogado utilice expresiones que te sean vagamente familiares, puede que pienses por ti misma que ya deberías conocerlas o que las buscarás más tarde para no parecer ignorante si preguntas por su significado. Sin embargo, no existe ninguna razón por la que tú debas conocer la terminología legal; por lo tanto, no debes dejar de preguntar.

Si le pides al abogado que te explique algún concepto y no te escucha o te responde que no te preocupes por los detalles legales («De eso ya me encargo yo»), podría considerarse una forma de sexismo y, de hecho, es una falta de respeto. Dile: «Gracias por su atención, pero para mí es importante comprender todo cuanto ocurre, por lo que ya buscaré a otro abogado». Y hazlo así. Buscar a un abogado puede ser estresante, pero más puede serlo contratar a alguien que no te respete.

Evaluar al abogado

Como con el resto de los profesionales, recuerda que eres tú quien contrata sus servicios y tienes todo el derecho a pedir lo que quieres. Revisa continuamente cuál es tu objetivo, sopésalo con lo que te aconseja el abogado, consulta con amigos y asesores, en el centro de acogida u otras asociaciones de mujeres, y entonces hazte una idea clara de lo que es mejor para ti y para tus hijos. Si crees que tu abogado no se está tomando el caso suficientemente en serio, expresa lo que sientes y exige una explicación. Si no te parece adecuada, dile que te va a ser muy difícil seguir adelante si las cosas no cambian o simplemente que te estás planteando contratar a otra persona.

No es fácil volver a empezar con alguien nuevo, pero podría ser incluso peor seguir con un abogado que no está llevando a cabo su trabajo de forma correcta. Muchos abogados son competentes en determinados casos, pero no en otros. Por lo tanto, si no estás satisfecha, comunícaselo y no te sientas culpable por buscar a otro abogado. Ahora lo que debes hacer es cuidar de ti misma del mejor modo que sepas y para ello necesitarás a un abogado con quien contar. Muchos de ellos pueden ayudarte; sólo tienes que seguir buscando hasta que encuentres al adecuado. Y entonces, deja que él se ocupe en tu lugar de muchas de las preocupaciones.

Al igual que con los médicos, a menudo los clientes angustiados piden a sus abogados que les ayuden a tomar decisiones sobre temas que no corresponden a su especialidad. Después de un tiempo, algunos de dichos profesionales terminan creyendo que son expertos en muchos temas, como, por ejemplo, economía, política o relaciones humanas. Algunas veces su trabajo realmente les ofrece la oportunidad de especializarse en dichas áreas, pero a menudo su supuesta comprensión de las relaciones humanas no es más que la suma de sus propias inclinaciones.

Si has respondido con atención las preguntas de las páginas anteriores sobre tus preferencias legales, verás más claro qué es lo que deseas hacer y si tus dudas están basadas en sentimientos positivos hacia tu pareja, en el miedo a él o a otras cosas, en ideas acerca de lo bueno y lo malo, o en la falta de los conocimientos necesarios. Esta autoconciencia te permitirá sopesar si los consejos de tu abogado están basados en sentimientos personales, en política o en fuentes estrictamente legales.

Supongamos que eres una de esas personas afortunadas que gana el dinero suficiente para mantener a sus hijos sin la ayuda del padre, es decir, que no tienes ninguna necesidad de contactar con el padre para que te ayude con la manutención. Pero te conoces lo suficientemente bien como para saber que si él te debe una cantidad de dinero todos los meses utilizarás la situación como excusa para ponerte en contacto con él. Y, aunque los hijos tengan todo el derecho a recibir la manutención y él la obligación de pagarla, puede que decidas que no la quieres. Probablemente será la decisión más acertada para ti y, a la larga, también para tus hijos.

Si tu abogado intenta hacerte cambiar de opinión, escucha con atención todos sus argumentos. Es probable que existan ciertos hechos que no conoces y, si estás en un momento de crisis, no tendrás una perspectiva tan amplia como la suya acerca de tus propios derechos y los de tus hijos. Corresponde a tu abogado comunicarte cuáles son tus derechos y lo que puedes esperar si los ejerces. Entonces está en tus manos la decisión de si quieres o no ejercerlos.

Siempre que dudes de un plan de acción o de un consejo de tu abogado, pregúntale por qué razones cree que éste es el mejor: «¿Se trata de una decisión estrictamente legal o está teniendo en cuenta también otras cosas?» o bien «¿Qué efectos tendría si hiciéramos algo diferente a lo que usted sugiere?».

Muchos abogados hombres desarrollan una actitud sexista y se muestran paternalistas ante las mujeres angustiadas. Puede que te den una respuesta como: «Bien, pero no queremos que una chica tan guapa como tú se quede sin nada, ¿verdad?» o «No debes permitir que se salga con la suya» o «Luego vas a desear haber obtenido el divorcio». No dejes nunca que tu abogado te trate como a una niña o decida por ti qué es lo que quieres o cómo te sientes. Lo que podría parecer un grato proteccionismo quizá sea simplemente otra demostración de sexismo. (Él o ella puede decirte de forma totalmente legítima cómo se han sentido otras mujeres en una situación similar, y entonces tú decides si eres como la mayoría de ellas para hacer uso o no de esta información.)

Si tienes la sensación de que te están intentando convencer para que cambies de opinión acerca de algo de lo que estabas bastante segura cuando empezaste, es mejor que seas desconfiada. ¿Estás cambiando de opinión debido a consideraciones legales que antes desconocías o bien porque, debido a tus sentimientos de abandono y confusión, te has creado la idea de que tu abogado conoce mejor incluso tus preferencias personales como para decidir si quieres el divorcio o quieres presentar cargos? Si te han convencido para que cambies de opinión acerca de uno de estos aspectos tan significativos, probablemente te parecerá fantástico dejar que se encargue otra persona, pero en cuanto salgas del despacho de tu abogado, puede que vuelvas gradualmente a tu anterior opinión. Entonces quizá no te atrevas a decirle a tu abogado que has cambiado de opinión, pero tienes todo el derecho a hacerlo. De todos modos, para ahorrarte una situación tan embarazosa, siempre que tengas dudas acerca de llevar a cabo una acción, lo mejor es que digas que necesitas un día para pensártelo.

El asesoramiento legal no incluye apoyo emocional

Es posible que tu abogado te ofrezca tanto apoyo emocional que en cuanto estés un poco angustiada tengas tentaciones de llamarle antes que a una amiga, a un asesor o a un miembro del grupo de terapia.

154

Sin embargo, esta situación puede llevar a la decepción, ya que es probable que tu abogado esté ocupado con otros clientes o esté en un juicio todo el día, y quizá no te devuelva las llamadas a no ser que haya algo específicamente legal que quiera consultarte.

Y aunque el abogado te llame y escuche tus problemas durante 20 minutos, quizá luego te sorprendas cuando te llegue una factura de 20 dólares a final de mes. Cabe distinguir los papeles de cada persona que pueda ofrecerte consejo o tratamiento y confiar en el abogado sólo para temas estrictamente legales.

Si te ves a menudo llorando sobre el hombro de tu abogado o tus amigos y pensando continuamente en tus problemas sin poder salir adelante y resolverlos, a lo mejor lo que buscas es la ayuda de un asesor profesional. En el siguiente capítulo veremos cómo hacerlo.

9

Obtener ayuda de un asesor

No tienes que estar necesariamente «loca», «enferma» o «neurótica» para solicitar la ayuda de un asesor, y el hecho de que hayas sufrido ciertos malos tratos no significa que tú tengas un problema que un especialista pueda «arreglar». Pero vivir una situación violenta —o vivir en ella— provoca ciertos problemas prácticos y emocionales que resultan difíciles de solucionar por uno mismo. Como verás en los próximos capítulos, es mucho lo que puedes hacer por ti misma o con la ayuda de familiares y amigos. Pero si estás deprimida o aislada, o no hay nadie con quien puedas contar para que te compadezca, plantéate la posibilidad de buscar a un asesor profesional. Esta persona puede ayudarte a decidir si dejar o no a tu pareja y a encontrar el coraje necesario para llevar a cabo tu decisión. Tras una separación, existe la posibilidad de que te encuentres con antiguos problemas que quieras resolver antes de empezar una nueva relación con otra pareja o simplemente que quieras recibir asesoramiento psicológico a corto plazo para afrontar mejor este período de crisis.

¿Qué debes esperar de un asesor?

Encontrar y escoger al asesor más adecuado para ti probablemente no será fácil. Y tal vez te sientas vagamente infeliz, temerosa, tensa, confundida o insegura de lo que quieres o lo que es razonable que esperes de un asesor. ¿Te dirá lo que debes hacer? ¿Te ayudará a tomar decisiones? ¿A hacer que te sientas mejor? Puede que haga la mayoría

157

de estas cosas, o incluso más, pero si esta persona te dice qué es lo que debes hacer, es mejor que desconfíes de ella.

Los siguientes grupos de preguntas están pensados para ayudarte a decidir qué es lo que realmente quieres. *Marca con una cruz* los espacios que corresponden y recuerda que no hay preguntas correctas, incorrectas o mejores y peores.

Actividad 13a   *Lo que espero de un asesor*

1. *Quiero saber*
    lo que siento .... ____
    por qué lo siento .... ____
    otros .... ____
2. *Quiero dejar de sentirme*
    confundida .... ____
    atrapada .... ____
    enfadada .... ____
    triste .... ____
    sola .... ____
    asustada .... ____
    otros .... ____
3. *Quiero aprender a expresar*
    la ira .... ____
    el miedo .... ____
    la tristeza .... ____
    la alegría .... ____
    otros .... ____
4. *Quiero que me ayuden a tomar decisiones* .... ____
5. *Quiero que me ayuden a resolver problemas* .... ____
6. *Quiero que me ayuden a confiar más en mí misma* .... ____
7. *Quiero que me salgan más oportunidades de trabajo* .... ____
8. *Quiero saber qué es lo que realmente quiero* .... ____
9. *Quiero ser capaz de pedir lo que quiero* .... ____
10. *Quiero aprender a decir «No» ante exigencias injustas* .. ____
11. *Quiero llevarme mejor con la gente, lo que incluye*
    saber por qué tengo problemas para llevarme bien
        con la gente .... ____
    terminar compromisos con hombres destructivos .... ____

158

mejorar mis relaciones sexuales . . . . ____
encontrar hombres que me traten con respeto . . . . ____
hacer mejores amistades . . . . ____
educar mejor a mis hijos . . . . ____
ser una madre mejor . . . . ____
12. *Quiero*
controlar mejor mi vida . . . . ____
ser más disciplinada . . . . ____
planear mejor las cosas . . . . ____
seguir con mis planes . . . . ____
aprender a cuidar mejor de mí misma . . . . ____
otros . . . . ____

Si has marcado unos cuantos puntos, ya tienes bastante claro cómo buscar al especialista adecuado para ti. Pero hay otras preguntas que podrán ayudarte. *Pon una marca* en los rasgos que deseas que tenga tu asesor del modo más honesto posible, aunque creas que no deberían importarte.

Actividad 13b   *¿Qué clase de asesor quiero?*

Busco un asesor que:

1. *Sea una persona objetiva y poco emocional* . . . . ____
2. *Sea una persona amigable, cálida e informal* . . . . ____
3. *Sea más joven que yo* . . . . ____
4. *Sea mayor que yo* . . . . ____
5. *Sea aproximadamente de mi edad* . . . . ____
6. *Sea mujer* . . . . ____
7. *Sea hombre* . . . . ____
8. *Tenga experiencia con mujeres maltratadas* . . . . ____
9. *No diga que si me agredieron fue por mi culpa* . . . . ____
10. *Crea en la igualdad de oportunidades entre hombres y*
    mujeres . . . . ____
11. *Crea en las relaciones matrimoniales tradicionales* . . . . . ____
12. *Comparta mis valores:*
    políticos . . . . ____
    religiosos . . . . ____

159

orientación sexual .... ____

tradiciones étnicas, raciales y culturales .... ____

otros .... ____

13. *Tenga hijos* .... ____

14. *Otros* .... ____

A partir de las respuestas a las preguntas de estos dos grupos, *pon un círculo* alrededor de las características del asesor que sean más importantes para ti, y en qué quieres que te ayude. Entonces *subraya* los aspectos que sean claramente inaceptables. Puede que no exijas tanto con la edad deseada o la experiencia con hijos, pero sí con los valores o la experiencia como asesor. A medida que vayas leyendo la parte que sigue de este capítulo, quizá quieras completar estas dos listas y siempre puedes consultarlas o basarte en ellas cuando estés preparada para llamar o ver al futuro asesor.

Encontrar a un asesor

Pregunta a amigos y compañeros de trabajo si conocen a buenos asesores. Trata de averiguar qué es lo que les gustó de ellos, con qué problemas les ayudaron más y si parecen cumplir los requisitos que tú estás buscando. Si están dispuestos a contestar tus preguntas, los amigos pueden ser la mejor fuente de referencias.

Si vives en una gran ciudad, quizás encuentres servicios de referencias para terapias o servicios de asesoramiento psicológico especialmente dirigidos a mujeres o a mujeres maltratadas. Tal vez haya también agencias que cobren en función de tus ingresos. Puedes buscar en las páginas amarillas bajo el nombre de «Servicios sociales», «Trabajo social», «Psicología» o «Terapia». Busca «Malos tratos», «Agresiones», «Mujeres», «Feministas», «Asesoramiento sobre violaciones» y «Malos tratos infantiles». Probablemente encontrarás organismos especializados en violencia doméstica o que puedan ponerte en contacto con la persona adecuada.

Deberás dedicar una hora o dos a hacer llamadas telefónicas. Seguramente lo que obtendrás es una mezcla de respuestas de contestadores automáticos, recepcionistas con una gran cantidad de información, grabadoras y de gente que te dice que tal persona te llamará dentro de media hora o que te dan otros cuatro números a los que llamar. Esto te será útil si quieres averiguar un poco para encontrar al asesor más adecuado para ti, pero no tanto si lo que quieres es hacer una llamada rápida para simplemente concertar una cita.

Si en lugar de hacer estas llamadas lo vas posponiendo, puede que te plantees la posibilidad de si es que tienes miedo. Muchas personas se ponen nerviosas ante el primer contacto con un posible asesor, por lo tanto, no dejes que te importe sentir lo que sientes.

Coge papel y lápiz cuando llames, para que puedas anotar las tarifas, la dirección y otra información pertinente. Cuando llames, dile inmediatamente al asesor que tienes algunas preguntas que hacerle para que sepa que debe dedicarte más de un par de minutos. Si te dice que ahora no tiene tiempo de contestar a tus preguntas, pregúntale cuándo sería un buen momento para volver a llamarle.

Entrevista por teléfono con el asesor

Tus primeras preguntas deberían ser: «¿Cuáles son sus honorarios?» y «¿Aplica una escala móvil de tarifas?». Si no tienes mucho dinero, no querrás desperdiciar tu tiempo entrevistándote con alguien a quien no puedes permitirte ver.

Si el tiempo o el transporte te suponen un problema, pregunta dónde está su despacho y si está disponible en tus horas libres.

Antes de hacer más preguntas, dale una idea general de cuáles son tus objetivos y qué esperas recibir con este asesoramiento. Usa como guía tus respuestas de los cuestionarios. Luego pregunta: «¿Cómo enfocaría este problema?». Probablemente te dirá que necesita saber más antes de contestar y entonces tú deberás decidir si probar con una entrevista de exploración para responder a esta pregunta. Algunos asesores se mostrarán dispuestos a darte una respuesta clara acerca de cómo enfocarían tu problema.

Si es la primera vez que hablas con un asesor, tal vez te preocupe no comprender bien su terminología y que por este motivo no puedas entenderle bien. No te lo tomes como un problema tuyo. Dile que no sabes demasiado acerca del asesoramiento y pídele que te explique a qué se refiere.

161

En ocasiones no es fácil entender a los profesionales; por lo tanto, no esperes tener una idea clara de todo desde el primer momento, incluso aunque hayas preguntado algunas cosas. Pero el especialista debería tratar de ayudarte a comprender y usar un lenguaje común en lugar de servirse de su jerga especial para la terapia. Cuando te haya respondido a un par de preguntas, ya deberías tener una idea de si puedes esperar que la orientación se base fundamentalmente en hablar o se base más en recibir muchas indicaciones por parte del terapeuta o en llevar a cabo actividades pensadas para ayudarte a relajarte, a expresar tus sentimientos o a explorar tu potencial. Toma notas de todo cuanto diga el asesor.

Quizá querrás hacer también las siguientes preguntas, ya sea por teléfono o en tu primera entrevista cara a cara, cuando ya tengas una impresión más clara:

¿A cuántas mujeres maltratadas ha asesorado aproximadamente? ¿Ha recibido algún tipo de formación especial para asesorar a mujeres maltratadas? Tu asesor debería tener experiencia en asesorar a mujeres víctimas de malos tratos y debería haber asistido, como mínimo, a un seminario o taller para tratar este tema en concreto.

¿Cuál cree que es la razón principal por la que los hombres maltratan a las mujeres? Existe todo tipo de opiniones acerca de este tema, pero la opinión del especialista debería hacer algún tipo de referencia a los estereotipos sexuales y a la socialización de hombres y mujeres, es decir, debería comprender que a las mujeres se nos enseña a obedecer a los hombres y a aceptar que ellos tienen autoridad para controlarnos y para expresar su ira de forma violenta. Debería responsabilizar de la violencia exclusivamente a aquella persona que la comete.

Decidirse por un asesor

Llegados a este punto, probablemente ya tendrás una impresión bastante definida y estarás preparada o bien para colgar el teléfono o bien para concertar una cita. Si no es así, no tengas miedo de hacer más preguntas. Algunas de las personas con las que hables puede que sean amables y quieran contestar de forma extensa, otras serán más bruscas, y otras estarán predispuestas, pero demasiado ocupadas en ese momento. Deberás decidir la importancia que tiene para ti obtener la información que quieres antes de concertar una cita.

Después de cada llamada escribe tus impresiones, empezando por los sentimientos, tanto agradables como incómodos, que has experimentado mientras hablabais o justo después de colgar. Tu primera respuesta puede que sea «Uy...» o «Me siento fatal» o algo así de vago. Trata de recordar de qué habéis hablado o qué actitud ha mostrado de forma sutil para que te provocara tales sentimientos. Por ejemplo, puedes anotar «Parecía tener prisa» o «Se ha reído cuando yo bromeaba». Luego escribe otros comentarios u otro tipo de información sobre tarifas, el vecindario, etc. Y valora a cada uno de los asesores como «No», «Posible» o «Sí». Anota cualquier pregunta sobre la que quieras profundizar en tu primera sesión, y asegúrate de llevártelas cuando vayas.

Si a partir de las entrevistas por teléfono obtienes dos o tres personas que te parecen buenos candidatos, pide una cita a la que te parezca mejor: la que comprenda lo que tú deseas, a quien entiendas con más facilidad, que esté abierta a contestar preguntas y tenga una experiencia considerable en el tema de la violencia de género. Más allá de estos criterios, la opinión de cada mujer puede variar. Explícale que quieres que tu primera visita sea una entrevista mutua para averiguar si podéis trabajar juntos.

La primera sesión de asesoramiento

Cada uno de los pasos anteriores te ayudará a aumentar tu sensación de control durante la entrevista inicial, pero si es la primera vez que hablas con un asesor, es posible que aun así estés nerviosa. La mejor forma de disipar estos nervios es simplemente afirmar que estás nerviosa, que es la primera vez que hablas con un asesor y que no sabes muy bien qué es lo que espera de ti. El especialista probablemente te dirá alguna frase tranquilizadora y luego te pedirá que le expliques por qué estás ahí y cuáles son tus preocupaciones.

Si tienes más preguntas que hacer, hazlo ahora. Si lo haces al principio, te asegurarás de que no se te acaba el tiempo antes de poder preguntárselo todo. Y tal vez se te ocurran más preguntas a lo largo de la sesión. Pregunta también cuánto calcula que durará la entrevista para que tengas tiempo de decir todo cuanto quieras. Trata de tener delante tus preguntas escritas y no tengas miedo de tomar notas a medida que te vaya respondiendo. Cuanto más nerviosa estés, más posibilidades tendrás de olvidarte de lo que hayáis hablado, cosa que podrás evitar tomando notas.

A continuación verás algunas preguntas más que podrías hacer:

¿Cuánto tiempo lleva asesorando y cuáles son sus titulaciones?

Los psiquiatras y la mayoría de los psicoanalistas tienen licenciaturas médicas además de la formación como psicoterapeutas. Sus honorarios suelen ser los más elevados, a no ser que trabajen en centros públicos que cobran en función de los ingresos de los clientes, o a no ser que estés recibiendo asistencia a través de la Seguridad Social. Si se trata de un psiquiatra, puede que esté dispuesto a aceptar cupones médicos como forma de pago. Dada su formación, tienden a defender los roles sexuales tradicionales y seguramente estarán más interesados en el porqué de tu relación con un hombre agresivo que en encontrar el modo de cambiar tu vida.

Los psicólogos suelen tener un doctorado de una universidad y suelen formarse para la investigación del comportamiento de los animales y los humanos, saben cómo diagnosticar mediante test de inteligencia u otros factores y han recibido formación en psicoterapia.

Los trabajadores sociales suelen tener un máster o un doctorado de una universidad y suelen formarse en investigación, organización de la comunidad o asesoramiento. Un trabajador social seguramente se preocupará más que cualquier otro terapeuta por las políticas públicas y los servicios sociales.

Los asesores suelen tener titulaciones de asesoramiento y, a menudo, titulaciones de otras especialidades. Suelen tener experiencia formal en instituciones o en institutos superiores de aprendizaje o terapia, formación privada con otros terapeutas o formación profesional y talleres subvencionados por la comunidad. En cada profesión existe personal competente y personal no tan competente, y es imposible decir que un grupo es mejor que otro. Lo que cuenta es cada individuo.

Los paraprofesionales a menudo asesoran a mujeres maltratadas, sobre todo en los centros de acogida. No suelen tener titulaciones de asesoramiento, pero han recibido formación profesional y tienen mucha más experiencia en tratar los problemas con los que tú te enfrentas que la mayoría de los profesionales. Si tienes serios problemas además de los directamente relacionados con los malos tratos, será mejor que busques a un profesional. Sin embargo, para el período de crisis o para problemas relacionados concretamente con las agresiones, seguramente la mejor ayuda te la ofrecerá un paraprofesional. Sea cual sea tu elección, la experiencia y los conocimientos acerca del problema de la violencia doméstica son esenciales.

¿Esperará que hable yo la mayor parte del tiempo? ¿Qué otros métodos usará para ayudarme a cambiar?

No existe una sola respuesta correcta a esta pregunta. Puede que el terapeuta espere que pases la mayor parte de las sesiones hablando mientras se limita a puntualizar algunas cosas o tal vez habléis los dos por igual o te pida que hagas unos ejercicios de relajación o que interpretéis un papel en una situación concreta para comprenderla o saber controlarla mejor. Quizá también te pida que hagas ciertos movimientos para ayudarte a exteriorizar tus emociones.

Tú deberás juzgar por ti misma si sus métodos tienen sentido para ti o si esta persona te da una impresión lo suficientemente buena como para arriesgarte a pedirle que trabaje para ti.

¿Es esta sesión, en general, un ejemplo de lo que serían las demás sesiones?

Algunos asesores suelen dedicar la primera sesión a reunir información exhaustiva sobre el cliente. En algunos centros, la entrevista de «entrada» la lleva a cabo otra persona, que no será la misma que te asesorará. El «trabajador de entrada» puede que incluso te asigne a un asesor sin consultarte, y si tú quieres que sea alguna persona en concreto, tendrás que imponerte para conseguirlo.

Si el especialista te indica que las demás sesiones serán bastante distintas de la primera, pídele que te describa brevemente cómo serán y quizás incluso quieras esperar hasta el final de la segunda para tomar una decisión.

También tienes todo el derecho a preguntar al asesor por su estado civil, estilo de vida u otras cuestiones sobre su vida privada y sus valores personales. Tiene derecho a negarse a responder y puede que tenga o no sus propias razones para ello. Si se niega a responder, entonces deberás decidir la importancia que tiene para ti que responda a estas preguntas. Si crees que la tiene, recuerda que es tu derecho buscar a alguien más que quiera respondértelas.

Qué se puede esperar de la primera sesión

La primera entrevista te permitirá tener una idea más clara de tus problemas, de los planes para resolverlos o de tu mayor conciencia de tus propios sentimientos, aunque también puede ser que necesites toda la sesión para describir tu historia y para que te respondan a tus preguntas. El desarrollo de la sesión dependerá de los métodos y técnicas del especialista, de lo afectada que estés y de si tu descripción del problema ha sido bien estructurada y tienes claro qué es lo que quieres. Si todos tus problemas están mezclados e interconectados, una sesión podría no ser suficiente para que el asesor se haga una idea suficientemente clara. Trata de terminar la sesión con un acuerdo acerca de tu vuelta, de la frecuencia de las visitas, de la tarifa y de los objetivos que te propones alcanzar.

Algunas veces, en la entrevista inicial, la cliente se sumerge de tal forma en sus emociones y su historia que se olvida de hacer preguntas, tiene dificultades para expresar el problema y se marcha sólo con una vaga idea de cómo es el asesor. Si te ocurre esto, en la segunda entrevista sigue también las instrucciones que utilizaste en la primera. Si al final de esta segunda sesión no has podido acordar qué aspectos debéis trabajar y cómo intentará ayudarte el asesor, probablemente exista algún problema.

Cuando ya has dedicado una hora de tu tiempo a una entrevista y has discutido aspectos problemáticos y personales de tu vida, no es fácil llegar a la conclusión de que no quieres seguir viendo a esa persona, aunque tengas ciertas dudas acerca de ella. Pero por pocas dudas que tengas acerca de si podéis llegar a trabajar juntas, no te comprometas de forma permanente. Si tienes claras cuáles son tus reservas, comunícaselo. Tal vez el problema sea sólo un malentendido. En caso contrario, su respuesta podría incluso fortalecer tus sentimientos negativos, por lo que te sería más fácil tomar una decisión. Recuerda que existen más asesores que pueden satisfacerte mucho más.

El caso especial de un asesor sexista

Es difícil decir exactamente qué es lo que el asesor debería hacer por ti, puesto que los objetivos son difíciles de medir y no siempre es posible separar lo que tú puedes esperar de esta persona y lo que debes conseguir por ti misma. Como mínimo, exige respeto. Entre otras cosas, eso significa que no debes aceptar actitudes sexistas.

En el estudio Broverman al que nos referíamos en el capítulo 1, se descubrió que los terapeutas, tanto hombres como mujeres, estaban de acuerdo en que los hombres son más seguros, dominadores, experimentados y emocionalmente reservados que las mujeres, y que las mujeres somos sumisas, pasivas y dependientes. Los asesores que aceptan estereotipos sexistas tradicionales como éstos pueden tener un efecto fuerte y dañino, sobre todo en las mujeres. Supongamos que una mujer acaba de empezar a descubrir qué es lo que realmente quiere en esta vida, a tener su propio criterio o a ejercer sus derechos, y asiste a una primera sesión con un asesor. Si dicho asesor le define el papel de la mujer de forma tan limitada, seguramente terminará por decidir que era una «locura» creer que podía llegar a ser independiente o a tomar sus propias decisiones. Probablemente se echará para atrás si había desarrollado el propósito de encontrar un trabajo o hacer prácticas en un comercio, o de definir su propia sexualidad.

Si contratas los servicios de un terapeuta sexista vas a experimentar más de un problema. Probablemente conseguirá reforzar tu sentimiento de culpa. Si ya te culpas a ti misma por las agresiones sufridas, no pasará mucho tiempo hasta que tus sentimientos de culpa te hagan volver con tu ex marido. Puede que te convenzas, o te convenza tu asesor, de que si mejoras como persona podrás controlar la violencia de tu pareja. Los terapeutas sexistas suelen preguntar a las mujeres maltratadas: «¿Qué hiciste para provocarle?» y, por lo tanto, insinuar que es la mujer quien tiene la responsabilidad de cambiar para que el hombre no vuelva a tener un «motivo» para agredirla.

Lo admitan o no, muchos hombres (y algunas mujeres) creen que el hombre tiene la responsabilidad de controlar a sus mujeres, especialmente a su esposa. Los asesores también pueden estar entre este grupo de personas y quizá te cueste un poco darte cuenta de la actitud de tu posible asesor a no ser que le hagas previamente las preguntas

167

mencionadas, ya sea en la primera sesión o incluso antes, por teléfono. Prueba también con éstas:

- ¿Qué opina acerca de cómo han ido cambiando los papeles del hombre y de la mujer en la sociedad?
- ¿Está de acuerdo en que las madres con bebés pequeños trabajen fuera de casa?
- ¿Considera que quien gana el dinero en una familia es quien debe tomar la mayoría de las decisiones?

Las respuestas a estas preguntas no te lo dirán todo, pero te darán una idea del parecido o la diferencia entre tus propios valores y los de tu asesor, de su rigidez o flexibilidad ante los roles entre los sexos y de si tiende a creer en definiciones tradicionales o contemporáneas de lo que significa ser hombre o mujer.

Ventajas de tener a una mujer como asesora

Todos hemos crecido creyendo que los hombres son personas autoritarias, cultas y que pueden decirnos lo que debemos hacer, ya sean médicos, maridos o técnicos de aparatos de televisión. Por lo tanto, eres especialmente vulnerable ante un asesor barón, y probablemente te costará más enfrentarte a sus inclinaciones sexistas o defender tus propias ideas.

Una asesora mujer tendrá más facilidad que un hombre para comprenderte, para empatizar con tus sentimientos hacia tu agresor y para ayudarte a protegerte. Tendrá más facilidad para ponerte en contacto con grupos de apoyo a mujeres en tu comunidad, cuya existencia muchos de los asesores hombres probablemente ni siquiera conocerán. Además, ella constituirá un buen modelo para ti. Sin embargo, hay muchas terapeutas mujeres que se identifican con valores masculinos, por lo tanto, aunque una terapeuta mujer insinúe que estás equivocada, no des siempre por sentado que es ella quien tiene la razón.

No todos los asesores son conscientes de que es el agresor quien debe cambiar, de que su víctima no tiene ninguna culpa y que su obligación de mantenerse a salvo es más importante que la obligación de seguir con la relación. Tienes más posibilidades de encontrar a una asesora mujer que haya desarrollado esta conciencia, pero aun así deberás hacerle preguntas para estar completamente segura. Pregúntale: «¿Cree que la culpa de los malos tratos puede tenerla un solo miembro de la pareja o siempre son los dos miembros quienes contribuyen y la responsabilidad es compartida?».

Si el asesor cree que el problema está causado por la forma en la que las dos partes interactúan y que los dos miembros de la pareja tienen la misma responsabilidad en la existencia de las agresiones, es mejor que sigas buscando. Sigue buscando hasta encontrar a alguien que admita que es la misma persona que comete la agresión la única que puede detenerla o empezarla y la única responsable de ello. (En caso de que tú también te hayas comportado de forma destructiva algunas veces, tú eres la única responsable de dichas acciones y de todo lo que hagas.)

Cómo evaluar al asesor

Los objetivos que tanto tú como el asesor hayáis acordado en la primera o la segunda sesión te proporcionarán la base para poder juzgar con buen criterio. Por ejemplo, después de dos meses de recibir asesoramiento, puede que todavía te sientas triste, pero si recuerdas que el objetivo es ganar perspicacia o aprender a exteriorizar tus emociones, te darás cuenta de que probablemente es necesario experimentar más dolor como subproducto del crecimiento. Por otro lado, si tu objetivo es recibir apoyo y validación de tus sentimientos e ideas, y, aun así, cuando sales de cada sesión te sientes incluso peor que cuando entraste, puedes estar segura de que existe algún problema.

Cuando las sesiones no funcionan bien, ten en cuenta que la culpa puede ser tanto tuya, como del asesor, como de vuestra relación. No des por sentado que tú eres un fracaso y que nadie puede ayudarte, pero tampoco esperes un milagro por parte del asesor o le culpes por no «curarte» de forma inmediata. Puede que uno de vosotros, o los dos, no estéis trabajando lo suficiente o suficientemente bien, o que no trabajéis bien como equipo. No te rindas hasta que no hayas barajado todas las posibilidades.

Si es necesario, expresa tu insatisfacción ante lo que se había acordado en lo referente a objetivos y a la duración del tiempo que habéis estado trabajando. «Acordamos que debería trabajar para estar más

169

segura de mí misma, y después de tres meses no noto ninguna diferencia.» «Se suponía que sería capaz de expresar mi rabia, pero después de cuatro meses ni siquiera sé qué es lo que siento.»

Cualquier asesor abierto y éticamente profesional explorará las causas, intentando establecer un equilibrio en la responsabilidad de cada uno de vosotros y, lo más importante, encontrar otra forma de actuar más satisfactoria. Es posible que te hubieras comprometido a hacer ciertos ejercicios pero que no hayas seguido con ellos, o que los ejercicios no fueran los adecuados para ti, o que el asesor no haya sido demasiado coherente en sus expectativas, que hubiera establecido un objetivo pero luego haya cambiado hacia otro, o que hayas estado redefiniendo continuamente tus objetivos sin empezar a trabajar a fondo en ninguno de ellos. O incluso puede que no haya ningún problema con ninguno de vosotros dos, pero que simplemente no te guste mucho como persona. Esto también es muy importante.

Reevaluar el proceso

Un asesor, idealmente, admitirá que se cuestionen sus métodos y aceptará tu crítica como posiblemente válida. El resultado de la discusión debería ser un nuevo programa con un objetivo claramente definido y un tiempo y método de evaluación acordados. Otra alternativa sería reconocer que es el momento de poner fin a la relación, que, ya sea porque el asesor no es el adecuado para ti, debido a un choque de valores o personalidades, o por razones que sólo se entienden vagamente, simplemente no funciona. Podéis comentar la posibilidad de cambiar a otro asesor. Quizá tu asesor conozca a otros y sus métodos de trabajo y ya te conozca lo suficiente como para recomendarte al más adecuado para ti.

Sin embargo, ¿qué pasa si no se trata de este tipo de asesor ideal? Supongamos que le dices que no aprecias ningún progreso y no quiere admitirlo, o te dice que no debes preocuparte por eso, que es su trabajo, o que el problema es tu hostilidad frente a él/ella o cualquier otra respuesta indirecta. Debes tratar de ser muy concreta al especificar qué es lo que quieres («Me gustaría que me dijera ahora qué cambios puede apreciar, y por qué considera que se trata de un progreso significativo») o lo que te molesta que haga y averiguar su predisposición para cambiar («Cuando me quedo bloqueada y no puedo seguir hablando, me incomoda que se quede en silencio. ¿Podría ayudarme un poco a seguir?»).

Quizá te recuerde algunos cambios en los que no hayas pensado o no consideres importantes. No es nada fácil discriminar entre la validez de la evaluación del asesor y la tuya, sobre todo si has pasado por un largo período de depresión o si uno de tus problemas es ceñirte a objetivos poco realistas. Si el especialista puede recordarte cómo eras la primera vez que entraste («¿Recuerdas cuando, hace sólo un par de meses, ni siquiera te hubieras levantado de la cama durante días?»), si puede darte ejemplos concretos de pasos adelante que hayas dado («Has defendido tus derechos tres veces esta semana, has encontrado piso, has empezado a hacer amigos»), tendrás que darle un voto de confianza.

Por otro lado, si no te especifica muy claramente los progresos que has hecho y cree que los cambios que quiere que hagas son más importantes que los que a ti te interesan, podría muy bien ser el momento de tomar una decisión y de dejar las sesiones.

Decidir dejar o cambiar de asesor

Para muchos clientes es increíblemente difícil decir a su asesor que quieren dejar de asistir a sus sesiones, por lo que buscan excusas para no ir a las citas, con la esperanza de poder ir desapareciendo de forma paulatina sin que nadie se dé cuenta. Sin embargo, éste no es precisamente el mejor método para ninguna de las partes. Tu ausencia seguro que se notará.

Trata de exprimir todo tu coraje para decirle exactamente al asesor por qué motivos quieres dejar de ir. Si no está de acuerdo con tus motivos, intenta escucharle honestamente y contrastar sus comentarios con tus ideas. Sé tan honesta como puedas con tus motivos y no te eches para atrás sólo por miedo a su poder y autoridad. Puede que intente convencerte de que no te vayas, o puede que no comparta tus razones pero te anime a actuar según tus propias creencias, o incluso que termine estando de acuerdo contigo. En cualquier caso, de forma consciente o no, le habrás hecho un favor explicándole el motivo de tu decisión de irte. Y también te habrás hecho un favor a ti misma por-

171

que habrás defendido tus derechos y aceptado la responsabilidad de tus propias decisiones.

Cuando escojas a un asesor, trabajes con él y evalúes el resultado, recuerda que estás comprando unos servicios. Si no obtienes lo que deseabas, tienes todo el derecho a comprarlos en otro sitio o a negociar hasta que consigas lo que quieras. Después de tres visitas a un asesor, no te rindas diciendo: «Probé con el asesoramiento, pero no me ayudó». Sigue buscando hasta que encuentres a una persona con quien puedas trabajar bien.

Si tienes suerte, encontrarás a un asesor que te enseñe a ayudarte a ti misma. Y a pesar de lo que aprendas en las sesiones formales de asesoramiento, al fin y al cabo, depende sólo de ti.

Tercera parte

Ayudarte a ti misma a sobrevivir

10

Tú puedes ser tu propia asesora

Los profesionales de varios tipos a veces pueden ser salvadores, pero a la larga eres tú la que tienes que salvar tu propia vida y crear tu propio destino, aunque justo ahora creas que eres la última persona con la que puedes contar.

Quieres marcharte. Quieres quedarte. Sientes que dependes de tu pareja, aunque sabes que no se puede depender de él. Quieres tener un trabajo, pero no haces nada para conseguir uno. Estás triste y deprimida. Hay un monstruo enfadado que sale de repente cuando menos te lo esperas. Le amas, le odias. Dices que no podrías soportar la soledad de dejarle, pero te sientes sola cuando estás con él. Todas estas contradicciones hacen que te sientas como si te estuvieras volviendo loca y pueden paralizar tu voluntad de actuar.

Pero *puedes* ayudarte a ti misma. Las contradicciones no significan que te estés volviendo loca, aunque muchas mujeres maltratadas dudan de su estabilidad. Cuando la persona adulta más importante de tu vida siempre te da respuestas negativas sobre la clase de persona que eres, te encuentras en una situación de «volverte loca»: una situación que constantemente hace que pongas en duda tu juicio sobre cosas de las que antes estabas segura, una relación que te provoca ideas confusas, un montón de contradicciones y un sentimiento frecuente de que ya nada tiene sentido. Ocurre especialmente esto si has estado aislada y no recibes un balance de mensajes positivos de otra gente.

Es cierto que muchas mujeres permanecen en esta situación el tiempo suficiente como para volverse un poco locas. Pero no tiene por qué ser un estado permanente. Cambiar tu situación, ya sea dejando a tu marido o aumentando oportunidades y actividades en la relación, puede proporcionarte cambios importantes en la manera de pensar y sentir sobre ti misma, permitiéndote empezar a creer en tu cordura.

Puedes empezar a recuperar la voluntad de actuar, incluso cuando aún te sientas algo confusa. Ya has empezado leyendo este libro. Esta parte te ayudará a aprender cómo ser una buena asesora para ti misma.

Cambiar la manera de hablar contigo misma

Cualquier mujer implicada con un hombre que maltrata oye una sarta de insultos verbales dirigidos contra ella. Son pocas las mujeres que pueden soportarlo sin empezar a estar de acuerdo. A menudo, sin que el hombre lo sepa, su mujer empieza a hablar consigo misma en silencio del mismo modo en que él habla. Al cabo de un tiempo, él ya no tiene que decirle cosas negativas para mantenerla a raya. Ella lo hace en su lugar.

Si la mujer tiene amigos o familiares que le dan apoyo emocional y creen que es una buena persona, puede que con el tiempo empiece a confiar en su opinión. Pero si ella cree que su marido es mucho más importante o que la conoce mucho mejor que ellos, no hará caso de los mensajes positivos de apoyo que le transmiten. Si pasa muy poco tiempo con otra gente que no sea su marido —una situación habitual— no habrá otros mensajes que pueda escuchar.

Todos nosotros nos orientamos, o preparamos, a nosotros mismos en maneras que son útiles o perjudiciales. Es fácil coger la costumbre de prepararse para el fracaso, pero eso puede cambiar. Puedes empezar por modificar tus «autoafirmaciones», las cosas que te dices a ti misma, sobre ti misma. Si te transmites a ti misma mensajes del estilo «No mereces comer bien o vestir bien porque eres demasiado gorda y fea», «No sirves para nada, eres estúpida y no puedes cuidar de ti misma» o «Nunca te va a salir nada bien», probablemente tu vida no mejore. Puedes hacer miles de promesas, cada semana, o incluso cada día. «Mañana empezaré a buscar un trabajo de media jornada, aprenderé a escribir a máquina, limpiaré la casa de arriba abajo, me apuntaré a algún curso, seré una esposa mejor, una madre más paciente.» No serás capaz de cumplir todas estas promesas si te dices constantemente que eres inútil e incapaz de cambiar.

Los siguientes ejercicios están diseñados para luchar contra los mensajes hostiles que probablemente proceden de ti y del hombre que te maltrata. Tal vez no seas capaz de cambiar su opinión, pero al menos puedes dejar de maltratarte verbalmente.

La importancia de escribir

Muchas de las actividades que hay a continuación requieren escribir, y algunas personas se resisten a hacerlas porque no les gusta escribir. Piensan que escribir «es sólo un truco». Nadie más aparte de ti verá lo que escribes, así que no tiene que ser correcto. Escribir es un truco, pero tiene un propósito. En realidad, varios propósitos.

Escribir cosas las hace concretas. Si estás indecisa (quieres irte, quieres quedarte; tienes derechos, no te mereces nada), tus ideas contradictorias pueden ser confusas y desalentadoras. Escribir puede ayudar a aclararlas. También puede hacer que seas más consciente de tus pensamientos inconscientes. Como no siempre oyes las cosas que te dices a ti misma, decirlas en voz alta ayuda; y escribirlas ayuda aún más. Si intentas repetir exactamente lo que una persona ha dicho hace dos o tres minutos, te darás cuenta de lo fácil que es que a la palabra hablada se la lleve el viento. (Una grabadora también ayudaría si realmente odias escribir, pero escribir tiene importantes ventajas que creo que se harán patentes a medida que vayas haciendo los ejercicios.)

Puede que te asusten los cambios necesarios para salir de tu dolorosa situación, y que prefieras seguir dolida y desconcertada que enfrentarte a un destino desconocido y aterrador. Pero si no haces los ejercicios escritos para darte una oportunidad a ti misma de ver más claramente tus pensamientos y entender los cambios que *pueden* hacerse, será una buena opción para que permanezcas confusa e incapaz de pasar a la acción. Si continúas poniendo excusas durante varios meses, es posible que necesites orientación profesional para empezar a hacer algo.

177

¿Qué has hecho bien hoy?

Haz una lista de todas las cosas que hoy has hecho bien. Tienes que decidir lo que «bien» significa para ti, según tus propios valores, pero aquí tienes algunas preguntas que puedes hacerte a ti misma, y algunas ideas de las que puedes atribuirte el mérito. Aunque no parezcan nada del otro mundo, son cosas por las que puedes sentirte bien.

¿Qué has hecho para intentar facilitar las cosas a otras personas? A lo mejor has preparado una comida, consolado a un niño, controlado tu genio, comprado para una amiga que estaba enferma, enseñado a hacer ganchillo a una vecina, escuchado los problemas de alguien, sonreído al cartero.

Esta pregunta no es la primera porque sea lo más importante que hay que hacer, sino porque es probable que hagas cosas por los demás y las valores más fácilmente que lo que haces para ti misma.

¿Qué has hecho para empezar a tener más control sobre tu vida? ¿Has tomado una decisión, has intentado algo nuevo, te has apuntado a un curso, has empezado a aprender a conducir, has hecho una llamada telefónica para informarte, te has mantenido alejada de una persona destructiva?

Cualquier acción, por pequeña que sea, que te haga avanzar un poco en la dirección que quieres ir está «bien».

¿Qué has hecho para sentirte mejor contigo misma? Disfrutar de un largo baño de burbujas, andar por el placer de hacerlo, tomarte tiempo para mirar el atardecer, salir para escuchar música, jugar a las cartas con una buena amiga.

Fíjate en que no he nombrado actividades que no puedan hacerse deliberadamente o entretenimientos que parezcan agradables en ese momento pero después te hagan sentir que has malgastado tu tiempo. Dentro de esta categoría se encuentra el alcohol, las drogas, mirar cualquier cosa que den en la televisión, hojear revistas que no te interesan y hablar pasivamente con gente con la que no escogiste estar.

Para las mujeres que han sido maltratadas, a menudo resulta sumamente difícil pensar en algo que han hecho bien. Cuando se acuerdan, tienen miedo de decirlo en voz alta. Escribir sobre tus actividades te ayuda a ser sincera y precisa, de manera que cuando leas lo que has llevado a cabo, te enfrentarás al hecho de que no eres inútil, ni una fracasada total.

Si quieres tener algo de control sobre tu vida, tienes que empezar por atribuirte el mérito de cosas bien hechas, lo que necesariamente no significa que hayas logrado exactamente lo que querías. Si durante meses o años has estado sentada sin hacer nada, deprimida, y luego decides volver a hacer footing, puede que no llegues más allá de la primera manzana. Lo que has hecho bien es hacer un cambio. Tomaste una decisión, te levantaste de tu silla, hiciste algo de ejercicio y empezaste a avanzar en una dirección distinta. A medida que tomes más conciencia de que ya has hecho cosas que valen la pena, tendrás más valor para probar otras actividades y un sentido mayor de lo que es posible.

Fíjate en si has añadido algún matiz negativo a tus afirmaciones positivas. Cuando a las mujeres se les pide que digan algo positivo de sí mismas, a menudo puntualizan el propio halago con una crítica o le quitan importancia. «Tengo un buen carácter, menos cuando estoy deprimida.» «Soy una buena madre, pero todo el mundo puede serlo.» *Tacha* las puntualizaciones.

Actividad 14   *Lista de cosas que he hecho bien*

Ayudar a los demás a sentirse mejor

Escuchar al vecino mayor y solitario

Día 1	Día 2	Día 3

Tener más control sobre parte de mi vida

Llamar para pedir información sobre cursos

Día 1	Día 2	Día 3

Hacer lo que me hace sentir bien

Ir de compras

Día 1	Día 2	Día 3

Echa un vistazo a tu lista una vez más. ¿Qué te has dejado? ¿Has preparado una comida nutritiva para los niños? ¿Has llegado puntual al trabajo? ¿Has hecho la colada? ¿Te dices a ti misma que estos logros no cuentan porque «es algo que haría cualquier madre/empleada responsable»? Por supuesto que cuentan. En el modo en que te sientes, podrías haber improvisado unos bocadillos de mermelada y pastelitos de chocolate para tener a los niños contentos y listos. Podrías haber llegado tarde al trabajo, hacer pausas largas e irte temprano. ¿Qué otras cosas has hecho pero no has apuntado en la lista porque has pensado: «Es lo que se tiene que hacer, así que por qué tengo que atribuirme el mérito»?

A veces tienes que levantarte de la cama pero te cuesta un esfuerzo gigantesco, y quizás ha habido días en los que no has podido hacerlo y te has quedado en cama o viendo la televisión todo el día. Si te sentías así pero te has levantado y has seguido adelante con tu día, atribúyete el mérito por ello.

Recuerda que «hacerlo bien» quiere decir hacerlo lo mejor que puedas en ese momento. Mira otra vez para ver si te has dejado algo que intentabas lograr pero que no ha salido bien. Es posible que algunas veces inviertas horas (o días) para tener el valor de hacer una llamada telefónica, y luego la persona a la que llamas no está en la ciudad. Esto puede ser una decepción. Pero al menos, atribúyete el mérito de haber hecho la llamada telefónica, que era algo que podías controlar, y no te culpes por el resultado, que era algo por lo que no podías hacer nada. Debes tener como mínimo treinta cosas en la lista de méritos durante los primeros tres días. Sigue anotándolas cada día.

¿Qué es lo que te dices a ti misma?

Enumera las «autocríticas» que te haces exactamente como las dices: «¡Tonta!», «¡Oh, Dios, ya la has fastidiado otra vez!». Algunas pueden ser palabras solas: «gorda», «fea», «obesa», «estúpida», «inútil». Otras pueden ser frases enteras o párrafos que echan por tierra tu ego: «*¡Imbécil! Realmente eres una inútil total. Todo lo que tocas lo estropeas. Nunca aprenderás. Siempre dices que vas a cambiar, pero nunca mejoras. También eres gorda y fea porque no tienes fuerza de voluntad*».

Actividad 15   ***Lista de autocrítica***

1. _____
2. _____
3. _____
4. _____
5. _____
6. _____
7. _____
8. _____
9. _____
10. _____

Este tipo de monólogo interior puede ser casi constante y una parte tan conocida de tu ser que ya no eres consciente de ello. Para comprender lo perjudicial que puede ser esta calumniosa conversación contigo misma, piensa bien cómo te sentirías si otra persona te insultara constantemente de esa manera. A lo mejor oías algo parecido de tu padre o tu madre y puedes recordar lo pequeña e impotente que te hacía sentir.

Por malo que eso hubiera sido, lo que te dices a ti misma puede ser mucho peor. Nadie más es capaz de igualar las muchas oportunidades que tienes de soltar una sarta de insultos contra ti misma todo el día, todos los días. Otra diferencia importante es que los insultos de las otras personas se expresan en voz alta, así que por muy ofensivos que sean es posible defenderse. Tus propias críticas, en cambio, a menudo son silenciosas; tal vez no seas consciente de ellas y seas incapaz de contradecirlas. Si sigues sin darte cuenta de tus autocríticas, pueden convertirte en un equipo de demolición de una mujer muy eficaz, debilitando tu amor propio cada día un poco más.

Al principio, puede serte difícil darte cuenta de lo que dices, pero el solo hecho de decidir grabar las expresiones hará que seas más consciente de ello. Si el primer día no se te ocurre nada, no te rindas. Prepárate algo para beber, ponte cómoda en el sofá y recuerda las últimas veinticuatro horas con todo detalle. Crea una imagen en tu mente de cada acontecimiento, recupera el humor, intenta vivir de nuevo

182

lo que sentiste en ese momento y presta especial atención a lo que te dijiste a ti misma cuando estabas aburrida, enfadada, decepcionada, cuando olvidaste algo o no lograste llevar a cabo un proyecto. Si se te ocurre una sola palabra que sea ligeramente autocrítica, escríbela.

Si puedes recordar un momento de mal humor pero ninguna expresión concreta, pregúntate a ti misma lo que podrías haber dicho si hubieras decidido expresar tu humor en palabras. No importa si las palabras son sensatas o acertadas. No estás intentando encontrar la verdad absoluta, estás empezando un proceso. Poner estas afirmaciones en la lista te ayudará a coger la costumbre de escucharte a ti misma.

La diferencia entre lo general y lo específico

Las generalizaciones tienen un efecto muy distinto a las afirmaciones que solamente critican acciones concretas o simples aspectos de tu carácter. («Fuiste muy egoísta al salir a cenar fuera», «No se te da bien la jardinería.») Las afirmaciones generales hablan de quién *eres*, las otras describen un comportamiento específico o una frustración en un campo determinado. Es fácil olvidar que a veces la gente inteligente hace cosas tontas y la gente buena hace cosas malas.

Por ejemplo, la generalización: «¡Eres tan estúpida!» no da lugar a cambio o mejora. Por el contrario, «Hacer esto fue una estupidez» tiene en cuenta la posibilidad de que generalmente no eres una persona estúpida y puedes corregir tu acción. En el ejemplo siguiente, la mujer: 1) se acusa a sí misma de ser una persona estúpida, 2) lo escribe, 3) analiza la autoacusación y se da cuenta de que se estaba refiriendo a una acción que parecía estúpida, y 4) explica lo que ha pasado: ha quemado la tostada.

Actividad 16   *Lista de sustitución*

Expresión autocrítica   Lo que ha pasado

1. *¡Eres tan estúpida!*   *quemar la tostada*
2. *¡Oh, Dios mío, no cambiarás*   *comer un cucurucho de helado*
   nunca; siempre serás una vaga   *doble*
   inútil y gorda!

3. _____

_____

_____

_____

4. _____

_____

_____

_____

5. _____

_____

_____

_____

Este ejercicio es una versión modificada del modelo de reducción de autocrítica de Sharon Berlin. Véase la bibliografía al final del libro.

Una simple afirmación de lo que has hecho saca el comentario fuera del reino de la culpa y del elogio. No se hace ninguna evaluación moral o intelectual de la acción de quemar una tostada. Si haces este ejercicio con regularidad, evitarás la culpa, la depresión y la ansiedad que a menudo acompañan a la autoculpa y serás libre de pensar cómo puedes cambiar el comportamiento. Echarte la culpa no mejorará tu vida, pero cambiar lo que no te gusta, sí lo hará.

La autocrítica puede ser útil, pero siempre que no implique que estás condenada a permanecer perezosa, tonta y fea hasta que te mueras. Puede ponerse en práctica sólo si es específica y no tan constante como para que te abrumes con el número de cosas que hay que cambiar.

Sustituir lo específico por lo general

Sigue avanzando en lo que refiere a: 1) ser más consciente de las autocríticas, especialmente caracterizaciones generales o globales; 2) grabar; 3) analizar; 4) repetir. Hazlo cada día. Quizá tardes varias semanas en progresar hasta 5) acostumbrarte a emplear una afirmación sobre una acción específica en vez de una descalificación general.

184

En primer lugar, trabaja en las correcciones, anotando cada día las veces que has recordado corregir cada crítica general en cuanto la has hecho. Dentro de poco serás capaz de sustituir la afirmación más específica y racional por la crítica general. Tu monólogo interior puede ser algo así como: «Bueno, gordinflona, ¡has vuelto a hacerlo!... ¡Eh! Quiero decir... veamos... ¿qué es lo que he hecho? Corrección: he comido patatas y salsa de carne». Al cabo de unas cuantas semanas de hacer este tipo de correcciones, verás como te saltas el comentario de «Bueno, gordinflona» y lo sustituirás por una afirmación objetiva de lo que has comido.

La capacidad de pasar por alto la autocrítica general y sustituirla por la afirmación específica no es necesariamente un camino de mejora constante. Habrá contratiempos, pero paulatinamente habrá más cosas en la columna de sustitución que en la de corrección. A veces eso ocurre tras varias semanas.

Evalúa tus normas

Echa otro vistazo a tu lista de autocrítica. ¿Cuántas críticas implican normas sobre lo que deberías hacer o cómo deberías ser? Si estás confundida por lo que son estas normas, intenta escribirlas. *Escribe* una crítica cada vez, después *escribe* la norma que parece que estás intentando seguir. Por lo general, las normas exigen que no debes hacer nunca algo (perder los estribos, llegar tarde al trabajo) o que siempre debes hacer algo (acordarte de llamar a tu madre, seguir la dieta, ser amable, ser sensible, etc.).

¿De dónde provienen estas normas? ¿De tu madre? ¿De tu padre? ¿De tu marido? ¿De tus hijos? ¿De la escuela? ¿De tus amigos? ¿Quién ha dicho que deberías tener lista en la mesa una cena caliente y con postre a las 9 en punto cada día? ¿Quién insiste en que seas inteligente, competente e imperturbable? ¿Quién ha dicho que debes ser elegante? ¿Una buena ama de casa? ¿Capaz de administrar bien el dinero? *Escribe* el nombre de la persona que dice la norma al lado de la norma.

Actividad 17   *¿De quién es la norma?*

Autocrítica	Norma	De quién es la norma
Soy una vaga. *La casa siempre está patas arriba.*	*La casa debe estar limpia y ordenada siempre después de las 10 de la mañana.*	*Madre*

_____

_____

_____

_____

_____

_____

_____

_____

Puede que tengas problemas para decidir de dónde proviene la norma. A lo mejor piensas que no viene de ningún sitio en especial. «Todo el mundo sabe que una no debe dejar los platos en el fregadero» o «Se supone que la gente tiene que ser así.» Si es así, cierra los ojos y trata de visualizar una casa que «tiene el aspecto que debería tener». Si es la casa de tu madre, probablemente la norma proviene de ella, tanto si se ha expresado en estas palabras como si no. Si aún no tienes una idea, pregúntate qué persona podría aparecer inesperadamente —por poco probable que sea— en tu casa y podría hacer que te avergonzaras del estado de tu casa? ¿Un vecino? ¿El pastor? Puede que esa persona no haya impuesto nunca ningún tipo de norma, pero quizá tú estés intentando vivir de acuerdo a un nivel que crees que exige esa persona.

¿Cuáles son tus normas?

Harás bien si intentas vivir de acuerdo a tu propio nivel. Imagina que nadie excepto tú ha visto tu casa alguna vez. ¿Aún intentarías aca-

186

tar esa norma? Si no es así, ¿cuál sería *tu* norma? A lo mejor sólo una parte encaja con tu estilo de vida. Quizá te gusta que la cocina esté limpia porque no te gusta el aspecto de desorden en la cocina, pero prefieres tener la puerta de las habitaciones cerradas que hacer las camas. A lo mejor preferirías arreglar el desorden al final del día que a las nueve y media de la mañana.

Intenta descubrir cómo te sientes al intentar vivir de acuerdo a las normas de otras personas. ¿Te pone nerviosa? ¿De mal humor? ¿A la defensiva? ¿Te sientes culpable? ¿Incompetente? Si padeces alguno de estos sentimientos, piensa que a lo mejor la misma norma tiene la culpa, y no tú.

Escribe ahora tus propias normas, anotando que esta vez es tu propia decisión si las cumplirás todas o las cambiarás cuando parezcan irracionales.

Actividad 18   *Tus propias normas*

Nuevas normas	¿De quién es la norma?
Lavar los platos después de cada comida.	*Mía*
Recoger el desorden general entre las 10 de la mañana y el mediodía.	*Mía*

Todas las actividades de este capítulo van juntas: atribuirte el mérito por lo que has hecho bien, reducir la autocrítica y establecer normas que son tuyas. El capítulo siguiente te dice cómo empezar a introducir cambios, de uno en uno, incluso cuando no tengas la más mínima intención de tomar medidas.

11

Una acción valiente al día

A lo mejor tu idea de una acción valiente se limita al drama de salvar gente de un edificio en llamas, conducir un pelotón a la batalla o donar un riñón. Si es así, necesitas ampliar tu definición. Cualquier actividad que merezca la pena y que lleves a cabo a pesar de que te provoque nerviosismo, ansiedad, dolor o inseguridad es un acto valiente. Que merezca la pena simplemente quiere decir una actividad bien hecha. El alcance puede ir desde invitar a un amigo a cenar hasta buscar trabajo o casa, o pedir a un asistente social que te ayude a evitar que tu hijo sufra malos tratos.

Probablemente veas que para el último ejemplo se necesita valor, pero puede que sostengas que para los otros dos no es necesario ponerse nervioso.

Los usos de la negación

Es natural negar sentimientos de inseguridad o ansiedad porque sientes que hay algo vergonzoso en ellos o que es doloroso vivir con ellos. Niegas que existan con la esperanza de que, si los ignoras, desaparecerán.

La negación a veces funciona de esta manera para algunas personas; sin embargo, más a menudo tiene un efecto contrario que viene a ser algo así: «No debería estar nerviosa por una tontería como es buscar piso. Así que *no* estoy nerviosa. Es sólo que no quiero hacerlo hoy porque creo que me estoy resfriando. Esperaré a mañana». Y mañana pasa lo siguiente: «Es mejor que me quede en casa y arregle este vestido para estar guapa mañana, cuando vaya a buscar piso». Y mañana y el otro y el otro.

Las excusas poco convincentes aumentarán tu confusión y tu sentido de impotencia. Lo de «No pude llamar al servicio de vivienda de emergencia porque la línea estaba ocupada» no cuela. Ni tampoco «No pude ir a buscar trabajo porque perdí el autobús». Esto son excusas, no razones. Las excusas pueden justificar por qué resultaba duro hacer algo (salir si está lloviendo cuando tienes un resfriado, levantarte temprano aunque no hayas dormido bien). No justifican por qué no has hecho la tarea difícil.

Cuando reorganizas tu vida, puede que tengas que hablar con muchas personas con las que antes no tenías nada que ver (abogados, asesores, agentes inmobiliarios, asistentes sociales, entrevistadores de trabajo, fontaneros). Muchas personas están preocupadas, en mayor o menor medida, cuando se enfrentan a relaciones desconocidas y a nuevas tareas. Así que no te sorprendas si el «solo» hecho de hablar con un fontanero te pone nerviosa. Si antes habías estado acostumbrada a administrar el dinero y a negociar, pero tu pareja te ha «protegido» de todo eso durante varios años, puede que resulte especialmente difícil aceptar el hecho de que ahora estás insegura y asustada. Admitirlo hará que sientas como si hubieras sufrido una regresión, y eso puede ser humillante.

¿Estás negando tus sentimientos?

Si tomas la decisión de hacer algo que para ti es correcto y lo pospones varias veces, ésta puede ser una clave que indica que estás jugando al juego de la negación. Escucha atentamente las explicaciones que te das a ti misma y decide si en realidad son excusas.

Imagina que te preguntas a ti misma por qué aplazas la búsqueda de piso: «Bueno, sin coche es difícil, y el lunes llovía». Fíjate en que la falta de coche y la lluvia lo hacían difícil, pero no dicen por qué no te pusiste el impermeable y cogiste el autobús. «El martes pensé que la niña estaba enferma. Resultó que no lo estaba, pero para entonces ya era demasiado tarde.» A lo mejor realmente no podías ir si ella estaba enferma, pero ¿le pusiste el termómetro o la llevaste al médico tan pronto como pudiste? ¿Hiciste todo lo posible para encontrar una canguro?

Una vez que supiste que estaba bien, ¿pudiste haber ido a uno o dos sitios, aunque fuera más tarde de lo que tú hubieras querido? Un segundo aplazamiento es motivo de sospecha, incluso si el motivo parece válido.

«El miércoles vino mi amiga a verme, y no quería irme y que se lo tomara a mal.» ¿Pensaste en pedirle que fuera contigo? ¿Tenías alguna razón en especial para creer que a ella le sabría mal? El tercer aplazamiento en tres días casi indica con toda certeza que no estás siendo sincera contigo misma.

Una manera de descubrirte a ti misma en este juego es preguntar si realmente quieres decir «no pude». Por lo general, *no pude* significa «no quería» o «estaba demasiado asustada, pero no quería reconocerlo». Las razones son sinceras. Las excusas son parcialmente ciertas (realmente perdiste el autobús), pero no justifican demasiado e incluso ponen la verdad del revés (quizá perdiste el autobús para así tener una excusa para no ir a buscar trabajo).

Dejar tus miedos al descubierto

Cuando sospechas que estás negando tus sentimientos, debes hacerte algunas preguntas más:

- ¿Cuáles son los sentimientos que peor me hacen sentir?
- ¿Normalmente, qué tipo de situaciones me hacen sentir de esa manera?
- Si *estuviera* sintiéndome de esa manera por esta situación, ¿por qué sería?
- ¿Qué es lo peor que puede pasar en esta situación?
- ¿Qué es lo mejor que podría pasar?

Imagina que tu marido ha hecho la compra durante los últimos diez años, incluyendo todos los comestibles. Ahora se ha ido y depende de ti. Tú pospones ir al supermercado y te las apañas con lo que los niños traen del autoservicio que hay en la esquina, pero estás preocupada porque comprar allí es muy caro. Las primeras veces que dejas para más adelante la visita al supermercado, te pones excusas a ti misma. Al final, admites que no quieres hacerlo. Después, lee las preguntas de arriba y respóndelas de este modo:

191

- Lo que más me desagrada es sentirme incompetente, confusa o estúpida en público.
- Me siento incompetente cuando no sé hacer algo y cuando la gente espera que sepa hacer ciertas cosas que no sé hacer.
- Quizá me sentiría de esa manera por no saber lo que son precios razonables, por no recordar cómo elegir buena carne o fruta si algún cliente o empleado joven me pidiera mi «experta» opinión.
- Lo peor que podría pasar sería que no fuera capaz de responder o que empezara a llorar o que estuviera deambulando, tan ansiosa que no fuera capaz de encontrar nada, poniéndome en ridículo, y que me llevaran a un hospital psiquiátrico.
- Lo mejor que podría pasar sería que lo recordara todo y que simplemente lo hiciera de nuevo como solía hacerlo antes.

Ahora puedes estar bastante segura de que lo que te impide ir al supermercado es tu miedo a sentirte incompetente, estúpida o loca. «Pero esto es ridículo», puedes pensar. «Yo solía encargarme de todo, incluso hablaba en público y organizaba cenas estupendas con invitados hasta que él se hizo cargo de todo y dejamos de ver a otra gente. No puedo posponer ir a comprar porque me sienta como una niña boba cuando pienso en intentar encontrar el camino por los pasillos del supermercado.» Pero aparentemente, ésa es la realidad. Y ahora que sabes lo que es, puedes solucionarlo.

Imagina que tienes que buscar un sitio nuevo para vivir. A lo mejor has estado en casa de unos amigos o en un centro de acogida y ahora es el momento de mudarte por tu cuenta. «Cualquiera —dices— debería ser capaz de buscar un piso, ¿verdad?» Quizá lo has aplazado porque es aburrido y prefieres tumbarte a tomar el sol. Dentro de sus límites, probablemente sea cierto, pero el límite no es suficiente. Si te haces las mismas preguntas, tal vez te des cuenta de que lo que más odias es sentirte pobre, y te sientes pobre cuando vives en sitios deprimentes o cuando tienes que admitir que no puedes permitirte el lujo de vivir donde quieres. Te da miedo encontrar sólo un sitio pequeño y deprimente, así que el aburrimiento no es más que una cara de la moneda. Si pensaras que tu búsqueda te recompensaría con un sitio precioso, de buena gana soportarías el aburrimiento de buscar.

Es posible que la respuesta a la última pregunta, «¿Qué es lo mejor que podría pasar?», te sorprenda. Si lo mejor que podría pasar es encontrar un sitio para vivir por tu cuenta, y lo que más odias es la soledad, puede que tengas miedo de encontrar un sitio. Cuando te mudes sola a ese sitio tan bonito, echarás de menos a la gente con la que te alojas ahora. A lo mejor no estás del todo preparada para vivir por tu cuenta, pero no has querido admitirlo.

Mientras sigas negando tus miedos, puedes posponer las acciones indefinidamente con una serie de excusas que esconden el verdadero motivo incluso de ti misma. Pero cuando reconoces estos miedos, puedes obligarte a ti misma a superarlos y para eso se necesita valor. Como verás en las páginas siguientes, hay cosas que hacer que te ayudan a tener valor.

Los días en los que te obligas a levantarte del sillón e ir al supermercado, a pesar de tus sentimientos de ansiedad, confusión y frustración, los días en los que te recorres las calles para encontrar un nuevo sitio donde vivir, aunque te dé pavor mudarte, ésos son los días en los que actúas con valentía. Si no tuvieras estos sentimientos por las tareas, no tendrían nada de extraordinario. Son los sentimientos, junto con tu buena disposición de superarlos, lo que hace que esas acciones sean valientes.

Redefinir la tarea

Si te prometes a ti misma que vas a salir para encontrar trabajo, alquilar un piso o hacer nuevos amigos, tal vez te asuste pensar que estarás aún más deprimida si no sale bien. Necesitas expresar de otra manera tu intención para que exponga solamente lo que tú sabes que puedes hacer: «Voy a *buscar* un trabajo o un piso». «Voy a *invitar* a alguien para ir a tomar un café.» Parecen pequeñas diferencias, pero son importantes. Aunque no puedas controlar las respuestas de las demás personas, puedes asumir la responsabilidad correspondiente a tu parte de la interacción. Si no consigues el trabajo o el piso, no debes estar deprimida por el fracaso. Puedes atribuirte el mérito de haber trabajado duro e inteligentemente, aunque no controlaras el resultado.

Elige cuidadosamente tu labor. Realízala una vez que estés dispuesta y que seas capaz de llevarla a cabo, y después asume la responsabilidad. Eso no quiere decir que sufras mucha ansiedad por falta de éxito. Ni tampoco quiere decir que debas menospreciarte si no logras llevar a cabo tu proyecto. Quiere decir que tu intención es clara, y que tienes claro si quieres llevarla a cabo. Puede querer decir comprender por qué no lo has hecho.

Una vez que hayas averiguado el motivo por el cual no has actuado, puedes empezar a trabajar en los cambios, no diciéndote a ti misma que deberías ser valiente o que deberías querer hacerlo, sino eligiendo una labor que sea la menos intimidatoria para empezar y obteniendo ayuda de un amigo para llevarla a cabo.

Imagina que te has estado diciendo a ti misma que te matricularías en un centro de educación superior y aprenderías a ser programadora informática. Después de haber aplazado ir a hacer la solicitud de admisión varias veces, el interrogatorio que te haces a ti misma te dice que tienes miedo de no poder hacer el trabajo. A lo mejor has estado en casa con varios hijos durante diez años y crees que tu cerebro está atrofiado.

Deja de pensar que en tu tarea pasarás por uno o dos años de enseñanza sin obtener un título o haciendo el ridículo en comparación con todos esos brillantes estudiantes jóvenes.

Empieza a pensar en el primer paso. Debes hablar con un tutor del centro sobre los requisitos, cómo puedes prepararte con antelación, cómo se las arreglan otras personas en tu misma situación, y cosas así.

Si lo retrasas dos o tres veces, elige otro paso para una tarea más fácil. Podría ser andar por el campus algunas veces para familiarizarte y fijarte en la cantidad de estudiantes mayores que hay. Podría ser hablar con un amigo que es estudiante o buscar el número que necesitas para pedir una cita, o cada una de estas cosas, una cada día.

El refrán «Un viaje de mil millas empieza con un paso» tiene mucha razón. Tu trabajo consiste en concentrarte en ese primer paso.

Atribuirte el mérito por cada acción valiente

Probablemente aceptas la idea de que está bien ser bueno con otras personas, especialmente con aquellas por las que más te preocupas: tus hijos, tu marido, tus padres, tus amigos. Sin embargo, puede que pongas reparos a ser buena contigo misma, insistiendo en que «eso es ser egoísta. Yo no me lo merezco».

Las mujeres suelen escabullirse cuando se les reconoce el mérito. Si los maridos, amantes, hijos o amigos nos dicen: «Soy un desastre,

194

no hago nada bien», rápidamente salimos en su defensa, intentando rescatarles de su desesperación con palabras de consuelo y de ánimo, recuerdos de cosas bien hechas y de esfuerzos realizados. ¿Por qué no hacemos esto para nosotras? No parece apropiado alabarnos o hacer publicidad nosotras mismas.

Si te preocupas por ti, te tratarás bien a ti misma. Si tienes actitudes hostiles, punitivas, de desaprobación hacia ti, entonces verás que de una manera u otra estás privada de cosas que te hacen sentir bien. Decídete a comportarte como si te gustaras a ti misma y merecieras sentirte bien. Si estás dispuesta a cambiar tus acciones por algún tiempo, pronto verás que estás empezando a creer que mereces tanto recibir un trato respetuoso y educado como cualquier otra persona.

A menudo eres la única que sabe la tarea que te has asignado y con toda certeza también eres la única que sabe exactamente cuánto valor y energía se necesitan para incitarte a ti misma a empezarla y seguir adelante con ella. Así que tú eres la mejor para atribuir el mérito (repasa la lista de las cosas que has hecho bien del capítulo anterior). Tu propio ánimo es la única respuesta que puedes controlar, así que sácale el máximo partido. Cuando te aprecies a ti misma, apreciarás a los demás. Cuando te valores a ti misma, los demás te valorarán. Empieza ahora a atribuirte el mérito y a recompensarte a ti misma por lo que haces.

Sé buena contigo misma

Ser buena contigo misma puede recompensarte por acciones valientes u otras acciones que valen la pena o puede permitirte placeres por ningún motivo en especial. En cualquier caso, tienes que saber las cosas que te hacen sentir bien. ¿Escuchar tu música favorita te anima? ¿E ir a comer a un restaurante de moda? ¿O ver una buena película, caminar por el parque o leer sin prisas una carta de un amigo? Piensa en cuántos placeres puedes encontrar o inventar, especialmente cosas que no son caras, que no engordan, ni son ilegales o potencialmente peligrosas.

Si has vivido una relación brutal, restrictiva durante mucho tiempo, tal vez tengas problemas para pensar en algo que te haga disfrutar. Si te casaste o tuviste un hijo poco después de terminar la escuela, pue-

195

de que nunca hayas tenido oportunidad de explorar lo que quieres. Si no has conocido a mucha gente, ni has leído demasiados libros, ni has tenido muchos trabajos o no has practicado muchos deportes o artes, puedes pensar que no hay nada que te divierta mucho o que creas que es imposible descubrir lo que te interesa.

Piensa en la gente que te gusta, que admiras o que envidias, hombres o mujeres, jóvenes o viejos, históricos o de ficción, o de carne y hueso. ¿Qué es lo que te atrae de su carácter, capacidad o estilo de vida? Si lo que te atrae es la emoción de la vida de un detective de la televisión o la oportunidad de un escalador de demostrar su valentía y correr un riesgo, no asumas que no podrás hacer nunca algo parecido. Piensa en actividades menos espectaculares y más asequibles, que ofrezcan la oportunidad de aprender una técnica y experimentar sentimientos parecidos. Imagínate a ti misma aprendiendo a esquiar o a escalar montañas, con el objetivo a largo plazo de llegar a ser monitora o parte de un equipo de rescate. No importa que te lleve años ser competente, que el esquí puede ser bastante costoso y que en la vida real pienses que eres una «gallina». No sabrás exactamente lo gallina que eres hasta que pruebes actividades algo arriesgadas y te des una oportunidad para superar paulatinamente tu miedo. Empieza con un deporte de bajo riesgo para ponerte en forma y tener más confianza en tu cuerpo. Cuando creas que eres un poco más valiente, estarás motivada para pensar cómo puedes ganar o ahorrar dinero para las clases de esquí o alpinismo. La cuestión es que no hay necesidad de renunciar a los sueños o fantasías hasta que hayas analizado a fondo cómo pueden hacerse realidad y lo que necesitarás para empezar el proceso.

Imagínate que quieres tomarte unas largas vacaciones tú sola o en compañía de otra persona adulta. Si vas a estar atada a los niños durante algunos años, puede que éste sea un sueño imposible para el futuro inmediato. Pero con algo de imaginación y una cuidadosa planificación, puedes conseguir marcharte durante un fin de semana o un día, u organizarte para tener algunas horas libres cada semana.

No te fíes de las frases que empiezan por: «Sí, pero...» y acaban con todos los motivos por los que no te das un gusto: «Nunca tengo tiempo, energía, dinero u oportunidad de hacer lo que quiero». Cuando tienes pocas oportunidades, sin duda alguna es angustioso ser consciente de todas las cosas que te gustaría tener y hacer. Pero reprimir la conciencia de lo que puedas querer debilita los sentidos y aumenta la depresión. Casi garantiza también que la depresión durará más porque si no sabes lo que quieres, no puedes empezar a conseguirlo.

Descubre lo que te hace sentir bien

Haz tres listas: 1) placeres que te gustan y que quieres tener más, 2) placeres que solías tener (en cualquier etapa de tu vida) y 3) cosas que podrían gustarte pero que nunca has probado (caviar, jardinería, sábanas de satén negras, jugar a los bolos). Asegúrate de incluir pequeños placeres como leer en la cama, observar cómo crece una planta, colocar una estantería, entrar en una librería para mirar.

Actividad 19a   *Lista de placeres*

Placeres que me gustan	Placeres que solía tener	Placeres que tal vez me gusten
Regar las plantas	*Patinar*	*Hacer rafting*
Visitar a alguien	*Hacer ganchillo*	*Escribir poesía*

Marca con una cruz cada uno de los placeres que puedas tener en la próxima semana. Incluye aquellos que te exigen renunciar a otra cosa, planear para el futuro u obtener algo de información. Si no tienes como mínimo diez actividades que puedan realizarse casi inmediatamente, piensa qué puedes añadir a la lista.

Haz una lista de sucesos agradables que puedes esperar con ilusión a primera hora de la mañana, en algún momento de la tarde y por la noche:

Actividad 19b   **Placeres diarios**

<u>Mañana</u>	<u>Tarde</u>	<u>Noche</u>
Leer el periódico con tranquilidad	*Leer el correo*	*Teléfono (Sue)*
Regar las plantas	*Hacer ganchillo*	*Escribir poesía*

_____

_____

_____

_____

_____

_____

_____

Ahora tienes la oportunidad de despertarte cada mañana con algo que esperar con ilusión inmediatamente y después, más tarde durante el día, y de acabar el día sabiendo que puedes gozar de algunos placeres en la vida si te lo propones. Haz que sea una realidad y date a ti misma una alegría al menos tres veces al día.

Estar bien físicamente

Cuando estás deprimida o preocupada, asustada o agotada, cuesta mucho esfuerzo recordar que tu cuerpo es una parte tan importante de tu ser como tu mente o tus sentimientos. Se ve afectado por la manera en que piensas y te sientes, y su estado afectará, a su vez, a tus pensamientos y emociones radicalmente.

Comer bien

No te permitas olvidar las comidas y no tomes comida basura. Si quieres comer un postre, resérvate tiempo para ir a una tienda espe-

198

cial o a un restaurante donde puedas comer algo por lo que realmente valga la pena gastarse un dinero extra y por lo que merezca la pena ganar ese peso extra. O prepara algo delicioso en casa. Permítete planearlo y disfrutarlo plenamente sin sentirte culpable. De lo contrario, come lo que es bueno para ti: fruta, verduras frescas, proteínas. Prepáralo para que sepa de maravilla. Pon la mesa y siéntate para comer sin prisa. No comas a toda velocidad.

Cuando te sientes deprimida, es fácil desarrollar la costumbre de comer cosas que no son ni deliciosas ni buenas para ti, ni siquiera están bien de precio. Decide que todo lo que comas debe tener al menos dos de estas características.

Dormir bien

Si es posible, duerme unas ocho horas cada noche. Si tienes problemas para dormirte, presta atención a lo que puedas hacer que sea relajante. Es bueno hacer cualquier cosa que calme tus emociones en lugar de provocarlas y que no te llene la cabeza con ideas inquietantes antes de la hora de acostarse. Un baño caliente y leche ayudarán, pero si no puedes aislar tu mente de preocupaciones, ira o confusión a la primera, acepta el hecho de que aprender cómo hacerlo puede llevar algún tiempo. Entretanto, en lugar de dar vueltas en la cama y rechinar los dientes, intenta convertir ese momento en un rato agradable. Enciende la radio y simplemente escucha sin pensar en nada. Lee algo ameno y entretenido. Sin estar inquieta ni irritada, utiliza este momento para tumbarte y descansar sin intentar dormir. Aprender técnicas de relajación o de meditación puede ser útil.

Reconoce que, aunque dormir regularmente por la noche te ayuda a sentirte muy bien, no vas a morir por falta de sueño. No dramatices la situación. Evita hablar contigo misma (o con otras personas) utilizando frases como: «Apenas he dormido esta noche» o «He estado despierta toda la noche». Tú y tus amigos pronto estaréis hartos de oír lo mismo, y pensar continuamente en ello hará que seas más consciente de ese aspecto negativo en tu vida.

Si te desesperas y te amenazas a ti misma con mensajes como: «Esta noche tengo que dormir o caeré destrozada», aún te resultará más difícil relajarte y dormir. Si empiezas a tener un aspecto enfermizo porque realmente durante un largo período de tiempo duermes sólo unas pocas horas cada noche, consulta a un médico. Si tu médico te receta tranquilizantes o pastillas para dormir, tal vez quieras utilizarlas durante el período crítico, pero deja de tomarlas al cabo de unas semanas. Quizá te sorprenda ver que después de todo no las necesitas. No puedes contar necesariamente con la opinión del médico para que te diga si las pastillas crean adicción o tienen efectos secundarios que son peligrosos si se toman durante mucho tiempo. Es un momento en el que puedes sentirte tentada a tomar demasiadas pastillas o alcohol, así que presta mucha atención a cualquier nuevo hábito que estés adquiriendo ahora.

Incluso si sientes como si «tuvieras que dormir» a las 8 de la mañana, no duermas hasta más de las diez y no pidas la baja por enfermedad a menos que estés realmente enferma o estés preparando un día lleno de placeres. Levántate y realiza algunas tareas y luego, si tienes que hacerlo, haz una siesta corta por la tarde. Planifícala en una hora en la que estés segura de que te despertarás en 30 minutos. Si duermes hasta el mediodía o haces una siesta de varias horas, caerás fácilmente en un círculo desmoralizador de sentirte medio despierta por la noche y medio dormida todo el día y «sin conseguir nunca hacer nada». Obligarte a estar levantada durante el día te ayudará a recuperar un horario que hará que te sientas mejor.

Ejercicio

Hay muchas formas de ejercicio que te ayudan a sentirte optimista y llena de energía. Correr y nadar tienen la ventaja de poder hacerse a solas o con otras personas. Si te gusta competir, puedes unirte a un equipo o participar en una maratón, pero si prefieres no ser competitiva, eso también es sencillo.

Correr está al alcance de casi todo el mundo, en casi todos los sitios. El ejercicio es bueno para ti, pero eso no quiere decir que cuanto más sufras, mejor estarás. Si no estás en forma, empieza caminando dos o tres kilómetros, luego corriendo una distancia corta. Concéntrate en el placer de estar en movimiento, y sigue corriendo sólo mientras te sientas bien, incluso si solamente son unos pocos metros. Si paras cuando aún estás disfrutando de ello, probablemente lo harás otra vez.

Sigue el mismo principio cuando nades, hagas calistenia o juegues en un equipo de fútbol. Ya no es extraño que una mujer vaya a correr sola o haga deportes de equipo. Saca partida de la época y haz algo para ti misma.

Tener buen aspecto

El aspecto que tienes afecta al modo en que te sientes. Empieza el día vistiéndote completamente, arreglándote el pelo y poniéndote el maquillaje que acostumbras a llevar, tanto si vas a salir de casa o a ver a alguien como si no. Ésta es una manera de desterrar el desmoralizador hábito de mirarte con el ceño fruncido en el espejo y decir: «¡Uf! ¿Lo ves? Encima de todo lo demás, también soy fea».

Tener buen aspecto no debe llevar mucho tiempo, así que no utilices esto como excusa. El cabello limpio, peinado, vaqueros limpios y camisetas que no tienen que plancharse es lo mínimo. Añade un poco de color vivo en alguna parte y lávate la cara con agua fría. Te sentirás mejor. La gente también reaccionará de manera más positiva hacia ti. Pero ante todo hazlo por ti.

Si te resulta difícil pedir lo que quieres, si crees que siempre tienes que ser cuidadosa, sensible y dispuesta a dar, y que rápidamente vas a tacharte de «egoísta», te hará falta mucho valor para seguir los consejos de este capítulo. Puede que al principio te ponga nerviosa recompensarte a ti misma por tareas que has hecho o darte gustos sin ningún motivo en especial, y tratarte bien físicamente. Así que éstas también resultan ser acciones valientes.

Además de tratarte bien a ti misma, encuentra a gente que te distraiga de tus problemas, te entretenga y tenga la potencialidad de convertirse en buenos amigos. El capítulo siguiente trata de cómo empezar este proceso.

12

Fin al aislamiento

Si has mantenido una relación con un hombre agresivo durante mucho tiempo, probablemente tengas pocos amigos, si es que tienes. Un hombre que maltrata a una mujer a menudo cree, y no se equivoca, que cuantas menos relaciones tenga ella, más fácilmente la podrá controlar. Durante meses o años te pedirá que estés cada vez más a su disposición y cada vez menos disponible para los amigos y familiares.

Cuando has sido golpeada y humillada por la única persona que dice que te quiere, probablemente muy pronto te sentirás despreciable y antipática. Incluso si sabes que has dejado marchar a tus amistades por sus exigencias, puede que reinterpretes los hechos para que ahora parezca que tu falta de amigos es culpa tuya.

Algunas mujeres están seguras de que los amigos nunca pueden proporcionar la seguridad y el grado de cariño ni el estímulo que conlleva una relación sentimental. Es cierto que existe una gran diferencia en los tipos de relaciones, pero algunas de estas diferencias sólo existen porque nosotros ponemos límites arbitrarios a nuestras amistades, ya que creemos que solamente podemos encontrar intimidad en las relaciones sexuales. Podemos cambiar estas actitudes si así lo decidimos.

Para empezar este proceso de cambio, puedes ser más exigente en cuanto a posibles nuevos amantes y menos crítica en cuanto a posibles amigos.

¿Hasta qué punto eres crítica con los demás?

La gente que es demasiado autocrítica a menudo tiene actitudes parecidas hacia las otras personas. Esto es especialmente probable si tienen pocos amigos. El aborrecimiento de uno mismo arremete en tono defensivo contra los demás, a veces hacia esos conocidos y compañeros que son posibles amigos. Es como si la persona solitaria, sin amigos, dijera: «Soy tan poco interesante que nadie me quiere como amiga; pero eso es demasiado doloroso como para aceptarlo del todo, así que seguiré recordándome a mí misma que hay algo de malo en todas las personas que conozco. Los rechazaré antes de que ellos tengan oportunidad de rechazarme a mí». Y así empieza la costumbre de criticar y echar la culpa a los demás.

Para descubrir si eso es algo que tú haces constantemente, *haz una lista* de al menos diez personas que conozcas o que veas con frecuencia, no importa lo esporádica o breve que sea la relación. Pregúntate a ti misma lo siguiente:

- ¿Es una buena amiga?
- ¿Es a veces una amiga pero otras veces no?
- ¿Es alguien que deseaba que fuera mi amigo?
- ¿Es un pariente que puede llegar a ser mi amigo?
- ¿Es un conocido —alguien con quien trabajo, a quien veo en el barrio, en la iglesia, en la escuela o donde voy a hacer mis recados— pero a quien nunca he considerado un posible amigo?
- ¿Es un conocido o pariente que estoy segura de que nunca podría llegar a ser mi amigo?

Actividad 20   *¿Por qué los conocidos no son amigos?*

1. *Mary*   *cuñada; vive en San Diego*
2. *Betty*   *vecina; es demasiado cotilla*
3. _____
4. _____
5. _____
6. _____

7. _____

8. _____

9. _____

10. _____

Si hay bastantes conocidos que son posibles amigos, tienes buenas opciones. Si descartaste a la mayoría como imposibles para establecer una amistad, tienes un problema.

Piensa en esas personas que has indicado que no son posibles amigos y *completa esta frase* para cada una de ellas: «Él/ella no ha llegado a ser mi amigo/a porque...».

El final de tus frases puede incluir cualquier cosa, desde descripciones de los defectos de la persona («tacaña», «poco seria», «estúpida») hasta reflexiones de tu propio sentido de ineptitud («no está interesada en mí», «ella es demasiado popular») o hasta un supuesto de que determinadas diferencias hacen que la amistad sea imposible (edad, sueldo, nivel educativo, matrimonio, paternidad).

Quizá no has establecido relación con muchas de estas personas por lo que tú consideras sus defectos y deficiencias. Eres tan crítico con los demás, que nadie parece lo suficientemente bueno para ser tu amigo, y no has hecho el esfuerzo suficiente para encontrar personas que compartan tus intereses y valores, o estás tan angustiada para evitar un rechazo que te has convencido a ti misma de que son insoportables.

Si has criticado a bastantes personas, fíjate si son críticas generalizadas como «está loca» o «es una estúpida». Si es así, estás descartando la posibilidad de cualquier tipo de relación, incluso una relación limitada. Para desarrollar una actitud más equilibrada hacia los demás, puedes utilizar las mismas técnicas que has aprendido en el capítulo 10 para reducir la autocrítica.

Presta mucha atención a lo que dices a los demás. Cambia las críticas generalizadas por descripciones específicas de comportamiento. «Es una tonta» se convertirá en «Se ríe tontamente cuando está nerviosa» o «Es demasiado escandalosa». Después de algo de práctica, serás capaz de sustituir la descripción antes de que se te ocurra la frase despectiva generalizada.

Mientras practicas, también puedes empezar a buscar aspectos positivos de las personas que conoces. Empieza con posibles amigos que a veces te ha parecido que eran amables contigo. *Enumera* todas las cualidades positivas de cinco de estas personas. Si tienes problemas para pensar en algo atractivo sobre ellas, intenta observar la manera en la que se relacionan con otras personas aparte de ti. ¿Cómo tratan a sus hijos, vecinos, padres, maridos, jefes? *Enumera* cualquier cosa que hayan hecho y que tú aprobaste o te gustó. *Enumera* las habilidades y aptitudes que tienen, sean o no pertinentes a tu relación con ellas.

Actividad 21   *¿Qué puedes valorar de las personas que conoces?*

1. _____

_____

2. _____

_____

3. _____

_____

4. _____

_____

5. _____

_____

Esto no significa que te tenga que gustar todo el mundo. Si una persona es una buena madre o una buena trabajadora, puede que tampoco sea una persona con la que quisieras estar a menudo. La razón de buscar rasgos positivos es contrarrestar la tendencia a verlo todo y a todos en términos negativos. Cuando rompas esa costumbre, podrás juzgar mejor a los posibles amigos.

Empieza por la gente que conoces

Considera otra vez si cada persona de tu lista de conocidos tiene para ti suficientes cualidades positivas como para pasar ni siquiera algún momento con ellas. Una mujer que cansa durante toda una tarde puede ofrecer una media hora entretenida para el té todas las semanas.

Si una conocida es interesante pero no para de hablar, disfruta de breves conversaciones con ella antes o después de una película. Quizás hay una persona simpática que es tan tímida que te pone nerviosa. Podéis ir a un acontecimiento deportivo o al zoo; así la estructura de vuestra actividad reducirá parte del nerviosismo y las dos tendréis algo de que hablar. Si en el barrio hay una compañera de tenis que no te gusta lo suficiente como para mantener largas conversaciones con ella, juega con ella y reduce vuestras conversaciones después del partido a media hora.

Es agradable estar con algunas personas en el trabajo o en el barrio. Si nunca has pensado en relacionarte con ellas fuera de la situación donde regularmente las ves, considéralo ahora.

A lo mejor hay alguien que durante un tiempo te gustaba, pero después te hartaste de ella. ¿Por qué no retomas ahora la relación, pero te organizas para mantenerla una vez al mes? ¿Y alguien con quien te desahogaste y luego evitaste porque te arrepentiste de haberte aprovechado de ella? Cuando te sientas muy positiva, llámala y pon empeño en escucharla y decirle cosas alegres sobre tu vida.

Busca personas que momentáneamente puedan darte algún placer, ayudarte a que te sientas menos sola y a ampliar tus intereses, en lugar de esperar hasta que conozcas a alguien que parezca el amigo íntimo perfecto y para siempre. Las relaciones fortuitas pueden empezar en sitios sorprendentes y tardar años en desarrollarse, crecer y convertirse en amistades sólidas.

Si no quieres arriesgarte a poner todas tus necesidades emocionales en manos de una persona, de la cual irás siendo cada vez más dependiente, tienes que asumir los riesgos que conlleva crear amistades. Cuando varios conocidos se han convertido en buenos amigos, empezarás una relación con un hombre desde una posición fuerte y no de vulnerabilidad, sabiendo que el idilio es algo que tú *quieres*, y no algo sin lo que te morirías. Entonces serás capaz de juzgar más claramente a los hombres con los que mantengas relaciones y las decisiones que tomas con respecto a ellos.

Conocer a gente nueva

Aprende a ver a toda la gente que conoces como posibles amigos. En lugar de asumir que ninguna de estas relaciones se convertirá en amistad, piensa que puede ser que sí. Echa un buen vistazo a la dependienta de la droguería con la que has pasado un rato del día durante años. La conoces bastante bien y disfrutas de vuestras cortas conversaciones periódicas. ¿Es posible que disfrutaras más de su compañía? Pídele que vaya contigo a tomar café durante la pausa.

¿Y qué hay de la secretaria de la oficina de al lado, con la que tuviste una conversación muy agradable cuando compartisteis mesa por casualidad en la cafetería? ¿Por qué no invitarla a comer contigo? Mira cuántas antiguas relaciones puedes retomar o convertir en amistades. Prácticamente ninguno de nosotros está tan aislado que no conoce a nadie. Incluso si ayer te mudaste a la ciudad y tienes dos hijos pequeños que dificultan poder salir, como mínimo tienes que ir a la tienda de comestibles o a la lavandería. Con el tiempo, uno de los niños te llevará a la sala de espera de un médico y a la farmacia. Puede que tengas que esperar algún tiempo en una oficina de bienestar social, o en la de vivienda pública. Con un poco de energía, puedes llegar a convertir estas situaciones en oportunidades para relacionarte y aprender más sobre la ciudad y el barrio.

A lo mejor suena poco realista pensar que te relacionarás con alguien que te guste mientras estás en un centro comercial o cogiendo el autobús. ¿Has conocido alguna vez a alguien que haya conocido a un hombre fascinante en ese tipo de situaciones? Entonces, ¿por qué no una mujer interesante? Es especialmente probable que ocurra si tienes niños pequeños, puesto que los desconocidos a menudo hablan con ellos y de ellos y si conoces a otra mujer con un bebé o un hijo de la misma edad que los tuyos, ya tenéis algo de qué hablar.

Además de considerar a todas las personas que conoces como posibles amigos, ve a los sitios en los que es probable que esté la clase de gente que te gustaría conocer. Imagínate las personas con las que te gustaría estar, o si nunca has estado con gente que te gustara, cómo *debería* ser. ¿A qué dedicarían el tiempo esas personas y dónde estarían?

Elegir trabajo, clases, organizaciones

Aunque puedas hacer amigos casi en todos los sitios donde vayas, algunos son más fáciles que otros. Las clases y las organizaciones de voluntarios son dos de los mejores. Los clubs sociales que encuentres a través de tu iglesia o en tu barrio también son buenas posibilidades. El trabajo remunerado es otra.

Trabajo remunerado

No hay muchas personas que valoren las oportunidades de empleo en cuanto a los contactos sociales que ofrecen. El sueldo, las posibilidades de ascenso, la oportunidad de aprender y la satisfacción o estímulo del trabajo son lo más importante.

Pero también existen otros factores que hay que tener en cuenta. Puede que estés buscando una profesión que suponga un reto, absorbente y bien pagada, o un trabajo provisional que te permita pagar el alquiler de este mes. Por supuesto, que el sueldo te pague tus gastos es el primer requisito, pero al buscar cualquiera de estos objetivos, también puedes tener en cuenta las posibilidades sociales del empleo.

Tanto si trabajas como cocinera de comida rápida, ayudante administrativa, gerente de tienda, enfermera o recepcionista, piensa en el barrio en el que trabajas. Podría determinar el tipo de clientela al que sirves, el tamaño de la empresa, los estilos de vida de tus compañeros de trabajo e incluso, a lo mejor, el tipo de gestión. En un distrito financiero del centro de la ciudad, la ropa será de un estilo muy elegante, y la velocidad y la eficiencia se valorarán mucho. En un barrio universitario, una zona turística o vecindario, comprar en grandes almacenes puede ofrecer familiaridad y flexibilidad en un ambiente menos trepidante. Cuando vayas a buscar trabajo, fíjate tanto como puedas en el ambiente social. Si no es visible, da una vuelta por el lugar de trabajo. Si tu trabajo consistiera en estar con los empleados y filas y filas de mesas con teléfonos sonando constantemente, es posible que sea un ambiente desagradablemente ruidoso, aunque tiene que haber alguien entre tantos empleados que te parezca compatible. Por otro lado, si fueras la única persona no profesional en un despacho de cinco personas, o si tienes 40 años y todo el mundo aparenta 21, probablemente te sentirás socialmente aislada.

Si consigues encontrar un trabajo interesante, estimulante, bien pagado o que te ofrece la oportunidad de ascender, puede ser perfectamente que decidas aceptarlo aunque las oportunidades de formar amistades sean pocas. En ese caso, ten presente que necesitarás hacer un esfuerzo mayor del habitual para hacer amigos fuera del trabajo, ya que no dispondrás de esa posibilidad durante la mayor parte de cada día. Por ejemplo, puedes reducir la soledad si encuentras amigos que trabajan o viven cerca con los que puedas comer o tomar café todos los días. Eso es especialmente importante si trabajas sola, si tienes un trabajo no tradicional que hasta hace poco estaba destinado sólo a hombres, o si los empleados del sexo masculino son hostiles contigo a causa de tu sexo.

Clases

Los objetivos a largo plazo son muy importantes al determinar qué clases serán las más útiles en cuanto a desarrollar técnicas y planificar o cambiar una profesión. Pero considera otras oportunidades aparte del valor que tiene aprender una técnica. Otro factor principal debería ser si es probable que hagas amigos en clase.

Aunque sin duda alguna es posible tener amigos masculinos en una clase, es más fácil hacer y mantener una amistad con otras mujeres porque están menos sometidas a los caprichos impredecibles del romance y la sexualidad. Primero busca clases para mujeres. Ni tú ni las demás de la clase estaréis distraídas por la presión de intentar impresionar a los compañeros de clase, y puedes suponer que algunas de las mujeres en parte están allí para hacer amigas. En una clase mixta, puedes estar segura que algunas de las mujeres en parte están allí para conocer a hombres. Eso no impide que respondan a un gesto amistoso por tu parte, pero si te sientes tímida e insegura, querrás estar entre gente que esté más interesada en ti que en un hombre.

Romper con las viejas costumbres y conocer nuevos tipos de gente es estimulante, pero también aterrador. Al principio, tal vez quieras intentar encontrar una clase en la que los miembros compartan algunos de tus valores y estilo de vida. No puedes estar segura de que te has formado una imagen real de las mujeres que asisten a clases en la iglesia, en los grupos YWCA o en el centro de educación superior hasta que hayas acudido allí por un tiempo. Pero puedes hacerte una idea de cómo encajas en el grupo, haciendo preguntas directas sobre la institución o el profesor. Puede que quieras explicar tus propias preocupaciones, ya sea por ser tímida, por estar con gente de distinta edad o clase económica, o gente demasiado feminista, o no lo suficientemente feminista.

210

Pregunta al profesor si la clase es formal o informal, grande o pequeña, si incluye actividades y debates o principalmente conferencias. Tienes más oportunidades de llegar a conocer gente si el grupo es reducido, informal y activo que si es numeroso, formal y teórico. Es probable, por ejemplo, que decidas empezar con un grupo de conversación en el YWCA o la sección local de la Organización Nacional para Mujeres o un grupo reducido relacionado con la iglesia. Más adelante, puedes inscribirte en cursos de formación de reafirmación personal o de técnicas sociales, donde puedes desarrollar técnicas para hacer amistades y practicarlas.

Deberías obtener la información que quieres, así como una impresión de la buena disposición de la profesora para explicar su técnica y punto de vista y acerca de su cordialidad y actitud hacia las mujeres a las que enseña. Si mientras hablas con ella no tienes una buena impresión, intenta entender por qué, y así obtendrás más información en el mismo momento. Si no está claro lo que te preocupa y tienes otras alternativas, actúa de acuerdo a tus presentimientos. Pero si vives en una comunidad donde hay pocas opciones, arriésgate. Es mejor ir a *algún sitio* que a ninguna parte, mejor conocer a *alguien* que a nadie. Sobre todo, no te estés de manos cruzadas esperando que la situación ideal llame a tu puerta.

Si decides que tu necesidad más inmediata es la clase de educación oficial que solamente puede encontrarse en una universidad o centro de educación superior, aún puedes planificar tu programa de primer trimestre en esta misma línea. Ve al Centro para Mujeres, que ahora tiene instalaciones fijas en muchas facultades norteamericanas. Allí podrás conocer a otras mujeres en un ambiente informal y obtener información sobre los profesores que son buenos y las clases que te sean útiles. Los centros normalmente ofrecen una sala para intercambios informales, así como actividades estructuradas.

Si planeas asistir a clases durante un par de años, tendrás mucho tiempo más adelante para las más difíciles, las clases más importantes y las que infundan temor. Para empezar, lo que necesitas son cursos que sean bastante fáciles y ofrezcan muchas oportunidades para la interacción. Una vez que hayas empezado un sistema de apoyo y te hayas demostrado a ti misma que puedes apañártelas en un escenario académico, tendrás una base desde la cual asistir a clases más desafiantes.

Si puedes trabajar sin tener un sueldo, existe un gran número de trabajos estimulantes y educativos disponibles. Para descubrir lo que te va bien a ti, utiliza más o menos el mismo criterio que utilizaste para encontrar las mejores clases. Naturalmente, es importante que hagas algo que merezca la pena y que tenga sentido para ti, y también deberías ponderar la experiencia en cuanto a tus objetivos profesionales.

Pero éstos no deberían ser tus únicos factores que tener en cuenta. Piensa también qué organizaciones y qué tipo de trabajo te pondría en contacto con posibles amigas. Por ejemplo, trabajar como coordinadora voluntaria o promotora adjunta de programa en un centro para mujeres o un grupo YWCA te proporcionará miles de contactos con muchas mujeres en un contexto donde puedes llegar a conocerlas muy bien y bastante rápido.

Si eres una persona discreta a quien le gusta tomarse las cosas lentamente y establecer relaciones en un ambiente estructurado, puedes unirte a un grupo o club de biblioteca y aprender a mantener y cuidar de los libros con otras personas que tienen intereses similares. Si te gustan los personajes dramáticos, prueba a echar una mano con el decorador o los actos de recaudación de fondos en un teatro del barrio. Si tienes ansias de conversaciones intelectuales con amigos, mira a ver si hay algún trabajo no remunerado que puedas hacer para un departamento de una escuela para graduados o un museo. En cualquier caso, elige un sitio y un determinado tipo de trabajo voluntario en el que probablemente conozcas a gente compatible. Busca en el periódico anuncios de sitios donde se necesiten voluntarios o llama a la fundación local United Way para pedir listas de organizaciones de este tipo.

Para resumir: considera a todas las personas con las que estás en contacto como posibles amigos. Analiza lo que te gusta o lo que no te gusta de cada una de ellas. Si eres demasiado crítica, utiliza las actividades 15 y 16 del capítulo 10 para hacer tus críticas más racionales y precisas. Dedica un tiempo limitado a estar con la gente que te hace sentir mal. Pero si son personas un tanto interesantes o agradables, averigua lo que podéis hacer juntas que puede aumentar al máximo sus cualidades. Opta por las clases, el trabajo remunerado o voluntario en parte según si allí puedes encontrar posibles amistades.

212

13

Recurrir a los demás

Así que aquí estás, en el trabajo, en la lavandería o en clase de cerámica. ¿Cómo haces una nueva amiga?

En primer lugar, debes pensar suficientemente bien de ti misma para darte cuenta de que la gente querrá tenerte como amiga. Si todavía estás llena de autoculpa y convencida de que eres demasiado aburrida para interesar a nadie, será complicado llegar a otras personas, o siquiera reconocer y aceptar sus gestos amistosos. Para parafrasear a Woody Allen: «¿Por qué querría yo un amigo que hablara con una persona como yo?».

Arriesgarse a dar los primeros pasos

El hecho de iniciar gestos amistosos implica riesgos, y no vale la pena pretender que no existen o no deberían existir. El mayor riesgo es el golpe que sufre el ego si te rechazan. Muchas de nosotras actuamos como si el cielo fuera a caerse si nadie nos acepta para nada, y el destrozo será especialmente grande si queda claro que alguien no quiere ser nuestra amiga. Puede que ni siquiera importe que sea alguien en quien no estemos muy interesadas, o incluso una persona por quien sintamos auténtica aversión. Si descubrimos que no le gustamos, nos sentimos heridas.

Las mujeres somos especialmente vulnerables en este sentido porque normalmente tenemos menos experiencia en arriesgarnos que los hombres, porque los hombres han aprendido que es importante ganar y tener éxito, empiezan pronto —generalmente en deportes— aprendiendo a correr el riesgo de tropezar con un fracaso o un rechazo y a controlarlo sin problemas cuando ocurre.

Como mujer, probablemente tienes poca experiencia en arriesgar en una situación de rechazo implícito si te declinan una oferta de amistad. Digo «implícita» porque aunque solamente fuera tu invitación concreta la que es rechazada, es probable que te lo tomes como un rechazo a *ti*. A fin de determinar lo que es cierto, probablemente tendrás que correr más riesgos.

Cuando pienses en ofrecerte a alguien, recuerda lo siguiente: está bien tener miedo al rechazo; hay cosas concretas que puedes hacer para reducir el temor; incluso si tu peor pesadilla se hace realidad, aprenderás de la experiencia; tus heridas se curarán. Pero ten en cuenta la satisfacción que sentirás si tu gesto amistoso es bien recibido.

Otra cosa que puede reprimirte de comunicarte con los demás, especialmente si eres muy crítico, es el temor al éxito inoportuno. Imagina que tu invitación es aceptada y la otra persona resulta ser una pesada o algo peor. Entonces te encuentras en la posición de haberte ofrecido primero y luego de querer rechazar a la otra persona.

Realmente éste es un problema de préstamo. Puede que la persona a la que invitas a café, a comer o al cine no resulte ser del todo divertida ni suficientemente compatible para ser tu mejor amiga, pero la invitación no trata de eso. Cuando le dices a alguien que vayáis a tomar café juntos, sólo quiere decir eso, *no* que vayáis a tomar café cada día o que después estés obligada de algún modo.

Tal vez tengas miedo de que la otra persona acepte tu invitación pero le puedas parecer aburrida, torpe o estúpida. Si, bajo presión, tu nivel de ansiedad tiende a subir tanto que la lengua se te traba y realmente pareces estúpida o torpe, ahora es el momento de dejar de quejarte sobre ese problema y buscar ayuda para solucionarlo. Encuentra un terapeuta o clase particular donde puedas aprender técnicas de relajación o técnicas sociales. Una clase es mejor porque probablemente será más barata y también tendrás una oportunidad controlada de hacer amigos que no sólo tienen un problema parecido, sino que también comprenden enseguida algunas cosas importantes sobre ti.

Si has vivido en la misma ciudad durante toda tu vida, si tienes una familia que te apoya, si tienes un trabajo estimulante y tiempo y dinero para permitirte hobbies, deportes y entretenimientos, podrías disfrutar del lujo de dejar que las amistades crezcan lentamente durante un largo período de tiempo. En estas circunstancias casi no hay ningún riesgo implicado; cuando dos posibles amigos van juntos a comer o al teatro, ya han tenido suficiente contacto como para estar seguros de las reacciones de cada persona. A menudo ni siquiera uno tiene que invitar al otro, los planes mutuos simplemente ocurren. Pero ese proceso lento y seguro de hacer amigos no siempre es posible. Ofrecer tu amistad a nuevas personas puede parecer difícil o aterrador, pero puede hacerse y el riesgo merece la pena.

Conseguir conocer a gente en el trabajo

Las invitaciones para comer o tomar café son lugares evidentes para empezar a hacer amigos en el trabajo, pero presuponen que ya habéis intercambiado algo de conversación amistosa.

Si eres nueva en el trabajo y has tenido algunos intercambios del modo más ocasional, puede ser tentador decidir que la culpa es de todos los demás menos tuya. «Nunca nadie me sonríe ni habla conmigo.» «Ya han formado sus grupitos y me consideran una intrusa.» Por supuesto, puede que algo sea cierto. Pero si eres la persona nueva, tienes que sonreír, decir «Hola» y por lo general iniciar el contacto para hacer saber a los demás que estás interesada en ellos.

Si has estado esperando que los demás hablaran primero, puede que ellos hayan interpretado tu timidez como hostilidad, y tendrás que arriesgarte un poco en el proceso de cambiar sus impresiones. Por ejemplo, si tu compañera de trabajo, Mary, no está acostumbrada a que la saludes por la mañana, puede que la primera vez esté demasiado sorprendida para responder a tu sonrisa y decir «Buenos días». Eso podría tentarte a adoptar la llamada actitud «Ya te lo dije», que puedes utilizar como excusa para desistir. Pero si persistes, es posible que recibas respuesta la segunda vez, y una conversación agradable la tercera o la cuarta.

Las personas tímidas normalmente se imaginan que ellas son las únicas que tienen miedo al fracaso, así que cuando las demás personas no responden a su primer ofrecimiento de amistad, suponen que es frialdad u hostilidad, cuando en realidad puede ser protección contra el rechazo. Esto será especialmente probable si te has establecido como «solitaria» o como una persona estrictamente de trabajo. Da a los demás compañeros de trabajo al menos tres oportunidades para que respondan y acepten propuestas de sociabilidad antes de rendirte. Con algunas personas incluso puede llevar más tiempo.

Si una persona rechaza tu amistad, resiste la tentación de generalizar. Cuando te oigas a ti misma decir: «Oh, son una panda de esnobs», «Nadie en la oficina tiene tiempo para mí» o «Todos ellos ya tienen un montón de amigos», *anota* las pruebas que tienes de que tu comentario general sea aplicable a cada uno. A lo mejor te sorprende ver que tu crítica es pertinente sólo para algunas personas, o quizá solamente para una. Cuando queremos evitar correr riesgos, nuestras mentes son imaginativas hasta la saciedad. *Haz una lista*, también, de cada gesto amistoso que has hecho a cada persona. Vuelve a estas dos listas de control siempre que hagas generalizaciones negativas sobre compañeros de trabajo u otros grupos de personas.

Actividad 22   *Lista de control de conocidos*

«Por qué creo que a ellos no les gusto»	«Gestos amistosos que he hecho»
1. _____	1. _____
2. _____	2. _____
3. _____	3. _____
4. _____	4. _____
5. _____	5. _____
6. _____	6. _____
7. _____	7. _____

Ahora que tienes constancia escrita de tus propios esfuerzos para iniciar gestos sociales y has modificado tus opiniones sobre sus actitudes hacia ti, puedes empezar un programa para correr riesgos sociales.

Elige acciones específicas en situaciones concretas que sean un tanto arriesgadas pero que estés segura de que puedes hacer. Por ejemplo, quizá decidas decir «Buenos días» a dos compañeras de trabajo o hacer una pregunta a tu supervisor o hacer un cumplido a la persona de la mesa de al lado. Estas tareas para uno mismo son mejores que «hablar con el grupo durante 30 minutos a la hora de comer» porque es más probable que realices las acciones con menor riesgo. Puedes basarte en tu éxito hasta que estés preparada para esa conversación de 30 minutos con el grupo. Y recuerda que el «éxito» es llevar a cabo lo que te prometiste a ti misma hacer cada día. No tiene nada que ver con la respuesta de las demás personas, sobre la cual no tienes control alguno.

Con el tiempo lograrás algunas recompensas incorporadas por parte de las personas a las que ofreces tu amistad, ya que te responderán amistosamente. Pero por ahora, valora el hecho de que estás siendo suficientemente valiente para hacer estos primeros gestos. También puedes recompensarte a ti misma por tu esfuerzo, como se sugiere en otras partes de este libro.

Conseguir conocer a gente en clases y organizaciones

Estos mismos principios son aplicables para hacer amigos en clases, trabajo voluntario en la parroquia u otros encuentros esporádicos. Puede resultar difícil cultivar amigos en estas situaciones porque no tienes una nueva oportunidad cada día. Es posible que tengas que hacer una propuesta concreta («¿Puedes comer conmigo el martes?») en lugar de hacer ver que te sientas por casualidad con una compañera de trabajo a la hora de comer. Esto significa que no puedes permitirte el lujo de esperar exactamente el momento apropiado o el ambiente ideal para acercarte a ellos. Si aplazas la acción seis veces, las clases semanales se habrán acabado antes de que ni siquiera hayas empezado. En una organización de voluntarios, puede que no trabajes con la misma persona cada vez que te ofrezcas como voluntaria. A lo mejor encuentras una persona interesante en una fiesta y luego no tropiezas con ella en un mes o más. Así que acostúmbrate a hacer algún tipo de gesto amistoso en cuanto tengas la primera oportunidad.

Cómo empezar

Cuando estés preocupada por incorporarte a un nuevo grupo, organízate para llegar 10 o 15 minutos antes. Los pocos minutos antes

217

de una clase o reunión proporcionan una oportunidad perfecta para los intercambios amistosos informales. A medida que llega la gente nueva, puedes presentarte a ti misma y a los demás para que todo el mundo se sienta incluido. Llegar antes te permitirá estar entre las primeras para conocer a gente, y lograr conocerla un poco mejor de lo que es posible en los intercambios de grupos numerosos. Te sentirás más segura para cuando empiece el grupo. Esto te ayudará a correr el riesgo de ser sociable desde el principio.

Si cada persona tiene una oportunidad de presentarse a sí misma en el grupo, utilízala para decir que estás abierta a nuevas relaciones. «Me llamo Jane, soy nueva en la ciudad y me gustaría conocer a gente nueva.» «Me llamo Sarah, tengo muchas ganas de conocer a otras personas que estén interesadas en la ecología.» Si no existe esta oportunidad, puedes imponerte y pedir al profesor o al director que empiece con las presentaciones. Muchos profesores estarán encantados con la propuesta y te estarán agradecidos por crear un ambiente más agradable.

Mira a tu alrededor, escucha y decide a quien te interesa llegar a conocer. En la primera oportunidad, tanto si es cuando te piden que formes pareja con alguien para un ejercicio como en la pausa para el café, atraviesa el aula y dile algo amable. Digo explícitamente «atraviesa el aula» porque eso es difícil de hacer para una persona tímida. A fin de evitar llamar la atención, puedes relacionarte con la persona no interesante que está a tu lado, en lugar de correr hacia a la persona que te gustaría conocer. Quizá sólo sean unos metros, pero puede parecer una subida al escenario con 20.000 pares de ojos acusadores clavados en ti. Cuando hayáis hecho un comentario, relájate y mira a tu «público». A lo mejor te asombra ver que después de todo nadie te está mirando furioso ni señalando.

El contenido de tu primer comentario no es demasiado importante. Puedes preguntar: «¿Has hecho algún otro curso aquí?» o «¿Desde cuándo eres voluntaria aquí?», o ser más valiente y decir: «Quería hablar contigo porque has dicho que habías vivido en San Francisco y espero pasar allí las vacaciones» o «Me ha gustado lo que has dicho sobre estar nerviosa en los grupos; yo también lo estoy». Un tono amistoso transmitirá el mensaje: «Me gustas y eso es todo lo que intento expresar en este momento».

Si todo va bien, empezarás una agradable conversación. Puede que tengas oportunidad de continuar en detalle (por ejemplo, en una pausa para tomar café), pero posiblemente, no. En ese caso, asegúrate de decir algo cuando te vayas, aunque eso signifique tener que volver a atravesar la clase. «Me ha gustado hablar contigo. Espero verte la semana que viene.» Si quieres ser muy valiente, la próxima semana puedes ofrecerte para llevarla en coche, pedirle que te lleve o proponerle que vayáis juntas en el autobús (suponiendo que vivas cerca de ella). O decir: «Me gustaría hablar más contigo acerca de... ¿Te importa que te llame?».

Esto es ir deprisa, quizá más deprisa de lo que tú quisieras. Pero no te estás arriesgando mucho. Tu invitación no requiere un gran nivel de intimidad, ni demasiado tiempo, y está estrechamente unida a la actividad en la que las dos estáis implicadas. Es cierto que no tendrás demasiado tiempo para tantear la situación, así que tendrás algo de incertidumbre acerca de lo interesada que está la otra mujer en llegar a conocerte. Si dice: «Gracias, pero voy en otra dirección», probablemente te preguntarás si está diciendo la verdad o no quiere tener nada que ver contigo.

Si te hacen daño con facilidad o eres propensa a sentirte rechazada, tal vez tengas problemas con esta situación. Tendrás que hacer un esfuerzo especial para ser abierta con la mujer la próxima vez que la veas para que sepa que aún te interesa. Puede ser que se lo tomara literalmente, pensando que querías un medio de transporte, más que reconocer tu gesto como de ofrecimiento de amistad. En la próxima oportunidad, puedes hacer otra propuesta que sea claramente más amistosa. Si recibes una segunda respuesta fría (o si estás convencida de que la primera era un mensaje negativo), busca a otra persona con quien entablar amistad.

Puede darse el caso de que una persona a la que tú te acercas no esté interesada en hacer amistad contigo. No te lo tomes como un comentario a tu valía personal. Puede decir mucho más de ella: es extremadamente tímida y apenas puede creer que realmente quieras conocerla; está demasiado metida en su carrera profesional como para tener tiempo para los amigos; está absorta en su familia o ya tiene suficientes amigos. A lo mejor es desconfiada o crítica con las personas y casi nunca ve algo positivo en alguien. Si quieres ir sobre seguro, acércate a mujeres que sean nuevas en la ciudad, que se hayan separado recientemente de sus compañeros o que hayan expresado que buscan relaciones nuevas.

Planea utilizar cada oportunidad que se te presenta para hacer una «Acción valiente al día», como, por ejemplo, sonreír y decir «¡Hola!», preguntar acerca de la clase de ayer o invitar a alguien a tomar café. Si haces una propuesta cinco veces al día durante cinco días a la misma persona o a distintas personas, pronto empezarás a recibir tu recompensa.

Pasar de conocidos a amigos

Cada vez que profundices más en una relación, te encontrarás en una nueva situación de riesgo, pero también tendrás más éxitos que añadir, así que recuérdatelos a ti misma a menudo. Por «profundizar» entiendo una combinación de estos factores: duración de cada contacto, frecuencia de contacto, cantidad de tiempo no estructurado que habéis pasado juntas y grado de confianza para compartir conversaciones íntimas.

Si estás muy sola y has tenido algunos éxitos iniciales, puede ser tentador pasar rápidamente de una relación breve y esporádica a encuentros diarios o a cada hora, especialmente si la otra persona se encuentra en una situación similar a la tuya. Si te permites hacer esto, más adelante puede resultar difícil retractarse, especialmente si trabajáis muy juntas. Es mejor construir la relación paulatinamente. No saltes de una conversación fortuita en la cafetería de la empresa con una conocida a invitarla a cenar y una larga noche de charla íntima. Primero intenta contactos más cortos, más estructurados y menos personales. Pregúntate a ti misma si disfrutas de ellos y si sientes que tienes más que decir.

Desarrollar una relación íntima pero no sexual lleva tiempo y algo de trabajo, más trabajo, a lo mejor, que una que rápidamente se convierte en intimidad sexual. A corto plazo, las amistades íntimas pueden parecer demasiado arriesgadas, aunque en el fondo es mucho más probable que una relación sexual implique un riesgo más alto.

Trabajar para desarrollar una relación íntima no sexual requiere una vigilancia continua de los límites de la otra persona, asumiendo riesgos para considerar la relación en cada nuevo paso hacia la franqueza y calmar los miedos de cada uno después de cada nueva apertura de un espacio personal que anteriormente era privado («¿He revelado tantas cosas que ella pensará que soy una persona terrible o ridícula, o se sentirá abrumada por mis problemas? ¿Ha revelado ella tantas cosas que se echará atrás para ocultar su vergüenza o miedo a la vulnerabilidad?»).

Estos riesgos también presentan problemas en una relación sexual, pero se vuelven menos duros por el consuelo de conseguir una caricia, un beso o unas palabras. La mayoría de nosotros tenemos que trabajar para desarrollar técnicas verbales que se puedan comparar para expresar afecto y consuelo a los amigos. Por ejemplo, podemos tranquilizarnos a nosotras mismas cuando estamos nerviosas por la actitud cada vez más abierta en una relación diciendo: «Estoy realmente contenta de que hayamos decidido conocernos mejor» o «Me siento bien por hablar por fin con alguien que siente lo mismo que yo». Podemos aprender a ser más directas en cuanto a verificar preocupaciones: «Hoy hemos hablado sobre algunos temas íntimos. ¿Te sientes bien por ello?», «Tengo un problema personal y me gustaría saber tu opinión, pero si no es un buen momento, dímelo y podemos hablar de ello otro día».

Puede parecer alarmante decir cosas como ésas en voz alta. A lo mejor tu miedo es el resultado de la idea de que hablar directamente sobre sentimientos se considerará como un aumento no deseado de intimidad. De vez en cuando eso ocurre, pero la mayoría de las veces la otra persona estará contenta y halagada. Si ella cree que es demasiado, puede hacerte daño, pero a la larga es una información valiosa. Si quieres establecer una relación cercana, la persona que se sienta fácilmente molesta probablemente no es una candidata y es útil saberlo pronto (todavía puede ser una conocida bien recibida).

Aunque sea nuevo para ti, puedes aprender a ser abierta y directa en cuanto a sentimientos y a lo que quieres y te gusta en una amistad, y puedes incorporarlo en tu autoconcepto, justo como haces con cualquier otra técnica que aprendes. Los riesgos emocionales de las amistades íntimas pueden parecer difíciles o aterradores, pero por lo general son mucho menos perjudiciales que las decepciones en las relaciones sexuales. Y muy a menudo las recompensas de la amistad son más duraderas y gratificantes.

¿Hasta qué punto confías en un nuevo amigo?

Hasta hace poco, normalmente las mujeres han permanecido en silencio sobre los abusos que han sufrido. Ahora que los malos tratos ya se denuncian públicamente, las actitudes están cambiando con rapidez en algunos ámbitos. Pero es difícil predecir cómo reaccionarán las personas al oír tu experiencia, tanto si son conocidos como amigos cercanos o familia.

Cuando hables con conocidos, actúa con cautela, protegiéndote a ti misma de la crítica. Muchas personas todavía no entienden los motivos por los que las mujeres permanecen con hombres que las maltratan, y puedes verte expuesta a insinuaciones como que «debes habértelo buscado» o que has sido una tonta por no haberte ido mucho antes.

Puedes protegerte de estos comentarios empezando una conversación sobre los malos tratos en general para averiguar cómo reacciona la otra persona antes de ponerte a ti misma en una situación vulnerable. Si no crees que entienda tus sentimientos ni que sea comprensiva, espera hasta que la conozcas mejor antes de compartir intimidades.

Esto puede ser difícil si una de las razones por las que quieres esta amistad es contar tus problemas a una persona comprensiva. Pero si le das un poco más de tiempo, lo conseguirás. Puede resultar que varias personas con las que te gusta pasar tiempo no dan indicios de que lo entiendan. Ése no es necesariamente un motivo para renunciar a estas relaciones, puesto que esas personas aún pueden ofrecerte algo positivo y ayudarte a mantener la soledad a raya. Más adelante, cuando te hayan conocido y se hayan dado cuenta de que ni eres una tonta ni eres una persona que «se merece que la maltraten», probablemente serán capaces de escucharte con más comprensión.

Si encuentras a alguien que está dispuesto a escuchar tu sufrimiento pasado y tus problemas actuales, será tentador soltar tus problemas, una vez que se haya roto la barrera emocional. Puede ser un alivio tan grande poder por fin contarlo todo a alguien que te cree y que se preocupa por ti, que querrás contar cada detalle horroroso. Primero comprueba si tu amiga se siente con fuerzas para oírlo todo y estáte atenta a las muestras de aburrimiento o impaciencia.

Cuando lo hayas contado todo una vez, no lo repitas una y otra vez. Incluso si tienes la suerte de encontrar a alguien que ha tenido problemas parecidos y podéis intercambiar historias, puede que perpetuéis fácilmente la actitud «pobre de mí» de cada una repitiendo continuamente las experiencias dolorosas del pasado. Esas «historias de terror» al principio serán alivio bien recibido, pero si continúan, pregúntate a ti misma: «¿Me siento mejor o peor después de haberlo contado?». Cuando seas consciente de que te sientes peor, tendrás que explicar la situación a tu amiga: «Sabes, realmente me deprimo mucho cuando hablo de los malos tratos que he sufrido. Voy a intentar no hablar más de ello y, si empiezo, deténme, por favor». Ese tipo de declaración normalmente es recibida con acuerdo y una petición similar por parte de la otra persona.

Obtener ayuda de la familia

En los momentos en los que más necesitas su ayuda, puede que los miembros de la familia no te den su apoyo. Si has mantenido en secreto el comportamiento abusivo de tu marido, es posible que la familia tenga muchos problemas para creer que te empujó contra la pared o que te persiguió con un cuchillo. Su incredulidad puede que indique su confusión más que su opinión sobre ti. A lo mejor refleja su seguridad de que una mujer tan fuerte y maravillosa como tú nunca soportaría tales abusos. Se les va a tener que enseñar el problema de los malos tratos, y necesitarán tiempo para asimilar y comprender lo que está pasando.

Tendrás que establecer un buen equilibrio entre entender *su* problema y protegerte a ti misma de actitudes de no apoyo y culpa. Explica lo que pasó si quieres, pero dales tiempo para que entiendan el repaso de tu historia matrimonial («¿Recordáis aquella vez que dije que estaba demasiado enferma para ir a la cena de Acción de Gracias? En realidad tenía los dos ojos morados». «Esa noche que estábamos en casa de mamá y todo el mundo se felicitaba los unos a los otros por tener unos matrimonios tan buenos, ¿cómo podía yo intervenir y decir que Joe me había violado la noche antes?»). Si reaccionan diciendo: «Alguien está loco, y no estoy seguro de que sea él, tú o yo», no te sorprendas. Si quieren oír su versión, intenta ser paciente, pero deja clara tu situación.

Si aún estás intentando proteger la reputación del hombre contando solamente una o dos de sus menores agresiones, espera que la gente sea escéptica en cuanto a la necesidad de tu huida. Esto no significa que tengas la obligación de contarlo todo, ni siquiera de contar algo, pero esa información y el tiempo para asimilarla facilitará que muchas personas te den su apoyo. Puede que la mejor opción sea no hablar de ello en absoluto, eso dependerá de tus relaciones familiares. En ese caso, tienes derecho a pedir que los miembros de tu familia confíen en que has tomado la mejor decisión que podías después de haberlo pensado mucho, detenidamente y de manera responsable. No tienen que estar de acuerdo con tu decisión, solamente tienen que aceptar que lo estás haciendo lo mejor que puedes.

A lo mejor has confiado en la familia desde el principio y ellos no sólo te han animado para que cortes la relación, sino que también han insistido en que, si te quedas, mereces ser maltratada. Ahora que te vas, puede que sean intolerantes si expresas preocupación por el bienestar del hombre o te quejas por la soledad. Hasta podrían parecer despectivos contigo y tus sentimientos. Aunque te sientas castigada por ellos, intenta ponerte en su lugar. Les importas, se preocuparon por ti, intentaron ayudarte y se sintieron impotentes cuando tú decidiste quedarte o volver con el hombre peligroso. Cuando dices algo positivo de él, o hablas de tu soledad, puede que sean propensos a un pánico inmediato, temiendo que eso signifique que vas a volver.

Intentar entender su dolor y frustración no quiere decir que debas escuchar sus reacciones negativas. Si crees que estás sometida a reacciones negativas después de dos o más intentos de explicar lo que ha pasado y lo que estás intentando hacer, protégete a ti misma no hablando del tema.

A veces la reacción de la familia será sutil. No puedes poner la mano en el fuego por nada en concreto, pero notas que después de visitar a tu hermana o a tu padre te sientes algo deprimida. Cuando esto ocurra, aléjate de la gente que te hace sentir triste, que cuestiona tu sentido común, o de lo contrario caerás en una espiral emocional descendente. No necesitas pruebas ni motivos; tus sentimientos son tus sentimientos. Simplemente dile a tu familia que te sientes mejor si pasas más tiempo sola. Sugiere que lean algo acerca de los malos tratos a las mujeres y comprueba de vez en cuando si han cambiado su punto de vista. No los rechaces para siempre. Puede que los necesites cuando estés totalmente recuperada de la crisis.

Las familias que hacen lo que pueden para dar su apoyo también pueden ser difíciles. Pueden ser tan excesivamente protectoras que refuerzan los sentimientos de impotencia que estás intentando superar. Si corriste llorando hacia ellos pidiendo ayuda en mitad de la noche y te rescataron, tal vez ahora sientas que no tienes derecho a rechazar más ayuda. Si te has refugiado en casa de tus padres, puede que ellos te animen a que te quedes indefinidamente. Si tienes miedo de tu marido, te sientes insegura de tu capacidad para elegir sabiamente o no tienes ningún otro apoyo, será tranquilizador ceder a tus sentimientos de dependencia. Sin embargo, quizá pronto veas que mientras tú no te sientes preparada para mudarte por tu cuenta, la actitud protectora de tu familia te está ahogando. Tu ambivalencia puede estar enmascarada por la preocupación por tus padres, los cuales «necesitan» que tú estés allí.

Si te encuentras en una situación algo similar a ésta, acepta el hecho de que a veces te gusta ser dependiente, y de que estás en esta situación porque tú lo escogiste. Sé consciente de las cosas que aumentan tus sentimientos de impotencia. ¿Tu padre te anima a hablar de tus miedos y a gozar de su promesa de protección? Fíjate si a ese aumento momentáneo de seguridad le sigue más un deseo de acurrucarte en la cama que de empezar a organizar tu vida. Cuando hablas de conseguir un trabajo, ¿tus padres u otros familiares te convencen para que «esperes una semana más hasta que te encuentres mejor»?

Si te enfrentas a esas aparentes amabilidades que en el fondo alargan tu condición de persona dependiente, tendrás que decir a tus salvadores que aprecias que se preocupen por ti pero que debes valerte por ti misma. Tendrás que pedirles que te animen en tu camino hacia la independencia. Hazles saber que una parte de ti quiere estar indefensa, y ésa es la razón por la cual es duro resistirse a sus mimos. Explícales que si no cambian de actitud, tendrás que irte.

Si tienes una familia afectuosa y que te apoya y que puede ofrecerte su ayuda sin protegerte demasiado, considérate afortunada y por supuesto acepta lo que te ofrecen. Cuando te encuentras en el proceso de dejar a un hombre que te maltrata, ayuda mucho estar casi constantemente en compañía de amigos, conocidos o familiares.

Saber que tienes personas cerca que se preocupan por ti será muy importante durante los meses siguientes a la separación de una pareja agresiva, mientras te adaptas a un nuevo estilo de vida. En la parte que viene a continuación, hablaré sobre algunos de los problemas con los que te encontrarás durante el año o los años después de haberte separado y varias maneras de enfrentarte a ellos.

Cuarta parte

Después de irte

14

La primera semana

La primera semana que estés sola será estresante y posiblemente estarás llena de miedo y preocupación, pero puedes utilizar estos sentimientos para reorganizar tu vida. El alcance y los detalles de tus problemas inmediatos variarán según dependan de lo mucho que te hirieron, de si la relación fue larga o corta y de si tienes hijos. Cambiará mucho si estás sin trabajo o tienes habilidades para el comercio. El lugar en el que te alojes justo después de dejar al hombre producirá un efecto en la manera de sentirte, en cómo interpretas tu situación y en cómo empiezas a planificar tu futuro.

Alojarte en un centro de acogida para mujeres maltratadas

La estancia en un centro de acogida para mujeres maltratadas puede ser tu mejor protección del hombre peligroso y también de tu propia tentación de volver con él. Estarás rodeada de personas que entenderán inmediatamente por qué tuviste que irte. Recibirás apoyo para que no tengas contacto con el hombre, y puede que a él ni siquiera se le permita llamarte o visitarte si la ubicación del centro de acogida se mantiene en secreto para el público.

En el centro de acogida, casi todo el tiempo habrá alguien para ayudarte a solucionar problemas prácticos relacionados con el dinero, la escuela o el trabajo, el cuidado de los niños o cómo encontrar ayuda profesional fiable. Muchos centros de acogida también tienen asesores disponibles con quienes poder hablar y los trabajadores de asistencia pública a menudo hacen llamadas, así no tendrás que pa-

229

sarte sola todo un día en la línea de asistencia pública. Hablar con otras mujeres que se encuentran en situaciones parecidas ayuda a reducir tu soledad y tus miedos. Mujeres que generalmente no se conocerían nunca a causa de sus diferencias, intereses y estilos de vida pueden ser maravillosamente útiles la una con la otra cuando tienen en común el problema de un hombre que las maltrata. Si tienes hijos, obtener ayuda para cuidar de ellos mientras te encargas de reorganizar tu vida puede ser un gran alivio. Algunos centros ofrecen servicio de guardería a tiempo completo, otros tienen voluntarios esporádicos. Si no está disponible con regularidad, siempre puedes turnar el cuidado de los niños con otras mujeres del centro.

Un centro de acogida puede tener las desventajas de la falta de intimidad, el vivir hacinados, demasiados niños y demasiado estrés en cuartos pequeños. Pero a lo mejor no tienes tiempo de preguntar o preocuparte por esas condiciones si estás huyendo de una situación inmediatamente peligrosa. Incluso si crees que no elegirás estar en un centro de acogida, sería buena idea obtener información ahora acerca de los servicios que ofrecen y cómo organizan la vivienda por si lo necesitas en caso de emergencia.

También existen otros tipos de centros de acogida, normalmente dirigidos por parroquias, el ejército de salvación o grupos YWCA. Ofrecen vivienda provisional a hombres, mujeres y niños que no tienen otro lugar donde ir, y mientras que ofrecen algunas de las mismas ventajas de los centros de acogida expresamente diseñados para mujeres maltratadas, carecen de ese sentimiento especial de comunidad que a menudo crece entre las personas que viven situaciones parecidas. Si tienes que esperar algunos días para entrar en un centro de acogida para mujeres maltratadas, este otro tipo de centro es una buena opción.

Hogares Seguros

Un *Hogar Seguro* ofrece muchas de las ventajas de un centro de acogida pero proporciona un ambiente más tranquilo y el apoyo de una o dos personas que pueden o no haber estado en una situación similar a la tuya. Es la casa privada de alguien, que la ofrece para compartir durante un período limitado de tiempo, a menudo dos o tres días. Normalmente, serás un huésped bien atendido, y puede que te proporcionen apoyo, información, referencias y a veces incluso asesoramiento de manera informal. Los Hogares Seguros a menudo están disponibles en comunidades pequeñas donde no hay centros de acogida.

Cómo encontrar un centro de acogida o un Hogar Seguro

En tu Estado, puede que exista una línea de teléfono gratuita que te dirá dónde se encuentra el centro de acogida u Hogar Seguro más cercano y si tiene sitio para ti. Si no es así, tendrás que hacer una serie de llamadas antes de obtener la información que necesitas. Ésa es la razón por la que es buena idea llamar cuando estás relativamente tranquila y no en peligro inmediato.

Busca en tu guía telefónica todos los listados que aparecen bajo «mujeres maltratadas» o «mujeres que sufren abusos». Si la compañía de teléfono cobra por cada llamada de información, mira a ver si tu biblioteca pública dispone de un servicio de guía telefónica de fuera de la ciudad. Apunta todos los números, no sólo uno. Los servicios para mujeres maltratadas cambian rápidamente, así que si uno ya no está disponible, no dejes que eso te disuada de llamar al número siguiente. Si no encuentras lo que necesitas, prueba con un servicio de remisión e información de emergencia, un teléfono de emergencia para mujeres violadas, los grupos YWCA, la National Organization for Women, el departamento de ayuda a las mujeres de una universidad o centro de educación superior o cualquier organización de la guía telefónica que contenga la palabra «mujeres». Si tu pequeña población no dispone de ninguna de las organizaciones propuestas, prueba con las mismas en la ciudad o capital de Estado más cercana.

Alojarte en casa de amigos o familiares

La mayoría de nosotras no nos fiamos de estar con desconocidos, así que, si nos dan a elegir, evitaremos el centro de acogida y seremos partidarias de quedarnos con amigos o familiares, incluso si no tenemos muy buena relación con ellos. Estar con alguien con quien te sientes cerca es una ventaja; sin embargo, esa proximidad puede hacer creer que esa persona tiene permiso para decirte cómo debes organizar tu vida: «Deberías haberle dejado hace mucho tiempo», «Si fueras más enérgica (o menos enérgica) estas cosas no pasarían», «Si vas a trabajar, estarás en buena forma», «Sobre todo, ahora no deberías intentar ir a trabajar». El vínculo entre tú y tu amiga o familiar puede significar que no hay límite en cuanto al tiempo que puedes quedarte en su casa, pero también puede provocar en ti sentimientos de dependencia o culpa, y resentimiento en ellos, especialmente si estás viviendo con un padre o alguien que te ha ayudado en el pasado.

Una vez que hayas elegido, acepta toda la ayuda que puedas obtener tan cortésmente como puedas, sin disculpas. Deja que tu madre cuide de los niños mientras tú vas al médico, al abogado o al asesor. Toma prestado el coche de tu amiga para buscar vivienda permanente o incluso para salir a ver una película entretenida. Sólo asegúrate de que las dos tenéis muy claras las condiciones para dar, prestar u ofrecer un servicio y, cuando tengas dudas, pregunta. No hables siempre de lo agradecida que estás, pero haz saber a la persona con quien te alojas que aprecias la ayuda y que quieres devolvérsela cuando estés instalada. Puedes mencionar algo concreto como restitución, como por ejemplo ofrecerte a cuidar niños.

Probablemente a esa persona no le importará que te quejes y llores un poco el primer día o el segundo, pero pronto será aburrido. Evita la historia de «pobre de mí», repitiendo tus problemas, tus miedos y las cosas horribles que el hombre te hizo. Los amigos y familiares a menudo se alegran de escucharte si creen que te están ayudando a mejorar tu vida, pero si nada cambia, pronto se sienten impotentes y frustrados, y eso lleva con frecuencia al resentimiento. El resentimiento puede producir culpa y después más resentimiento y otra vez más culpa.

Puedes ponérselo más fácil si dices lo que quieres y les animas para que hagan lo mismo. Si quieres consejo, pídelo; si quieres que te dejen sola o que te escuchen, dilo. Pregunta si están dispuestos a hacer lo que quieres, y pon un límite de tiempo, aunque sea totalmente arbitrario: «Necesito estar sola esta noche, ¿de acuerdo?», «Estaré preparada para oír algunos consejos dentro de un par de días, pero hasta entonces, ¿podríais solamente escuchar y apoyar cómo me siento o decirme que ya no podéis más si resulta que soy muy pesada?». Será especialmente duro hacer esto con padres o amigos que puedan estar ansiosos por apuntar que ahora estarías bien si les hubieras escuchado cuando ellos «te lo dijeron», pero al menos, inténtalo.

Por tu propio bien, haz todo lo que·puedas para ayudar en la casa, no importa lo duro que resulte moverte. Puede ser doblemente difícil si la persona que te está ayudando insiste en que «te lo tomes con calma porque ya tienes suficiente con reorganizar tu vida». Entonces, «reorganizar tu vida» puede coger el aspecto de tumbarte en el sofá y estar melancólica. Estarás mucho mejor haciendo un pastel, barriendo el suelo o pintando el portal. Puedes explicárselo a esa persona.

Vivir sola

Puede que decidas vivir sola, en la casa que compartías con el hombre o en un sitio nuevo. Aunque tuvieras que dejar tu casa temporalmente, por seguridad, no supongas que deberás renunciar a ella para siempre. Si tus hijos mantienen el contacto con tu ex compañero, a lo mejor no puedes mantener en secreto la nueva dirección y podrías creer firmemente que te niegas a que te obliguen a dejar tu casa. Si es así, permanece en la casa y evalúa los riesgos con cuidado.

Incluso si estás bastante segura de que el hombre no te perseguirá, es una buena idea cambiar las cerraduras, cerrar bien las ventanas y quizá cambiar tu número de teléfono. Si hay una posibilidad de que el hombre intente entrar por la fuerza, pon doble cerrojo en todas las puertas exteriores, incluidos el sótano y el garaje. Estarás más segura si un amigo o familiar puede quedarse contigo hasta que tu situación se estabilice. Incluso invitar con frecuencia a tu casa a amigos a pasar parte de la tarde hará saber al agresor —si pasa cerca de tu casa regularmente— que no estás sola en casa a menudo. Aléjate de los lugares que él frecuenta y de sus amigos.

Aunque sea violento, cuenta a tus vecinos lo que ha pasado. Si las agresiones han tenido lugar durante algún tiempo, probablemente ya se habrán dado cuenta y se sentirán aliviados al saber que estás haciendo todo lo que puedes por tu seguridad.

Si te has mudado a un sitio nuevo, puede que estés poco dispuesta a confiar en los vecinos que apenas conoces, pero un poco de vergüenza puede significar la diferencia entre la vida y la muerte. Dedica algunos minutos a hablar con varios vecinos, tanteándolos acerca del tema de los malos tratos. Luego cuéntales tu situación y pídeles que te llamen a ti o a la policía si oyen algo que parezca violencia. Aunque te sientas incómoda al contárselo, puede darte más sentido del control, puesto que no estarás preocupada por si el hombre molesta a los vecinos con sus exigencias de que le dejes entrar en casa a las dos de la madrugada. En cambio, esperarás que oigan el jaleo y llamen a la policía. Si están decididos a evitar problemas en el edificio a toda costa, el ruido en mitad de la noche puede provocar que te desahucien. Intenta conocerlos un poco antes de explicarles tu situación.

Lo más pronto posible, coge todas las cosas personales del hombre y guárdalas donde no puedas verlas hasta que se las puedas devolver. Donde las señales de su ausencia sean más evidentes, coloca las cosas de otra manera para que no tengas que mirar a los espacios vacíos donde solía colgar su impermeable o donde solía poner su pipa, su cepillo de dientes o su libro. Pon algo tuyo en esos lugares, y coloca las cosas de la manera que tú quieras, haciendo que *realmente* sea tu casa.

Empieza proyectos que no te hagan pensar en él y te den sensación de satisfacción. Pinta una habitación o lija un mueble. Elige programas de televisión que realmente quieras ver, pero ten mucho cuidado de no quedarte enganchada a un programa sin interés detrás de otro. Si eres susceptible, la televisión puede ser una adicción tan grande como el alcohol, las drogas o el amor, y justo ahora lo eres. Si siempre hay un programa más para ver, puede que nunca te levantes de tu silla para hacer nuevos amigos y crear una nueva vida para ti. Cuanto antes tengas contacto con amigos, familiares, un asesor o un grupo de apoyo, mejor. Tienes que saber que hay alguien allí fuera a quien puedes recurrir si lo necesitas. Si no es posible establecer estos contactos rápidamente, escribe el número de una o dos líneas de emergencia junto al teléfono y no esperes hasta que estés desesperada para utilizarlos. Repasa el capítulo 12, «Fin al aislamiento», y el capítulo 13, «Recurrir a los demás».

Grupos para mujeres maltratadas

A menos que estés en un centro de acogida que ofrezca reuniones de grupo de manera regular, intenta encontrar un grupo semanal de mujeres maltratadas en la comunidad. Puede que la idea de estar con un grupo de desconocidas te ponga un poco nerviosa, pero una vez que estés allí, verás que después de todo no son tan desconocidas. Serán como tú en muchos aspectos y es probable que entiendan tus sentimientos mucho mejor que la mayoría de tus amigos o miembros de la familia porque han estado en situaciones parecidas y han tenido algunos de los mismos sentimientos que tú. Algunas habrán empezado una nueva vida lejos de las parejas que las maltrataban y serán una inspiración para ti. Muchos de estos grupos no cobran cuota, y puedes asistir tan a menudo o tan irregularmente como quieras.

Contacto con el hombre que te ha maltratado

¿Debes o no debes llamar, escribir o quedar con este hombre? Puedes darte a ti misma montones de razones para tener contacto con él, cada una de las cuales parece absolutamente imprescindible: le debes una explicación o como mínimo algo de información sobre tus planes; tienes que hablar con él acerca de las visitas a los niños; tienes que recoger algunas cosas de casa. Tu imaginación puede hacer horas extra racionalizando los motivos para hablar con él. No lo hagas. Espera. Las consideraciones normales no se aplican cuando se trata de tu supervivencia física o psicológica.

Es probable que tu marido se las apañe muy bien sin ti, pero si tienes dudas, revisa el capítulo 3. Más adelante, cuando estés segura de que estarás a salvo, puedes organizar las visitas con los niños. Con lo difícil que es arriesgarte a que se lleve o destroce tus bienes, si no puedes conseguirlos sin encontrarte con el hombre, tendrás que recordarte a ti misma que casi todo se puede reemplazar, pero tú, no.

Date el mismo consejo que darías a un alcohólico que decidiera que está bien tomarse sólo una copa. No merece la pena arriesgarse. Hayas decidido o no que el tuyo es el típico caso de amor que crea adicción, en este momento casi seguro que te comportas como una adicta. Así que establece nuevas normas para ti, adecuadas para *esta* situación, *esta* semana.

La primera norma es no ver al hombre que te maltrata bajo ningún concepto. La segunda norma debería ser no hablar con él por teléfono bajo ningún concepto. Debes darte a ti misma al menos siete días para pensar en tu situación sin sus comentarios con interés propio.

Si tienes una buena amiga que mira por tus mejores intereses y que es suficientemente fuerte para no ceder ante tus «motivos» para necesitar ponerte en contacto con el hombre, llega a un acuerdo con ella por el que no le llamarás a menos que ella esté de acuerdo en que es necesario y sensato. Si no tienes una amiga de ese tipo, simplemente tendrás que prometerte a ti misma no estar en contacto con el hombre como mínimo durante una semana. Si hay algo que él *deba* saber, escríbelo en una carta sin remitente. La carta debe hablar estrictamente del asunto que quieres tratar con él. No «Te quiero» o «Lo siento» o «Espero que estés bien». Sólo «El gato debe tomar su medicina tres veces al día. La receta está encima de la mesa de la cocina. Sue». Antes de mandarla por correo, intenta que una amiga de confianza la lea y elimine cualquier cosa que insinúe que quieres volver con él. En circunstancias normales, puedes confiar en tu propio criterio, pero ésta es una situación de emergencia y estás bajo mucha presión. Necesitas que te protejan de ti misma, con lo difícil de asimilar que es eso.

Si, a pesar de este consejo, estás decidida a recoger algunas cosas de tu casa, asegúrate de ir cuando él no esté en casa y ve acompañada. Un amigo o amiga te ayudará a correr los riesgos mínimos y su presencia puede disuadir la violencia del hombre si inesperadamente te encuentras con él. En algunas comunidades, los agentes del servicio público del departamento de policía te acompañarán mientras tú recoges tus cosas. Si decides reunirte con el hombre para hablar de algunos asuntos, haz que una amiga te acompañe y queda en un sitio público, como un restaurante, donde hay mucha gente. Bajo ningún concepto vayas a algún sitio con él en su coche. Si no estás dispuesta a tomar estas precauciones, es probable que te coaccione o te seduzca para que vuelvas; si reconoces ese peligro, antes que pretender que puedes resistir la tentación, al menos puedes evitarla.

Puede que los primeros días después de haberte ido parezca fácil tomar estas precauciones. Podrás ver y sentir tus heridas, y probablemente jurarás que esta vez no vas a perdonar ni a olvidar. Pero algún día de la primera o la segunda semana, los recuerdos de los buenos tiempos empezarán a surgir y las pruebas del daño que te ha hecho empezarán a desvanecerse. Éste es un momento muy decisivo, así que prepárate para él. Aquí tienes algunas maneras simples pero efectivas para mantener cierta perspectiva en la relación y en por qué decidiste ponerle fin.

Lista de lo más peligroso

Haz una lista de las cosas más humillantes y peligrosas que tu pareja te ha hecho. Después, ponlo en un formato de carta, no para mandarla por correo, sino para guardarla. Escribir en primera persona («Te odio por...», «Me molesta cada vez que tú...») puede ayudarte a recuperar tu ira. Y lo más importante, no omitas cosas porque recordarlas es demasiado horrible. Describe el dolor y la humillación que él te causó. Incluye las cosas que te decía después, tanto si eran crueles como cariñosas. No pasará mucho tiempo antes de que oigas de nuevo estas promesas «cariñosas», y tendrás que consultar esta hoja como recordatorio de lo vacías que son estas promesas y lo poco que significan las palabras cariñosas a la larga. Este ejercicio será doloroso, pero es sumamente importante. Si no quieres hacerlo o estás demasiado ocupada o te olvidas, sospecha de tus motivos. Probablemente no quieres recordar el dolor del pasado. Es comprensible, pero si te permites olvidarlo, serás extremadamente vulnerable cuando el hombre intente camelarte para poder volver a tu vida. No recordarás que ésas son las mismas palabras que oías las otras veces que te maltrató. No recordarás que después de ellas no venía una *acción* cariñosa, o que el período de luna de miel duró sólo unos días o un par de horas.

En este momento puedes creer que no se trata de querer recordar o no. A lo mejor piensas que nunca podrás olvidar lo que ese hombre te hizo. Pero ¿no lo olvidaste antes, la última vez que querías que volviera? Escríbelo todo, tanto si crees que puedes olvidar como si no.

Actividad 23   Lista de lo más peligroso

_____

_____

_____

_____

_____

_____

_____

Lista de los mejores recuerdos

Pero qué hay de los buenos tiempos, te preguntas. Haz una lista de ellos, también. Todos los momentos felices, las buenas charlas, las ilusiones, los sueños y las cualidades que te gustan o que admiras de tu ex compañero.

Actividad 24   ***Lista de los mejores recuerdos***

_____

_____

_____

_____

_____

_____

_____

_____

Mira ambas listas y decide si merece la pena soportar una para conseguir la otra. Si la lista de cosas positivas es muy corta, puede que sea demasiado pronto para intentar recordar lo bueno. Si, después de llevar separada una semana, no puedes recordar aún muchos buenos tiempos o cosas que te gusten de tu compañero, probablemente estás enganchada a una fantasía de la relación y no a la realidad. Puedes añorar el sueño perdido; lo que tú esperabas que fuera la relación. Para comprobar eso, compara tus esperanzas y tus sueños al principio de la relación con el modo en que ha sido realmente. ¿Con qué frecuencia y hace cuánto tiempo se materializaba alguno de tus sueños? Permítete llorar la pérdida de ese sueño y luego sigue adelante con tu vida real.

Lista de cambios

Puede que digas: «Si al menos él hubiera... podríamos haber sido tan felices». Pon esos «si al menos» sobre papel y subraya los que es imprescindible cambiar. Convierte esa lista en una carta para él que explique en detalle lo que él tendría que cambiar para que tú te arriesgaras a volver. Por ahora, olvídate de si sería fácil o difícil para él, cuánto tiempo llevaría o las cosas que quieres o tienes que cambiar en ti misma. Ésta también es una carta que no vas a enviar necesariamente, así que no te preocupes por si es «bonita» o justa. Es una lista de cosas que tendrían que pasar para que tú fueras respetada como una persona que puede tomar decisiones y que, además de la relación con el hombre, tiene una vida que es la suya propia.

Actividad 25   Lista de cambios

_____

_____

_____

_____

_____

_____

_____

_____

_____

_____

Cuando conviertas tu lista de cambios en una carta, puede ser algo parecido a esto:

Querido Tom,
Si alguna vez reconsiderara volver contigo (cosa que no haría), esto es lo que tendría que ocurrir. Tú tendrías que:
no pegarme nunca, no importa lo que haga;
no insultarme ni burlarte de mí, especialmente delante de otras personas;
no humillarme cuando estamos solos;
visitar a un asesor o ir a un grupo para personas que maltratan durante al menos seis meses;
ir a AA (Alcohólicos Anónimos) durante al menos seis meses;
no beber nada durante al menos seis meses;
no entrometerte si quiero ver a mis amigos o ir a la escuela o conseguir un trabajo;
darme una cierta cantidad de dinero cada mes que yo pueda gastar sin que me hagas preguntas (cantidad negociable).

JOANNE

Los puntos que tienen un tiempo mínimo son los más útiles. Para él es fácil decir (e incluso pensarlo, al menos en ese momento) que dejará la bebida o que empezará a recibir ayuda, pero la verdadera prueba es si lo lleva a cabo. Si vuelves con él en cuanto hace la promesa o pide la primera cita para el asesor, no tendrá ningún aliciente para continuar. Si abandona, puedes suplicar o amenazar, pero probablemente no te irás hasta que te haya pegado de nuevo.
Esta lista, como las que la preceden, ahora es para tu uso propio. Cuando estés tentada de llamar al hombre, mira la lista de los cambios que dijiste que debía hacer y anota alguno que dijo que haría pero que no ha hecho, y también los que se niega rotundamente a considerar. Afronta la realidad de que es poco probable que cumpla alguno, a no ser que haya hecho un comienzo impresionante. Date cuenta de que aunque él estuviera de acuerdo, pasarán meses antes de que puedas estar segura de que lo ha llevado a cabo. La cuestión es que no volverás hasta que haya demostrado con hechos sus buenas intenciones.

240

Comprométete contigo misma a que ni siquiera hablarás con él sin haber leído las otras listas primero. Lee en voz alta la lista de lo más peligroso y haz un esfuerzo para vivir emocionalmente la experiencia una vez más. Recordarlo no será tan doloroso como vivirlo físicamente de nuevo. Mantén la lista cerca de ti para que puedas leerla las veces que lo necesites. Lee también la lista de los mejores recuerdos para que puedas mantener el equilibrio entre las dos y evitar un recuerdo sentimental inesperado que haga sombra a todo lo que figura en la lista de lo más peligroso. Entonces estarás en posición de mantener una perspectiva equilibrada: «Seguro, esas vacaciones con Bill fueron las más románticas de mi vida, y sí, a menudo ha sido muy atento. Pero esos momentos no pueden compensar el aborto que provocó el día que me empujó por las escaleras y los golpes diarios a mi amor propio».

Si tienes tentaciones de volver con él incluso después de revisar tus listas, si estás intentando convencerte a ti misma de que ha cambiado, echa un vistazo a la lista de cambios y marca los aspectos que realmente ha cambiado y durante cuánto tiempo lo ha hecho. Compara lo que ha pasado en realidad con lo que tú dijiste que debía hacer para que te sintieras bien para volver. La respuesta a lo que tienes que hacer estará justo ahí.

Enfrentarse al miedo

Sentir miedo es natural, pero eso no quiere decir que las cosas de las que tienes miedo vayan a ocurrir. Estadísticamente, existe una pequeña posibilidad de que tu marido o tu ex novio te persiga y te mate. Pero la posibilidad no tiene que ser muy grande para que estés sumamente asustada, y puedes llegar a ser prisionera de ese miedo.

Aunque tu peor temor sea improbable, no puedes estar segura, así que debes tomar precauciones para protegerte a ti misma. Pasa el mayor tiempo posible con otras personas. Si a veces tienes que salir sola, intenta ir por calles donde haya mucha gente. Pero en cuanto hayas decidido las medidas de seguridad razonables que puedes tomar, empieza a trabajar para reducir tus miedos.

Presta mucha atención a lo que te dices a ti misma cuando tienes mucho miedo. Cuanto más te digas a ti misma que van a pasar cosas terribles, más miedo tendrás. Las afirmaciones como: «Me encontrará y me matará» y «Me pegará aún más que antes» seguro que aumentan tu miedo.

Empieza cambiando esas afirmaciones que inducen al miedo por comentarios tranquilizadores que reflejan y refuerzan tu capacidad para enfrentarte a ello: «Ayer no me siguió y probablemente hoy tampoco lo haga». «Me protejo estando cerca de zonas pobladas cuando estoy en público y manteniendo mi dirección en secreto.» «Puedo controlar lo que pasa, justo como controlaba situaciones aterradoras en el pasado.» Recuérdate una y otra vez que si te hubieras quedado con él, todavía vivirías con miedo y esa situación podría durar para el resto de tu vida. Pero si te mantienes lejos, resistirás el miedo intenso durante un período relativamente corto y llegará un momento en el que te librarás de él.

Comprueba tu nivel de ansiedad cada día. Sin que tú te des cuenta, probablemente está disminuyendo a medida que va pasando cada día sin que se materialicen tus miedos. Muchas mujeres que han dejado a un hombre que las maltrataba ven cómo su miedo se reduce a un ritmo constante durante las primeras semanas después de haberse ido. Luego, un día se dan cuenta sobresaltadas de que ha desaparecido. Apenas pueden recordar cómo era estar tan asustada.

Si el hombre te encuentra y te ataca, duplica tus esfuerzos para encontrar un sitio seguro donde quedarte y considerar algunos cambios importantes como residencias compartidas, dejar la ciudad temporalmente o cambiar de trabajo. No dudes en llamar a la policía. Si tus mensajes han sido confusos durante meses o años, convencer al hombre de que realmente quieres que te deje en paz te llevará tiempo y requerirá una acción firme y consecuente por tu parte. Éste es un buen momento para empezar.

Lo raro es que, cuando vives con un hombre que te maltrata, te acostumbras a un cierto nivel de miedo y la mayor parte del tiempo crees que sólo es temporal. «Mañana o la próxima vez... o la semana que viene todo será distinto.» Ahora que ya no estás en la situación —aunque tu marcha ha hecho que sea menos probable que continúe—, tiendes a pensar que nunca cambiará. Como cualquier tipo de dolor, el miedo es soportable si sabes que sólo durará poco tiempo. Recuerda que realmente este miedo pasará y probablemente sea pronto.

La soledad

Si te encuentras en un centro de acogida o con amigos ò familiares, puede que al principio no tengas demasiados problemas con la soledad. Mantenerte ocupada ayudará, y eso no debería ser muy difícil. A lo mejor tienes que ir al médico, al abogado o al asesor y buscar un sitio para vivir, además de trabajar cada día o solicitar empleo o asistencia pública.

Me gustaría decirte que la soledad pasará rápido, pero probablemente empeorará antes de mejorar. Si esperas que la separación no conlleve dolor, tú misma harás el primer paso para volver corriendo a una situación peligrosa. Es mejor ser consciente de que probablemente sufrirás durante bastante tiempo y que lo puedes resistir porque a la larga sufrirás menos.

Enfrentarse a la soledad aún es otro campo en el que puedes perjudicar a tus sentimientos por lo que te dices a ti misma. En lugar de «Estoy tan sola, no puedo soportarlo», prueba con «Estoy sola y puedo aguantarlo» o «Con él estaba sola, pero ahora tengo la oportunidad de aprender a cambiar mi vida para no estar sola nunca más». Se habla más acerca de enfrentarse a la soledad en el capítulo 20, «El largo recorrido».

Para algunas mujeres, la primera semana es la más fácil y suponen que han superado el problema de la soledad. Es importante que no niegues tus sentimientos porque así sabrás cuándo debes proponerte estar con gente y cuándo no debes arriesgarte a estar en contacto con el hombre.

15

Protegerte a ti y a los niños

No resultará tan difícil cortar en seco la relación si no tenéis hijos en común. Los hijos hacen que la separación sea más complicada, pero puedes superar las dificultades con una buena planificación. No todos los problemas girarán en torno a la relación de los niños con su padre. Una larga relación de malos tratos y separar a los niños de su padre o de una figura paterna también puede crear problemas entre tú y los niños. Los métodos de los niños para enfrentarse a un entorno violento pueden ser del todo ineficaces ahora que el hombre violento ya no está presente. Este capítulo te da algunas ideas sobre cómo reducir al mínimo el contacto cuando el padre os hace una visita (o cuando tú visitas a los niños, si él tiene la custodia), cómo tratar los problemas típicos que surgen en una familia que ha sufrido malos tratos y cuándo recurrir a la ayuda de profesionales.

Las visitas

Organizar que tus hijos visiten a su padre será difícil incluso en las mejores circunstancias, y la culpa por la separación puede hacerlo aún más difícil. El padre sabrá cómo manipular esos sentimientos de culpabilidad y puede que los niños también.

Si has mantenido relaciones con varios hombres que fueron importantes para tus hijos y luego perdieron el contacto con ellos cuando vuestra relación se terminó, puede que seas especialmente vulnerable a los sentimientos de culpabilidad. Es cierto que los niños sufren cuando se les separa de una figura paterna, pero aún sufren más cuando viven con un modelo de comportamiento que es violento con su madre.

Tu relación con un hombre que maltrata o con múltiples «padres» de tus hijos ha sido un error y puede que haya tenido resultados negativos para ellos. Pero eso no es motivo para seguir exponiéndolos al contacto con una figura paterna violenta. Eso sería una perpetuación del mismo error y causaría probablemente un daño irreparable a los niños.

Si para ti va a ser difícil mantenerte alejada del hombre, sus visitas con los niños te acarrearán riesgos específicos a menos que las prepares con mucho cuidado. Puedes estar bastante segura de que él utilizará sus derechos de visita para intentar incitarte a que vuelvas con amenazas, con su encanto o aprovechándose de tus sentimientos de culpabilidad. Durante los primeros meses de vuestra separación, acuerda con él que recoja a los niños en casa de otra persona. Aunque sea incómodo, caro o poco práctico, llévalos a casa de una amiga o de un familiar, contrata a una canguro o prepáralo todo mediante una organización de protección de menores para dejar y recoger al niño allí. Haz lo que sea necesario para no verte obligada a tener contacto con él.

Puede que él ponga reparos a este procedimiento o quizás está de acuerdo pero luego no llega a la hora fijada e intenta convencerte para que le dejes recoger a los niños en tu casa «sólo por esta vez». En ese momento es probable que estés enfadada con él, decepcionada por los niños y frustrada porque se han arruinado tus propios planes. Tal vez sea imposible volver a prepararlo todo en ese mismo momento, o puede que estés tan derrotada que no quieras perder más tiempo o tomarte esa molestia. Entonces puede ser muy tentador rendirte y conceder que por esa vez él recoja a los niños en casa. Ésa es una reacción comprensible, pero si lo haces aunque solamente sea una vez, no sólo te pones a ti misma en una posición vulnerable al reunirte con él, sino que también le transmites el mensaje de que puede manipularte para conseguir lo que él quiere. Es posible que interprete que tu conciliación significa que con el tiempo puede convencerte para que vuelvas con él.

Si te has ido sin los niños o has tomado la dura decisión de ceder la custodia, tus problemas pueden ser mayores, pero fundamentalmente del mismo tipo. Si el padre no se presenta con los niños en el lugar y a la hora fijada, puedes estar tan impaciente por verles que cedas ante casi cualquier plan del padre. A la larga, te irá mejor si sigues las mismas pautas inflexibles aconsejadas anteriormente. Probablemente el padre espera con ganas quedar libre de los niños y si tú eres totalmente coherente incluso cuando es muy difícil, con el tiempo creerá que hablas en serio cuando dices que sólo recogerás a los niños a una hora o en un sitio determinado. Ceder a sus peticiones una sola vez le dará esperanza y luego tendrás que empezar otra vez de nuevo para hacerle entender que hablas en serio.

No tienes que darle explicaciones por tus firmes reglas en las visitas ni que escuchar sus quejas. Si has seguido los consejos del capítulo 8 de tener los detalles o los acuerdos de visita escritos en la sentencia de separación o divorcio, la situación será más fácil de llevar.

Contacto con el agresor

Puede que unas semanas o unos meses después de separarte, te sientas tranquila y amable hacia tu ex compañero. A lo mejor has suavizado tus restricciones en los acuerdos de visita y has empezado a hablar con él durante breves momentos, sea cuando visita a los niños o para tratar otros asuntos por los que aún compartís interés. Si ha sido razonable y considerado y tú ya no tienes miedo, quizás hasta de vez en cuando vayas a tomar café o una copa con él. Es posible que hayas empezado a creer que puedes confiar en ti misma, incluso en él.

Probablemente no puedes. Aunque hayas llegado al punto de perder tu miedo y tu furia, eres vulnerable a sus promesas seductoras y a tu propio deseo de creerle. A lo mejor te sientes deprimida, crees que no sirves para nada, que nadie te quiere ni podría quererte. Tu ex compañero te dirá que eres maravillosa y adorable, y que él se preocupa por ti aunque parezca que nadie más lo hace. Como estás emocionalmente aislada y dependes de él, te agarras a él como una persona que se ahoga a un socorrista. Lo que olvidas es que no tendrías una necesidad emocional tan desesperada si primero él no te hubiera pegado por creer que eras inútil y no hubiera insistido en aislarte de tus buenos amigos. Su habilidad para cuidarte adquiere tanta importancia porque él te ha puesto en una especie de «yoyó» emocional.

Te resultará difícil o imposible mantenerte lejos de él si hablas con él por teléfono o si estás cerca de él y los niños. En cuanto se siente para charlar de la reacción de Susie con los animales en el zoo o el problema de Johnnie con la lectura, puede empezar a parecer como los viejos tiempos (olvidando las partes malas de esos tiempos). Antes de que te des cuenta, le pedirás que cenéis juntos y después le animarás —o te convencerá él— a quedarse a pasar la noche. Entonces, será fácil imaginarse que es un hombre nuevo, especialmente si es atento y romántico, o si lee un cuento a los niños a la hora de acostarse. Será fácil convencerte a ti misma de que se necesitan mutuamente y de que tú no tienes derecho a privarlo de sus hijos.

Si no tenéis hijos en común, puede que inventes algo como motivo para ver al hombre. Ten en cuenta que de la cena a ir tomar unas copas juntos sólo hay un pequeño paso, y de las copas al dormitorio otro aún más pequeño. El camino más largo hacia un viaje destructivo, igual que hacia uno que merezca la pena, empieza con un solo paso.

Probablemente no volverás con tu ex compañero si no te acuestas con él. No te acostarás con él si no le invitas a cenar o sales de copas con él. No estarás tentada a cocinar para él o a tomar algo con él si no escuchas sus problemas o sus promesas. Y no puedes escucharle si no estás en contacto con él para nada.

No cedas a tus impulsos

Consulta de nuevo tu «Lista de cambios» (actividad 25 del capítulo 14). Si no la has guardado, cuestiónate los motivos. Perderla puede ser una manera de evitar enfrentarte a la realidad. *Haz una lista nueva*, siendo sincera con tus primeras peticiones. Si decidiste que él necesitaba seis meses de terapia o de acudir a Alcohólicos Anónimos o estar un año sin beber, o tres meses tratándote con respeto, ahora no reduzcas el tiempo. Puede que haya hecho un pequeño paso en una dirección constructiva, pero tendrás que esperar al menos varios meses para estar segura de lo que significa. También necesitarás verificar estos cambios de conducta. Puedes insistir en conseguir permiso para hablar con su asesor o con otras personas que te digan si está cumpliendo sus promesas. Es posible que quieras ver a su asesor una vez (por lo que él debe pagar), con él o sola, para estar segura de que entiende el grado de agresiones a las que estuviste sometida. Más de un hombre ha asistido a sesiones con un asesor durante meses y meses sin mencionar los malos tratos o los problemas relacionados con ellos, como la bebida, como el comportamiento que quiere cambiar.

Actividad 26   *¿Qué cambios ha hecho?*

_____

_____

_____

_____

_____

_____

_____

_____

_____

Es probable que tu ex compañero intente hacerte sentir culpable acusándote de no confiar en él. Tu respuesta debería ser: «Por supuesto que no confío en ti, después de los malos tratos a los que me has sometido y de las promesas vacías que me has hecho». Puede que se aproveche de tus sentimientos de culpa insistiendo, ahora que ha hecho algunos pasos en la dirección correcta, en que necesita tu apoyo para continuar. Dile que tendrá que cambiar porque *él* quiere y que tendrá que hacerlo por sí mismo. Si no lo hace por sí mismo, aún es menos probable que lo haga cuando tenga lo que quiere: a ti. Para tu propia seguridad y para cerciorarte de hasta qué punto quiere cambiar, es importante que te mantengas lejos de él. Si sientes pena por él o te sientes culpable, recuerda que lo mejor que puedes hacer por él es mantenerte alejada para que tenga una motivación para cambiar. Ofrecerle una oportunidad para ser violento y destructivo no os hace bien a ninguno de los dos.

Puedes controlar la relación

Si has ido entrando paulatinamente en una relación amistosa, quizá tengas que reducir; si sientes que cada vez te estás implicando más, tendrás que dar marcha atrás y cambiar las cenas semanales por cafés de vez en cuando, y los cafés por nada más que llamadas telefónicas para acordar algo sobre los niños. Puede resultar difícil hacer esto, y a lo mejor él te ha estado tratando razonablemente bien, pero es demasiado pronto para decir si durará y tienes derecho a mantenerte alejada. *No le debes ninguna explicación.* Dile algo como: «Prefiero no salir más contigo. No quiero darte explicaciones ni responder a ninguna pregunta sobre ello. Es sólo lo que quiero ahora». Probablemente actuará como si estuvieras castigándolo e intentará hacerte sentir culpable si le dices que no quieres hablar con él durante un tiempo. Si es así, no ha cambiado porque ese modelo de inducir a la culpa y de pedir explicaciones para que pueda convencerte de que estés de acuerdo con sus planes u obligarte a que lo estés es típico de los hombres que maltratan.

Si continúas viéndole, por cualquier razón, sufres otro período de confusión. Es más probable que quiera más y más de ti, hasta que consiga que «vuelvas a casa, que es tu lugar». Y no sólo tendrás que luchar contra sus argumentos, sino también contra tu propia vulnerabilidad y sentimientos de culpa. «Lo está intentando», te dirás a ti misma. «Al menos podría darle una oportunidad.» «Al fin y al cabo, le debo algo.»

Éstas son las ideas de las que tienes que deshacerte, y te será mucho más fácil si no oyes cómo él las dice. Tienes que descubrir cómo es la vida sin él y no serás capaz de hacerlo si te acuestas con él una vez a la semana, o si mantenéis conversaciones telefónicas que te hacen pensar cuándo volverá a llamar. Tienes que echarlo no sólo fuera de tu vida, sino también de tu mente. Mira hacia una nueva forma de vida lejos de él. Empieza por convencerte a ti misma de que no le debes nada. Es una actitud rígida y puede parecer severa, pero es necesaria. No le debes otra oportunidad. Probablemente ya le has dado demasiadas.

Lo que puedes hacer por los niños

Es duro decir a los niños que tienes miedo de su padre, pero ellos necesitan saber la verdad. Con la posible excepción de criaturas muy pequeñas, todos los niños se habrán visto afectados por la violencia y el miedo en casa. Si no lo han visto, han presentido que algo amenazador estaba ocurriendo. Los temores inciertos pueden ser más aterradores que la violencia en sí. Si lo han visto a menudo, probablemente han empezado a aceptarlo como si fuera la manera normal de actuar de la gente casada y los padres con las personas que más aman. Puede que hayan empezado a incorporarlo en sus propias ideas como futuras esposas o amantes.

Los niños a veces repiten los modelos de violencia que han aprendido en la falda de sus padres. Puedes reducir esa probabilidad adoptando ahora mismo una postura inflexible de que la violencia no es aceptable, que no es seguro que su padre esté cerca de ellos y que tú los vas a proteger, a ti y a ellos. No tienes que entrar en detalles, ni es necesario que cuentes la clase de monstruo que es él. Puedes explicar que tú le quieres, y por eso ha sido demasiado duro marcharte antes, pero que ahora estás decidida a mantenerte lejos de él.

Esa determinación es importante para los niños y también para ti misma. Ellos pueden adaptarse a vivir separados de su padre, pero estar separados y juntos y separados otra vez es confuso para ellos. Puede transmitirles el mensaje de que o no es importante protegerte a ti y a ellos o que tú no puedes hacerlo.

Diles que, cuando tú creas que es seguro, ellos pueden ver a su padre si quieren. Fuera o no violento con ellos como contigo, quizás estén demasiado asustados o enfadados para querer verle, al menos durante un tiempo. Déjales claro que no tienen que verle hasta que se sientan seguros (si el tribunal ha concedido visitas tendrás que solicitar una modificación). A veces los niños lo pasan muy mal diciendo que no quieren ver a su padre. Si tus hijos se sienten de esa manera, ayúdales a saber que esos sentimientos son naturales, que pueden cambiar y que no tienen por qué sentirse culpables.

Abordar los problemas de los niños puede aumentar tu estrés, pero la responsabilidad también puede distraerte de tu dolor. Ocuparte de entretener y criar a tus hijos te ayudará a ti y a ellos, manteniéndoos a todos ocupados. Hazles saber que pueden contar contigo y que estarás allí cuando te necesiten, e intenta que la rutina de las comidas, la hora de acostarse y la escuela sea lo más «normalizada» posible.

Si los niños se quejan del traslado que has hecho o de la ausencia de su padre, intenta ser comprensiva y firme a la vez. A lo mejor quieres decir que no le verás aunque le echas de menos o que, como te hizo daño, te alegras de que no esté aquí. Anima a tus hijos a hablar de sus sentimientos y hazles saber que no tienen que sentir lo mismo que tú.

251

Uno de los aspectos más difíciles de tu situación puede ser que tus hijos estén asustados, deprimidos o enfadados y necesiten más atención de lo habitual en un momento en el que tú quieres que te mimen. Esfuérzate para satisfacer tus necesidades emocionales con amigos, familia o personal del centro de acogida. Hazlo para ti misma y así tendrás algo que ofrecer a tus hijos. A lo mejor también quieres encargarte de que pasen tiempo con familiares o amigos. Sólo asegúrate de que sepan que tienen un lugar y una persona en su vida que es estable. Puede que tengas que transmitir esa tranquilidad una y otra vez, así que intenta tener paciencia.

Las viejas técnicas para abordar los problemas necesitan una revisión

Es posible que hayas desarrollado un modelo excesivamente protector hacia tus hijos en un intento de protegerles de la violencia del padre y también de compensarles por su severa disciplina o indiferencia. A lo mejor los niños han recibido tanto castigo irracional e inmerecido por parte de su padre que tú has estado poco dispuesta a castigarles. Otro modelo común es ser demasiado punitiva o incluso agresiva con los niños. Puedes haberte comportado así como un modo de expresar la rabia que no osabas sacar con el hombre o con la esperanza de formar el comportamiento de los niños para evitar la ira del hombre. Tal vez te hayas enfurecido con tus hijos porque estabas celosa de la devoción que el padre sentía por ellos, mientras a ti te ignoraba o te maltrataba. Otra manera de comportarse es estar tan deprimida que no te das cuenta ni te preocupas por casi nada, incluidos los niños.

Es posible que ahora tengas que pagar por tu anterior comportamiento con tus hijos, mientras intentabas sobrevivir a una situación imposible. Además, los niños han desarrollado sus propias maneras de enfrentarse a un entorno aterrador, peligroso e imprevisible, que les pueden haber funcionado razonablemente bien en un hogar caótico, pero que ahora son contraproducentes en la familia y en otras relaciones.

Cuando haces un gran esfuerzo y superas tu letargo o tu rabia para cuidar bien de tus niños durante una o dos semanas, puedes esperar recibir alguna recompensa. Si ésta no llega, quizá vuelvas a tus viejos comportamientos. Puede resultar duro darse cuenta de que ni siquiera el mejor cuidado de los niños dará buenos resultados enseguida. Intenta recordar que tus hijos han vivido una parte considerable de su vida en un estado de tensión (tanto si realmente presenciaron los malos tratos como si no) y les llevará mucho tiempo reconocer y responder a un tratamiento constante. Algunos profesionales que trabajan con hijos de padres agresivos dicen que a sus madres les lleva dos años establecer credibilidad como autoridad paterna. Necesitarás mucho apoyo emocional y la capacidad de recompensarte a ti misma durante este período de transición.

Las reacciones de los niños a la violencia y a la separación

Cada situación con respecto a lós niños presenta distintos problemas y distintas ventajas. Si tú o el agresor os mudáis a una ciudad lejana y cortáis la relación, o si él no es el padre de los niños y decide no verlos, evitarás el trastorno emocional que causan las visitas del padre ausente. Por muy difícil que pueda ser la vida para ti y los niños, tiene la capacidad de ser al menos estable. Todo el mundo puede acostumbrarse a ser parte de una familia monoparental sin los contratiempos que causan las visitas del padre, y con el tiempo se puede aprender a apreciar sus ventajas.

La parte negativa es que los niños pueden añorar estar con su padre. Esto resultará especialmente duro para todos si hay otros niños en la familia que no viven con sus padres y éstos vienen a verlos y se los llevan de excursión. Si la situación es ésa, intenta organizar tus propias actividades especiales para que coincidan con estas salidas.

Es posible que los niños también te culpen por la ausencia de su padre. Aunque le hayan visto pegarte, puede que empiecen a escribir de nuevo la historia de la familia, lo que hará que te resulte aún más difícil recordar el pasado con precisión. Intenta ayudarles a mantener una imagen equilibrada y te ayudarás a ti misma. «Sí, a veces nos lo pasábamos mejor aquí antes de que papá se fuera, pero era demasiado peligroso.» «Sí, le dije que se fuera, aunque todavía le quiero. No puede volver a no ser que pueda demostrar que vosotros y yo estaremos seguros, y no está dispuesto a hacer eso.»

Los niños pueden culparse a sí mismos de la ruptura de la relación o incluso de la violencia, especialmente si alguna vez llamaron a la policía o intentaron intervenir. Si han sido castigados con frecuencia por el padre, puede que simplemente expliquen su ausencia como una cosa más que ha ocurrido por su culpa. Pero a menudo los niños no necesitan ningún motivo en absoluto para culparse a sí mismos. Si sospechas que tus hijos se sienten así, intenta hacer que hablen de ello. Pregunta: «¿Qué creéis que hicisteis para poder provocar la violencia o que él se fuera?». Escucha la respuesta atentamente. No le digas a tu hijo inmediatamente que está equivocado porque probablemente eso cortaría la conversación. Anima al niño para que exprese sentimientos acerca de su padre, tanto si se ajustan a tu imagen de la realidad como si no. Luego estimula un razonamiento prudente haciendo preguntas como: «¿Os parece que pegar a alguien —o irse de casa— es algo que una persona haría por una razón sumamente importante o porque otra persona no lavó los platos?». Puede que tengas que decir varias veces: «Papá se fue porque *yo* le dije que no podía quedarse». Después de hablar de sentimientos, a lo mejor quieres decir: «Yo solía culparme a mí misma cuando me golpeaba, pero al final me di cuenta de que él es el responsable de lo que hace. Yo solamente soy responsable de lo que yo hago». Dile a tu hijo que tú no crees que él tenga la culpa, pero que entiendes por qué se siente así.

No iría nada mal que limitaras la cantidad de violencia que tus hijos ven en la televisión, pero cuando la vean, puedes aprovechar la oportunidad para averiguar lo que sienten y piensan sobre derechos y responsabilidades en cuanto a la violencia y para decirles lo que tú piensas al respecto. Si un niño está pasando una temporada difícil para adaptarse a la nueva situación o insiste en hacerse responsable de la ausencia del padre o de su violencia, considera la opción de la ayuda profesional con una persona que tenga experiencia en trabajar con hijos de padres agresivos.

Al observar a la persona agresiva, puede que tu hijo haya aprendido que la manera de conseguir lo que uno quiere es atemorizar: coger, intimidar con gritos o amenazas, golpear, romper cosas. Puede resultar especialmente duro aguantar a un niño amenazador cuando acabas de romper con la persona a la que imita tu hijo.

Una intervención consecuente es la clave para cambiar este modelo de comportamiento. Lo ideal sería que cada vez que el niño intimidara a una persona, tú intervinieras y dijeras con calma que no puede hacer eso y cogieras físicamente al niño o lo mandaras a otra habitación hasta que haya recuperado su autocontrol con claridad. Es importante reaccionar cada vez del mismo modo y no pegar al niño «para darle una lección». La lección que el niño necesita es que la violencia y la coacción ya no se toleran. Si quieres que el niño te tome en serio en este tema, no le pegues a pesar de su comportamiento. Si te has acostumbrado a controlar el comportamiento del niño a base de azotes, tendrás que aprender otras maneras de castigar. Al principio, esto puede ser difícil, así que si cometes un error, asegúrate de explicar que todos estáis aprendiendo nuevas maneras de trataros mutuamente, que estás trabajando duro en ello y que cuando vuelves a los viejos hábitos, no quiere decir que esté bien. Sólo quiere decir que debes esforzarte más. Si este problema no mejora pronto, tendrás que recurrir a la ayuda profesional para saber cómo controlar mejor tus sentimientos y también para aprender técnicas para tratar con niños difíciles.

Cuando estás disgustada por el modo en que se comporta tu hijo y te sientes triste o enfadada por tu propia vida, es difícil ver el lado positivo. Es importante que te esfuerces en valorar el comportamiento bondadoso y dispuesto a cooperar de un niño, incluso cuando parece inexistente. Oblígate a ti misma a reconocer que el niño se está comportando bien aunque todavía estés enfadada por un arrebato reciente.

Si tu hijo se comporta siempre con violencia o actúa como un sutil manipulador y controlador contigo o con los demás, puede que quieras tener una evaluación profesional de un terapeuta infantil. Piensa en llevar al niño a una escuela especial o a un programa de terapia. Si el niño violento es un adolescente, tendrás que tomar decisiones difíciles. Querrás darle tiempo para adaptarse a la nueva vida familiar y aprender las nuevas costumbres. Pero puede que llegue un momento en el que debas pensar en tu propia seguridad y bienestar y en la de los demás hijos, y tomar medidas drásticas, como, por ejemplo, llevarlo a un hogar adoptivo. Probablemente éste sería el último recurso, pero considéralo una opción. Puede que sea lo mejor que puedes hacer para el niño y también para ti, la manera más firme de transmitir el mensaje: «Basta. No debes tratar a la gente que quieres con violencia».

Cuando un niño se aleja o es «demasiado bueno»

Es fácil no darse cuenta del niño que se encarga de apartarse del camino de los demás y de ser muy obediente. Éste es el hijo que puede serte más útil, que cuida de los hermanos pequeños, que te consuela cuando estás triste, que perdona con facilidad tu mal humor. Si estás casi paralizada por la depresión o el miedo, o ahogas tus penas en alcohol o tranquilizantes, este niño puede empezar a hacer el papel de padre. Aunque te consuele y puede ser tentador, ten presente que el niño necesita ser un niño y debe saber que hay un adulto que está al cargo. Probablemente tú eres lo único a lo que se puede aferrar ahora.

Un niño también puede alejarse de todo el mundo, evadiéndose en libros, televisión o drogas. Tal vez te preguntes vagamente dónde está o cómo se siente, pero mientras te exijan otras cosas, será fácil ignorar al niño. Aunque te quite mucha energía, propónte pasar tiempo con un niño introvertido o que es «bueno». Hablad de la violencia, del miedo y de las nuevas formas de vida que todos estáis aprendiendo. Anima al niño para que exprese sus sentimientos, y debes estar al tanto de las muestras de autoinculpación.

Un niño introvertido o demasiado bueno de repente puede empezar a comportarse de manera bastante diferente, expresando mucha furia o tendencia destructiva hacia ti o hacia los demás, o siendo en general desobediente. También es posible que uno o más hijos tuyos utilicen los mismos métodos psicológicos de control que el agresor, y tú puedes reaccionar del mismo modo que reaccionabas con el hombre que te maltrataba. O el niño que te recuerda a él en otros aspectos puede provocar reacciones que no son adecuadas.

Muchos niños superan sus problemas y la mayoría probablemente no necesita terapia, pero los niños que han sido expuestos a malos tratos violentos y emocionales entre las personas en las que debían confiar pueden quedar marcados para toda la vida. Una manera de evitarlo es hacer que intervenga una tercera parte. No te preocupes porque el niño sufra si le ponen la etiqueta de «enfermo». Más que de «enfermedad», es una cuestión de aprender o volver a aprender técnicas para solucionar el problema de manera constructiva. Si no estás segura de lo que debes hacer, busca un terapeuta infantil que haya tratado a hijos de padres que maltrataban y que te haga una evaluación. Puede que al niño le resulte mucho más fácil expresar sus sentimientos a un profesional especializado que a ti. Aunque sólo sean unas cuantas sesiones con el terapeuta, estarás transmitiendo el mensaje claro de que está bien pedir ayuda y de que hay personas fuera de la familia que pueden proporcionarla.

16

Las cuestiones prácticas de asistencia social y vivienda

Poco después de la primera semana de estar sola, probablemente empezarás a planear dónde irás a vivir y cómo te las arreglarás económicamente. Si has tenido un trabajo remunerado, algunos de tus problemas más inmediatos se solucionarán, pero es probable que aún sufras una gran caída en los ingresos y tengas que tomar decisiones acerca de si te puedes permitir la casa o el piso en el que has estado viviendo y si es seguro.

Si no tienes un buen trabajo ni otras fuentes de ingresos, quizá tengas que hacer algunos cambios en tu estilo de vida y llegar a algunos acuerdos con tus valores. Por ejemplo, puede que tengas que depender temporalmente de la Seguridad Social o mudarte de una casa cómoda a un piso o vivienda compartida en casa de otra persona.

La asistencia social

Si nunca has recibido paga de asistencia social —y a lo mejor si la has recibido—, puede que te vengan a la cabeza imágenes de niños desaliñados, madres agobiadas y deprimidas y asistentes sociales fisgones. Es difícil disipar esta imagen porque, como todos los estereotipos, hay algo de cierto en ella. La subvención de la Seguridad Social normalmente es tan escasa que resulta difícil vestir a los niños con ropa que no tenga un parche encima de otro, y es fácil que los padres se depriman al intentar llegar a final de mes. Aunque a los asistentes sociales ya no les está permitido investigar las vidas privadas de las personas que reciben esta ayuda, sí que tienen que obtener cierta información de los solicitantes que tú puedes creer que es personal. Sin embargo, la asistencia social puede ser un salvavidas en caso de emergencia.

Categorías de ayuda

Puede optar a *la ayuda a la tercera edad* cualquier persona de 65 años o más que viva fuera de una institución pública. La *ayuda a los ciegos* es para gente parcial o totalmente ciega. La *ayuda a la minusvalía total o permanente* es para las personas que no pueden trabajar a causa de discapacidades mentales o físicas permanentes. Todos estos pagos se realizan mediante la Seguridad Social y los destinatarios tienen derecho automáticamente a un seguro médico. La *ayuda a las familias con hijos a su cargo* (*AFDC* [Aid to Families with Dependent Children]) se destina a las familias que tienen como mínimo un hijo, como mínimo un familiar en casa con el niño y por lo menos un padre que no puede o no quiere mantener y cuidar del niño. Cuando uno de los padres está ausente del hogar, se considera que el niño está privado de ayuda económica.

Solicitar asistencia social

Lo que comúnmente se llama el «Departamento de Asistencia Social» puede aparecer de distintas maneras en tu guía telefónica, y para encontrarlo puedes buscar en «asistencia social». Cuanto más aprendas con antelación sobre lo que puedes esperar, cuáles son tus derechos y qué información necesitas, más fácil será el proceso de solicitud de asistencia social. Puede que tengas que llevar tu certificado de nacimiento y el de los niños, recibos del alquiler, gastos de la casa, facturas médicas y otros gastos, y talones u otros documentos que demuestren tus ingresos o tu certificado de residencia. Cuando llames para pedir información general, pregunta qué documentos necesitas y asegúrate de llevarlos contigo. Llegar sin los documentos necesarios puede significar más retraso y quizás otra mañana frustrante haciendo cola.

Ve con un amigo o un abogado de asistencia social e intenta llegar 15 minutos antes de que abran la oficina. Si llegas allí a las 10 o a las 11, esperarás mucho rato y pronto tendrás hambre porque será la hora de comer pero tendrás miedo a perder tu turno. Si vas por la tarde, puede que ni mencionen tu nombre. En cualquier caso, es probable que tengas que esperar, así que llega temprano para intentar reducir la espera al mínimo. Tener un amigo con quien hablar te ayudará a pasar el tiempo. Si estás sola, llévate una revista, papel para escribir o un crucigrama. Si no puedes dejar a tus hijos con una amiga, asegúrate de llevar contigo varias sorpresas pequeñas para ellos, para ir sacándolas a intervalos cuando estén aburridos.

Mientras esperas en la oficina de asistencia social, quizás eches una mirada a tu alrededor con escepticismo, pensando que todas esas personas deben de ser perdedoras, por alguna razón diferentes a ti, o, peor aún, tú también debes de ser una perdedora. Habrá muchas personas como tú que tienen unos ingresos bajos, que son mujeres con hijos, personas que tienen problemas. Si hablas con algunas de ellas, te ayudará a pasar el tiempo y puedes aprender acerca del sistema de mano de personas veteranas.

Algunos asistentes sociales se comportarán como si te estuvieran haciendo un favor, así que es importante que tengas presente que tienes derecho a la asistencia pública. Otros se desvivirán por ayudarte. Intenta no permitir que tu frustración salga ganando porque conseguirás un mejor servicio si mantienes la calma.

Cómputo de «necesidad»

Los fondos de asistencia social son una combinación de fondos federales y estatales, y están sujetos a las normas de los dos niveles gubernamentales. Las directrices de la asistencia social estatal indican cuánto está dispuesto a asignar el Departamento para varios gastos, como, por ejemplo, alquiler, comida, ropa y gastos de la casa. No te sorprendas si la cantidad que te conceden está muy por debajo del «umbral de la pobreza». Lo que el Departamento de Asistencia Social denomina tu «necesidad regular reconocida» puede ser mucho menos de lo que tú reconoces como tu necesidad, especialmente si te has ido de casa con poco más que lo que llevabas puesto.

Incluso después de que el Estado calcule tu «necesidad regular reconocida», puede que no esté dispuesto a pagar toda la cantidad. Algunos Estados calculan la necesidad y después deducen un porcentaje de las ayudas reales concedidas; otros tienen una retribución máxima por familia o por persona. Algunos tienen unos sistemas sumamente complicados que son difíciles de entender para muchas personas.

Una vez que han establecido una cantidad con la que, según ellos, tienes suficiente para vivir, el Departamento de Asistencia Social te sustraerá tus ingresos regulares de la ayuda a los niños, el subsidio por desempleo, empleo u otras fuentes de ingresos, para determinar la cantidad de la ayuda que recibirás. Estarás obligada a informar de cualquier ingreso mientras recibas una ayuda de la asistencia social, aunque en algunos casos podrás quedarte con una pequeña parte de los ingresos devengados.

Si tienes un trabajo a tiempo completo pero apenas te las arreglas, te irá bien hacer una llamada al Departamento de Asistencia Social para ver si puedes optar a la ayuda social para asistencia médica o cuidado de los niños mientras tú trabajas. Estos gastos extra pueden marcar la diferencia entre un nivel de ingresos tolerable y el desastre económico.

Si piensas que te están tratando injustamente, es poco probable que tengas energía para enfrentarte a todo el sistema, pero puedes esforzarte para conseguir lo que te corresponde por derecho dentro del sistema. Si tienes preguntas o dudas acerca de tu subvención, pide que te dejen ver las normas que se aplican a tu situación. Pregunta también si hay concesiones especiales para las personas que se encuentran en tus circunstancias. Puede que existan prestaciones especiales para transporte al médico o para personas mayores, ciegas, discapacitadas o embarazadas.

Conoce tus derechos

No tengas miedo de preguntar cómo se toman las decisiones, a qué tienes derecho, si hay excepciones, por qué no te conceden la ayuda, qué tienes que hacer para poder optar a la ayuda general o específica y cuáles son las normas del Departamento que son aplicables a tu caso. Tienen que comunicarte por escrito en un plazo de cuarenta y cinco días si tu solicitud ha sido aceptada. Tu primer cheque llegará dentro de ese plazo.

Si solicitas la ayuda a las familias con hijos a su cargo (AFDC), el asistente social te preguntará el nombre y la dirección del padre de los niños para que el Departamento pueda asegurarse de que paga la manutención de los niños. Éste es un requisito para poder recibir la AFDC, pero hay algunas excepciones, como, por ejemplo, las víctimas de violación o de violencia doméstica. Explica al asistente social que estás en peligro, si es el caso, y pregunta si hay normas especiales que se apliquen a tu situación. El asistente social puede pedirte pruebas de los malos tratos, como actas del juzgado. Puede bastar con una carta de un asesor o del centro de acogida. Más adelante quizás el Departamento quiera localizar al hombre para pedirle la manutención de los niños, y tendrás que convencerles de que para ti aún representa un peligro, si es el caso.

Si te han denegado la ayuda, deben darte una razón por escrito. Si crees que te la han denegado injustamente o que te han dado poco dinero, llama a la Organización de los Derechos de Asistencia Social local o estatal. Pueden ayudarte a decidir si recurrir la decisión o no.

Si no tienes con qué vivir hasta que llegue el primer cheque, explica a la persona que te hace la entrevista que la ayuda irá bien para el mes que viene, pero que no tienes con qué vivir las próximas semanas. Puede que recibas una ayuda de emergencia para el alquiler o cupones para canjear por comida, o si te avisan de que te cortarán algún suministro, puedes recibir suficiente para pagar las facturas. Si no disponen de fondos de emergencia, pide que te envíen a organismos que te ayuden con dinero, comida, ropa u otros artículos necesarios.

No es para siempre

Depender económicamente de los demás es desmoralizador para cualquiera. Es difícil no sentirse incompetente, impotente y pensar que no tienes ningún derecho. A veces, la burocracia parece la situación de dependencia más difícil de todas, ya que es una máquina gigantesca que ni ocupa ni se preocupa de los individuos, sean trabajadores o clientes.

Cuando la burocracia te desanime, recuerda los diferentes tipos de miserias que acompañaban tu vida con el hombre que te maltrataba. Al menos el Departamento de Asistencia Social tiene unas normas que puedes ver por escrito, y te comunicará cualquier cambio que se produzca en ellas. A veces, los cheques pueden retrasarse, y la Seguridad Social puede llevarse parte de tu ayuda cuando el gobierno decida que necesita el dinero para otra cosa. Pero no habrá cambios ni nuevas promesas incumplidas cada día o cada semana, y no te maltratarán emocional ni físicamente.

Lo más importante es que no es para siempre, a menos que tú quieras que lo sea o que seas una persona mayor o sufras una discapacidad permanente. Incluso entonces puede haber esperanza para encontrar soluciones mejores, una vez que tu vida se haya tranquilizado. Siendo tan difícil como es tener tan poco dinero, al menos puedes tener la cabeza despejada y empezar a buscar alternativas, cosa que es casi imposible de hacer cuando mantienes una relación con un hombre violento.

Otras ayudas en Estados Unidos

Si recibes ayuda de la Seguridad Social, automáticamente recibes el seguro médico estatal para personas con bajos ingresos, con el que podrás pagar muchos gastos médicos. Puedes tener derecho a recibir este seguro médico aunque no recibas dinero de la Seguridad Social si tus ingresos son bastante bajos. Para averiguar si cumples los requisitos, llama al Departamento de Asistencia Social de tu Estado, a una Organización de los Derechos de Asistencia Social o a la Urban League [Liga Urbana] local.

Si tienes más de 65 años o eres discapacitado o ciego, puedes optar a *Seguridad para Ingreso Suplementario (SSI)*, un programa del gobierno para ayudar a las personas pobres. Para poder optar a él, debes tener unos ingresos muy bajos y pocos recursos aparte de una casa. Solicítalo en tu administración local de la Seguridad Social.

La *Seguridad Social* está pensada para ayudar a los trabajadores jubilados en su vejez. Pueden disponer de una pequeña retribución mensual incluso aquellos que nunca han cotizado en el sistema de la Seguridad Social mediante trabajo remunerado. Debes tener 62 años para recibirla y, si esperas hasta los 65 recibirás más. Si has estado casada durante al menos diez años, tienes derecho a la mitad de la cantidad que recibe tu marido a partir de los 65 años o 62 si se jubila entonces. Incluso si has trabajado de manera remunerada durante la mayor parte de tu vida adulta, puedes tener derecho a más cantidad de su cuenta que de la tuya porque puede que hayas ganado mucho menos de lo que ha ganado él. Infórmate de tu situación particular en el departamento local de la administración de la Seguridad Social. Coge el número de la Seguridad Social de tu marido y tu certificado de matrimonio, y también tu propio número de la Seguridad Social.

Cupones para canjear por comida

Los cupones para canjear por comida los pueden conseguir las personas con bajos ingresos, lo que casi siempre incluye destinatarios de la asistencia social. Para averiguar a cuánto tienes derecho, llama a tu Departamento de Bienestar Social. Asegúrate de preguntar si tu edad, el tipo de ayuda que recibes o los gastos particulares que tienes influyen en la cantidad de cupones que se te asignarán.

Empleo y formación

Es probable que mediante el Departamento de Asistencia Social se puedan conseguir ciertos empleos u oportunidades de formación, o incluso que sea obligatorio. Si estás dispuesta y eres capaz de ir a trabajar, pero no estás especializada en ningún campo, pregunta acerca de las subvenciones para formación y ayuda para encontrar formación en el trabajo. Cuando recibas la información sobre programas de asistencia social especial, compáralos con los que ofrecen otros organismos de la comunidad.

Si necesitas mucha ayuda para ponerte en marcha y tienes un asistente social que te lo pondrá más fácil, un programa como el WIN (Work Incentive Program [programa de incentivación al trabajo]) puede ayudarte a empezar de nuevo en el mundo del trabajo remunerado. Sin embargo, la mayoría de los trabajos que se pueden conseguir a través del programa WIN están mal pagados y no tienen porvenir. Puede que su principal ventaja sea sacarte de casa y hacer que estés en contacto con la gente diariamente. A la larga, necesitarás adquirir formación para un trabajo especializado a no ser que ya la tengas. En el siguiente capítulo hablaré más acerca de los trabajos gratificantes, la orientación profesional y los objetivos a largo plazo.

La búsqueda de vivienda

Para buscar una vivienda se necesita mucha energía. Tienes que levantarte temprano (cuando a lo mejor preferirías no levantarte para nada), y leer el periódico a primera hora de la mañana. Es probable que en el mejor de los casos sea un proceso desalentador, pero será aún peor si empiezas a responder a los anuncios a la una del mediodía. Para entonces, ya habrán cogido los mejores pisos. Si no tienes teléfono, pídele a una amiga si puedes utilizar el suyo regularmente cada mañana a la misma hora. Así no tendrás que preocuparte ni sentirte culpable por pedir otro favor cada día.

Si en tu barrio sale un periódico por la tarde, no esperes a que lo repartan. Averigua dónde puedes conseguirlo lo más pronto posible y ve allí, aunque sea la misma redacción del periódico. Te adelantarás a todo aquel que esté esperando el reparto del periódico en casa o en el trabajo.

Llamar por teléfono puede ser difícil. Si te sientes nerviosa o insegura, debes saber que es una reacción normal. Cuando necesitas algo muy desesperadamente y no lo consigues es fácil pensar que te están rechazando como persona. Recuérdate constantemente a ti misma que es normal tener ganas de posponer esas llamadas, es normal sentirse rechazada cuando el propietario de un piso dice: «No aceptamos niños» o «Necesitamos el primer y el último mes de alquiler como fianza por desperfectos». Es normal sentirse de esa manera, pero aún así tienes que hacer esas llamadas. Después de ser rechazada varias veces, o de desechar sitios tú misma, querrás rendirte. Pero tarde o temprano, si sigues intentándolo, algo saldrá bien.

Repasa el capítulo 11, «Una acción valiente al día», y define esta tarea, no como encontrar un piso, sino como «Ahora voy a hacer cuatro llamadas telefónicas». Después de cada serie de llamadas, recompénsate a ti misma.

No desaproveches la oportunidad de andar o dar una vuelta en coche por barrios que te gusten. En un limitado mercado de alquiler, no se ponen anuncios para muchos pisos y casas, sino que se alquilan tan pronto como se pone el cartel. Puede que seas lo suficientemente afortunada como para ver tú misma cómo ponen el cartel.

Ten en cuenta la opción de las viviendas públicas. Hay muchas razones por las que no pueda ser tu primera opción, pero no pierdes nada por poner tu nombre en una lista y así en el peor de los casos tendrás algún sitio adonde ir. Las viviendas públicas te darán un respiro hasta que encuentres algo que realmente quieras. Si hay una larga lista de espera, llama cada día, y amablemente pero con firmeza explica que estás en peligro físico y que tu situación es crítica. Puede que te pongan al principio de la lista. Sé que esto ocurre muchas veces cuando las mujeres maltratadas explican su situación.

Vivienda compartida

A veces dos mujeres de un centro de acogida entablan amistad en seguida y deciden buscar un sitio juntas. Parece maravilloso conocer a alguien que se encuentra en una situación parecida y entiende tus problemas. Pero el consuelo de lograr comprensión acerca de los malos tratos y sentimientos compartidos de soledad y miedo pueden cegar temporalmente a las dos mujeres en cuanto a diferencia de valores, estilos de vida, actitudes para con los niños y otros asuntos importantes. Una de las mujeres puede tener miedo de contar a la otra sus dudas, y la otra puede tener sus propios temores. Si ninguna de las dos dice lo que piensa, es imposible saber si sus dudas son suficientemente importantes para dejar el plan o si pueden resolverse hablando o llegando a un acuerdo. A veces siguen adelante con el plan porque las dos tienen miedo de herir los sentimientos de la otra, y con el tiempo esto lleva a la hostilidad mutua y a la pérdida de una compañera de piso y posible amiga. Si dices lo que piensas acerca de lo que quieres y de cómo te sientes, al menos podrías salvar la amistad.

Otra cosa que se debe tener en cuenta al compartir casa con una mujer maltratada que acaba de dejar a su marido es si es probable que vuelva con él dentro de una semana o de un mes, lo que te dejaría con una casa medio vacía y podría desmoralizarte y debilitar tu propia determinación de alejarte. No hay manera fiable para hacer esa predicción, pero al menos puedes pensar en cómo reaccionarás probablemente si eso sucede. Puede que prefieras compartir vivienda con alguien que esté en una situación más estable.

A lo mejor decides instalarte con una vieja amiga, o responder a un anuncio para vivir en grupo, o invitar a alguien a tu casa a cambio del alquiler o de hacer de canguro a los niños. Sea cual sea la situación, hablad francamente acerca de vuestras similitudes, valores y costumbres. Asegúrate de hacerlo aunque creas que lo sabes todo de la otra persona. Muchos viejos amigos se han sorprendido de lo que han aprendido el uno del otro al empezar a vivir juntos.

PREGUNTAS PARA UNA POSIBLE COMPAÑERA DE PISO

1. ¿Cuánta compañía te gusta tener en las comidas, por las noches o los fines de semana?
2. ¿Te sentirás desdichada si yo apenas estoy en casa para cenar y por la noche, o si no siempre soy simpática cuando estoy en casa, o si casi siempre estoy en casa y casi siempre soy simpática?
3. ¿Cómo te sentirías si yo tuviera invitados varias veces a la semana, o si los tuvieras tú y yo casi nunca?
4. ¿Cómo reaccionarás si un amigo o una amiga se queda a pasar la noche, o si yo pongo reparos a que tengas con frecuencia invitados a cenar o a pasar la noche?
5. ¿Qué podemos acordar hacer si el hombre que maltrataba a una de las dos viene a la casa o llama por teléfono?
6. ¿Qué pasará si una de nosotras invita a un ex compañero a venir a casa?
7. ¿Qué cosas te molestan de los hábitos de los demás en cuanto a las tareas de la casa y qué es lo que les molesta a ellos de tus hábitos?
8. ¿Cuáles son tus actitudes en cuanto al dinero, p. ej., pago de facturas, compartir gastos, compra compulsiva, etc.?
9. ¿Cuánta participación en común quieres en la casa, en compartir los gastos, en el cuidado de los niños, en cocinar, etc.?
10. Si tienes hijos, ¿cómo quieres dividir el espacio y los gastos?
11. ¿En qué son parecidos nuestros estilos de vida y valores y hasta qué punto eres tolerante con las discrepancias?
12. ¿A qué hora te gusta acostarte y levantarte, y qué piensas del ruido (conversación, música, etc.) por la noche y por la mañana?
13. ¿Tú o tus amigos fumaréis, beberéis o tomaréis drogas en nuestra casa?

Las diferencias principales, como la clase de trabajo que hacéis, la gente con la que os relacionáis y la manera de entreteneros pueden causar problemas, pero a veces resultan mucho más fácil de solucionar que dejar la sartén sucia. En la medida en que estas cosas no te afecten directamente a ti, ¿hasta qué punto eres tolerante? ¿Expresarías tu desaprobación si tu compañera de piso se gastara todos sus ahorros en discos o si sale con hombres que según tú no son buenos para ella? ¿Cómo reaccionarías si ella te lo hace pasar mal por tus costumbres o tus amistades?

Resolver diferencias

Mientras tú y tu posible compañera de piso respondéis y debatís estas preguntas, intenta recordar cómo se resolvieron los problemas con otras personas con las que conviviste. No hagas caso omiso de los problemas pensando que no surgirán con nadie más que no sea tu madre o tu ex pareja. En cambio, recuerda las cosas que te molestaban o que molestaban a los demás sobre ti. Sé lo más sincera que puedas al decir si has cambiado con respecto a esas actitudes que antes considerabas molestas.

No puedes estar de acuerdo con todo, ni puedes predecir cómo te sentirás respecto a algunas de esas cosas dentro de un mes o de un año, puesto que la vida con un hombre que maltrata tiende a tergiversar las reacciones de la mujer en muchas situaciones. Seguro que sufrirás muchos cambios durante el primer año, cuando te estés separando física y emocionalmente del hombre, y tomarás muchas decisiones acerca de lo que es tan importante para ti que no puedes transigir. Si para ti es totalmente inaceptable pegar a tu hijo, no querrás vivir con una mujer que lo haga. Si te deprime encontrarte con un fregadero lleno de platos por la mañana, probablemente no querrás arriesgarte a vivir con alguien que tiende a posponer lavar los platos, aunque diga que intentará mejorar. No tienes que defender las cosas que te gustan y las que no, o sentirte culpable por ser tan exigente. Es mejor vivir sola que empezar cada día fastidiada por los hábitos de tu compañera de piso.

Una vez que cada una decida los temas que no están sujetos a compromiso, sabréis si debéis continuar hablando. ¿Cuáles son algunos de los compromisos a los que cada una puede llegar? Si eres un ave nocturna, puedes acordar no poner música después de las 10 de la noche entre semana si puedes ponerla hasta la hora que quieras los fines de semana.

Lo más importante es un plan para hablar de discrepancias y problemas. Si has estado con un hombre agresivo durante algún tiempo, puede que hayas desarrollado la costumbre de ser cautelosa, intentando predecir los estados de ánimo y comportamiento, y de no preguntarte nunca lo que tú quieres. Esto puede acarrear depresión o resentimiento latente que de vez en cuando rompa en gritos de enojo. Quizá tengas que hacer un duro esfuerzo para aprender a saber cómo te sientes y luego decírselo a tu compañera de piso y pedir lo que quieres. Si al menos estáis de acuerdo en querer aprender esas técnicas y si os dais permiso la una a la otra para comentar cuándo una de vosotras está enfurruñada, enfadada, o de qué otra manera expresa indirectamente resentimiento, puedes aprender a suavizar el ambiente antes de que se vuelva demasiado tenso.

Compartir tu casa

Si decides compartir tu propia casa o piso donde anteriormente has vivido con el hombre, tendrás que hacer algunos cambios específicos. Aunque ahora sientas que odias todo lo que tiene que ver con él, hay ciertas costumbres de la vida en común que desarrollaste con él y que aún pueden parecer las maneras obvias o las únicas de hacer las cosas. Cuando tu nueva compañera de piso tenga ideas diferentes, puede que automáticamente te parezcan malas o ridículas sólo porque son diferentes. Si eres consciente de esta posibilidad, puedes evitar reaccionar hasta que las hayas considerado.

Cuando fijes un precio para alquilar parte de tu casa, incluye el coste correspondiente al desgaste natural de tus cosas y pon el acuerdo por escrito. Si todos los muebles y enseres domésticos son tuyos, empezarás la relación con más poder al fijar las normas sobre cómo deben utilizarse y tratarse las cosas. Será necesario que habléis de esta diferencia y a veces tendrás que morderte la lengua cuando veas barro en tu alfombra de color claro. Si recuerdas que el precio del alquiler incluye eso, te lo podrás tomar con más calma.

La vivienda compartida ofrece la posibilidad tanto de ampliar horizontes como de aumentar la tensión. Si no has tenido ninguna experiencia de vida en grupo aparte de la familia nuclear o de la familia en el sentido más amplio, tal vez estés poco dispuesta a intentarlo. Pero compartir casa puede ser tu mejor opción durante un tiempo por la oportunidad del alquiler económico y de otros gastos domésticos y por la disponibilidad de gente para reducir al mínimo tu soledad. Una vez que hayas resuelto de dónde vendrán tus ingresos inmediatos y dónde vivirás, podrás considerar una planificación económica a largo plazo.

17

La economía de una vida sin pareja

Cuando te estás separando o divorciando después de una larga relación, puedes sentirte abrumada por la idea de volver a empezar emocional, social y económicamente. Si estás en una nueva ciudad o barrio sin tus amistades y parientes habituales, o ni siquiera puntos de referencia familiares, quizá te sientas sobre todo desconcertada. Si, además de todo eso, has perdido una casa, muebles, bienes personales o un trabajo, tendrás que hacer frente a algunos problemas para formar un nuevo estilo de vida.

Por otra parte, volver a empezar puede tener un efecto estimulante. Las responsabilidades económicas que son aterradoras también pueden convertirse en una nueva aventura. Aprender cosas nuevas es estimulante y puede darte una sensación de satisfacción y fomentar tu amor propio.

Incluso si alguna vez tuviste confianza en ti misma para llevar las cuentas de la casa, no te sorprendas si ahora parecen abrumadoras. Los hombres que maltratan normalmente insisten en controlar el dinero y convencer a las mujeres de que no son capaces de tomar decisiones acertadas o de sumar una columna de números. Cuanto más hayas estado en una situación así, más probable es que te sientas inútil. Esto puede ser cierto, aunque fueras la única que manejaba el dinero o si eras la principal persona que se ganaba el pan.

273

Trabajo remunerado

Costes y beneficios de trabajar

Si puedes permitirte el lujo de elegir si quieres trabajar fuera de casa o no quieres trabajar, será difícil decidir qué hacer, sobre todo si tienes hijos. Una vez que te has separado del hombre que te maltrataba, descansar puede parecer la alternativa más atractiva. Por supuesto que necesitarás recuperarte de tu trastorno emocional y de los malos tratos físicos que has sufrido, pero no trabajar tal vez no sea necesariamente la mejor manera de conseguirlo. La falta de actividad estructurada puede aumentar la soledad, la depresión o el miedo. El trabajo remunerado a menudo crea un cansancio saludable al final del día que puede distraerte de un ciclo de emociones repetitivo.

Si hace bastante tiempo que no tenías un trabajo remunerado, no presupongas que eres demasiado vieja, que no estás capacitada o que no puedes trabajar a causa de tu responsabilidad con los niños. Es posible que algo sea cierto, pero no puedes estar segura hasta que hayas echado un buen vistazo a tu situación y al mercado laboral actual. A lo mejor no estarás segura hasta que realmente hayas trabajado seis meses o más. No subestimes el impacto emocional del trabajo remunerado y su contribución a tu confianza en ti misma. Quizá no te gusta la idea de que nuestros valores estén estrechamente relacionados con los cheques de la paga. Pero así es para la mayoría de nosotras y es importante reconocerlo.

¿Hasta qué punto son válidos tus miedos?

Algunos trabajos son mejores que otros para el amor propio. A lo mejor uno de tus miedos es quedarte estancada para siempre en un trabajo sin futuro y aburrido, con maltrato emocional por parte de tu jefe incluido. Tal vez ésa sea la única clase de trabajo que has tenido, no pensaste en buscar algo mejor porque creíste que podías depender de un hombre que te salvaría de todo eso. Ahora que empiezas a darte cuenta de que no puedes contar con la protección económica de un hombre, ¿cuáles son las razones por las que todavía piensas que un trabajo sin prestigio, mal pagado y aburrido es tú única opción? *Escríbelas.* Pueden parecerse en algo a éstas:

274

Actividad 27   *¿Qué temes de la búsqueda de trabajo?*

1. *No tengo educación ni aptitudes.*
2. *No sé lo que quiero hacer.*
3. *Los empresarios discriminan a las mujeres, a las minorías, a las madres solteras...*
4. *Soy demasiado joven, vieja...*
5. _____
6. _____
7. _____
8. _____
9. _____
10. _____

Mira detenidamente cada razón que has enumerado. ¿Cuántas de tus afirmaciones son concretas y objetivas?

Objetivamente, no es cierto que no tengas aptitudes, formación ni educación, aunque puede que te sientas así si tus aptitudes no son fácilmente vendibles o si no te consiguen un trabajo bien pagado. Decir que eres del sexo equivocado, la edad o la raza equivocada no es suficientemente exacto para ser útil, aunque no ser blanco, tener menos de diecinueve años o más de treinta y cinco y ser mujer puede ser una desventaja en el mercado laboral.

Puede que seas demasiado mayor para que te acepten como aprendiz en algunos sectores, puede que no tengas justo las aptitudes adecuadas o la educación para ser secretaria o ingeniero. Éstas son distintas afirmaciones de las más generales. Para hacer que tus afirmaciones sean concretas, debes preguntarte: «¿Demasiado mayor para qué?», «¿Educación insuficiente para qué?».

Establecer objetivos

Para evaluar tus puntos fuertes y débiles respecto al trabajo, es necesario que tengas en mente un objetivo concreto. ¿Qué trabajo quieres hacer?, ¿cuáles son tus aspiraciones económicas mínimas? Imagina que quieres ser una secretaria de dirección con un sueldo mínimo de 18.000 dólares al año. Valora la situación:

Objetivo: *Secretaria de dirección*

Requisitos	Tengo	Necesito
Mecanografía: 80 ppm	*40 ppm*	*Practicar velocidad*
Taquigrafía	*Nada*	*Curso de introducción a la taquigrafía*
Bachiller	*Bachiller*	*—*
Algún centro preferido	*—*	*Centro de educación superior*
Normalmente menor de 32 años	*Ocho años más de experiencia*	*Valor y seguridad en mí misma*
Ordenada, buena presencia, etc.	*No está mal*	*Un traje para ir a buscar trabajo*
Capacidad para organizar tiempo y trabajo	*Veinte años de experiencia en una familia*	*—*

Actividad 28   Evaluar tus objetivos de trabajo

Objetivo:

Requisitos	Tengo	Necesito

En lugar de deprimirte por lo que no puedes ofrecer, concéntrate por un momento en lo que sí tienes. En vez de pensar que nunca tendrás la formación que requiere el trabajo o que cuando la tengas ya estarás con un pie en la tumba, piensa cómo puedes empezar a conseguir lo que necesitas.

Trabajos tradicionales y no tradicionales

He elegido el trabajo tradicionalmente femenino de secretaria en el ejemplo anterior para ilustrar cómo evaluar un objetivo profesional, ya que muchas mujeres piensan que es posible hacer el trabajo, que el período de formación puede ser bastante corto y que los trabajos abundan. La posición responsable de una secretaria de dirección ofrece retos específicos con recompensas adecuadas en algunos asuntos.

Sin embargo, las recompensas económicas en un puesto de secretaria raras veces serán tan buenas como las de los trabajos tradicionalmente definidos como masculinos, en profesiones especializadas como electricista, operario o fontanero. Que no sepas nada de estos oficios no quiere decir que no puedas aprenderlos. En los últimos años, las mujeres han sido excluidas de casi todos los programas de aprendizaje, y aunque aún cuesta mucho entrar en ellos, se puede hacer. Si te informas sobre los cursos técnicos y de secretariado que ofrece el centro de educación superior, ¿por qué no vas a ver a un asesor en el centro de orientación o de formación profesional o en la oficina de programas para mujeres para que te informen acerca de la formación en oficios? Averigua lo que se paga en cada trabajo, cuánto dura la formación y otra información relevante, y también haz los preparativos para visitar las aulas. No pases por alto las posibilidades en el campo de las ventas.

Si tienes varios hijos que mantener o si no quieres depender de un hombre para que te proporcione una casa, un coche o una buena vida, puede que sea necesario desafiar al sistema de empleo tradicional. Para vivir bien, o tienes que estar muy segura de ti misma y ser imaginativa para crear un trabajo responsable para ti o tienes que ascender de rango, empezar con un oficio tradicionalmente masculino o pasar varios años de formación profesional en un centro o universidad.

En el ejemplo anterior, empezar taquigrafía y mecanografía avanzada en un centro de educación superior puede ser un primer paso aceptable. Antes de decidir que no puedes permitírtelo, recoge información sobre costes y ayuda económica. Llama al centro universitario para informarte sobre cursos y saber si hay un centro para mujeres, una oficina de programas para mujeres o un centro de orientación profesional. A menudo tienen becas especiales, información acerca de ayuda económica y servicio de guardería. Incluso pueden actuar como defensor tuyo con la oficina de ayuda económica, y si vas allí en persona, probablemente conocerás a otras mujeres que se encuentran en situaciones similares a la tuya. Si reúnes las condiciones necesarias para ser «ama de casa desplazada», puedes obtener ayuda de alguno de los programas especiales pensados para mujeres que han estado fuera del mercado laboral mientras criaban a sus hijos. Tal vez el aspecto más importante de estos centros sea el afecto y la comprensión tanto de las mujeres que trabajan allí como de las que participan, muchas de las cuales han pasado por lo que tú estás pasando ahora.

Progresar en el trabajo

Si ya tienes un trabajo que parece no tener futuro, hay dos maneras principales de cambiarlo sin desviar totalmente tu profesión. Primero habla con tu supervisor o jefe de personal, o con el jefe de toda la empresa sobre lo que te gustaría hacer y sobre cómo puedes trabajar para conseguirlo. Imagina que estás trabajando en un restaurante de comida rápida por el salario mínimo. Dile al director general que quieres ganar más dinero y tener más responsabilidad. Si te contesta que necesitarías aptitudes de gestión o técnicas, pregunta los detalles. ¿Necesitarías clases, más experiencia o cambiar la manera en la que ahora te relacionas con los compañeros de trabajo? Intenta obtener respuestas concretas y el compromiso de que si haces X, Y y Z, se te dará una oportunidad para ascender a dirección.

Sea cual sea tu trabajo, deja claro que quieres progresar, averigua cómo hacerlo y encárgate de tener evaluaciones periódicas sobre criterios concretos. Aunque hayas mencionado a tu jefe que te gustaría conseguir un ascenso, puede que no te tome en serio a menos que lleves a cabo un plan concreto. A lo mejor, como muchas personas, el jefe supone automáticamente que las mujeres no somos ambiciosas. No discriminará deliberadamente, pero tu ambición tendrá que llamar la atención del director. Cada vez que leas un libro sobre tu especialidad o asistas a una clase, un seminario o una conferencia relacionada con tu trabajo o con el que quieres, díselo a tu jefe. Pon todas esas cosas por escrito y llévalas contigo cuando te evalúen.

A lo mejor tu empresa no asciende a menudo entre sus rangos o da la casualidad de que a tu jefe no le gustas ni valora tus aptitudes. En ese caso, preséntate a otras empresas u organismos similares. Cuando te hagan la entrevista, haz preguntas concretas acerca de los ascensos a los que puedes aspirar dentro de un período de tiempo específico si haces bien tu trabajo. Deja claro que quieres llegar lo más lejos que puedas y no tengas miedo a decir cuánto te gustaría ganar dentro de unos años.

Aunque estés segura de que ahora no quieres dejar tu empresa, es una buena idea saber las oportunidades que hay fuera. Si recibes una buena oferta, puede hacer mucho por ti incluso si no la aceptas. Puedes contárselo a tu jefe, haciendo hincapié en que tú quieres quedarte donde estás pero que eso te está costando tu dinero (si es o no una buena estrategia depende de tus circunstancias particulares). Aunque no quieras utilizarla como un instrumento de negociación, el hecho de saber que puedes hacerlo mejor puede darte mucha más confianza.

Otra estrategia para mejorar tu aptitud en el trabajo es buscar una empresa que tenga su propio programa de formación, que pague por la formación de determinados empleados o dejen tiempo libre del trabajo para ir a la escuela. A veces estas oportunidades se las llevan los hombres en parte porque las mujeres no dejan suficientemente claro que les interesan.

Si tienes pruebas de que la dirección de tu empresa discrimina a las mujeres, puedes llevar tu caso a una de las distintas oficinas gubernamentales de antidiscriminación o buscar en otro sitio un trabajo más prometedor. La Comisión de Igualdad de Oportunidades de Empleo de Estados Unidos o la Oficina de los Derechos de la Mujer, de los Derechos Humanos o la Comisión de Relaciones Humanas de tu Estado o ciudad te informará de tus derechos, de cómo demostrar las pruebas admisibles y cómo presentar una queja formal. Lleva mucho tiempo obtener un resultado satisfactorio y puede provocar mucha tensión emocional, así que durante ese período de tiempo necesitarás apoyo de tus amigos.

Se pueden conseguir muchos libros que tratan de tener éxito en los negocios, de cómo decidirse por una profesión y de cómo presentarte a ti misma de la mejor manera posible ante un eventual empresario.

Cómo organizar los ingresos y los gastos

Si no estás acostumbrada a trabajar con el presupuesto de una casa, puede parecerte demasiado limitado. Pero recuerda que te dirá lo que puedes hacer con tu dinero, y también lo que no puedes.

Actividad 29   *Hacer un presupuesto*

En primer lugar, *anota* todos los ingresos con los que puedes contar para los próximos doce meses. Incluye el sueldo después de pagar impuestos y otras deducciones, sustento conyugal y de los hijos, regalos, asistencia social, renta de intereses e inversiones y declaración del impuesto sobre la renta del año anterior. Si no estás segura de las cantidades, calcula por lo bajo. Si tu marido ha pagado la pensión alimenticia a los niños en el pasado, pero sólo una tercera parte de la cantidad que se estipuló en el juicio, ésa es la cifra que debes anotar. Divide el total por doce, y así sabrás la media de tus ingresos mensuales.

_____

_____

_____

_____

_____

_____

_____

_____

_____

A continuación, *anota* tus gastos fijos para el año que viene, convertidos en medias mensuales:

Vivienda: alquiler o hipoteca, pagos, gastos de mantenimiento ____
Gastos de la casa: calefacción, luz, agua, basura, teléfono . ____
Gastos médicos y dentales . . . . ____
Seguro: casa, coche, médico, vida . . . . ____
Impuestos: casa, sueldo . . . . ____

Ahora resta la cantidad de tus gastos fijos de tus ingresos previstos y decide cómo la distribuirás para los gastos diarios:

Comida: en casa, en la escuela, en restaurantes . . . . ____
Ropa: para ti y para los niños; limpieza y arreglos . . . . ____
Transportes: autobús, gasolina, mantenimiento del coche,
   pagos del coche . . . . ____
Entretenimiento: salir por las noches, alcohol, tabaco,
   canguros . . . . ____
Existencias de la casa: recambios, limpieza, provisiones . . ____
Educación: la tuya y la de los niños . . . . ____
Cuotas y contribuciones organizativas . . . . ____
Periódicos, revistas, libros, discos . . . . ____
Vacaciones . . . . ____
Regalos . . . . ____

Si tus gastos diarios mensuales suman más de la cantidad que obtuviste al restar los gastos fijos de los ingresos, tienes un problema. A menos que estuvieras manteniendo al hombre que has dejado recientemente, probablemente después de la separación tendrás un presupuesto más reducido que antes. Pero no olvides que tendrás acceso total a todo el dinero disponible y control total de cómo se gasta este dinero, lo que puede hacerte sentir muy bien.

Repasa los gastos diarios otra vez, cortando aquí, añadiendo ahí. Si no tienes trabajo, piensa en buscar uno, o un segundo trabajo para un tiempo durante la transición. Un préstamo puede ser una opción si estás segura de que puedes devolver el crédito a tiempo. Lo más importante es que no pretendas engañarte a ti misma pensando que vas a gastar menos o a ganar más a no ser que tengas un plan muy concreto. Por ejemplo, no recortes el tabaco si en el pasado nunca has sido capaz de dejar de fumar. No suprimas todo el entretenimiento, ya que probablemente no te ajustarás al plan, y si lo haces, pagarás el precio con depresión.

Si con tus arreglos en los gastos diarios aún te quedas corta, repasa los gastos fijos por si es posible hacer algunos cambios. Considera la opción de mudarte a un piso más pequeño o compartir tu casa con alguien. Tal vez quieras vender tu coche y comprar uno menos caro que utilice menos gasolina o tomar el autobús hasta que tus condiciones sean mejores. Si tienes la tentación de dejar que tus pólizas de seguro caduquen, piénsatelo detenidamente. Además de los riesgos que implica ir sin seguro durante un tiempo, te será difícil conseguir que te hagan un seguro después de no haber estado asegurado durante un período de tiempo y puede que debas pagar una prima tres veces mayor de lo que estás pagando ahora. Sin embargo, podrías contratar coberturas distintas a las que tenías.

Organizarse con un presupuesto

Durante los primeros meses después de la separación, es probable que debas hacer algunos ajustes en tu presupuesto, como descubrir costes anteriormente escondidos y ajustarte a los cambios en algunos gastos. No tendrás que justificarte siempre por cada centavo, pero durante este período de transición es importante llevar una cuidadosa relación de gastos. En uno o dos meses sabrás lo que puedes controlar de tus ingresos actuales y podrás planear qué cambiar para que tengas más opciones.

Si eres una compradora impulsiva o muy descuidada o pierdes la paciencia al tener que llevar un registro, a lo mejor puedes poner una cierta cantidad de dinero en un sobre etiquetado con cada categoría de gastos diarios. Si echas mano del sobre equivocado para pagar algo que no entra en el presupuesto, al menos te verás obligada a reconocerlo en en el acto. Si dejas un pagaré, diciendo para qué se utilizó el dinero, podrás ajustar tu presupuesto a final de mes para reflejar la realidad.

Una solución alternativa es pagar casi todas las cosas con un cheque o con tarjeta de crédito. Cuando llegue el extracto de cuentas mensual, repasa cada artículo para saber cuánto has gastado en realidad en cada categoría y compáralo con tu presupuesto. Si haces esto, estudia detenidamente cuánto pagas de comisiones o intereses, y piensa bien lo que podrías comprar con ese dinero al final del año si pagaras con dinero en efectivo.

LA IMPORTANCIA DE AHORRAR

A lo mejor piensas que con tus limitados ingresos no es posible ahorrar, pero cuanto más difícil es de hacer, más necesario es. Incluso con cinco dólares al mes tendrás un rinconcito para gastos imprevistos. Te sentirás más segura si tienes una pequeña cantidad apartada para una reparación del coche o una visita al médico. Cuando ganes más dinero, aumenta tus ahorros habituales y pon parte de tus ingresos extra de primas, devoluciones de la renta, etc. en la cuenta. Intenta acumular una cantidad que sea el doble de tu sueldo mensual y ponla en una cuenta con intereses a la que tengas acceso inmediato. Los fondos de inversión del mercado de valores se pueden conseguir gratuitamente. Pagan un interés mucho más alto que los bancos o cajas de ahorro o créditos y no inmovilizan tu dinero durante mucho tiempo. Si eres como la mayoría de la gente, nunca ahorrarás si esperas hasta que tengas algo de dinero extra. Apártalo enseguida, en cuanto te paguen. En otras palabras, «primero págate a ti misma».

Préstamos

Si estás entre la espada y la pared con el refrán «Ni prestes ni pidas prestado» y la tentación de aceptar cada oferta de «Compre ahora, pague más adelante», busca un término medio. Pedir prestado es razonable, sea por un propósito concreto o por el uso regular de una tarjeta de crédito, si estás segura de que quieres el artículo y si puedes estar segura de que pagarás los plazos cuando venzan y sin que aumente todo el estrés que ya tengas. Añade al precio del artículo todos los intereses que pagarás y decide si la cantidad resultante es lo que estás dispuesta a pagar.

Cuando te separes, puede que tengas una cantidad de facturas inusuales correspondientes a asistencia médica, gastos de mudanza u honorarios de abogado. Tal vez algunas facturas lleguen inmediatamente y otras ya hayan vencido. Si tienes facturas de seguros, asistencia médica y contribución de la casa, primero intenta negociar las condicio-

283

nes. Escribe a tus acreedores proponiendo un calendario de pagos que estés segura de que puedes cumplir. Si están de acuerdo, pregunta cuánto te cobrarán por un período de pago más largo. Si no aceptan tu propuesta, considera la opción de pedir un préstamo. Poco a poco, puedes seguir con un plan de pago equitativo para todos los acreedores y los gastos principales, ahorrando dinero en efectivo cada mes para los gastos anuales como los seguros, o pagar una parte cada mes. Puede que necesites un año para hacer que tu nuevo sistema funcione sin problemas.

Cuando tomas dinero prestado, estás pagando para usar el dinero de otra persona, y en general cuanto más tiempo lo utilices, más pagarás. Pero los intereses varían de un sitio a otro y a veces cambian en un espacio corto de tiempo. Si decides tomar dinero prestado, ya sea mediante un préstamo o haciendo una compra importante a crédito, compara precios. Pregunta qué más se te cobrará además de los intereses e infórmate exactamente de los tipos de interés. Si no entiendes lo puntos complicados, pregunta cuántos dólares tendrás que pagar al final del período de pago. Puede que te horrorice saber cuánto es. En algunos casos, tal vez sigas estando dispuesta a pagarlo para poder utilizar la compra más pronto o porque es una necesidad. Exige un documento por escrito de las condiciones, lee detenidamente el contrato de plazos, incluyendo la letra pequeña, y cuando lo hayas firmado guarda tu copia en un lugar seguro. Si tienes tendencia a preocuparte por la letra pequeña, lleva una copia a un amigo de confianza y revisadlo juntos. No te sientas presionada a adquirir (dinero o cosas) por amenazas de que es la última vez que encontrarás una oferta tan buena. No podrás decir si la oferta es tan buena hasta que la hayas comparado con otras.

Si tomas dinero prestado de un amigo, un familiar o un hombre con el que mantienes una relación, puede que pagues de otras maneras aparte de con dinero: tal vez aplaces el pago más allá del tiempo necesario y levantes sentimientos de culpa y resentimiento en ambas partes. Piensa detenidamente en las posibles consecuencias y pon vuestro acuerdo por escrito para que ambos sepáis cuándo se hará el pago. Puede que quieras pagar una pequeña cantidad de intereses a fin de recalcar el carácter formal de la relación y para que el prestador reciba algo a cambio.

Mantenimiento de la casa

Si posees propiedades o inversiones, tendrás que aprender o volver a aprender cómo manejarlas. Antes de que algo vaya mal con tus propiedades, pide a amigos, vecinos y compañeros de trabajo que te recomienden carpinteros, fontaneros, electricistas y personas de otros oficios. Llama a cada uno de ellos, pregúntales su tarifa por horas, las condiciones de sus garantías de los materiales y de la mano de obra, y si cobran por hacer un presupuesto. Pregunta si vendrán a tu barrio en caso de que los llames por una emergencia y cuánto tiempo tardan normalmente en responder a esas llamadas. A menos que hayas seguido de cerca el coste y la calidad de trabajo que se ha hecho en tu casa y tengas motivos para confiar en la gente que ha trabajado para ti, compara esta información con los costes y el tipo de servicio que tenías antes. El servicio continuo tiene ventajas, pero puede que también hayas pagado las tarifas más altas cuando no era necesario.

Si tienes un problema importante con el mantenimiento de tu casa, asegúrate de pedir varios presupuestos antes de contratar a alguien para el trabajo. Cuando hayas hablado con la tercera persona, empezarás a entender el problema y querrás hablar con la primera empresa para hacerles más preguntas. El presupuesto más bajo no es necesariamente el mejor, pero no sabrás lo que es bajo y lo que es alto hasta que hayas hablado con varias empresas. Pídeles que te hagan el presupuesto por escrito y que lo detallen. Entonces podrás utilizar el lenguaje del presupuesto para obtener algunos presupuestos aproximados por teléfono, aunque no deberías aceptar ninguno hasta que hayan examinado el lugar afectado.

Si puedes, observa a la persona que hace la reparación mientras trabaja, así puedes entender el problema y, si es una tarea de poca importancia, la podrás hacer tú misma la próxima vez. Tu interés también será un incentivo extra para que la persona que has contratado haga un buen trabajo.

Te sorprenderá todo lo que puedes hacer por ti misma. Compra algunos libros de reparaciones sencillas de la casa, invierte en las herramientas que el libro sugiere y arriésgate o acude a una clase de mantenimiento del hogar. Verás cómo una vez que dejes de estar preocupada y tengas la herramienta correcta en tus manos, podrás hacer muchas reparaciones tú misma.

Si necesitas hacer reparaciones más importantes y más caras en tu casa, tranquila. El mundo de los préstamos cambia tan rápidamente que es difícil saber lo que hay que hacer aparte de seguir informándote. Puede que un banco que no concede préstamos cuando llamas a principios de mes te dé una respuesta distinta a finales de mes. Un banco puede decir «No» y otro —o incluso una sucursal de la misma institución— decir «Sí». Si una cooperativa de crédito no te lo concede, puede que un banco te acepte. Ahórrate tiempo y estrés llamando a muchos sitios y obteniendo toda la información posible antes de solicitarlo en persona. Di si quieres una hipoteca sobre tu casa, un préstamo para reformas en la vivienda (a menudo se pueden conseguir cuando con otros no se puede) o un préstamo personal, y pregunta lo que, en general, es necesario para conseguir un préstamo de este tipo o cómo deciden a quién se lo concederán. Puede que te den una fórmula como que las hipotecas máximas equivalen a dos veces y media tus ingresos anuales o que el total de tus deudas, incluyendo el nuevo préstamo, no puede superar el 30 % de tus ingresos. Para obtener esa información, hazles saber que eres consciente de que deben estudiar toda tu situación económica antes de que puedan concederte un préstamo y sé un poco insistente al preguntar por sus fórmulas. Pregunta qué documentos debes traer contigo cuando acudas a la entrevista personal.

Cuando pienses dónde invertir dinero, si refinanciar tu casa o comprar en efectivo o a crédito, tendrás que entender la economía, dado que cambia semanalmente. Puede que no sepas mucho sobre ello, pero puedes aprender. Pide a amigos y compañeros que te recomienden un asesor financiero. Puedes interrogar a dos o tres antes de elegir. Aunque no estés segura de cuál de ellos te aconseja mejor —y como todos los profesionales, es probable que no estén de acuerdo—, tendrás opiniones diferentes acerca de cómo explican o no explican las cosas, o lo atentamente que escuchan lo que tú quieres y si entienden tus valores. Tu futuro económico *es* tu futuro: consigue orientación profesional de alguien a quien creas que realmente le interesa lo que es mejor para ti.

Superar la ignorancia financiera

Si ves que estás desaprovechando la oportunidad de aprender más sobre dinero, piensa un poco en el porqué. Puede ser que, como la mayoría de las mujeres, hayas aceptado el mensaje de cuando eras muy joven de que las chicas no entienden las matemáticas, que las mujeres son frívolas y derrochadoras con el dinero y que realmente no se puede esperar de ellas que lo entiendan. Puede que creas que las altas finanzas son cosa de hombres. A lo mejor estás asustada y te sientes bastante incómoda y con sensación de incompetencia. La manera de superar esos sentimientos es coger una pieza del puzzle económico de una vez y aprender a hacerlo. Existen muchas clases destinadas especialmente a las mujeres para ayudarlas a superar sus miedos e ignorancia. Y *es* ignorancia, no estupidez, cosa que significa que puede superarse.

Otro motivo por el cual puede que te resistas a aprender es que todavía sueñas con que alguien cuidará de ti toda tu vida, y tú no tendrás que asumir ninguna responsabilidad. Muchos hombres, y también mujeres, se sienten de esa manera y no se les da bien ocuparse de los asuntos habituales. Los hombres se ven forzados a fingir que entienden mucho para no parecer menos masculinos, pero las mujeres se han librado de ello. También es más fácil para los hombres tapar sus errores, debido a sus sueldos más altos. En realidad, algunas mujeres sí han sido cuidadas por sus maridos, pero muchas descubren demasiado tarde que nadie se preocupó por ellas para nada. Sólo porque tu marido tome todas las decisiones prácticas no quiere decir que sean las correctas. Si estás dispuesta a admitir tu ignorancia y a pedir consejo a varias personas, puedes tomar decisiones mucho mejores ahora que tienes la oportunidad.

Al principio, es posible que solamente veas las dificultades de tener que tomar decisiones por tu cuenta y el aspecto negativo de la responsabilidad por las consecuencias. Olvidarás que puedes encontrar expertos, y también amigos y familiares a quien consultar, y que tus amigos te ayudarán a recoger las piezas cuando las cosas vayan mal. Más adelante, verás los riesgos como el potencial para el éxito y como un reto emocionante. Te preguntarás por qué dejaste que ese hombre se llevara la buena sensación que se tiene al valerse sólidamente por sí mismo.

18

La sexualidad

Para muchas mujeres, la decisión de poner fin a una relación de malos tratos con un hombre también significa el fin de la sexualidad. Esto resulta especialmente cierto si la sexualidad se ha definido minuciosamente como el orgasmo mediante el coito y no como una combinación de necesidades y deseos que incluye el cariño, la sensualidad y el romanticismo. Con todo, según los estudios más recientes, el orgasmo ni siquiera es la preocupación de la mayoría de las mujeres en la relación sexual y no siempre es lo que las mujeres echan más de menos cuando no practican sexo.

Shere Hite, en una encuesta realizada a más de tres mil mujeres, descubrió que sólo alrededor de un 30 % de las encuestadas sintió un orgasmo como resultado del coito (aunque algunas sintieron orgasmos durante la relación sexual, pero gracias a la estimulación manual). Sin embargo, la mayoría de las mujeres (un 87 %) dijo que le gustaban las relaciones sexuales y que el sexo era importante para ellas.[1]

Según Hite, «con mucho, la razón más frecuente por la que el sexo gustaba fue que eran momentos de mucho afecto e intimidad».[2] Muchas de las mujeres a las que cita hablan de ser *una sola con un hombre, de afecto, amor, intimidad, integridad, seguridad, sentirse amada, querida, importante y fuerte.*

Este capítulo te dará algunas ideas para saber satisfacer tus necesidades en las relaciones íntimas y la estimulación sensual sin llegar

---

1. Shere Hite, *The Hite Report*, Nueva York, Dell, 1979, pág. 612 (trad. cast.: *El informe Hite*, Barcelona, Plaza y Janés, 1996).
2. *The Hite Report, op. cit.*, pág. 297.

al acto sexual. Lo primero que hay que hacer en ese sentido es cono-cer de cerca tus propios deseos sexuales y cómo se satisfacían —o no se satisfacían— en tu relación con el hombre que has dejado. Para ayudarte a hacerlo, *responde* a las siguientes preguntas:

Actividad 30   *¿Qué te gustaba del sexo?*

1. ¿Te gustan las caricias afectuosas? _____
¿A qué personas te gusta acariciar especialmente y a cuál de ellas te gustaría acariciar más o que te acariciara? (Piensa en amigos, fami-liares, niños, hombres, mujeres e incluso animales.)

_____

2. ¿Alguna vez has tocado a alguien o has querido que te tocaran por excitación sexual, sin querer tener el orgasmo como resultado? ¿Cómo fue? _____

_____

3. ¿Alguna vez practicaste sexo con el hombre al que acabas de dejar o con otro hombre principalmente por intimidad, fidelidad, afecto, se-guridad o romanticismo, más que por sentir un orgasmo? ¿Con qué frecuencia lo conseguías? _____

_____

4. ¿Qué importancia tiene el sexo en tu vida? _____

_____

5. ¿Con qué frecuencia sentías orgasmos con tu ex pareja? ¿Normal-mente los sentías como resultado del acto sexual, de tu o su estimula-ción del clítoris o de otra actividad sexual? _____

_____

6. ¿A veces eras incapaz de sentir un orgasmo con tu ex pareja du-rante el acto sexual? _____ ¿Qué hubiera ayudado? _____

_____
¿Pediste lo que querías? _____ Si no lo hiciste, ¿por qué?_____

_____

7. ¿Con qué frecuencia te quedabas decepcionada o frustrada después del acto sexual?_____ ¿Has fingido el orgasmo alguna vez?_____

¿Con qué frecuencia? _____ ¿Por qué?_____

_____

8. ¿Alguna vez tu ex pareja abusó de ti sexualmente o te humilló?

_____

¿Con qué frecuencia? _____

9. ¿Alguna vez te quedaste frustrada o decepcionada después de la masturbación?_____ ¿Con qué frecuencia?_____
¿Por qué?_____

10. ¿Qué otra actividad sexual te gusta? ¿Qué importancia tienen para ti los besos, la estimulación de los pechos, las caricias en caderas y muslos, las caricias en todo el cuerpo en general, las caricias en la vagina, el contacto vaginal oral, acariciar a tu pareja? _____

_____

¿Cuáles son importantes para llegar al orgasmo?_____

11. En un mundo ideal, ¿cómo sería la sexualidad? _____

_____

Aprender a confiar en tu experiencia

Si te ha resultado difícil rellenar el cuestionario por falta de conocimientos sobre tu propio cuerpo y la naturaleza del orgasmo y del no orgasmo, no te rindas aún. El orgasmo es un tema polémico cuando se refiere a las mujeres. Durante toda la historia de la que tenemos constancia no se ha admitido que las mujeres pudieran siquiera recibir placer de sus actividades sexuales. El acto sexual era considerado (y algunos aún lo consideran) como una función para procrear, consentida de mala gana por la mujer, obligada por el hombre.

Cada vez que ha surgido el tema de la sexualidad femenina y, particularmente, del orgasmo, los supuestos expertos han discrepado. Sigmund Freud fomentó la idea de que sólo las mujeres inmaduras tenían orgasmos clitoriales, mientras que las mujeres maduras tenían orgasmos vaginales. Hasta el estudio de 1966 de Masters y Johnson no se comprobó científicamente que las mujeres alcanzaban el orgasmo mediante la estimulación del clítoris. Se dio validez a millones de mujeres que habían dudado de la realidad de su propia experiencia, aunque las conclusiones más recientes indican que las mujeres también son capaces de llegar al orgasmo vaginal.[3]

Los expertos tanto pueden disipar mitos como crear de nuevos, hecho que nos dificulta saber hasta qué punto debemos desafiar la «fe» científica, cuándo dudar de las autoridades y cuándo confiar en nuestras propias experiencias. Y todo se complica por el hecho de que algunas de nuestras creencias afectan directamente a las experiencias que vivimos.

Muchas de nosotras nos hemos dejado convencer por los expertos que dicen que las mujeres no son ni mucho menos tan sexuales como los hombres y que los hombres, debido a su mayor sexualidad y vasta experiencia, conocen y entienden mejor la sexualidad femenina y masculina. Así que tratamos a nuestras parejas masculinas como si fueran expertos y les escuchamos más a ellos que a nuestros propios sentimientos. Hacemos las cosas que a ellos les parecen más eróticas, sin decir lo que queremos, por miedo a parecer extrañas, a estar equivocadas, a parecer sexualmente inmaduras, demasiado liberales o demasiado mojigatas, o por miedo de herirles o avergonzarles poniendo en duda su habilidad.

Está claro que existe un área en la que eres una experta y es en lo que te hace sentir bien y lo que no. Sin tener en cuenta si «debería» hacerte sentir bien o si te han contado que es normal o que es la manera en la que se supone que deben sentirse las mujeres, tú eres la autoridad. Si has estado dudando si decir a tu pareja sexual lo que te hace sentir incómoda o lo que te gustaría que él hiciera, éste es un buen momento para dejar claro lo que te gusta y lo que no te gusta, y para decidir pedirlo la próxima vez que mantengas una relación sexual. Por otro lado, puede que estés sin pareja sexual durante un tiempo porque

3. Estos orgasmos vaginales se originan en un área de la pared superior de la vagina, que se llama el punto de Grafenberg. Su tamaño varía aproximadamente entre el tamaño de una moneda de diez centavos a una de medio dólar. Es sumamente sensible y cuando se estimula al principio produce un fuerte deseo de orinar, seguido rápidamente por una intensa excitación sexual y el orgasmo. Al mismo tiempo, una mujer puede segregar un líquido que se origina en el mismo punto. La existencia de este líquido, que algunas mujeres segregan durante el orgasmo, ha sido negada y justificada como simple orina durante la mayor parte de nuestra historia, aunque también se ha reconocido durante varios períodos históricos. Masters y Johnson dicen que no existe tal fenómeno en las mujeres.

así lo has escogido o por falta de una oportunidad suficientemente atractiva. Un estado así se puede tolerar, e incluso disfrutar, si te das opciones a ti misma para obtener placer de distintas maneras.

La sexualidad no es solamente sexo

La sexualidad se compone de afecto, sensualidad, erotismo, intimidad y romanticismo, y probablemente casi todo el mundo querría tener una relación que incluyera todo eso. Pero si eso es lo que anhelas, aquí tienes algunas preguntas importantes que hacer: ¿tu pareja era afectuosa?, ¿sensual?, ¿erótica?, ¿íntima?, ¿romántica?

Aunque es cierto que hay una cualidad mágica en la vida cuando en una relación se juntan estos cinco componentes de la sexualidad, eso no ocurre muy a menudo, así que será útil estudiar cada uno por separado para determinar cómo satisfacer cada necesidad de manera independiente.

Afecto

El afecto puede expresarse verbalmente, pero más a menudo es una expresión física de mostrar cariño por alguien abrazando, tocando o acariciando. Algunas personas son bastante generosas cuando tocan afectuosamente, otras reservan esta expresión para los miembros íntimos de la familia o amigos de toda la vida. Si una expresión de amistad o preocupación de este tipo es importante para ti, revisa tus modelos para conseguir satisfacer estas necesidades y piensa en modificarlos si es necesario.

Por ejemplo, si has reservado el contacto afectuoso para la familia o los amigos cercanos, permítete abrirte y tocar a los nuevos conocidos y posibles amigos. Las mujeres de algunos grupos —por ejemplo, grupos YWCA o secciones de la National Organization for Women— se relacionan en un estilo cariñoso. Puede que quieras estudiar varios grupos antes de implicarte con el que mejor se adapte a tus necesidades.

Si tienes amigas a las que te gustaría tocar más, no presupongas que ellas no quieren. Acaricia el brazo de una amiga, o pon tu brazo alrededor de sus hombros, o dale un abrazo cuando te sientas bien, o

293

triste o sola, o especialmente cercana a ella. Presta atención para ver si ella se siente incómoda. Pregúntale cómo se siente al expresar la amistad tocando a la otra persona o di: «Ahora me gustaría abrazarte, ¿vale?». Y a no ser que recibas una respuesta negativa, hazlo. Tal vez puedas revisar el capítulo 13, «Recurrir a los demás».

Si, al igual que muchas mujeres que han sufrido una relación de malos tratos, no puedes contar con amigos ni con la familia, aún hay algunas cosas que puedes hacer para satisfacer algunas de tus necesidades afectivas. Compra un gato o un perro, u otra mascota que sienta un placer casi ilimitado cuando le acarician y que prácticamente no exija nada. Por supuesto, no es lo mismo que lo que puede darte una persona, pero ayudará. Y después de lo que has pasado, puedes encontrar algo de afecto en una criatura que espera muy poco de ti y que no te critica en absoluto.

Sensualidad

Para muchas personas, la sensualidad es una parte importante de la sexualidad y en un continuo de estimulación o excitación se sitúa en algún lugar entre el cariño y el erotismo, y tiene algunas de las características de ambos.

La sensualidad se refiere al placer de los sentidos o deseos. Cuanto más intensamente te implicas emocionalmente con los placeres de tus cinco sentidos, más sensual eres. Por ejemplo, escuchar música, oler o probar comida o bebida, observar cuadros, esculturas o montañas cubiertas de nieve, o tocar o ser tocada puede proporcionarte un gran placer sensual. Aunque el contexto sea diferente, los sentimientos pueden ser parecidos a los que tienes en una relación sexual.

Para ti, ¿cuáles son los mayores placeres sensuales del sexo: el tacto de todo un cuerpo por otro cuerpo entero, explorando grietas, curvas y ángulos que de lo contrario apenas sabes que existen; el sonido de los jugos al fluir, del jadeo de tu pareja, los gemidos de placer o tus propios jadeos o gritos; el olor corporal de tu pareja; el sabor salado?

Piensa en otras actividades en las que obtengas satisfacciones parecidas. Si hay pocas, ten en cuenta cuáles podrías desarrollar. Podrías permitirte un masaje corporal completo cada semana. Si un profesional resulta demasiado caro, podrías intercambiar masajes con una amiga. O hacerte masajes a ti misma lentamente y con cariño con una crema corporal aromática. Practicar deporte, correr y nadar también pueden proporcionar estimulación física satisfactoria.

Desarrolla tu apreciación de las experiencias visuales y auditivas mirando realmente y escuchando realmente. Resérvate tiempo para visitar galerías de arte, observar lagos, montañas, arena o árboles; sólo mirar, sin otra finalidad que la experiencia visual, sin análisis ni crítica. Haz lo mismo con música, experimentando con sinfonías, jazz, rock. Permítete sentirte triste, alegre o entusiasmada. Baila si el cuerpo te lo pide. Cuando todo el mundo ya esté acostado, lee poesía en voz alta.

Puede que lleve algún tiempo desarrollar completamente tu naturaleza sensual, especialmente si antes dependías del sexo con una pareja para estar plenamente satisfecha. Parte de este desarrollo es recordar fijarse en las cosas. *Fijarse* cuando disfrutas pasando tu mano por una almohada de terciopelo. *Fijarse* cuando una nota alta de un cantante o el sonido de una trompeta te provoca escalofríos por todo el cuerpo.

La siguiente cosa es *disfrutar*. A menudo, cuando experimentas inesperadamente una reacción sensual, de inmediato sientes que una oleada de nostalgia amenaza con venir, nostalgia por ese hombre especial y la intimidad sexual con él. Cuando sientes esa amenaza, estás tentada a acabar con los deseos sensuales para negar la añoranza. Tal vez durante un tiempo eso sea lo que escogerás hacer, pero no debes hacerlo. Puedes aprender a disfrutar de las experiencias sensuales por su propio valor, no sólo como preludio, o recuerdo, de intimidad sexual. Y, si quieres, puedes dejar que se desarrollen de una forma explícitamente sexual hasta que estés preparada para permitirte un orgasmo.

Erotismo

Con erotismo me refiero a orgasmo y a la excitación y tensión claramente sexual que la mayoría de las veces se asocia a él. Para algunas mujeres éste puede ser el aspecto de la sexualidad que más anhelan, puesto que es la necesidad más fácil de satisfacer sin una pareja.

Si te has estado diciendo a ti misma que la manera «correcta», «normal» o «madura» de tener un orgasmo es durante el acto sexual con un hombre, empieza ahora a decirte a ti misma que la manera «correcta» es la manera que te satisfaga a ti sin herir a nadie más. Y si no has aprendido los placeres de la masturbación, podrías empezar ahora. Si la masturbación es algo a lo que «te rindes» e intentas acabar rápidamente, considera verlo de distinta manera. Si piensas en ello como algo vergonzoso, debido a una educación moral o religiosa o porque es algo que solamente hacen los «perdedores» sexuales, podrías reconsiderarlo. Casi todo el mundo se ha masturbado alguna vez, personas religiosas y no religiosas, las que mantienen buenas relaciones y relaciones poco satisfactorias, y aquellas que no mantienen relaciones íntimas sexuales.

Si vas a masturbarte, también puedes sacar el máximo placer de ello. Probablemente no agradeces el planteamiento de «Aquí te pillo, aquí te mato» de un hombre, así que ¿por qué tratarte a ti misma de ese modo? Utiliza tus impulsos sexuales como una oportunidad para valorar tu ser físico y sexual. Ve despacio y sé tierna y cariñosa contigo misma. Una vez que te hayas acostumbrado a tu propio tacto afectuoso y satisfactorio, será poco probable que te conformes con menos.

Intimidad

La intimidad implica en primer lugar proximidad; también significa calor, profundidad de relación, familiaridad y cariño. El estudio de Shere Hite indica que las mujeres disfrutan de las relaciones sexuales debido a la intimidad que experimentan. Éstas son algunas de las cosas que escribieron mujeres sobre las razones por las que les gusta el acto sexual:

«Las caricias y la ternura en ese momento me hacen sentir cálida y segura, a salvo y cercana a él.»

«Me encanta el acto sexual. Me siento muy cercana a él, como si él fuera realmente mío y cuidara de mí.»

«Es un momento en el que recibo toda su atención, y me siento muy querida y segura.»[4]

Estas y las demás respuestas citadas en *El informe Hite* indican que la tranquilidad que da el amor de un hombre especial y sentirse cerca de él son aspectos importantes del sexo para muchas mujeres.

Podemos suponer que para muchas de las mujeres que han respondido al cuestionario de Hite, el acto sexual corona una relación que es cálida, cercana y tranquilizadora en otros aspectos. Pero también queda claro que un cierto número de mujeres sólo se sienten próximas a sus amantes durante el acto sexual.

Echa un segundo vistazo a tus respuestas a las preguntas del principio de este capítulo y considéralas con relación a la satisfacción, afecto, comunicación, seguridad e intimidad que experimentas en otros aspectos de tu relación. Si para ti resultaba excepcional experimentar esos sentimientos excepto durante el sexo, tal vez eso indique una seria grieta en la relación. Si ni siquiera recibías esas satisfacciones durante la intimidad sexual, entonces no te estás perdiendo mucho después de todo. Cuando estés tentada a creer que te estás perdiendo una intimidad que realmente tenías, lee la lista de placeres que hiciste y que no obtuviste, lee la lista y piensa si estás anhelando un sueño perdido más que una realidad o hasta una posible realidad, con ese hombre en particular.

Todo esto no significa que no exista una cualidad especial maravillosa para la intimidad sexual, sino que hay otras relaciones cercanas que, si no son tan emocionantes, a veces son más fiables y a la larga, satisfactorias. Repasa el apartado sobre «Pasar de conocidos a amigos» en el capítulo 13.

Romance

A pesar de lo bien que organices tu vida, ni tu exitosa carrera, tus encantadores niños, buenos amigos, deporte o actividades artísticas, ni el placer de la masturbación proporcionan la misma emoción del romance. Es esta cualidad especial del romance y su búsqueda lo que nos mete a muchas de nosotras en problemas.

Para definir el romance, el diccionario utiliza estas palabras: «heroico», «lleno de color», «devoción caballerosa», «petición sobrenatural a la imaginación». Otra definición es: «Una historia sin fundamento, por lo general llena de exageración o invención fantasiosa». Sinónimos para romance son: «relato», «ficción», «falsedad», «fábula».

4. *The Hite Report, op. cit.*, págs. 423-425.

Nuestro anhelo por el romance a menudo es un anhelo por lo irreal. La vida real es dura para muchos de nosotros. Puede ser trágica, aburrida, solitaria, espantosa y agobiante. A veces no podemos encontrar nada para decir que la vida vaya mal, así que nos decimos a nosotras mismas que no deberíamos estar deprimidas o intranquilas, aunque hay algo que nos falta. A menudo, de lo que tenemos ansias, es de ese algo irreal llamado romance.

Tal y como se trata más a fondo en el capítulo 5, el amor romántico a menudo es un tipo de adicción que nos saca de nuestros estados abatidos diarios. Enamorarse es una experiencia muy especial, una experiencia que se debe apreciar mucho, pero no esperar que dure indefinidamente. Una caída continua con el tiempo acabará en colisión. En este momento de tu vida, si crees que eres demasiado vulnerable para correr el riesgo de enamorarte, tienes que buscar otras maneras de superar el aburrimiento de la rutina diaria.

Existe una coincidencia entre los placeres sensuales y los románticos, y puedes experimentar los dos mediante el teatro, la música y el arte, que te sacan de la rutina cotidiana de tareas y realidad práctica. Ponen belleza en tu vida y te ayudan a dar saltos imaginativos. Si tienes algo de dinero que normalmente te gastas en cerveza o en la peluquería o en clases para los niños, guarda un poco para poder ir al cine, a un concierto, al teatro, a una exposición de arte o a un espectáculo de danza. Elige lo que es probable que te fascine, ya sea música country, ballet, una exposición de esculturas o una película de ciencia ficción. Déjate transportar sin dejarte llevar por un anhelo infructuoso del otro tipo de romanticismo. Disfruta la experiencia por sí misma.

Si realmente no puedes ahorrar nada de dinero, organiza tus horas de televisión detenidamente para que no las utilices para matar el tiempo, sino para ver algo que verdaderamente capte tu interés. Evita los «culebrones» que se centran en los aspectos trágicos del amor y problemas como los tuyos.

Una parte importante del romance es la incertidumbre. ¿Llamará esta noche? ¿Me ama? ¿Qué pasa si descubre que no soy tan maravillosa como él cree? Las mismas cosas que a menudo convierten un romance en tortuoso son las mismas tensiones que hacen que sea deliciosamente atractivo. Y dependiendo del grado en el que nos dejemos transportar, corremos el riesgo de lastimar gravemente nuestro amor propio, carrera, objetivos en la vida y la capacidad de mantener el control de nuestra vida si el objeto de los sentimientos románticos no siente lo mismo. Pero éste es uno de los pocos riesgos en la vida que la mayoría de las mujeres no dudamos en correr.

Existen maneras de compensar la falta de esa emoción romántica en nuestras vidas. Cualquier actividad que conlleve el riesgo de la pérdida, el rechazo o el fracaso o de la victoria, la aceptación o el éxito puede proporcionar una estimulación similar.

Los deportes proporcionan el mejor escenario, puesto que tienen en cuenta los placeres sensuales del cuerpo además de la oportunidad de ganar o perder, ya sea públicamente o en privado, solo o con compañeros de equipo.

El arte también proporciona incertidumbre. El arte no significa necesariamente la creación de un gran cuadro. Escribir un poema, experimentar con acuarelas o modelar arcilla te estimulará a desarrollar técnicas en las que tal vez pienses que «no eres buena», pero que nunca has intentado. El arte abarca muchos ámbitos: ganchillo, ebanistería, grabar un vídeo, hacer macramé, cerámica, fotografía, carpintería, tapicería y muchas, muchas otras actividades que puedes hacer sola en casa o con amigas.

Los negocios y otras relaciones profesionales también pueden incluir emoción y riesgo. Cualquier profesión, incluida la de ser padres, puede implicar aprender, crear, correr riesgos y estimular las máximas experiencias. Las aventuras cortas pueden darte una emoción parecida al romance. Cualquier cosa que te haya dado miedo intentar, sea trepar por una escalera o escalar una montaña, puede proporcionar un sentimiento de incertidumbre e inquietud, éxito o fracaso. Los «pequeños» placeres que puedes encontrar diariamente o incluso cada hora pueden ser cuando menos tan importantes como esos espectaculares sucesos aislados. Una puesta de sol puede vivirse como una maravilla sensual en lugar de como algo desaprovechado porque no puedes compartirlo con un amante. Recuerda que a veces el romance es discreto y no compares cada pequeño placer con unos fuegos artificiales a la altura de la emoción romántica.

Una parte importante del romance, que a menudo hace que el riesgo merezca la pena, es el aumento del amor propio al conocer a alguien que realmente cree que nosotras somos la persona más maravillosa de la tierra. Aunque nuestras mentes no adviertan de la absurdidad de esta opinión, hace sentir tremendamente bien. Ser adorada, que te consideren brillante, inteligente, buena y hermosa es embriagador. ¿Qué puede sustituir a eso?

En realidad nada, excepto quizás algunas drogas que proporcionen la misma cantidad de fantasía. Pero parte de la satisfacción de competir en un deporte o de desarrollar otros talentos radica en disfrutar de las alabanzas y la gratitud de los demás. Tampoco tienes que ser la mejor para conseguirlo. Si haces un jersey de punto o creas un bonito jardín, tus amigos te dirán que es genial y que eres muy espabilada por haberlo hecho, no que eres perfecta, eso no. Pero aun así, te hace sentir bien. Eso y desarrollar la capacidad de admirarte a ti misma te ayudarán a apañártelas mejor sin la ilusión romántica de un amante que te diga que eres perfecta.

Si cada semana abrazas varias veces a tus buenos amigos, te masturbas, te concentras en la sensualidad de la música, la naturaleza, la comida o el arte una o dos veces durante algunas horas, juegas en un equipo o corres o nadas una o dos veces a la semana, y creas algo por ti misma, ya sea decorar una tarta, llevar un pequeño negocio desde tu casa o diseñar una vidriera de colores, seguro que correr riesgos te proporcionará algo de emoción, y te gustará que los demás te aprecien. No tendrás mucho tiempo para echar de menos a ese hombre y a la sexualidad que relacionas con él.

Lesbianismo

Gran parte del debate de este capítulo dedicado a la sexualidad y del próximo dedicado a un nuevo romance se centra en mujeres con o sin parejas masculinas. Sin embargo, un porcentaje considerable de mujeres se sienten además o solamente atraídas por mujeres. Para algunas, el lesbianismo es una primera elección, otras no llegan a darse cuenta hasta después de haber mantenido durante años relaciones sexuales con hombres y a menudo después de haber sido esposas o madres. Aunque todavía existan leyes y tabúes contra el lesbianismo, en general los últimos diez años han provocado una gran aceptación pública de la realidad de las mujeres que aman a mujeres.

Las lesbianas enseñan en las escuelas, ganan batallas legales, son miembros del congreso, estrellas de tenis, actrices. Hay lesbianas en

300

todos los campos, igual que hay hombres homosexuales. Ser abiertamente lesbiana no es una decisión para tomar a la ligera, ya que muchas mujeres se sienten cómodas por primera vez en su vida cuando aceptan su orientación sexual hacia su mismo sexo y adoptan un estilo de vida lesbiano.

Para varias mujeres resulta más fácil establecer relaciones igualitarias y satisfacer sus necesidades de afecto y sexualidad con otras mujeres. Por supuesto, no se resuelven todos los problemas de la intimidad. Los malos tratos también ocurren entre algunas parejas lesbianas. Pero muchas mujeres creen que un estilo común de sensibilidad, cariño, conversación y sexualidad hace más fácil la resolución de problemas y saca a relucir lo mejor de cada una.

Si crees que puedes sentirte al menos tan atraída por las mujeres como por los hombres, no lo niegues. Recuerda tus impulsos sexuales cuando eras una adolescente o una joven. Si entonces te sentías atraída por otras mujeres, pudo haber sido «sólo una etapa» o pudo haber sido la expresión más sincera de tu sexualidad. Tú eres la única que puede saberlo, y puede que te lleve algún tiempo reflexionar sobre ello.

Querer tocar o abrazar a otra mujer no quiere decir que seas lesbiana. Si tienes miedo a ser malinterpretada, puedes evitarlo siendo sensible a los sentimientos de los demás. Si tus gestos cariñosos se reciben con una respuesta fría o ambivalente, sólo tienes que echarte atrás para tranquilizar a la otra persona. No tienes que actuar de acuerdo a tus impulsos sexuales o cariñosos hacia una mujer más de lo que haces si te sientes atraída por el marido de tu amiga o por un hombre desconocido por la calle. Puede que te sientas sexualmente excitada y quieras seguir esos sentimientos o puede que quieras pasarlos por alto en favor de construir una buena amistad, sólida y no sexual.

¿Y si quieres seguir adelante con esos sentimientos no sólo hacia una mujer en particular, sino también hacia las mujeres en general? Estos días se han publicado muchos libros, por y para lesbianas, que explican lo que hacen las lesbianas y cómo se sienten. Ahora, la mayoría de las ciudades tienen al menos una organización gay o lesbiana, y los institutos y las universidades con centros de recursos para las mujeres ofrecen servicios de referencias y orientación. Existen vías de contacto para las lesbianas que viven en zonas rurales y muchos periódicos y publicaciones periódicas para ponerte en contacto con las demás.

Es importante no sentirte amenazada por tus sentimientos y ser consciente de que, aunque decidas actuar de acuerdo con ellos, puede que no seas lesbiana. A lo largo de la historia, las sociedades han reconocido que las personas pueden ser bisexuales. Es decir, que son capaces de sentirse atraídas por ambos sexos, aunque la mayoría de las personas niega o reprime atracciones hacia las personas del mismo sexo.

Este libro trata, entre otras cosas, de elegir bien. No puedes elegir bien hasta que hayas estudiado tus sentimientos y aprendido a aceptarlos. Afortunadamente, vivimos en una época en la que escoger una amante mujer se puede considerar una opción sana y positiva. Decidir si ejercitas esa opción sólo depende de ti.

19

Un nuevo amor

Dicen que no hay nada como un nuevo amor para curar las heridas de otro pasado. Si tienes la suerte y el cuidado suficiente de encontrar a un hombre que te trate bien, quizá tus horas de soledad se reduzcan hasta niveles tolerables. Tienes pruebas concretas de que los hombres pueden ser cariñosos y afectivos sin que te amenacen ni te maltraten. Si no permites que la relación se vuelva adictiva, puede serte de gran ayuda para superar los duros momentos que siguen a la separación del hombre que te maltrataba. Esta vez deberás tener cuidado a la hora de elegir, tanto si es para siempre como si no.

¿Qué buscas en tu pareja?

El primer paso para construir una relación sana y enriquecedora es saber qué tipo de hombre quieres. Y el mejor momento para pensar en serio en ello es cuando no tienes a ningún hombre en especial, así no te intentarás convencer de que tu nueva pareja encaja perfectamente en la descripción de lo que querías.

Haz una lista de las características que te gustarían en un hombre, incluyendo a las que crees que no tienes derecho. Por ejemplo, si no te consideras lista o guapa, tal vez tampoco creas que te mereces un hombre listo y guapo.

Actividad 31   *«¿Qué quiero en un hombre?»*

1. _____

2. _____

3. _____

4. _____

5. _____

6. _____

7. _____

8. _____

9. _____

10. _____

11. _____

12. _____

Ahora *añade a la lista* cualquiera de las siguientes características que encuentres atractivas en un hombre: dominante, experimentado, seguro de sí mismo, agresivo, frío, independiente, divertido, afectivo, listo, guapo, formal, atractivo, expresivo, dependiente, sumiso, inseguro, modesto, con talento, interesante, con vocación familiar.

Pon entre paréntesis las características de las que estarías dispuesta a prescindir si hubiera otras importantes. *Subraya* las que son totalmente imprescindibles.

Haz una lista de las características de los hombres con los que has mantenido una relación, incluido el que te maltrató. ¿Cuántos de esos hombres poseían las cualidades que consideras imprescindibles? Si son sólo unos pocos, ¿qué otras características compartían, en caso de que hubiera alguna? En otras palabras, ¿qué tenían esos hombres que te «engancharon» pese a no contar con las cualidades que crees más importantes?

Actividad 32   «*Características de los hombres con los que he mantenido una relación*»

1. _____
2. _____
3. _____
4. _____
5. _____
6. _____
7. _____
8. _____
9. _____
10. _____

Si encuentras un patrón, puedes utilizarlo para tener cuidado con ciertos hombres y recelar de tus reacciones hacia ellos. Por ejemplo, si las características imprescindibles son «amable», «considerado» y «afable» y sin embargo has mantenido relaciones con tres hombres que carecían de estas cualidades aunque eran «atractivos», «guapos» o «buenos bailarines», reconoce la contradicción entre lo que quieres y lo que de hecho eliges. Entonces puedes ser especialmente prudente cuando te sientas atraída por ese tipo de hombre. El hombre que escoges para salir a bailar puede ser muy diferente del que quieres para convivir. Si te sientes atraída por un gran bailarín de mal carácter, entonces baila con él, pero no inviertas tus sentimientos en esa persona y si empieza a tratarte mal, vete rápidamente por la salida más cercana. Si un hombre te atrae romántica o sexualmente, no tienes por qué amarle o casarte necesariamente con él.

También tendrías que considerar la posibilidad de que no te sintieras atraída por hombres amables, considerados y afables. Tal vez pienses que debería ser así, pero por regla general los encuentras sosos. Quizá te hayas creído la idea que vende la sociedad de que el «verdadero hombre» tiene que ser aventurero, duro y que te tenga en suspenso. Si a tu lista has añadido algunas de las seis primeras características enumeradas tras la actividad 31, estás buscando el estereotipo de lo que se considera un hombre «macho». El problema es que un hombre con la mayoría de esos rasgos probablemente sea una especie de «súper macho» dominante y espere que tú seas una «súper hembra», es decir, que tengas las características contrarias. Puede que sea el tipo de hombre que maltrata a una mujer que no cumpla con sus expectativas.

¿Y si sigues encontrando el mismo tipo de hombre?

Si en más de una ocasión has mantenido una relación con un hombre que te maltrata, es porque o bien sueles buscar a los hombres en más o menos los mismos sitios, hay algo de ellos que te atrae, o bien hay algo de ti que les atrae.

Se pueden encontrar hombres que maltratan en todas las clases sociales, razas y edades; en todos los niveles de escolaridad y categorías laborales. Sin embargo, existen familias, barrios, bares y grupos sociales en los que se considera correcto que los hombres peguen a las mujeres y esta actitud puede ser más común en esos sitios que en grupos donde al menos de boquilla se considera que pegar es inaceptable. Seguramente, los hombres que beben o consumen drogas en exceso maltratan más que los que no, aunque la causa no sea necesariamente la droga. Las mujeres que abusan de las drogas o el alcohol tienen más probabilidades de ser maltratadas, sencillamente porque pueden perder el control de su entorno. Si te encuentras en un entorno de alto riesgo, deberás buscar con atención y ser muy precavida para encontrar a un hombre amable y considerado. Será más seguro que te traslades a otro vecindario, que te alejes de determinados grupos de personas y que renueves totalmente tu círculo de amistades. Si con esto no cambian las cosas, entonces deberás buscar en ti misma.

El modelo familiar

Pese a que algunas mujeres que se han juntado con hombres que las maltrataban creían que merecían el castigo, no se trata de una pauta típica. Existen otras razones por las que una mujer mantiene más de una relación violenta. Mucha gente busca parejas con las que repetir el tipo de relación que se estableció con uno de los padres. A veces esto sucede incluso cuando no les gusta la primera relación y de forma consciente buscan algo diferente.

Si tu padre o tu madre te maltrataban física o psicológicamente, puede que de forma no intencionada sigas buscando compañeros que te maltraten porque se trata del modelo íntimo que te es más familiar. Conoces a un hombre nuevo y sientes una especie de emoción o bienestar, o ambas cosas. Te es familiar y acogedor, como volver a casa. Sólo después ves claro que esa familiaridad reconfortante es parecida a la que experimentaste de pequeña. Sea lo que sea, conoces esa sensación y, por lo tanto, te sientes segura. Tal vez la cuestión es que una relación íntima no punitiva te es tan ajena que te sientes insegura e intranquila y no sabes cómo reaccionar.

Haz una lista con los rasgos que mejor te definen a ti, a tu madre, a tu padre (o figura paterna) y compáralos con los de tus compañeros íntimos (actividad 32). Selecciona los que comparten la mayoría de los hombres que han pasado por tu vida y comprueba si se parecen a los de uno de tus padres. Con ello obtendrás una respuesta a si tiendes a buscar parejas parecidas a tu padre o tu madre, o si buscas los rasgos opuestos de uno de ellos.

Actividad 33   ***Las características de tu familia***

1. _____
2. _____
3. _____
4. _____
5. _____
6. _____
7. _____
8. _____
9. _____
10. _____

Si con frecuencia tienes una relación con alguien que se parece a tu padre o a tu madre, al que admiras y que aun así te maltrata, piensa

307

en si ha habido una racha previa de malos tratos no reconocida en alguno de tus padres. Quizá lo hayas llamado independencia, humor, actitud protectora o fuerza y, cuando te lo has encontrado en tus relaciones románticas, es más bien como egoísmo, sarcasmo, control o terquedad. En tal caso, piensa en el significado exacto de cada uno de esos atributos y, cuando conozcas a un hombre nuevo, repara en si hay indicios de esa cualidad. A lo mejor no puedes hacerlo con seguridad hasta que no hayas visto a ese hombre en varias situaciones, incluidas las de estrés y las embarazosas.

En tu búsqueda de la persona opuesta a un padre o a una madre que te maltrataba y que además era alcohólico y vago, puede que cometas el error de asumir que es imposible que una persona activa y que no bebe maltrate a nadie. Esto puede hacer que pases por alto algunos indicios tempranos de una relación potencialmente destructora.

Repetición de modelos

Si te enamoraste de un hombre que parecía muy diferente del familiar que te maltrataba y descubriste demasiado tarde el parecido entre ambos, intenta recordar algún punto pasado de la relación en el que su trato te incomodó pero lo dejaste pasar sin quejarte. Pregúntate qué querías que te hizo pasar por alto el malestar. Sigue recordando hasta el principio. Haz lo mismo con cada relación en la que no te dieras cuenta del tipo de hombre con el que estabas hasta que ya la relación era muy estrecha.

Define con la mayor exactitud lo que querías y lo que intentabas evitar. Tal vez tenías miedo de arriesgarte a herir los sentimientos del hombre, por eso no dijiste que no te apetecía la velada que propuso. Si a menudo eres una persona sumisa porque temes herir los sentimientos de los demás, empieza a tener más consideración por los tuyos propios y aumenta tu conciencia de lo que quieres y disfruta. Revisa la «Lista de derechos» (actividad 6) y la sección «Sé buena contigo misma» en el capítulo 11. Quizás es que no querías pagar tu parte en el restaurante y por eso sentiste que no tenías derecho a poner objeciones al restaurante al que él quería llevarte. O quizá tenías miedo de que si le decías que te habían pegado e insultado, se enfadaría y se marcharía, o si le hacías una pregunta, él pensaría que no tenías muchas luces.

¿Se trata de una pauta que aprendiste intentando evitar malos tratos de uno de tus padres? El hombre puede haber interpretado tu pasividad como un signo de que te preocupas tan poco por ti que puede maltratarte fácilmente.

Si existe una pauta clara, te será más fácil saber en qué momento empezar a realizar cambios. Si normalmente no te opones a afirmaciones inaceptables de la gente porque temes parecer idiota, puedes empezar a cambiar ahora mismo. Apúntate a un curso de asertividad o fuérzate a hablar en diversas situaciones y con personas diferentes.

Cuando ya tengas algo de práctica, querrás dar a tu nueva pareja tu opinión, tanto si esperas que le guste como si no. Al principio de la relación descubrirás si él va a aprovechar la oportunidad de ofender a tu inteligencia. Si es así, mejor que le dejes antes de que te maltrate en serio y antes de que te sientas tan atada a él que sea demasiado difícil hacerlo.

Evita el aspecto de «bonachona»

Muchas mujeres se sienten atraídas por hombres que sacan su aspecto protector y enriquecedor, lo que las hace vulnerables a los hombres que pueden ser más propensos a tratarlas mal. Los hombres que han tenido una infancia difícil, que sufrieron malos tratos físicos o psíquicos por parte de los padres, que han estado en la cárcel o que tienen problemas con la bebida a menudo seducen a determinadas mujeres haciendo que sientan pena por ellos. La mujer cree que con su amor puede compensar los problemas del hombre. Muchas mujeres que han sufrido malos tratos han comentado: «Creí que si le amaba lo suficiente durante un tiempo, al final creería y confiaría en mí y aprendería a quererme, y no querría pegarme nunca más». Si sientes la necesidad de rescatar a alguien, evita cualquier contacto con hombres que provocan esa respuesta en ti. Si eres propensa a tener sentimientos de culpabilidad, eres doblemente vulnerable porque, cuando quieras separarte, él activará ese sentimiento diciéndote que no puede seguir adelante sin ti y que es muy cruel por tu parte que le abandones.

Si eres la mujer de la escalera a la que los niños llevan los gatos extraviados o los pájaros heridos, si tu corazón, y tu dinero y tu tiempo, lo dedicas a los que sufren, un hombre que maltrata te calará a la primera. Cuando sales con alguien nuevo, no hay nada de malo en ser afectuosa, pero intenta que no sepa de tu debilidad por la gente discapacitada y con problemas. Aquí, parte del problema es que dejas que los hombres te elijan a ti, en vez de decidir tú con quién quieres estar.

Nada de esto supone que pase algo malo contigo o que quieras recibir un castigo. Significa que debes tomar precauciones especiales para evitar relaciones con malos tratos. Significa que debes ir más despacio en una relación con un hombre nuevo y preguntarte continuamente sobre su comportamiento y motivación, tus sentimientos y respuestas y el carácter de vuestras interacciones. Cuando veas que te «enamoras» de un hombre o que te desea, utiliza la lista de las cualidades de tu hombre ideal de la actividad 31 para evaluar si realmente es tu tipo. Si no es así, no estés con él mientras esperas que llegue alguien mejor. No mantengas ninguna relación y empieza una búsqueda activa por los lugares donde tengas más probabilidades de encontrar a un hombre idóneo para ti.

No siempre podrás adivinar si un hombre te pegará porque algunos son amables y considerados durante la fase del flirteo pero luego cambian radicalmente en cuanto se casan o cuando la mujer se queda embarazada. Pero si dejas que la relación avance lentamente, en la mayoría de los casos podrás ahorrarte angustias y lesiones. Aquí tienes una lista con otras cosas que debes buscar.

Actividad 34   Preguntas que hacerte sobre un hombre nuevo

1. ¿Puedes nombrar cualidades concretas suyas que te gusten?
.... ____
2. ¿Puedes dar ejemplos? .... ____
3. ¿Cuántas características esenciales tiene de tu «hombre ideal»?
.... ____
4. ¿Acepta tu derecho a decidir si usarás anticonceptivos? .. ____
5. ¿Cree que las mujeres y las madres tienen derecho a decidir si quieren desempeñar un trabajo remunerado? .... ____
6. ¿Quiere que pases tiempo sola, aunque a él le gustaría estar contigo? .... ____
7. ¿Se muestra alegre porque tengas otros amigos? .... ____
8. ¿Se muestra satisfecho de tus méritos y ambiciones? ..... ____
9. ¿Cree que las mujeres pueden y deberían ser igual de inteligentes,

experimentadas, seguras de sí mismas, fuertes, firmes e independientes que los hombres? .... ____

10. ¿Te pide tu opinión alguna vez? .... ____
11. ¿Habla y escucha? .... ____
12. ¿Habla contigo cuando hieren sus sentimientos? .... ____
13. ¿Cree que es correcto que los hombres muestren su debilidad y vulnerabilidad y lloren a veces, aparte de cuando acaban de maltratarte? .... ____
14. ¿Es capaz de expresar afectividad aparte de cuando siente haberte maltratado, cuando quiere y cuando tenéis relaciones sexuales? .... ____
15. ¿Existe alguna característica de las mujeres que admire, como la capacidad de expresar emociones o la voluntad de ser vulnerable? .... ____
16. ¿Le gusta y admira a su madre o hermana? .... ____
17. ¿Tiene buenos amigos? .... ____
18. ¿Tiene otros intereses aparte de ti? .... ____
19. ¿Cuando se enfada, rompe o tira cosas? .... ____
20. ¿Pierde los nervios de repente por menudeces, sobre todo cuando no hace algo tan bien como le gustaría? .... ____
21. ¿Te pregunta por hombres anteriores en tu vida? .... ____
22. ¿Quiere saber dónde has estado cuando has salido? ...... ____
23. Si sales hasta tarde, ¿te pide explicaciones? .... ____
24. ¿Cree que el marido es quien debe tomar las decisiones importantes? .... ____
25. ¿Cree que existen circunstancias en las que es lícito que un hombre pegue a una mujer (por ejemplo, si él encuentra a «su mujer» con otro)? .... ____
26. ¿Siente celos de tus amigos o familiares? .... ____
27. ¿Piensa que estás con otro hombre cuando llama a casa y no contestas? .... ____
28. ¿Cree que vas a «engañarle» al hablar con otro hombre o bailar con un viejo amigo? .... ____
29. ¿Cree que los hombres deberían ganar más que las mujeres? .... ____
30. ¿Quiere especialmente niños y asocia engendrar niños con la masculinidad? .... ____

31. ¿Cree que tienes la suficiente educación, pese a que tú quieres seguir formándote? . . . . ____
32. ¿Se enfada si la comida no está lista a su hora o si no está buena? . . . . ____
33. ¿Tiene los rasgos que a menudo hacen que te «enganches» a una relación con hombres que te maltratan? . . . . ____
34. ¿Te releva cuando tienes problemas con algo, tanto si quieres como si no? . . . . ____
35. ¿Cuando se siente herido, se comporta malhumorado? . . . ____
36. ¿Está enfurruñado en silencio cuando se enfada? . . . . ____
37. ¿Bebe o consume drogas casi cada día o sale de juerga con regularidad? . . . . ____
38. ¿Se mofa de ti por ser tonta o por cualidades que son «propias de mujeres»? . . . . ____
39. ¿Te gustas menos de lo normal cuando has estado con él? . ____
40. ¿Ha estado en la cárcel? . . . . ____
41. ¿Sufrió malos tratos de niño? . . . . ____
42. ¿Te pone a veces en un pedestal y te dice que no te merece? ____
43. ¿Existe alguna cualidad tuya que te guste especialmente y que a él no y de la que se burle? . . . . ____
44. Cuando has actuado de forma independiente, ¿te ha llamado en alguna ocasión «feminista» o «tortillera»? . . . . ____
45. ¿Ha pegado alguna vez a alguna mujer con la que ha mantenido una relación? . . . . ____

Si muchas de las respuestas a las primeras 18 preguntas han sido «No», si tienes pocas respuestas para la pregunta 3 o si hay muchos «Sí» de las preguntas 19 a 45, es probable que el hombre en cuestión pueda maltratarte. Fíjate en especial en las respuestas que revelan un carácter furioso fácil y de expresión destructiva, es decir, que rompe objetos o pone mala cara, en vez de decir claramente qué le ha puesto furioso y pedir que se haga algo para remediarlo. Ve con pies de plomo con los hombres celosos, que no quieren que tengas una buena educación o muchos amigos. Ten mucho ojo con los hombres que muestran desprecio por las mujeres o que creen que dar muestras de afecto, admitir su vulnerabilidad o herir los sentimientos no es cosa de hombres. Si no puedes determinar las características que te gustan de él y si no te sientes bien estando a su lado, desconfía de ti misma, y más especialmente si posee alguno de los rasgos que otras veces te han atraído de hombres que maltratan.

Ceder el control

Al principio de una relación puede resultar difícil detectar el modo en el que cedes el control. Te sientes bien con esa nueva pareja y crees que nada puede salir mal. Pero presta especial atención a las cosas que te cuidas de no decir, a los comentarios que podrían derrumbar las ilusiones que él se ha hecho de ti, que podrían marcar una diferencia de opinión o hacerle pensar que estás equivocada o eres tonta. Cuenta las veces en las que te has callado tus quejas legítimas por miedo a herir su ego masculino. Fíjate en las ocasiones en las que te has encogido de hombros y te has dicho: «Bueno, vale», por ejemplo: «No estoy de acuerdo, pero... bueno, es igual, no creo que importe, así que ¿para qué decir nada?». A la larga, esas pequeñas cosas serán mayores y sí importarán.

En lo primero que cederás tal vez sea en tus opiniones sobre política u otros temas que creas que él conoce mejor que tú. Lo siguiente será callarte cuando critique a amigos y familiares. Tampoco le contarás en qué has invertido tu tiempo o cómo has gastado tu dinero porque temerás sus críticas. Y luego empezarás a «ir con pies de plomo», esperando que esté de buen humor antes de sacar ciertos temas. Cada vez tomará más y más decisiones que os conciernen a ambos (si salir a cenar o quedarse «en casa» en tu casa) e irá decidiendo más sobre asuntos que sólo te conciernen a ti («No tienes por qué asistir a clases, me gustas tal como eres»).

Quizá, cada vez que él decida sobre un aspecto de tu vida, interpretes su acción como sabiduría, liderazgo, superior inteligencia o capacidad de elevar simples emociones. Como tantas otras mujeres, has buscado un hombre más listo y experimentado que tú para realizar tu ideal romántico. Entonces, tienes que invertir en mantener esa imagen del hombre, y para él se vuelve importante. Confundes la superioridad —real o imaginada— con el control, y el ser dominada con que él te cuide.

313

Del control a los malos tratos

El control y los malos tratos están estrechamente ligados, aunque no siempre se supone violencia física. Algunos hombres parecen casi sentir adicción por el control en sí mismo. Cuanto más tienen, más necesitan. La idea que tienen de ellos mismos se ve seriamente amenazada cuando la mujer parece escapar de su control. Este tipo de hombres empieza a decidir sobre cómo gastar el dinero de la pareja y al cabo de poco, cómo tiene que vestir la mujer y cómo debería comportarse. Como el margen de las actividades autorizadas es cada vez más estrecho, son más frecuentes las ocasiones de hacer algo «mal» y ser castigada con malos tratos físicos o psicológicos. Y ello aumenta un sentimiento de impotencia y dependencia, que a su vez provoca la resignación a un control mayor.

Protegerte a ti misma

Para evitar relaciones con hombres cuya «protección» se vuelve control, desarrolla la capacidad de protegerte a ti misma y de controlar tu propia vida. Ello significa llevar a cabo toda una serie de actividades, desde cambiar el mobiliario de sitio o entender algo del funcionamiento de tu coche, hasta proyectar planes para conseguir un trabajo mejor remunerado y arreglártelas como puedas aunque dispongas de poco dinero.

De una forma u otra, a todos nos gusta que nos cuiden hasta cierto punto y en algunas ocasiones. Si en un momento en concreto te sientes baja de ánimos, un buen hombre te prepararía una taza de café, te frotaría la espalda y pondría la lavadora (y tú harías lo mismo por él). Te cuidaría *cuando tú quisieras*, sin aprovecharse de esos baches para aumentar tu dependencia de él. No intentaría tomar tus decisiones ni sustituirte en tus trabajos, puesto que habrías dejado claro que quieres estar al pie del cañón tú sola por muy duro que fuera. Si tienes sentimientos confusos en cuanto a mantener tu independencia porque te sientes débil pero quieres ser fuerte, tal vez tu nueva pareja se sienta confusa por cómo comportarse. Habla con él de tus sentimientos (y sobre su posible ambivalencia a rescatarte). O bien él deberá mostrarse muy sensible para con tus propósitos de ser independiente o bien tendréis que negociar un pacto para que él reprima su impulso de cuidarte a menos que se lo pidas expresamente. Deberás comprometerte a no enviarle mensajes confusos con frecuentes llamadas indirectas de ayuda o suspiros de debilidad cuando no sabes qué hacer al momento siguiente.

Cuando necesites ayuda, no tiene por qué ser necesariamente siempre de un hombre. Puedes encontrar a mujeres que enseñen mecánica, que reparen cañerías y que tengan ganas de compartir sus conocimientos y prácticas. Cada vez que te hayas enfrentado a algo sola y hayas salido victoriosa o hayas acometido un trabajo «de hombres» junto con otras mujeres, se fortalecerá tu creencia de que no *tienes* que tener un hombre, sino que puedes escoger a uno cuando quieras. Esto es parte de tu autoprotección.

Poner los límites

Recordar que puedes elegir cuándo quieres estar con un hombre te ayudará a implicarte poco a poco. Incluso si quieres pasar todas las noches con él, no lo hagas. Dile, varias noches a la semana, que tienes otras cosas que hacer. Aprovecha para disfrutar de un buen libro, hacer algo de trabajo por casa o entretenerte con la compañía de amigas. Si insiste en saber qué haces cuando no estás con él, o si te dice que no puede estar separado de ti ni un día o dos, posiblemente se esté volviendo adicto. Si cedes pronto en la relación, después te resultará difícil ejercer tu independencia. Cuando lo intentes, seguramente él se sentirá amenazado y, por tanto, te amenazará a ti. Volverás al punto de inicio, pero con pareja nueva.

El principio de una relación es el mejor momento para establecer los límites, aunque es difícil porque a lo mejor quieres complacer a tu pareja y estar con él constantemente. Conviene separar lo que tú quieres de lo que él quiere, incluso si en este punto nada parece tener importancia excepto estar con él. Si una noche te apetece ir al cine y él quiere quedarse en tu casa viendo la televisión, puede que sientas la tentación de no decir nada sobre el cine o inmediatamente enumerarás las razones por las que, al final, prefieres quedarte en casa. *No lo hagas.* Determina ahora mismo que eres una persona independiente con tus propios deseos, separados de los de él. Ello no significa que no deba existir un compromiso entre vosotros. Simplemente asegúrate de que dejas claras tus preferencias y que en ocasiones consigues lo que quieres. Esto es aún más importante si es él quien paga esa noche. Si crees que eso le da derecho a tomar todas las decisiones importantes, estás sentando las bases de una relación en la que nunca tendréis el mismo poder.

Si crees que estás perdiendo el control de la toma de decisiones, es muchísimo mejor que salgáis menos y que tú te pagues más tu parte. Sin embargo, si él gana el triple que tú, no hay motivos que impidan que él pague tres cuartas partes de la cuenta y tú una, y cada uno tendrá la misma participación en la toma de decisiones.

Tampoco asumas a las primeras de cambio las tareas propias de esposas y madres. Está bien invitarle a cenar de vez en cuando, pero no le hagas creer que puede enredarte para que le prepares la cena cada vez que se pasa por tu casa. Cuando vaya a cenar, pídele que lave los platos o que te ayude en la preparación de la comida. Lo importante es que te guardes parte de tiempo, espacio y poder de toma de decisiones para ti. Una vez dejes que dé por sentado determinadas cuestiones sobre tu capacidad y sumisión, será difícil establecer tu independencia.

Una de las formas en las que una mujer a veces se siente arrastrada hacia una relación destructiva es a través de las comodidades que puede proporcionarle un hombre con dinero. Puede resultar difícil resistirse a un hombre generoso cuando te sientes cansada, desanimada y haces lo imposible por llegar a fin de mes con un presupuesto de la asistencia social, recibiendo con retraso la pensión de los niños o con tu sueldo pobre. Y cuando él paga, es tentador dejar que haga lo que le apetezca, que te lleve donde él elija, que te compre la ropa que a él le gusta que te pongas y que pague unas vacaciones que tú nunca elegirías como primera opción. O es fácil acceder a otras cosas que él quiera de ti, puesto que te compra regalos, te ayuda a pagar el alquiler o te lleva a sitios que nunca podrías permitirte con tu sueldo.

Si toleras actividades o comentarios a los que normalmente te opondrías por miedo a perder a ese hombre y todos los detalles bonitos y salidas que no puedes permitirte, te estarás situando en una posición de maltrato potencial. Para cambiar esa situación, renueva fuerzas para ganar más dinero tomando clases de algo o haciendo otros planes a largo plazo. Trabaja turnos dobles durante un tiempo, pide un aumento o encuentra diversiones que no sean caras. A las mujeres casi siempre se les paga menos, y no es fácil seguir este último consejo, pero a la larga compensa en cuanto a mejores sentimientos y mayor control.

Si eres propensa a dejar que los hombres hagan lo que les plazca mientras te inviten, pregúntate qué significa para ti el dinero. ¿Es importante sólo por lo que puedes comprar con él o es tentador porque disfrutas del sentimiento de sentirte cuidada, de no ser responsable? Si el valor que le das es principalmente el de sentirte cuidada, recuérdate que tarde o temprano se pasan cuentas y si convives con un hombre que comete malos tratos, el precio puede ser muy caro. Tendrás que protegerte haciendo amistades interesadas en la consideración mutua y que no te exijan pagar un precio.

¿Qué le dices a una nueva pareja?

Otra de las formas de protegerte de un hombre dominante o que comete malos tratos es no contarle nada acerca de tu anterior relación con un hombre del mismo tipo. Cuando tienes pareja nueva, sientes la necesidad imperiosa de contarle toda tu vida, sobre todo la horrible experiencia por la que pasaste con el hombre que te pegaba. Resiste a la tentación. No importa lo que él diga sobre el tema, ni lo que se esfuerce por convencerse de lo contrario, ten en cuenta que admitir esos hechos harán que disminuya su respeto por ti, sobre todo si mantuviste una relación con un hombre que te maltrataba durante mucho tiempo. Aunque ambos estéis de acuerdo en que tales hechos no tienen por qué tener esas consecuencias, puede permanecer en letargo en el fondo de su mente la idea de que una vez ya sufriste malos tratos y que de nuevo se te podría dominar y maltratar. La idea podría resurgir posteriormente cuando él quisiera que hicieses algo que no quieres.

Aunque estés enamorada, incluso aunque exista la posibilidad de contraer matrimonio en un futuro, no hay ley que diga que tengas que contarle a tu pareja todo sobre tus otras relaciones. Si te pregunta, no hace falta que te inventes una historia; basta con decir: «Es agua pasada y preferiría no hablar del tema». Si insiste en seguir preguntando, podría tomarse como una señal de que es excesivamente celoso y posesivo. Más adelante, cuando esté claro que te has convertido en una persona fuerte e independiente que se cuida de sí misma, contárselo todo tendrá un efecto diferente.

Tal vez ahora empieces a ver por qué te he aconsejado no mantener una relación muy estrecha con un hombre durante el primer año tras la separación. Es mucho más fácil cargar con un saco de arena si no hay nadie dispuesto a descargarlo fácilmente en su cajón. Es más fácil no llorar tan a menudo si no tienes un hombro a mano en el que apoyarte. Es más fácil cometer errores y aprender de ellos cuando no hay nadie que te libre de esa responsabilidad. Y es mucho más fácil aprender a salir adelante con un sueldo justo si no hay nadie cerca que te eche un cable económicamente, te compre una televisión, te lleve a cenar fuera, pague a la canguro y te compre el tabaco. Si tienes que pagar tu parte de la cuenta, puedes hacerlo, pero si no tienes por qué, resulta tentador decir: «Bueno, ¿por qué *no* ser dependiente?, ¿por qué *no* dejar que él se encargue de mí?».

Presta especial atención a la diferencia que existe entre querer un descanso y querer que te mantengan. Aun resultando gratificante cuidar de una misma la mayoría del tiempo, habrá ocasiones en las que estés harta, te sientas cansada, cargada y abrumada por las responsabilidades. Tienes que ser muy cauta en esos momentos. Entonces aparece don Perfecto, te ayuda a tomar alguna decisión difícil, salda alguna deuda y ¡ah, se está tan bien cuando te apoyas en alguien! Te *gusta* que te cuiden.

No confundas esta tregua de tranquilidad momentánea en tu agotadora rutina con toda una vida dependiendo de alguien económica y emocionalmente. Si tu pareja dice que se casará contigo y que puedes dejar el trabajo y dedicarte exclusivamente a los hijos, ¿significa que querrá más niños? ¿Estás de acuerdo con eso? ¿Significa que cuando ya estés lista, podrás volver al trabajo sin la menor objeción por su parte? ¿Significa que cuando quieras más independencia él se sentirá igual de bien dejando que te cuides tú misma que cuando lo hacía él? No pienses sólo en estas preguntas, y no basta con que le preguntes a él. Fíjate en cómo reacciona cuando pasas el tiempo con otras personas, cuando haces cosas por tu cuenta, cuando rechazas ayuda económica.

Deja que pase al menos un año en tu nueva relación para iros a vivir juntos, casaros o tener un hijo. El amor no sólo oculta a la gente los defectos de la persona amada; esos defectos a menudo desaparecen temporalmente. Cuando se está de nuevo enamorado, las personas tacañas se sienten de repente generosas; las tristes se vuelven alegres; las estrictas, flexibles. Gran parte de la intoxicación del amor son los cambios en uno mismo. Se tiende a pensar que tales cambios son definitivos. La mejor forma de comprobarlo es esperar un año.

Si vives sola un año, sin mantener ninguna relación con un hombre, empezarás a conocerte a ti misma. Si no te gusta lo que ves, empezarás a cambiar algunas cosas y a medida que seas una mejor compañía para ti misma, serás una mejor compañía para otras mujeres y otros hombres. A veces obtendrás satisfacciones estando sola, así como estando con amigos y compañeros de trabajo.

Cuando conozcas a un hombre atractivo, dirás: «Me gustaría estar con él», en vez de: «Si no me quiere, me muero». Si ese hombre empieza a aprovecharse de ti, a dominarte o amenazarte, dile inmediatamente que no te gusta y que no lo vas a tolerar. Si se obstina, le dices adiós en serio. Seguirás adelante con tu vida, aunque quisieras tener una relación con un hombre, pero si no puedes encontrar el hombre adecuado para ti, te las arreglarás perfectamente por tu cuenta.

20

El largo recorrido

Por fin eres libre. Has superado sin problemas la etapa de crisis de irte y reorganizar tu vida. Te vas diciendo que deberías sentirte muy bien... y te preguntas por qué, en cambio, estás deprimida y si el vacío que sientes desaparecerá algún día.

Lo creas o no, estar en un estado continuo de crisis tiene algunos beneficios. Siempre hay algo que debe hacerse de inmediato, y los sentimientos de miedo o ira a veces pueden movilizarte hacia la acción. Si has tenido que hacer varios movimientos, buscar trabajo, encargarte de los niños, tratar con tu ex pareja y aprender rápidamente cómo sobrevivir por tu cuenta, puede que no hayas tenido demasiado tiempo para sentirte deprimida o sola. Pero en algún momento después de que finalmente te hayas adaptado a una rutina más estable —una semana, un mes o tres meses después de haber dejado al hombre— tal vez empieces a vivir la etapa más dura de todas.

Aprender a enfrentarse a la soledad

A lo mejor cuando estás sola te vuelves irritable o te encierras en ti misma o eres especialmente autocrítica o te cuesta dormir. Quizá sientes un perverso placer en tener un aspecto descuidado o tener una casa desordenada. Cada persona tiene una manera diferente de enfrentarse a la soledad. Si tus propias maneras son destructivas y aumentan el problema, intenta comportarte como si no estuvieras sola. Esfuérzate para hablar con una persona al día, personalmente o por teléfono, y haz como mínimo dos planes para el fin de semana con otra gente.

321

Si tus rachas de mal humor por culpa de la soledad no son evidentes para ti de inmediato, aprende a reconocer sus primeros síntomas para controlarlos antes de que se te escapen de las manos. Fíjate en los cambios en tus hábitos de dormir, de ver la televisión, comer o beber. El aumento en el consumo de comida o alcohol, o la falta de apetito son síntomas probables de depresión, que a su vez, pueden ser un síntoma de soledad. Cuando notes que uno de estos hábitos se está desarrollando, sustitúyelo por una actividad contraria o por algo que te dé la misma satisfacción sin sentirte culpable. Cuando te apetezca dormir la siesta por la tarde, sal a dar un paseo. Cuando quieras otro trozo de pastel de chocolate, date el gusto de prepararte un baño de burbujas.

Haz un plan de superación durante algún momento en el que te sientas a la altura de las circunstancias. Escribe ese plan; así, cuando notes que estás cayendo en un estado de soledad, puedes ponerlo en práctica.

Actividad 35   Plan de superación para la soledad

«Lo que hago cuando estoy sola»   «Lo que puedo hacer»

Comer toda la noche sola   *Hacerme un té especial,*
empezar esa novela histórica
tan larga que siempre
he querido leer

_____   _____

_____   _____

_____   _____

_____   _____

_____   _____

_____   _____

_____   _____

_____   _____

Puede que la soledad no te abandone nunca del todo. Ronda a casi todo el mundo de vez en cuando, tanto si estamos realmente solos como si no. Así que no presupongas que una aventura amorosa llenará necesariamente el vacío. Recuerda, también, que incluso una relación excelente puede acabar con enfermedad, muerte o divorcio inesperado, así que tu capacidad para crear tus propias satisfacciones y entusiasmo es el mejor seguro contra la soledad en el futuro. Esa misma capacidad para enriquecer tu vida como una persona sola puede añadirse a la calidad de una nueva relación amorosa cuando surja la oportunidad.

La satisfacción de ser responsable de tu propia vida también es la angustia de tener que cuidar de ti misma. Es una experiencia nueva, casi un trabajo nuevo, y durante un tiempo parecerá aterrador, así que date tiempo para acostumbrarte a ello. Los miedos y la soledad no seguirán ahí para siempre y, mientras tanto, aprenderás a enfrentarte a ellos. Aquí tienes algunas ideas más para superar los momentos duros:

Averigua qué es lo que te hace tener altibajos. Cualquier cosa que te haga sentir inútil, perezosa, impotente o fuera de control contribuye a bajarte la moral. Debes estar especialmente al tanto a las afirmaciones autocríticas que acompañan a tus períodos depresivos (véase la actividad 15).

Presta atención a cómo te sientes después de hablar por teléfono o personalmente con tus amigos o familiares. Si cuando cuelgas o te vas te sientes triste, pregúntate si normalmente te sientes así después de hablar con esa persona. Si es así, deja de llamarla o de verla. Si se trata de alguien con quien realmente debas hablar con regularidad, haz que la conversación sea corta y niégate a hablar de cosas que te hagan sentir triste, enfadada, culpable o sola. Haz algo que te levante el ánimo en cuanto cuelgues o te quedes sola.

Fíjate si hay momentos concretos del día o la semana en los que echas de menos a tu marido más de lo habitual. En esos momentos, haz algo diferente a lo que hacías cuando estabas con él. Si durante veinticinco años, se sentó delante de ti en la mesa a la hora del desayuno, ve a desayunar a otra habitación, o sal para tomar un café. Intenta cambiar los hábitos que están relacionados con estar con él para que no sea tan evidente que falta alguien.

Sé igualmente consciente de lo que te hace sentir bien. Si de eso hace mucho tiempo, puede que tengas que probar con nuevas actividá-

des. Ve a sitios en los que te sientas cómoda o gratamente entusiasmada. Compra una radio, un casete o un tocadiscos. Pon música que
te anime y que te haga sentir llena de energía, no música que refleje
tu bajo estado de ánimo. Nunca pongas canciones de amor.

Tú haces tu propia vida

Puede que pases por una época en la que no estás intensamente deprimida, pero la vida ha perdido su sabor. Te preguntas qué ha pasado
con el éxtasis que producía la intimidad, la confianza y la seguridad pro-
cedentes de amistades antiguas y el estímulo de nuevas experiencias.

La respuesta corta es: «Está donde tú quieres que esté». Tú tienes
que hacer esos amigos, después correr el riesgo de dejar que esa relación se haga más profunda hasta llegar a un nivel más íntimo; tienes
que esforzarte para superar las dificultades, desarrollar confianza y
permitirte a ti misma ser vulnerable, hasta que los nuevos amigos se
conviertan en viejos amigos. Tienes que buscar nuevas experiencias,
asumir los riesgos y buscar nuevas recompensas. También tienes que
saber lo que quieres de un amante y procurar dirigirte allá donde es
probable que encuentres la clase de persona correcta.

Depende de ti, pero no tienes que hacerlo todo tú sola. La persona
correcta, o mejor aún, el grupo correcto, puede darte tanto apoyo como
valor.

¿Grupo para qué? ¿Valor para qué? Es posible que todavía no lo
sepas. Cuanto más tiempo hayas estado implicada con un hombre
que maltrata o casada o ejerciendo de madre, y cuanto más tiempo
hayas estado fuera del mercado laboral, menos segura puedes estar
acerca de quién eres y de lo que te puede gustar. Así que éste es un
buen momento para averiguarlo. Eres libre de hacer lo que quieras
sin las restricciones de un hombre que se siente amenazado con facilidad o que dice que todo lo que quieres hacer es demasiado independiente, caro o absurdo (no me olvido de las restricciones de los
niños y la pobreza para una mujer sola. Son importantes, pero pueden superarse).

Ahora es el momento de superar la monotonía de tus días y de asumir el riesgo de poner a prueba tus aptitudes, la extensa sensación que procede del crecimiento intelectual, físico, social, profesional o psicológico. A lo mejor te han enseñado que, mientras todo el mundo, por supuesto, quiere todo eso, esperar conseguirlo son sólo tonterías de adolescente. Tal vez piensas que la gente madura se acomoda a una vida aburrida y se conforma con lo que tiene.

En realidad, puede resultar poco factible recordar y obrar de acuerdo a tus sueños de juventud. Puede que éste no sea el momento de irte a Hollywood (con o sin los niños), para convertirte en estrella de cine. Pero no descartes eso ni nada, hasta que hayas encontrado algunas buenas razones que expliquen por qué no puedes o no quieres hacerlo. Si realmente «siempre has querido actuar», no te pases la vida diciéndolo con rencor. Sal y entra en un pequeño grupo de teatro o asiste a clases de interpretación en un centro de educación superior.

La interpretación es sólo un ejemplo. Podría ser alpinismo, esquiar, estudiar arqueología, diseñar ropa, estudiar medicina, navegar, pintar, coleccionar monedas, las carreras de coches, cuidar caballos, jardinería paisajista, peluquería, excursionismo, enfermería, unirte a un grupo de encuentro, acampar, bailar, cantar, enseñar, ser una matemática, continuar con el ballet, tapizar muebles, saltar en caída libre con paracaídas, gastronomía, reparar coches, decoración de interiores, patinar, montar en bicicleta, piragüismo por aguas rápidas, visitar distintas iglesias, meterte en política, entrar en un grupo de rap o formar parte de la campaña del vecindario a favor de un buen gobierno.

Si dejas volar la imaginación, la lista puede ser interminable. Pero puedes tener problemas para empezar, así que piensa en las cosas que querías ser, hacer o tener cuando eras joven. Vuelve al capítulo 2 y mira tus respuestas a la actividad 1. *Haz otra lista* utilizando ideas de tus respuestas anteriores y tu propia memoria. *Subraya* todas las cosas que te gustaría intentar si no hubiera obstáculos en el camino. *Marca* con el símbolo $ cada una de las cosas que requieran dinero, con una T las que lleven más tiempo del que parece que tienes y con una N las que son difíciles de poder hacer debido a las responsabilidades con los niños. *Marca* con una A cada cosa que requiera más aptitudes de las que tú crees que tienes (inteligencia, belleza, personalidad, fuerza, etc.), con una V las que creas que eres demasiado vieja para empezar y con una L aquellas que podrías hacer si vivieras en otro lugar.

Actividad 36   ***Recuperar tus sueños***

1._____

2._____

3._____

4._____

5._____

6._____

7._____

8._____

9._____

10._____

Si la edad, aptitud o lugar son factores muy importantes que te retienen, hay posibilidades de que puedas superar estos obstáculos con la determinación suficiente. Es probable que resulte más difícil competir con la falta de tiempo y dinero. Pero antes de darte por vencida, calcula cuánto tiempo, dinero y otras cosas te faltan. ¿Cuánto necesitas? Sé lo más exacta posible. Decide lo que estás dispuesta a sacrificar a corto plazo para obtener satisfacciones a largo plazo. ¿Cuánto dinero necesitarías para ir a una escuela, cuántos años tardarías en desarrollar una determinada aptitud? Si no sabes las respuestas, llama a un asesor de empleo o enseñanza, al Centro de Mujeres de un centro de enseñanza superior, a un agente de viajes o a quienquiera que pueda darte información concreta. Puedes revisar el capítulo 17 para encontrar ideas sobre cómo resolver los problemas económicos.

Las aptitudes se pueden adquirir

Si hay una aptitud concreta que es todo lo que tú crees que te falta, probablemente es una habilidad que puedes adquirir con la práctica y con algo de formación. Algunas personas tienen eso que parece un don natural para conseguir ciertos logros, pero a menudo no descubrimos cuáles son nuestros talentos «naturales» hasta que los ponemos a prueba durante algún tiempo. ¿Nunca has admirado un producto de artesanía hecho por un aficionado o un relato que no era famoso pero que te ha gustado? ¿Has visto la emoción de un niño cuando un grumo de arcilla se parece —aunque sea sólo levemente— a un animal? Si te lo permites, puedes recuperar esa alegría de la infancia. Lo emocionante no es el gran producto o el premio final, sino el proceso de llegar allí. Puedes sentir cómo creces al aprender nuevas técnicas, tanto si tus pequeños pasos son evidentes para alguien más como si no.

Si vas a escapar del aburrimiento, la soledad y la depresión, tienes que correr algunos riesgos, aunque estos riesgos no serán ni mucho menos tan grandes como los que corrías cada día en tu relación con un hombre violento. Y lo que es aún más importante, puedes controlar exactamente el riesgo que estás preparada para asumir en un momento determinado y puedes arreglártelas para disponer de gente que te apoye y de otras recompensas que te consuelen cuando estés asustada o sientas que no estás a la altura de tus propios valores.

Repasa cada cosa de tu lista que desearías haber hecho cuando eras joven y anota las que aún te atraen, es decir, si pudieras hacer que ocurriera como por arte de magia, si con un chasquido de tus dedos pudieras tener inteligencia, talento, belleza, juventud o tiempo para conseguir que esos sueños se hagan en realidad, ¿cuál de ellos aún querrías?

Modificar tus sueños

Cambia cada uno de esos sueños por algo relacionado que ahora puedas hacer con facilidad. Si siempre quisiste ser cantante de ópera, aún estás a tiempo de apuntarte a clases de canto o de cantar a solas con un disco. Si querías construir casas o armarios, puedes coger algunos trozos de madera y hacer una casa de muñecas para los críos o montar una estantería para ti. Si desearías haber estudiado arquitectura, puedes matricularte en un curso de delineación de un centro de enseñanza superior o empezar a leer libros sobre arquitectura en la bi-

327

blioteca pública. Si te gustaría viajar por todo el mundo, pero te falta tiempo y dinero, averigua dónde puedes ver películas de viajes, pedir por correo mapas de lugares a los que te gustaría ir, y empieza a planear y a ahorrar. Mientras tanto, visita parques, museos y barrios de tu propia ciudad. Si «podías haber sido una artista pero te faltaba talento», apúntate a cursos de dibujo o prueba con la cerámica, la creación de joyas o el macramé. No supongas que no tienes talento hasta que hayas trabajado duro para desarrollar una habilidad.

¿Qué puedes hacer ahora?

Enumera todas las cosas que te gustaría hacer que necesiten sólo un poco de energía, tiempo, dinero o habilidad. *Añade* actividades que desarrollarán técnicas relacionadas con las «aptitudes» que desearías tener. *Anota* dos de ellas para empezar esta semana. Si hay otras que te resultan atrayentes, pero que necesitarían una preparación muy complicada o una buena cantidad de dinero, no descartes las ideas. Más adelante puedes hacer un plan a largo plazo para lograrlas.

Actividad 37   *Lista de nuevas actividades que empezar*

1. _____

2. _____

3. _____

4. _____

5. _____

6. _____

7. _____

8. _____

9. _____

10. _____

Olvida, por ahora, en cuáles estás más interesada. Escoge la que puedas empezar mañana. Cuanto antes, mejor. Si crees que te estás andando con rodeos, diciendo que no te gusta lo suficiente, hazlo de todas maneras. Actúa como si estuvieras ansiosa por dedicarle tu tiempo y tu dinero. Ponte en marcha. Haz la llamada telefónica, recopila los materiales, coge un libro de la biblioteca, pero avanza. Ahora no es tan importante lo que haces, sino que hagas algo.

Escojas lo que escojas, probablemente al principio resultará duro, pero cuando veas que estás evolucionando, descubrirás que las nuevas actividades e intereses pueden ser muy apasionantes y gratificantes. Entonces estarás en camino de crear la emoción de tu propia vida.

De vez en cuando puede que resulte difícil encontrar la energía para llevar a cabo nuevas actividades. Lee el capítulo 11, «Una acción valiente al día», tan a menudo como sea necesario. En cuanto puedas, relaciónate con otra gente —en clases, clubes o grupos de intereses— con la que tengas intereses parecidos. Resulta muy emocionante hablar con otras personas sobre trabajo compartido, remunerado o no remunerado, y puede ser tan estimulante e íntimo como una aventura amorosa.

Hablo de «trabajo» donde otros hablan de ocio o aficiones porque para obtener la mayor satisfacción debes tratar las actividades que haces como un trabajo. Dedícate a ellas regularmente, tómatelas en serio e intenta mejorar tu técnica. Esto no significa que no puedas hacer también otras cosas más a la ligera. Pero si no has podido encontrar un trabajo remunerado valioso e interesante, necesitas desarrollar otra actividad que sea importante para ti.

Muchas de nosotras vivimos vidas restringidas, sin aprovechar las oportunidades que se nos brindan para aprender o animarnos. Mira en los periódicos los próximos acontecimientos. Apúntate todos los que no te interesan y pregúntate en realidad cuántos no has probado nunca y de cuáles no sabes casi nada. Haz una lista con los que podrías experimentar y prueba una cosa nueva al menos una vez al mes.

Cuando empieces un nuevo deporte, hobby o «trabajo», no te detengas hasta que te hayas dado una oportunidad a ti misma para practicarlo un poco. Entonces, si estás convencida de que no te va a gustar, prueba algo nuevo. Aunque empieces algo diferente cada dos meses, valdrá la pena saber lo que no te gusta. Es una manera de lograr conocerte mejor a ti misma y de aprender a valorar tus propios gustos. Cuando conozcas a montones de gente y vivas nuevas experiencias, estarás demasiado ocupada desarrollando, aprendiendo y cambiando para estar aburrida o deprimida.

Recuerda que te llevará tiempo construir una nueva vida y que, tanto si te sientes bien como si no, puedes hacerlo. Aunque haya altibajos, a la larga tendrás una vida mucho mejor que la que has dejado. En el próximo capítulo y en el último encontrarás algunas ideas acerca de cómo se han adaptado otras mujeres a sus nuevas vidas.

Quinta parte

Las que se fueron

21

Las que se fueron

¿Por qué se fueron y por qué se mantienen alejadas?

Se conoce muy poco de lo que permite a las mujeres desarrollar la fuerza para dejar a un hombre que las maltrata y crear una vida satisfactoria. En teoría, las mujeres que dejan al hombre y se mantienen alejadas de él deberían tener las características contrarias a las que continúan con la relación. Deberíamos ser capaces de decir acerca de una mujer que ha dejado a un hombre después de sufrir malos tratos durante años: «Redujo su dependencia económica encontrando un trabajo», «Dejó de depender emocionalmente de él...» o «Dejó de amarle... se sintió mejor consigo misma... cambió sus ideas acerca de los valores tradicionales y del papel del padre como cabeza de familia...». Pero no necesariamente es así. Muchas mujeres se van *a pesar de* tener sentimientos continuados de dependencia y amor, y a pesar de la pobreza, el aislamiento y los valores tradicionales.

A fin de tener descripciones de primera mano de lo que es escapar de un hombre violento, mantenerse lejos de él y descubrir una nueva forma de vida como persona sola, pedí a nueve mujeres que me contaran su historia. Respondieron a mis preguntas sobre sus sentimientos y relaciones antes, durante y después de sus relaciones con los hombres.

La mayor parte de este capítulo trata de sus vidas como mujeres independientes, pero a fin de que puedas saber algo de lo que soportaron en sus relaciones de malos tratos, he incluido versiones muy abreviadas de las historias de sus vidas. En algunos casos he utilizado iniciales; en otros, nombres ficticios y he cambiado un poco los hechos, y en otros he utilizado nombres reales, según las preferencias de las mujeres.

La vida con el agresor

Jan

Jan se casó a los 17 años, justo después de graduarse en el institu-to, y trabajó y asistió a la escuela durante la mayor parte de su vida de casada. Su marido, Ron, a menudo estaba en el paro, debatiéndose en su profesión de representante. Jan, a sus 24 años, es una persona ex-traordinariamente segura de sí misma, y así ha sido desde que puede recordarlo. Nadie la hubiera llamado dependiente cuando se casó, pero ahora ella tiene dudas al respecto. «Yo diría que no dependía de él. Pero creí que la única manera de poder escapar de esa situación (vivir con su madre y un padrastro violento) era casarme con alguien. No pensé que podía hacerlo por mí misma. Estaba realmente asustada, aunque todo el mundo dijera: "Oh, Jan es una persona tan fuerte".»

En realidad Jan era la persona dominante en la relación con su ma-rido. Era la trabajadora, la planificadora, la organizadora. A diferen-cia de muchas mujeres maltratadas, ella no estaba aislada socialmen-te ni dependía económicamente de su marido. Estaba convencida de que podía superar los problemas conyugales «amando a Ron persis-tentemente y hablando con él». «No me pegaba tan a menudo, como máximo, seis veces al año. A veces, podían transcurrir cinco o seis me-ses, y eso me daba esperanza. Tenía mucho más miedo a sus arreba-tos, a su furia incontrolable.»

Jan le dejó varias veces, una vez durante nueve meses, después de lo cual él estuvo dos años sin pegarle. Pero cuando ocurrió de nuevo, le dejó para siempre. Ha construido ella sola una vida muy satisfactoria.

Sandi

Sandi dice de sí misma: «En la escuela y en el instituto era tan in-trovertida que nadie hablaba nunca conmigo, sólo Ernie». Él es el pa-dre de sus dos hijos gemelos que llegaron al mundo poco después de su dieciocho cumpleaños. Pero esa relación no duró mucho. Criar a dos niños de sexo distinto sola no era fácil, y cuando Merle entró en su vida, se alegró de tener algo de ayuda, en realidad, de ser «resca-tada». La primera vez que le pegó, llevaba poco tiempo saliendo con él. «Abrí la puerta y su brazo vino hacia mí, me tiró al suelo y mi nariz se fracturó.» Después de un par de agresiones más, Sandi regresó con sus padres, que la mandaron a Tucson con una tía. Allí se sentía tan sola que llamó a Merle, que la trajo de vuelta a Seattle. De vez en cuando, ella le pedía que la rescatara, pero siempre pagaba el precio en malos tratos físicos y emocionales.

Merle nunca le pegó durante el tiempo en el que ella vivió con él, pero encontró otras maneras de maltratarla. Sandi, que recibía asistencia social, debía pagar todas las facturas de la casa, aunque Merle tuviera trabajos bien pagados en la ciudad. Se negaba a admitir que los gemelos necesitaban comida o ropa para que ella tuviera que apañárselas como pudiera para cubrir estas necesidades básicas de sus hijos.

La segunda vez que Sandi fue a un centro de acogida fue el final. Ahora lleva más de dos años alejada de Merle y está descubriendo cosas apasionantes acerca de sí misma en las clases de un centro de enseñanza superior.

Patricia

Patricia conoció a Tim cuando ella se encontraba en una casa de acogida a la edad de 14 años. «Tim llegó diciendo: "Voy a ser tu mamá, voy a ser tu papá, voy a ser tu mundo". Y yo nunca había tenido nada de eso, así que lo acepté. Sentía como si lo conociera y viniéramos de un mismo mundo o algo así. Al principio, nos divertíamos juntos y éramos un par de salvajes; debo decir que él podía seguir mi ritmo. Él sigue siendo el mismo. Yo maduré.

»Estuve con él durante seis años, desde que yo tenía 15 y él 17.» Durante esos años, Patricia iba al instituto y trabajaba como prostituta. «La peor vez que me golpeó fue cuando hice la calle por primera vez. Me rompió la nariz, me saltó un par de dientes, me rompió el espinazo. Al cabo de un tiempo la gente del instituto sabía lo que estaba pasando, pero nadie dijo nada.»

Después de varios abortos, Patricia dio a luz a una niña. «Cuando la niña se hizo un poco mayor, los abusos empezaron a ser psicológicos y también físicos, pero los malos tratos físicos de Tim pasaron a ser cada tres o cuatro días, en lugar de cada día como era antes.»

335

Al final, Patricia se fue por última vez hace tres años, poniendo varios centenares de kilómetros entre ella y Tim. Ahora vive con un hombre que es «lo contrario de Tim» y tiene previsto aprender dibujo en un centro de educación superior.

E. S.

E. S. tenía 23 años y estudiaba para ser técnico de radio en su tierra natal, Filipinas, cuando empezó a mantener correspondencia con el hombre con el que iba a casarse. Era un conocido de su prima y había vivido en Estados Unidos durante algunos años.

Después de intercambiar cartas y fotos durante un año, Pete viajó a Filipinas para pedir a E. S. en matrimonio. Ella tenía casi 25 años y, habiendo rechazado cuatro ofertas de matrimonio, estaba empezando a preocuparse por si algún día llegaría a casarse. Además, se había enamorado de la foto de Pete. Casi sin darse cuenta, ya estaba casada con este agricultor de 53 años y emprendía una nueva vida en Estados Unidos.

Su vida en Estados Unidos era de trabajo duro y constante en los campos, y E. S. aumentaba sus ingresos en la granja trabajando como camarera de hotel. También cuidaba de su hija que había nacido dos años más tarde y de un hijo nacido tres años después.

Desde el principio, Pete le mintió, negando, por ejemplo, la existencia de su ex mujer y sus cinco hijos, fingiendo que su hija mayor era su hermana, incluso después de que E. S. los conociera. Exigir que E. S. esperara en el coche con el frío durante horas mientras él visitaba a esa otra familia fue una de las primeras humillaciones de las muchas que sufrió. La humillación fue peor que los malos tratos físicos.

Hace cuatro meses, después de trece años de matrimonio, dejó a Pete. Ya no era capaz de convencerse a sí misma de que ésa era la voluntad de Dios. E. S. ya ha aprobado el examen de obtención del diploma de equivalencia general (G.E.D.) y ha empezado electrónica a través de un programa CETA.

Virginia

Virginia tuvo una vida muy aventurera antes de liarse con Bob. En los años sesenta, se fue de Seattle para trabajar en el movimiento pro derechos civiles en el sur. Más adelante, su empresa la trasladó de Seattle a Anchorage. En esa época, antes del boom del oleoducto, allí había pocas personas de color, lo que tal vez agravó la soledad que sentía. Sin embargo, sí que tenía algunos amigos y a través de ellos conoció a Bob, que era dulce, atento y romántico.

Después de casarse, siguió demostrando esos rasgos a veces, mientras que otras veces era malhumorado y poco comunicativo. Era un caso «Dr. Jekyll y Mr. Hyde», común en muchos hombres agresivos.

Virginia tenía 25 años cuando se casó con este hombre de 35, padre de cuatro niños. Inmediatamente después de casarse, ella se convirtió en madre instantánea de tres de sus hijos y criada de una casa de varones. Aunque desde el principio se sintió utilizada y humillada por Bob, la violencia física no empezó hasta después de varios años de casados y de que los niños hubieran vuelto con su madre.

A Virginia le costó tres años recuperar la confianza en sí misma que había perdido durante los primeros cinco años de su relación con Bob y reunir el valor una vez más para volar con sus propias alas. Ahora hace tres años que se ha divorciado y es una estudiante con planes de llegar a ser asesora o maestra.

Marilyn

Marilyn, que ahora tiene 30 y pocos años, pasa una buena época. Casada a los 19, fue «leal» durante los seis años de ese matrimonio. Pero una vez se acabó, dedicó gran parte de su tiempo sin trabajar y sin hijos a ir a fiestas. Monty, a quien conoció durante el primer año después del divorcio, se convirtió en parte de esa vida. Fue «engañoso» desde el principio, y la relación fue inestable, pero no violenta.

Solamente cuando Marilyn dijo que quería romper la relación, Monty se puso físicamente agresivo. Había dicho: «Una vez que me dices que vas a ser mía, nunca voy a dejarte ir», y, para su pesar, más adelante se dio cuenta de que hablaba en serio. La seguía, la acosaba y la amenazaba, tanto a ella como a cualquier hombre con el que Ma-

337

rilyn empezaba una relación. El dominio del terror culminó cuando la obligó a salirse de la carretera con su propio coche y la amenazó con una pistola. Los vecinos intervinieron.

Marilyn le llevó a juicio y ahora se siente relativamente segura como resultado de la orden de «no acercamiento» que obtuvo. Ha empezado una nueva relación con un hombre con el que disfruta, pero le preocupa que sea demasiado destructivo con ella. Por primera vez en su vida, está empezando a pensar en elegir verdaderamente sobre su vida.

Corrine

Corrine dice que lloró en su boda. «Sentí que me había traicionado a mí misma y me di cuenta de que no quería a Marty lo suficiente. Me sentía desdichada, pero mi madre y mi hermana me animaron a seguir adelante de todas maneras.»

Durante el primer año de casados se quedó embarazada, ella y Marty «discutían y discutían» y hubo «trastorno emocional todo el tiempo». Aunque Marty le pegaba «en broma» durante los primeros meses de su relación, no fue hasta el cuarto año de su matrimonio cuando la golpeó con rabia. Sus heridas durante los siete años siguientes incluyeron pequeños cortes a causa de un cristal roto, un ojo morado, cardenales y la nariz rota. Y quizás aún más duro de soportar, tuvo aventuras con cuatro mujeres en un período de cuatro años.

Aunque Corrine obtuvo una licenciatura y un diploma en Magisterio, no podía imaginarse «cuidar de los hijos —dos niñas, que ahora tienen 9 y 10 años— sin una pareja, teniendo que hacerlo todo yo sola».

Corrine, a los 35 años, está divorciada, ha perdido la custodia de una de sus hijas y no ha hablado con Marty desde hace más de un año excepto para tratar asuntos imprescindibles. Mantiene una relación poco satisfactoria con otro hombre, no ha podido encontrar un trabajo como profesora y aún no sabe si quiere ser artista o asistente social. Sin embargo, no tiene dudas acerca de su decisión de romper el matrimonio.

Shirley

Shirley creció en el sur y en algunos aspectos todavía es una mujer sureña muy tradicional. A los 45 años, ha sido un ama de casa de clase media y madre de dos hijos durante veinticinco años.

Shirley habla de maltrato emocional y humillación sexual como los aspectos intolerables de su vida con Clarence, su marido ingeniero. Sólo cuando se le pregunta específicamente sobre ello, dice con displicencia que sí, que también la maltrataba físicamente. Una de las cosas que le hizo fue empujarla por las escaleras cuando estaba embarazada.

Clarence criticaba su comida, su manera de llevar la casa y todo lo que ella hacía. Era tan grosero con todo el mundo que no tenían amigos. Con los años, Shirley se convenció de que era incompetente para hacer cualquier cosa, así que ahora, seis meses después de haberle dejado, se preocupa por si sabrá barrer las hojas bien.

Shirley sufrió varios derrames cerebrales, que atribuyó a la tensión de vivir con los malos tratos de Clarence, aunque ni siquiera los largos períodos de hospitalización le preocuparon lo suficiente como para que pusiera fin a su matrimonio. Pero cuando Clarence echó de casa a su hija de trece años, por fin Shirley tuvo el valor de separarse de él. Después de seis meses está aprendiendo poco a poco a recuperar su capacidad para ocuparse de las tareas diarias, su salud ha mejorado enormemente, y está pensando en retomar los cursos de enfermería que dejó hace veinticinco años.

Valerie

Valerie, a los 64 años, también ha tenido que luchar para aprender a cuidar de sí misma, después de cuarenta y dos años de verse alternativamente protegida o maltratada por un hombre alcohólico del que se enamoró a los 20 años.

Valerie todavía admira la inteligencia de Jim, su capacidad para entender la política internacional y para recordar la información que asimila al leer. Durante cuarenta y dos años él fue su ventana a los problemas del mundo. Pero casi cada fin de semana se emborrachaba, y periódicamente ella se convertía en la víctima de su violencia.

Hace dos años le dejó para siempre y ahora disfruta administrando su propio dinero, conociendo a gente nueva y aprendiendo cosas nuevas. Aunque padece una discapacidad parcial a causa de un ataque de poliomielitis que sufrió de joven, y de un posterior ataque al corazón y de apoplejía, lleva una vida bastante independiente en un piso de un hogar de la tercera edad. Volvería con Jim sin pensárselo si él dejara la bebida, pero no cree que lo haga.

Lo inesperado

En capítulos anteriores, he hablado de la experiencia que puedes esperar vivir justo después de dejar a tu marido y en distintos períodos durante el primer año más o menos. Estas experiencias son comunes en muchas mujeres.

Sin embargo, verás que no puedes prever del todo cómo te sentirás o qué harás. La experiencia de cada mujer es al mismo tiempo similar y distinta a la de las demás. A continuación encontrarás algunas de las sorpresas con las que estas mujeres concretas se han encontrado después de dejar a hombres violentos.

Aunque Shirley, después de poner fin a veinticinco años de matrimonio hace seis meses, a menudo se sienta triste y sola, eso no es todo. Dice: «Mi salud es sorprendentemente buena desde que Clarence se fue. Y duermo tan bien. Al principio pensé que debía de pasarme algo malo porque podía dormir por las noches. Y mi hija me decía que lo lamentaría. Toda mi familia está deshecha, pero ¿por qué soy tan feliz?».

Ahora, después de ocho meses de estar totalmente distanciada de Monty, Marilyn dice: «Nunca pensé que me sentiría tan bien por hacer mi vida y a veces realmente me siento fenomenal porque así sea. Me sorprende que haya momentos en los que no pueda ni imaginarme manteniendo una relación con un hombre».

Patricia se sorprendió al comprobar que el hecho de dejar a Tim no solucionó todos sus problemas. «Había cosas de las que le echaba toda la culpa a él "porque se metía" demasiado conmigo. Creo que muchas mujeres hacen lo mismo. Creen que las grandes personas que son por dentro simplemente aflorarán en cuanto se marchen. Que todo irá bien. Pero no, yo aún tengo que cambiar muchas cosas. Por ejemplo, moverme. Tengo que estar inspirada para hacer algo. Siempre pensé que era él el que me impedía hacer las cosas que yo quería hacer. Pero soy yo. No me esfuerzo cuando debería. Durante un tiempo, pasé una etapa en la que pensaba: "¡Él me ha hecho esto!". Ahora me doy cuenta de que cambiar depende de mí.»

Virginia también tuvo una sorpresa igual de desagradable cuando por fin se fue, después de seis años. «Pensaba que sería feliz y no lo era. Pensé que sería independiente y segura de mí misma y que tendría mucho amor propio y disfrutaría realmente de la vida. Pero no fue así. Pensaba que lo que me hizo deprimir era el matrimonio. Creía que la angustia era por Bob y los niños, pero aún estoy (tres años más tarde) bastante angustiada. Creí que el matrimonio realmente lo solucionaría todo y no fue así. Y luego pensé que el divorcio lo iba a solucionar todo y tampoco fue así. El hecho de que yo también tuviera un par de problemas fue como una especie de golpe bajo para mi ego. Estoy trabajando en ellos, pero aún los tengo.»

Corrine también se encontró con varias dificultades inesperadas. Su decepción más grande fue que una de sus hijas escogiera vivir con su ex marido. «Nunca pensé que ninguna de mis dos hijas me dejaría. Fue un gran golpe.» Además, al principio Corrine sentía «rabia y vergüenza de la asistencia pública, de las investigaciones de los trabajadores sociales, el sistema jurídico y el proceso de divorcio», tuvo problemas continuados para encontrar o elegir un trabajo importante y estimulante y por estar siempre sin un duro y preocupada por el dinero y los niños.

Sin embargo, cuando se le preguntó a Corrine qué cosas le habían resultado más fáciles de lo que se esperaba acerca de ser una mujer independiente, su respuesta rotunda fue: «No me arrepiento de haberme ido». También le sorprendió que los miedos a represalias inmediatas por parte de su ex marido después de todo no aparecieran. «Todavía no me ha buscado. Por lo visto, ha respetado la autoridad de la orden de restricción y, después de venir a mi casa tres veces, se ha tomado en serio mis amenazas de llamar a la policía.»

Jan pensaba que nunca más sería capaz de hacer duras excursiones de montaña, ya que ella y Ron siempre las hacían juntos. «Unas semanas más tarde conocí a Mary (que también estaba acostumbrada a hacer ese tipo de excursiones con un hombre que la maltrataba al que acababa de dejar) y me di cuenta de que podía hacerlo sin él. Me di cuenta de que sí estaba capacitada para ello, de que podía aprender las técnicas que aún me faltaban y de que podía compensar los músculos con el tipo de equipo adecuado.»

Jan tuvo otras sorpresas agradables durante las primeras semanas después de dejar a Ron. «Al principio pensé que estaría sola. Pero eso solamente duró un par de semanas. Empecé a apuntarme a clases. Iba a seis clases diferentes, una distinta cada noche: "Qué hacer cuando tu marido o tu mujer se va", "Intimidad", "Acampar en las montañas"... y luego, aproximadamente al cabo de un mes de haberme ido, me empezó a gustar vivir por mi cuenta. No esperaba que eso pasara. Creo que pensé que simplemente me mantendría ocupada hasta que volviera con Ron.»

Jan había mirado su futuro con pesimismo. «El otoño pasado (hace un año) estaba muy segura de que nunca más volvería a ser feliz; no hasta que volviera con Ron. No esperaba avanzar tanto durante este año.»

Lo bueno compensa lo malo

Como puedes ver, no es irracional que tengas miedo a estar sola, a ser pobre, a deprimirte o también a sentirte desdichada después de haber dejado a ese hombre violento. Casi nadie dice que es un lecho de rosas y casi todo el mundo admite que al principio pasa malos momentos, y algunos duran un tiempo bastante largo. Pero, teniendo en cuenta todos los factores y haciendo balance, todas dicen que los malos momentos valen la pena porque las recompensas de la nueva vida perduran más o son más importantes que los momentos dolorosos.

Shirley: «Estoy casi tan sola (después de seis meses) como lo estaba cuando Clarence estaba aquí. Pero creo que es peor cuando hay alguien contigo en casa y, aun así, te sientes sola y sabes que no debería ser así, pero lo es».

Virginia: «Me gusto más a mí misma, con todos mis defectos. Solía odiarme a mí misma. Me odiaba a mí misma por estar ahí, por creer toda esa basura. Al menos ahora no me preocupo por: "Oh, ¿por qué estoy haciendo esto?"».

Patricia: «Tenía mucho miedo (antes de ir al juzgado por la custodia). Supongo que es que mi alma se ha librado de él. Ya no llevo conmigo ese miedo».

Acabar con los días estresantes

Una de las cosas que han aprendido todas esas mujeres es que, aunque algunos momentos malos simplemente deban soportarse, existen maneras de afrontar los días grises y estresantes para que sean menos dolorosos o no duren tanto tiempo. Los métodos de superación muestran algunas similitudes sorprendentes, así como un alto nivel de imaginación individual.

La soledad, especialmente en los fines de semana, las noches y las vacaciones, es un problema generalizado entre muchas mujeres durante el primer año en el que no forman parte de una pareja.

Patricia: «Las noches de los fines de semana eran las más duras. Veía parejas que salían y esas cosas. Cogía a mi niña y me iba a casa de una amiga que también tenía hijos y mi amiga y yo dejábamos que los niños jugaran y durmieran mientras nosotras pasábamos un buen rato. Si me quedaba en casa, intentaba encontrar pequeñas cosas para distraerme. Intentaba ser realmente buena con la niña para no sentirme culpable cuando la ponía en la cama. Y luego hacía grandes planes de lo que quería hacer».

Shirley: «No puedo ir al centro comercial los fines de semana porque es como una tienda para matrimonios. Solíamos ir allí los fines de semana y comprar tulipanes o semillas de césped o lo que fuera. No quiero ir allí los fines de semana porque me haría sentir mal. Todas esas parejas... ¡y probablemente llegan a casa y se llevan como el perro y el gato!».

Virginia: «Las vacaciones y los fines de semana eran duros. Yo no me quedaba en casa, sino que pasaba esos días con amigos. Vivía con una amiga que se había divorciado y nos ayudábamos la una a la otra. Realmente me apoyó mucho».

Sandi: «Puedo engañarme a mí misma para estar de buen humor. Puedo recitar cuáles son mis partes buenas y lo que realmente quiero ser y eso me gusta. No dependo de nadie más».

Valerie: «Estaba un tanto deprimida pero encontré a Barry, un buen amigo. Me dio amparo y rápidamente nos hicimos amigos. Creo que ha llenado el vacío de estar sola.

»Yo tenía que tener a alguien, y todavía estoy luchando contra ello, pero voy mejorando. Ahora puedo quedarme sola en casa dos noches a la semana —quizá tres— en vez de correr a casa de Barry.

343

También voy a la biblioteca y leo libros, cosa que antes no había hecho nunca».

Marilyn: «Al principio el simple hecho de estar sola ya era duro de aceptar. Realmente no puedo recordar cuándo dejó de ser duro».

Jan: «Las pasadas Navidades lo pasé realmente mal. El año pasado no mandé ninguna postal de Navidad. No sabía con qué nombre firmar: ¿Jan? ¿Ron? En Acción de Gracias me ofrecí para trabajar y por la noche fui a casa de Donna para celebrar un día de Acción de Gracias no familiar. Fue divertido pero simplemente no fue Acción de Gracias. Siempre había pasado ese día con la familia de Ron».

Corrine: «He hecho trabajo de voluntariado, he hecho nuevos amigos, escribo cartas a las viejas amistades, escribo en mi diario, nado, camino, leo, pinto, hago cursos, busco trabajo».

La ayuda llega de sitios inesperados

En el relativo aislamiento de una relación de malos tratos, es duro imaginar que no estarás sola si te separas del hombre. Sin embargo, la ayuda llega mediante instituciones, centros de acogida, y amigos y familiares, a veces de manera inesperada.

Patricia: «Mi amiga de Utah se trasladó aquí. ¡Increíble! ¡Es alguien que simplemente lo sabe todo sobre mí! A veces somos como adolescentes. Alguien dijo que éramos como primates sacándose pulgas, y es cierto. Nos damos mutuamente ese tipo de atención. Ella es la única persona sin la que me rendiría. En el juicio, estuvo conmigo cada día durante ocho horas».

La directora de grupo del centro de acogida también ayudó mucho a Patricia. «Me preguntaba lo pedante que iba a ser. Desconfiaba de los asistentes sociales en general. Y entonces apareció ella, soltando palabrotas y enfrentándose a la gente, y pensé: "*Esta* mujer es *de verdad*. No va a soltarme un rollo". Así que cuando me decía algo, yo confiaba en ello.

»El centro de acogida realmente me ayudó mucho. Proponían cosas con las que nunca había soñado y, cuando alguien está tan dispuesto a ayudar, realmente estás entusiasmado por ayudarte a ti misma. Durante mucho tiempo solamente me relacioné con gente en el centro de acogida. Aún no quería salir de allí.»

Shirley (separada desde hace seis meses) todavía no sale demasiado y le resultó difícil contar a los pocos vecinos con los que habla que se estaba divorciando, pero al final lo hizo. Y después de veinticinco años de escuchar que ni siquiera sabía barrer las hojas bien, le da consuelo y ánimo ver cómo esas otras mujeres se las apañan. «Marion es muy maja. Llega y se pone a ayudar a podar un arbusto muerto. Es muy competente porque su marido no hacía nada, así que tuvo que aprender todas estas cosas. Sandra crió a cuatro hijos ella sola y creo que tuvo que empezar totalmente de cero. Su marido era de los que lo hacían todo. Se puede hacer, supongo.»

Ciertas mujeres causaron una impresión positiva en Sandi en un centro de acogida. «Cada vez que me iba, intentaba que fuera para siempre. Creo que la única razón por la que lo hice por última vez fue por la gente del centro de acogida. Les decía a esas personas: "¿Cómo podéis volver?". Y ellas me decían: "¿Cómo puedes *tú* volver?". Le dije a Vera: "Dios, ¿alguien te ha hecho esto y tú aún le quieres?". Se puso furiosa; dijo: "Mír*a*te. ¿Quién te crees que eres para decirme esto cuando *tú* haces lo mismo?". Y tenía razón. Pero nadie que no hubiera sufrido malos tratos podía decirme eso y quedarse como si nada.

»Joan nunca hablaba mucho, pero estar cerca de alguien que había estado en esa situación durante doce años y que había sido maltratada durante doce años me causó una gran impresión. Es fácil hacerlo poco a poco, pero cuando ves a alguien que lo ha hecho durante tanto tiempo es más fácil decir: "No voy a hacerlo durante doce años. Uno más y serán tres".»

Valerie encuentra consuelo en la amistad y ayuda de un hombre. «Barry tiene 86 años; es un tipo con un gran corazón dispuesto a hacerlo todo. Todas necesitamos un hombre que nos arregle esto o aquello, y él lo hace para todas las mujeres de este edificio. Tenemos una bonita amistad y eso llena el vacío de hablar con un hombre. Tengo que tener... no, "tengo que" no es la expresión correcta, pero es *bonito* tener a un hombre con el que hablar.»

E. S.: «Tengo un montón de amigos. Si necesito ayuda, ellos pueden dármela. Me dan mucho apoyo. Todos los viejos amigos que teníamos no han cambiado.

»Llamo por teléfono a los asesores de la Abused Women's Nertwork y simplemente hablo y hablo; eso me hace sentir bien, ya no me siento dolida».

345

El grupo de Segunda Fase (para mujeres que han decidido mantenerse lejos de hombres violentos) dc la Abuscd Women's Network fue útil para Marilyn. «Se trata de un proceso de aprendizaje sobre mí misma y me armo de valor, no puedo ir allí y mentir, no puedo disimular. Siento que allí no estoy engañando a nadie.»

Consejos a las mujeres que sufren malos tratos en su relación

En su mayoría, estas mujeres reconocen que han sufrido ataques de depresión y soledad, variando de moderados a fuertes. Algunas han padecido enfermedades que han limitado sus actividades, las han incapacitado de manera crónica o son una amenaza para su vida. Casi todas tienen continuamente problemas de dinero. Sin embargo, ninguna se arrepiente de haberse ido, y cuando se les pide consejo para las mujeres que mantienen relaciones con hombres que las maltratan, sus respuestas son casi idénticas.

Shirley: «¿Se puede salvar este matrimonio? Tengo una sola respuesta: "No". No va a mejorar. Solamente empeorará y tú envejecerás».

Virginia: «Márchate rápidamente. Cuanto más tiempo te quedes, más defensa para la oposición para decir: "No puedes hacerlo". Y empiezas a creerlo, y *es* duro. Pero solamente puedes escapar haciendo algo por ti misma. Ésta es la parte dura, irte por ti misma. Ir a un centro de acogida es un gran paso, hacer esa llamada».

Sandi: «Ir al centro de acogida. Estar con personas que se encuentran en la misma situación. Ayuda estar con personas que también se están planteando o están en proceso de irse y que dicen: "Sí, sí que tuvimos momentos buenos. Cuando las cosas iban bien, era *genial*, pero cuando las cosas iban mal, era *horrible*"».

Valerie: «Le digo a una chica joven o incluso a una casada desde hace veinte años: "Sal de esta situación mientras aún seas suficientemente joven para empezar de nuevo, incluso para encontrar a otro hombre y empezar otro matrimonio. Márchate antes de que seas demasiado vieja o estés enferma". Yo no soy tan vieja, pero soy demasiado vieja para empezar otro matrimonio».

E. S.: «Piénsatelo bien. Piensa en tu futuro. Si él se comporta así todo el tiempo, puedes hacer algo, decir algo, divorciarte».

Marilyn: «Márchate. Después de pasar por lo que he pasado, creo firmemente que la situación no va a cambiar. Puede que mejore por algún tiempo. Pero es excepcional que los malos tratos se acaben».

Corrine: «Puedes irte ahora o más adelante. Mi situación no mejoró. Pero me fui cuando estaba psicológicamente preparada y no me arrepiento ni tengo tentaciones de volver».

Retrospectiva

La aceptación filosófica de Corrine de su necesidad de irse cuando es el momento adecuado tipifica a muchas mujeres. Puede que incluso ayude a algunas mujeres a marcharse si pueden aceptar sus decisiones pasadas como inevitables y aceptarse o perdonarse a ellas mismas por permanecer junto al hombre. Aquellas que no pueden perdonarse a sí mismas pueden creer que deben aguantar y aguantar hasta convertir a la rana en príncipe.

Yo les pregunté: «¿Qué cambiaríais si pudierais vivir de nuevo vuestra vida?».

Patricia: «Yo me hubiera quedado con la familia de acogida y hubiera ido a la escuela. Si me hubiera quedado allí, no me habría liado con Tim. Y aunque lo hubiera hecho, me habría ido la primera vez que me puso la mano encima».

Shirley: «Creo que me hubiera ido en 1956 en lugar de ahora. No hubiera dejado la escuela de enfermería, pero supongo que ahora lo único que puedo decir es que más vale tarde que nunca».

Virginia: «Habría pedido asesoramiento antes de casarme. Habría dejado que él criara a sus hijos *antes* de casarnos, en lugar de convertirme al instante en esposa, madre y criada. Creo que debería haberme ido la primera semana».

Sandi: «Todo me formó, la persona que soy ahora, y realmente me gusto a mí misma más que antes. Así que pasase lo que pasase, fue bueno. Creo que si no hubiera tenido o pasado por esa relación, no hubiera tenido la fuerza para ser quien soy ahora. No hubiera tenido la energía».

Valerie: «Si pudiera volver a vivir mi vida, sería una persona más educada. Antes solía leer cualquier tipo de novela barata. Ahora mi mente está cambiando hasta el punto de que lo que intento hacer es

347

aumentar mis conocimientos, cosa que nunca antes me había apetecido».

Marilyn: «Supongo que si nunca hubiera tratado con él o no hubiera vuelto para nada, habría sido más fácil. Pero creo que cada vez que lo hice, aprendí algo. Y como lo hice, no me arrepiento. Me refiero a que sé lo terrible que puede ser. No tengo ningún interrogante en mi cabeza que me diga que quizá, si me hubiera quedado, podría haber sido maravilloso y que a lo mejor la situación con él realmente se hubiera arreglado. Todas estas preguntas ya tienen respuesta para mí. *Sé* cómo sería».

Patricia: «Ojalá hubiera algún modo de que pudiera haber sabido cómo ir del punto A al punto B sin tener que pasar por todas las historias por las que he pasado. Pero no había ningún modo de saberlo, y tuve que pasar por todo eso. Habría pedido el divorcio el día después de dejar a Tim por última vez si hubiera sabido lo que sé ahora. Pero no podía saberlo de ninguna manera, y si alguien me lo hubiera dicho, yo le habría contestado que estaba totalmente equivocado».

Consejos para ti si estás pensando en volver

A pesar de la aparente autosuficiencia de algunas de esas respuestas, estas mujeres quieren que tú, que estás separada de un hombre violento, consideres detenidamente la tentación de volver.

Virginia: «Piensa en la peor cosa que te ha sucedido. Probablemente volverá a suceder. Piensa en cómo no te gustabas a ti misma cuando estabas allí. Piensa que es un entorno infernal para que los niños vivan en él, viendo cómo maltratan a su madre».

Shirley: «Piensa en cómo vas a pagar por lo que has hecho mientras estabas fuera: el dinero que te has gastado, la vergüenza que has hecho pasar a tu marido. Y no va a haber magia, por desgracia».

Patricia: «Haz todo lo que puedas para mantenerte ocupada y aguanta hasta que puedas construir una vida nueva para ti. Relaciónate mucho con mujeres que también estén intentando salir de esa situación. Si no te es posible, lo mejor que puedes hacer es recoger tus cosas y marcharte a miles de kilómetros, así tardarás un par de días en volver, porque puede que él llame. Y tu corazón palpitará y palpitará, y querrás ir a toda velocidad hacia allí, pero espera un par de días antes de volver. Después de que pase la emoción, tu cabeza razonará».

Más cosas que pueden ayudarte a resistir el hecho de mantenerte alejada y los sentimientos que a veces te atosigan:

Patricia: «Cuando me fui por primera vez, disfrutaba de cada día porque me levantaba por la mañana y me decía a mí misma: "Hoy puedo cambiar mi vida y él no puede hacer nada al respecto".

»Hago una lista cada semana, aún, y algunas cosas se repiten de semana en semana, entonces me pregunto a mí misma: "¿Por qué es tan difícil de hacer?". Y entonces cuando pienso en ello, veo lo que después de todo era difícil y lo que no lo era. Y simplemente lo hago. Y si *aún* parece difícil, me aseguro de levantarme por la mañana y hacerlo, simplemente acabar con ello».

Shirley: «No estoy segura de que ya esté preparada para ir a la iglesia. Creo que lloraría al oír las canciones. Pero si continúo escondiéndome detrás de este "No estoy preparada para ello", nunca me levantaré de la mesa de la cocina. Esto es algo que voy a tener que hacer. Arriesgarme y hacerlo».

Sandi: «Cada vez que sentía que le necesitaba, pensaba en alguna situación en concreto, cuando me pegaba y cómo me sentía; entonces recordaba esos sentimientos y ya no quería volver.

»Yo sabía que, aunque él hiciera terapia y cambiara, yo aún me sentiría igual. Siempre tendría miedo.

»Para mí fue muy duro empezar a ser menos introvertida. La escuela fue una gran ayuda. El refuerzo inmediato de la escuela ayudó. Ese "sobresaliente", esas notas escritas en un papel que me decían que lo hacía bien, el logro de estar en un campo típicamente masculino, descubriendo que no es nada».

Valerie: «He hecho muchos amigos, voy a misa cada domingo, cosa que no hacía antes, y voy a sitios improvisados y conozco a gente. Voy a nadar y a clases sobre la Biblia y, cuando me levanto y salgo de la cama, espero con ilusión mi clase de gimnasia y me alegro de levantarme».

E. S.: «Antes no sabía qué hacer. No sabía si podía hacerlo o no, si mis hijos tendrían un futuro o no. Ahora, mientras pueda tener formación y conseguir un trabajo, me siento segura».

Jan: «Al principio pensé que estaba abandonando a Ron cuando él necesitaba mi ayuda, y realmente no creí que dejarlo fuera lo mejor que podía hacer por él. Me costó unos seis meses creer esto. Me di cuenta de que tenía que resolver las cosas por mi cuenta y luego lo comprendí: "¡Oh, sí! Ron tiene que hacer lo mismo".

»Ahora tengo otras personas que están más cerca de mí aparte de mi familia y, por eso, estas Navidades no van a ser tan duras. Supongo que he redefinido la familia.

»Durante los primeros cuatro meses después de dejar a Ron, necesitaba acudir al grupo de la Abused Women's Network. También utilizaba a mi madre como ejemplo. Me decía a mí misma: "No voy a vivir con un imbécil durante veinte años como ha hecho mi madre"».

Corrine: «Ojalá hubiera contado a todos sus familiares lo que había pasado, en lugar de ser discreta. Supongo que ellos se creían sus historias de que yo era emocionalmente débil e inestable, una madre horrible y que tenía un amante. Creo que deberías hablar de él *a todo el mundo*. Sal con los amigos, apúntate a una asociación, busca asesoramiento para ti y tus hijos, haz cosas divertidas con tus hijos. Consigue el mejor abogado que puedas encontrar, no hagas caso al hombre, no le vayas a ver, no le llames y no permitas que tus hijos hablen con él».

La vida es mejor ahora

A pesar de la soledad, la pobreza y la depresión, estas mujeres que se han alejado de antiguos compañeros violentos —ya sea desde hace años o unos meses— afirman unánimemente que la vida es mucho mejor ahora.

Corrine: «Me *encanta* mi independencia. Me siento aliviada y *contenta* de estar lejos de él. Creo que fue un gran logro que *finalmente*, después de tantos años, *me fuera*. No más discusiones, cabezas de turco y culpables delante de los niños. No tengo que escuchar nada más y no lo hago. La vida, incluso con sus rutinas (la verdad es que no tengo demasiadas), es más una aventura, un reto y es mucho más gratificante».

Jan: «Echo de menos la intimidad de ser abrazada, pero... ahora me he dado cuenta... de que puedo satisfacer esas necesidades con mis amigas Betty, Nan y Doris.

»Otra cosa que me gusta es salir de trabajar y tener ganas de ir al parque a dar de comer a los patos, sin tener que llamar por teléfono para decir: "Esta noche voy a llegar un par de horas más tarde", no para pedir permiso, sino solamente para que lo sepa. Y poder hacer con mi dinero lo que me plazca.

»Ahora sé lo que es importante para mí, y hago lo que es importante para mí. Una excursión es más importante que una casa, leer un libro tiene más prioridad que lavar los platos, hacer piragüismo es más importante que pasar la aspiradora».

Marilyn: «Lo mejor de haberme ido es ser libre, no tener a nadie que me critique o que me diga lo que tengo que hacer. Cuando salgo y se hace tarde, no tengo que llamar a nadie para inventar una excusa sobre dónde estoy.

»En el trabajo puedo concentrarme porque no estoy todo el tiempo en crisis.

»Creo que probablemente estoy en el proceso de tomar las decisiones importantes que nunca he tomado. Nunca tomé decisiones acerca de lo que iba a hacer con mi vida. Ahora me lo estoy preguntando y poco a poco estudio las posibilidades. Me pregunto lo que quiero. Antes no sentí nunca que pudiera hacerlo».

E. S.: «Cuando llegas a casa, no tienes miedo. Tengo un montón de cosas que puedo lograr. Antes, si estaba hablando por teléfono, me estaba riendo y él estaba aquí, me decía: "¿Qué? ¡Te estás riendo como una cría!". Antes ni siquiera podía decir lo que quería, expresar lo que quería. Siempre tenía miedo.

»Ahora me gusta ir a clase. Soy libre. Aunque sea pobre, soy feliz. Ahora puedo sentir la felicidad en mi interior».

Valerie: «Me estoy alejando de esa soledad. Puedo hablar con todo el mundo. Cuando él se ocupaba del dinero, yo no tenía esa responsabilidad; no pensaba que la quisiera. Pero ahora que la tengo, sé un poco más acerca de lo bien que puedes sentirte al tener tu propio dinero y hacer lo que te plazca. Gasto mi dinero en pequeños entretenimientos y viajes. Voy a arreglármelas con el dinero que tenga y no voy a depender de un hombre para que cuide de mí».

Sandi: «Me despierto y a lo mejor estoy deprimida una media hora y luego digo: "Bueno, sabes que tienes que levantarte y hacer cosas porque si no *desde luego* que vas a estar deprimida y vas a tener un día aburrido". Así que me levanto y tengo un buen día, por lo general.

»Tengo 24 años, pero nunca tuve oportunidad de ser una niña. Ahora voy a la escuela y pienso mucho. Este curso de escritura creativa me hace reflexionar y expresar cosas que antes no podía expresar. Realmente quiero ser capaz de hacerlo, de decir a la gente cómo me siento. No había asistido antes a una clase así, donde quisiera realmente expresarlo todo. Quiero que la gente me entienda. Antes siempre era: "Te comprenderé, te escucharé", y ahora me apetece turnarme y realmente quiero saber qué decir cuando llegue mi turno.

»Estar en su mayor parte durante casi dos años sin un hombre a veces te hace sentir realmente sola, a veces es verdaderamente deprimente, pero no creo que pudiera haberme convertido en la persona que soy actualmente con alguien a mi lado o es posible que me hubiera costado mucho tiempo, y estoy en un momento en el que realmente me valoro. No puedo creer que pueda tomar decisiones por mí misma, puedo criar a mis hijos yo sola. Y ¿sabes qué? Todo lo que yo tengo es más de lo que tienen las otras personas que conozco, ¡y todas tienen hombres!

»Y todas acuden a mí para pedirme consejo. Creen que lo sé todo. Para mí, yo no sé *nada*. Eso es realmente bueno para que la gente me respete, y me gusta mucho. En cierto modo, es independencia. Puedo tratar con mis hijos sin decir: "Esperad a que vuestro padre llegue a casa"».

Virginia: «Lo mejor es mi intimidad. Antes los chicos siempre estaban ahí o él estaba siempre allí; yo no podía decir: "¡Eh! Quiero tener el domingo para mí sola". Lo decía, pero nunca lo conseguía. Y realmente valoraba mucho mi intimidad. Me gusta no tener que preocuparme por tanta gente —cuatro chicos y un hombre y sus partidos y sus horarios— y no sé, de algún modo no había tiempo para mi horario, mis problemas. Tenía tantas obligaciones de madre, obligaciones de partidos de béisbol, obligaciones de la APA y de la asociación de esposas, las cosas que se supone que tienes que hacer si estás casada, eres una esposa o una madre.

»Estoy pensando en hacer una carrera de cuatro años y ser una asesora o enseñar a adolescentes a trabajar con mujeres víctimas de la violencia. En los días buenos me gusta cómo soy».

Shirley: «Miro la televisión, voy a ver a mi asesor dos veces a la semana, voy mucho al supermercado, sabes, a lo mejor sólo para comprar una cosa, y voy a mi apartado de correos dos veces por semana. Voy a aparecer en la guía telefónica por mi nombre el año que viene, ¿no es genial?

»En este momento no pienso mucho más allá de las Navidades. Es mejor que antes, cuando no pensaba más allá de la semana próxima. Ahora las cosas son mejores para mí porque al menos hay esperanza. Antes de dejar a Clarence, la situación era desesperante. Sólo podía empeorar».

Patricia: «Estoy viviendo con un hombre que es totalmente lo contrario a lo que tenía antes. Ahora se trata de dar y recibir. Eso lo he aprendido. Ahora llevo una vida normal. Tengo una relación normal. Supongo que esto es lo que siempre estuve buscando, ése fue el fallo. Nunca tuve estas cosas normales en mi infancia. Continuaba sintiendo esa soledad. Dependía totalmente de él, en lugar de aprender cómo dar y recibir con otra persona. Eso es una de las mejores cosas.

»Siento que encajo en el mundo. No estoy encerrada en el sótano».

A ninguna de estas mujeres le resultó fácil marcharse, mantenerse lejos o empezar una nueva vida. A muchas de ellas todavía no les resulta fácil. Pero ninguna se arrepiente de haberse ido. Varias frases se repiten con firmeza:

«Estoy aprendiendo...»,
«Me gusto a mí misma...»,
«Me siento libre...».

Su mensaje es que tú puedes aprender nuevos caminos, puedes gustarte a ti misma y puedes liberarte.

Sexta parte

Nuevas direcciones

22

Malos tratos entre adolescentes

Si eres una mujer adolescente o su padre o su madre, este capítulo está pensado para ti, aunque a las mujeres que ya han pasado los años de la adolescencia que son maltratadas en relaciones amorosas puede que también les sirva de ayuda. Se centra principalmente en el abuso sexual, físico y emocional a adolescentes solteras, sin hijos, por parte de sus novios. No se supone que si eres una adolescente no estás casada o no tienes hijos, pero si ésta es tu situación, probablemente te habrá parecido que la mayoría de los otros capítulos de *Libérate* guardan tanta relación con tu vida como con la de mujeres más mayores. Este capítulo ofrece información acerca de las agresiones en las relaciones durante citas amorosas adolescentes e indica las otras partes de *Libérate* que puede ser más útil leer. Si eres el padre o la madre de una chica adolescente que está siendo maltratada, puedes utilizar este libro para entender la situación de tu hija (tal vez quieras que ella también tenga un ejemplar). La última parte de este capítulo se dirige específicamente a ti.

Si eres una adolescente, puede que experimentes todos los miedos y dificultades que padecen las mujeres mayores en relaciones de malos tratos, pero también hay problemas adicionales. En tu lucha por librarte del control de tus padres, tal vez te sientas confundida por sentimientos relacionados con tu relación con un hombre controlador. Para la mayoría de mujeres, resulta difícil hablar de malos tratos, y como adolescente es posible que tengas aún más motivos para dudar. Por ejemplo, podría preocuparte que tu médico, pastor o profesor, si te confías a ellos, se lo digan a tus padres y luego tener que enfrentarte a su dolor, furia o castigo. Puede que tus padres no permitan que sigas viendo al hombre con el que mantienes una relación antes de que tú tomes esa decisión por ti misma.

Si eres padre de una adolescente, puedes pasar todo el miedo que sentirías por un amigo o familiar mayor que tuviera una relación peligrosa, aparte de las preocupaciones particulares debido a la relativa falta de experiencia y vulnerabilidad de tu hija. A todo esto se le puede sumar la rabia por no poder controlarla como tú «deberías» ser capaz de hacer y los celos del hombre que sí la controla. Además, te estarás preguntado qué hay de malo en la manera en la que has educado a tu hija y por qué ella ignora tus súplicas para que deje a este hombre violento. Si eres la madre de una adolescente que es maltratada y tú misma también has sido maltratada, quizá te sientas particularmente responsable, aunque alejaras de tu vida al hombre que te maltrataba hace tiempo. Este capítulo te hace propuestas acerca de cómo ayudar a una adolescente a identificar los abusos, cómo apoyarla y cómo hacer frente a tus propios sentimientos.

¿Son muy comunes los malos tratos entre adolescentes?

La información de que los malos tratos se habían generalizado entre todo tipo de parejas casadas y que convivían juntas empezó a salir a la luz a mediados de los setenta, pero no se conoció casi nada de los malos tratos a adolescentes o en citas amorosas hasta principios de los ochenta. Incluso ahora, casi todo de lo que estamos seguros es que algunas adolescentes, al igual que personas adultas, están expuestas a malos tratos físicos en sus relaciones íntimas. Maria Roy descubrió, en entrevistas hechas a cuatro mil mujeres adultas que habían sido maltratadas, que muchas de ellas habían empezado la relación siendo adolescentes.[1] Las encuestas acerca de la violencia entre las parejas de estudiantes de los institutos de secundaria son pocas y las respuestas nos dan una gran variedad de estadísticas. Un estudio realizado a adolescentes de entre 15 y 19 años reveló que un 17 % de las mujeres y un 8 % de los hombres admitieron que habían sufrido algún tipo de violencia física con una pareja. En más de tres cuartas partes de los

1. Maria Roy (comp.), *The Battered Woman*, Nueva York, Van Nostrand Reinhold Co, 1977.

casos, la violencia empezó después de que la relación de la pareja fuera más en serio, pero la mayoría de las parejas solamente tenía 15 años cuando ocurrió por primera vez. Aproximadamente una cuarta parte de la violencia entre estudiantes empezó en citas amorosas esporádicas, y casi un 60 % tuvo el valor de poner fin a la relación.[2] Otro estudio reveló que el 35 % de las estudiantes de secundaria denunció distintos grados de violencia en sus relaciones. Aunque algunas estudiantes confesaron actos sumamente peligrosos, la mayoría habló de empujones, bofetadas y amenazas. No se detectaron diferencias entre razas o clases sociales.[3]

No debería sorprendernos que la violencia entre estudiantes de secundaria sea corriente. La violencia entre hermanos y hermanas, más que otros tipos de violencia familiar, a menudo se ha considerado inevitable, normal y aceptable. Un estudio reveló que el 16 % de los niños de entre 3 y 17 años pega a sus hermanas y hermanos.[4] Si durante años te has estado peleando con tu hermano, puede que pelearte con tu novio no parezca demasiado distinto. Si un hermano mayor te ha pegado regularmente, tal vez no sea chocante para ti que un novio te pegue. Si te encuentras en esa situación, piensa detenidamente si quieres seguir viviendo con temor y violencia o si preferirías empezar un nuevo modelo de comportamiento.

Entre las estudiantes universitarias encuestadas, algunas de las cuales eran adolescentes, aproximadamente la mitad había sido víctima de agresión sexual durante un solo año académico. Es decir, el hombre intentó alguna actividad sexual con la mujer de una manera inaceptable para ella, y ella se resistió. De estos intentos, el 40 % fue con éxito.[5] Legalmente, muchas de estas acciones podrían definirse como violación, aunque tal vez las mujeres no se dieron cuenta. Solamente un 2 % de ellas denunció estas ofensas a la policía, a los padres o a otras autoridades.[6]

2. Mildred Pagelow, *Family Violence*, Nueva York, Praeger, 1984, pág. 292, citando un estudio de Henton y otros.
3. Karen Susan Brockopp y otros, *A Descriptive Study Surveying the Frequency and Severity of Intra-Couple Dating Violence at the High School Level*, tesis doctoral no publicada.
4. Pagelow, *op. cit.*, pág. 68, citando a Murray Straus, Richard Gelles y Suzanne Steinmetz, *Behind Closed Doors*.
5. Pagelow, *op. cit.*, pág. 292, citando a Parcell y Kanin.
6. *Ibid.*

Otros estudios indican que entre el 21 y el 68 % de los estudiantes universitarios han sido violentos con sus parejas sentimentales o novios.[7] Algunas mujeres que sufrieron agresiones antes del matrimonio dicen que la causa principal eran los celos infundados de sus novios y su negativa a permitir a las mujeres ser independientes.[8] Muchas de ellas esperaban que una vez estuvieran casados o viviendo juntos, el hombre se sintiera seguro y no utilizara más la violencia. Por desgracia, con frecuencia el matrimonio se considera una licencia para aumentar la violencia.

Cómo decir que sufres malos tratos

A veces, decir que está siendo maltratada resulta más difícil para una adolescente que para una mujer adulta. Por ejemplo, es más probable que las adolescentes se dediquen a hacer payasadas y bromas que pueden convertirse en malos tratos físicos o emocionales. Puedes estar peleándote en broma con tu novio cuando él te lleve ventaja, te tuerce el brazo hacia la espalda y se niega a soltarte hasta hacerte daño, hasta que te sientas humillada o hasta que le prometas un favor. Después él dice que «sólo era un juego» y que no debes darle tanta importancia. A lo mejor te molesta tirándote a la piscina o cogiendo tu bolso y enseñando a la gente las cosas personales que llevas dentro. Estás asustada o furiosa al ser obligada a estar en una posición embarazosa e impotente, pero te ríes para demostrar que aceptas bien las bromas. Tu novio insiste en que sólo es un juego, y tú intentas convencerte a ti misma de que así es.

Los coches ofrecen a algunos jóvenes maneras importantes de demostrar su poder. Algunos van con exceso de velocidad o conducen temerariamente para asustar e intimidar a sus novias o para impresionarlas con su valentía o sus habilidades al volante. Si te sientes asustada, intimidada o indefensa cuando tu novio está fanfarroneando, tienes derecho a insistir en que pare el coche y a bajar de él cuando quieras. Existe una amplia variedad de abusos, desde comentarios «graciosos»

---

7. Pagelow, *op. cit.*, pág. 293, citando obras de Laner y de Makepeace.
8. Pagelow, *op. cit.*, pág. 286, citando a Dobash y Dobash y un estudio realizado por Bowker.

sobre mujeres, pasando por las cosquillas, el sexo a la fuerza, las amenazas con armas o el uso de estas armas para mutilar o matar (véanse ejemplos en las págs. 27 a 34 de «A quién se dirige el libro»).

Los malos tratos emocionales pueden ser especialmente confusos (véase el capítulo 24), sobre todo cuando ocurren bajo el pretexto de jugar amistosamente. Las burlas son un ejemplo. Puede que se espere que te lo tomes bien cuando tu novio haga «bromas pesadas» sobre cosas que tú has hecho o dicho de las que estés avergonzada, o cuando hace comentarios degradantes sobre tu cuerpo, tus sentimientos, tus amigos o las mujeres en general. Es posible que se jacte de otras mujeres en las que está interesado o que le están persiguiendo. Si te sientes violenta, dolida, humillada o incompetente a consecuencia de sus comentarios, estás siendo maltratada emocionalmente.

Si crees que él no puede evitar ser de esta manera porque no entiende cómo te afecta a ti es cosa tuya explicárselo. Busca un momento en el que puedas estar a solas con él y explícale lo que te molesta sin reír, disculparte ni coquetear para que él sepa que estás hablando en serio. Si aun así no lo entiende o intenta decirte que estás equivocada, que eres demasiado sensible o que no tienes sentido del humor, tienes derecho a decirle que no quieres que haga eso a pesar de que no te entienda ni esté de acuerdo contigo. Si persiste, señal de que no se preocupa lo suficiente por cómo te sientes o que se burla de ti deliberadamente para hacer que te sientas mal. En cualquier caso, él está ejerciendo poder y control sobre ti, y tu amor propio está en grave peligro de debilitarse paulatinamente para que sea cada vez más difícil expresar cómo te sientes y qué es lo que quieres.

¿Quién es el responsable de la violencia?

Pegar siempre es potencialmente peligroso porque tiende a provocar más violencia, y después más, hasta que finalmente alguien puede causar graves heridas a la persona que más quiere. Aunque no sea inmediatamente peligrosa, la violencia es un indicio de que una persona está fuera de control o de que está utilizando una demostración de ira para controlar a la otra persona. Cualquiera de estas situaciones convertirá una relación potencialmente buena en un campo de batalla lleno de miedo y hostilidad.

Una vez dicho esto, veamos de qué tipo de golpes estamos hablando. Dejando aparte la posibilidad de intensificación, algunos golpes son peores que otros. Cuando los hombres pegan a las mujeres, normalmente es una amenaza mucho mayor y tiene mucha más fuerza que cuando una mujer pega a su novio. Por ejemplo, si tú pegas a tu novio, puede que le des un puñetazo en el brazo o un golpe en el pecho. Si él te pasa entre 8 y 25 cm, pesa entre 15 y 45 kg más y está en buena forma física, le puede parecer un juego, y no una amenaza. Tal vez ni siquiera se moleste en protegerse a sí mismo. Sin embargo, si al final se enfada, puede que te pegue con el puño, lo que probablemente te haga daño y te asuste, y empiece un proceso de dominio sobre ti. Luego quizá te culpe porque al fin y al cabo empezaste tú.

Es cierto que tú empezaste, y debes asumir la responsabilidad de lo que has hecho, pero esto no significa que seas responsable de lo que él ha hecho. Sólo él puede empezar o detener su violencia, del mismo modo que sólo tú puedes empezar o detener la tuya. Tal vez le hayas hecho daño con un arma o con el puño, en cuyo caso deberías tomarte tu problema en serio y buscar ayuda profesional para solucionarlo. Si ocurre cuando tomas drogas o bebes alcohol, también deberías considerar esto un problema y buscar ayuda para dejarlo.

Existen algunos indicios de que las mujeres adolescentes tienden a pensar que la violencia causa un efecto malo en sus relaciones, tanto si son golpeadas como si son ellas las que pegan. Los hombres adolescentes, tanto si son los agresores como las víctimas, tienden a creer que las acciones violentas tienen un efecto positivo en la relación o ningún efecto en absoluto.[9]

Si estás de acuerdo con otras mujeres jóvenes en que la violencia causa un efecto negativo, probablemente al madurar seas capaz de controlar tu furia. Pero puede que tu novio ni siquiera lo intente, ya que cree que no es importante o incluso que hacerlo es algo bueno. Ésta podría ser una razón por la que las mujeres se vuelven menos violentas y los hombres más violentos con sus parejas cuando se hacen mayores.

El modelo de comportamiento también puede cambiar debido al matrimonio o al nacimiento de un hijo. Hay tendencia a que tenga lugar más violencia en los matrimonios que la que ocurre cuando la pa-

9. Brockopp y otros, *op. cit.*

362

reja es muy joven. Las mujeres que están embarazadas también corren un riesgo elevado de ser maltratadas por sus maridos o novios. Pocos adolescentes están suficientemente cualificados para conseguir trabajos bien pagados, y la falta de dinero, la responsabilidad inesperada y la inseguridad de vivir de acuerdo a un modelo adulto puede añadir tensión a las vidas de una pareja de adolescentes. El estrés no es la causa de la violencia, pero puede ofrecer una excusa para el hombre que está dispuesto a controlar con violencia y puede inducir a la mujer que está siendo maltratada al error de creer que su pareja no puede evitar lo que hace.

Qué hacer si te pegan

Si tu novio te ha abofeteado, empujado o amenazado, es importante que te lo tomes en serio, tanto si has tenido heridas como si no. Significa que él está dispuesto a utilizar la fuerza física para controlarte, y hay muchas posibilidades de que la situación empeore a menos que tú dejes absolutamente claro que no lo vas a permitir. Tienes que hacer mucho más que quejarte. Si no estás preparada para cortar la relación, lo que sería la opción más segura, aún puedes decir que no quieres verle hasta que sugiera un plan para controlar su furia. Un plan es distinto a una promesa, y ni siquiera las buenas intenciones son suficientes. Si su furia está tan cerca de aflorar que ya te ha pegado una vez, necesitará ayuda para aprender a controlarla.

Si tu novio quiere seguir viéndote, insiste en que asista a clases para dominar su furia o que haga terapia con un asesor o haga cambios concretos que le permitan detener la violencia. Si te ha pegado solamente cuando bebe, puedes decirle que estás de acuerdo en seguir viéndole sólo si deja completamente la bebida y acude a un programa como Alcohólicos Anónimos. Tal vez piensas que no tienes derecho a decidir que él tiene un problema con la bebida (o las drogas), pero si pega cuando bebe, tanto la bebida como la violencia te están causando sufrimiento y tienes derecho a protegerte a ti misma. Probablemente se enfadará contigo por «decirle lo que tiene que hacer». Puedes estar de acuerdo con él en que lo que hace es asunto suyo, y añadir que es asunto tuyo decidir si vas a seguir viéndole o no. Es decir, le verás o no le verás dependiendo de si vas a estar segura con la decisión que él tome. Si dice que solamente bebe o es violento cuando se siente terriblemente desdichado, cuando su padre le pega o porque ha perdido su trabajo, puedes decirle que no todo el mundo reacciona a estos problemas pegando a la persona a la que quiere. Hazle saber que, a pesar de sus motivos, que en realidad son excusas, tú vas a asumir la responsabilidad de estar a salvo.

Justo después de que tu novio te haya maltratado, puedes estar tentada a decirle que tiene que hacer ciertas cosas o no volverás a verle jamás. Es una buena idea si estás absolutamente segura de que lo piensas de verdad. Pero si existe una mínima posibilidad de que cambies de idea cuando te traiga flores, te ponga su mirada irresistible de «niño bueno» o cuando te sientas sola, no lo hagas. Podrías decirle que ya no lo soportas más y que, si vuelve a hacerlo, cabe la posibilidad de que le dejes. Una ventaja de decir lo que *puede* que hagas es que, cuando llegue el momento de actuar, no te sentirás culpable por no haberle advertido. Cada vez que lanzas una amenaza y luego no la cumples, él recibe el mensaje de que no piensas de verdad lo que dices y que no tiene que tomarse en serio nada de lo que tú dices. Espera hasta que estés segura de que puedes llevar a cabo lo que dices. Así no es una amenaza, sino el anuncio de un plan.

Poner fin a la relación

A veces es duro dejar a un novio que te lleva a sitios apasionantes o caros y te compra regalos, sobre todo si tú dispones de muy poco dinero para ti. Si ése es uno de tus problemas, intenta recordar dos cosas. En primer lugar, allí fuera hay montones de hombres que harían lo mismo por ti y te tratarían de manera cariñosa. Sin embargo, puede que no te des cuenta de ello hasta que dejes de concentrarte en el hombre que te está maltratando. En segundo lugar, si para ti es importante poseer cosas buenas e ir a sitios apasionantes, éste es un buen momento para planificar la formación profesional o la educación que te permita comprarte artículos de lujo. Entonces estarás segura de que, si estás con un hombre, es por lo que él es, no por lo que puede comprarte.

Algunas mujeres adolescentes (y también más adultas) están poco dispuestas a poner fin a una relación sexual, ya que tienen miedo de que nunca más podrán tener otra sin que las consideren «mujeres fáciles» o «fulanas». Si te separas, tal vez quieras tomarte algún tiempo antes de empezar una segunda relación con otro hombre para estar segura de que sabes lo que sientes y de que tus sentimientos están dirigidos a alguien que se los merece. Es posible que decidas no mantener una relación sexual de nuevo a menos que estés casada. Por otra parte, puedes decidir que tienes derecho a expresar tus sentimientos sexuales de cualquier manera que te parezca correcta, tanto a ti como a tu pareja. Lo más importante es que puedes aprovechar esta oportunidad para pensar detenidamente en tus propios valores y decidir si vas a condenarte a permanecer en esta relación de por vida por un error o si estás dispuesta a darte una segunda oportunidad para encontrar una pareja sexual cariñosa.

Existen otros muchos aspectos de la vida adolescente que hacen que resulte especialmente difícil hacer frente a un novio agresivo, y puede llevar algún tiempo encontrar a un asesor o convencer a tus padres para que entiendan tu situación. Pero sigue intentándolo. Lo más importante es que intentes tener algunos amigos de confianza, ya sean adolescentes o adultos, con los que puedas hablar acerca de tu situación. Si sigues hablando de la relación y analizándola, pronto serás capaz de decidir cuál es la mejor opción para ti.

Cómo utilizar *Libérate*

Una relación con un novio violento es físicamente peligrosa, aunque cuando estás relacionada sentimentalmente con un chico formal, la idea de romper con él puede parecer un riesgo aún mayor a nivel emocional. *Libérate* está pensado para ayudarte a sopesar los pros y los contras de la relación, a decidir lo que es mejor para ti y a sacar el máximo partido de las consecuencias. Si has hojeado el resto del libro, a lo mejor has visto alusiones al hecho de ser padres y a matrimonios duraderos y has pensado que esto no puede aplicarse a ti. Pero *Libérate* está pensado para satisfacer las necesidades de todas las mujeres que sufren abusos, sin tener en cuenta la edad o las circunstancias. Por ejemplo, la mayor parte del capítulo 1 y de los capítulos 4 a 7 son tan pertinentes para ti como para una mujer de más edad que está más consolidada en la vida familiar. Te ayudarán a entender los aspectos sociales de los malos tratos, tus derechos y tus sentimientos de amor, y te harán sugerencias sobre cómo decidir si dejar al hombre o continuar con la relación.

Puede que pienses que porque un ejemplo de una actividad no pueda aplicarse exactamente a ti el ejercicio no va a ayudarte. Por ejemplo, en la página 103 sugiero que lo que más miedo puede provocar a una mujer del hecho de dejar a su marido tal vez sea perder la casa y el jardín de los que ella se ha ocupado durante veintidós años. Si tienes 17 años, a lo mejor piensas que eso no tiene nada que ver contigo. Pero en lugar de saltarte la actividad, piensa en cuál es tu mayor temor. Quizá sea no tener pareja para el baile de gala de fin de curso, o que tus amigos te traten como a una «perdedora», o tener que admitir que tus padres tenían razón, o simplemente estar siempre sola. Todos éstos, y otros muchos miedos que tienes, son importantes. La cuestión es que puedes superarlos utilizando las actividades del libro para que te ayuden a reconocerlos, a analizar si es probable que aparezcan y a pensar detenidamente la manera en la que puedes hacer que las cosas vayan bien. Al mismo tiempo, si lo peor no se puede evitar, puedes planear cómo enfrentarte a ello.

Algunas de las actividades hacen hincapié en las relaciones duraderas y las decisiones acerca de los hijos porque a menudo éstas son las situaciones más complicadas y, por consiguiente, las más difíciles de cambiar. Pero también es cierto que algunas situaciones de la gente joven son especialmente duras de manejar. Si todavía estás estudiando y dependes económicamente de tus padres, tienes menos opciones que muchos adultos. Además, tienes menos derechos reconocidos. La presión social puede ser más intensa que en las comunidades de adultos y se concede una importancia tremenda al amor y al romance. A lo mejor, como muchos adolescentes, estás socialmente aislada o tienes muchos conocidos pero pocas personas a las que poder contar tus miedos y tus sueños. Así que no subestimes las dificultades a las que haces frente al hacer cambios.

Muchas mujeres asumen los sentimientos y valores familiares en cuanto empiezan una relación seria con un hombre. Puede que sientas lealtad y preocupación por tu novio, que antepongas sus necesidades a las tuyas, y que a veces incluso sientas que necesitas que le cuiden como a un niño. Si estos sentimientos aparecen como muestras de madurez y de tener responsabilidades adultas, puedes estar paralizada por sentimientos de culpabilidad y frustración al pensar en dejarle. Podrías sentir como si abandonaras a un miembro de la familia; muchos hombres que maltratan, incluso hombres jóvenes, saben cómo aprovecharse de estos sentimientos. Así que, aunque no estés casada ni tengas hijos, los capítulos 2 y 3, que se centran en cuestiones familiares, pueden ayudarte a obtener una perspectiva equilibrada.

La segunda parte, «Obtener ayuda profesional», se puede aplicar a ti como adolescente o como mujer joven soltera, con la posible excepción del capítulo «Tomar decisiones legales». Cada Estado tiene leyes distintas para adultos y menores, así que tendrás que informarte de cómo se aplica la ley para ti. Puede que también necesites información acerca de cómo es probable que los tribunales locales traten a tu novio, sobre todo si es un adolescente. Un sistema judicial que es duro con hombres adultos que maltratan puede que no se tome en serio la violencia de un adolescente.

Todos los profesionales están obligados por la ley federal a denunciar los malos tratos cometidos a niños menores de 18 años a la policía o a las autoridades de protección de menores, aunque a veces esta obligación se interpreta en líneas generales en varias comunidades. Personal médico, asesores, centros de acogida y Hogares Seguros quizá se nieguen a ayudarte sin el permiso de tus padres. Eso no quiere decir que no les importe lo que te ocurre, sino que estarían violando la ley si te ayudaran. Para evitar estas situaciones, algunos adolescentes que no pueden recibir ayuda de sus familias se ven obligados a inventarse un nombre o a mentir sobre su edad. Intenta obtener información acerca de lo que puedes esperar en tu comunidad antes de que estés en crisis llamando a un centro de acogida para mujeres maltratadas, a un centro para adolescentes que han huido o a un teléfono de ayuda. Por teléfono es muy fácil mantener el anonimato; cuando sientas que puedes confiar en las personas, puedes prepararte para conocerlas en persona.

Muchas partes de los capítulos 14 a 17 son más pertinentes para parejas adultas que han formado juntas un hogar o que tienen hijos en común, que para adolescentes solteras y sin hijos. Además de las restricciones mencionadas anteriormente en los centros de acogida y Hogares Seguros de la mayoría de los Estados, no tendrás derecho a la ayuda pública a menos que tengas un hijo, así que las partes que tratan de los centros de acogida y las ayudas de asistencia social tal vez no tengan una utilidad inmediata para ti. Pero puede que leer y seguir otras partes de estos capítulos sea importante para ti. Las actividades de la 23 a la 26, que incluyen listas de cosas peligrosas que tu novio te ha hecho y una «Lista de los mejores recuerdos», pueden ser extremadamente útiles para mantenerte a salvo, sea cual sea tu edad o situación. Mira el índice para ver las partes que quieres leer.

El resto del libro, que incluye las partes «Ayudarte a ti misma a sobrevivir», «Después de irte» y «Las que se fueron», puede aplicarse tanto a ti como a personas adultas. Puede que también quieras leer las partes del libro que hablan de los problemas de los matrimonios de hace muchos años y de la custodia de los hijos para que puedas ver lo que te aguarda si decides romper esta relación dentro de diez o veinte años después de haber tenido varios hijos. Espero que el libro te permita escapar de esta situación ahora, cuando tienes muchas opciones para el futuro.

¿Qué puede hacer un padre?

Hay pocas cosas que sean más dolorosas que ver a los propios hijos escoger caminos peligrosos. Si tu hija mantiene una relación con un hombre violento, sin duda alguna harás bien en considerarlo una situación grave. Normalmente no existe ninguna manera de prever si un hombre se limitará a una violencia moderada o poco frecuente o si va a causar daños continuados o incluso pueda llegar a matar. Además de las heridas físicas, a menudo el daño emocional es grave. Por lo tanto, ¿qué puede hacer un padre para que al menos las cosas no empeoren?

Como en todos los conflictos entre adolescentes y padres, el tipo de relación que exista marca una diferencia decisiva. La edad del adolescente también es importante. Algunos partidarios del «amor inflexible» tal vez te aconsejen que le digas a tu hija que no vuelva a casa hasta que haya roto su relación con ese hombre. Aunque en algunos casos pueda funcionar, no existe ninguna garantía; cuando sepas los resultados, puede que ya sea demasiado tarde para cambiar de opinión. Abandonar o rechazar a tu hija es lo más peligroso que puedes hacer. Es probable que el hombre con el que mantiene una relación ya te considere una amenaza e intente cortar el contacto entre tu hija y tú. Si le dices que se vaya, le estarás haciendo justo su juego y estarás negando todo el apoyo que tu hija necesita si con el tiempo se separan.

Puede que si pacientemente apoyas o de vez en cuando salvas a tu hija cuando le han dado una paliza, estés bajo una cantidad de estrés mucho mayor de la que fácilmente puedes soportar, y aquí es donde debes cuidarte a ti mismo. Puede que, de vez en cuando, necesites limitar la relación con tu hija. Si ves que estás demasiado enfadado, demasiado deprimido o demasiado crítico como para serle de apoyo, intenta que otro miembro de la familia o un amigo la apoye y explica a tu hija de la manera más cariñosa que puedas que necesitas una separación temporal. Deja claro que te preocupas por ella y quieres que ella esté a salvo porque la quieres, pero que tu sensación de impotencia, miedo y furia no te permiten estar con ella y ayudarla. Hazle saber que volverás con ella lo antes posible y asegúrate de que tiene otras personas a las que puede acudir.

Si puedes, escucha a tu hija, deja que hable sobre el hombre en cuestión y trágate tu indignación cuando ella te diga lo guapo, lo cariñoso que es o cuánto lo necesita. Piensa en todas las cosas ridículas que hiciste cuando eras adolescente o adulto, aunque muchas de ellas no representaran una amenaza para tu vida. Intenta comprender que ella puede amar a su novio y al mismo tiempo odiarle, y que a lo mejor tú solamente la ves cuando ella sufre o está enfurecida por lo que su novio le ha hecho. Si no escuchas los aspectos positivos de la relación, ella aún estará más incómoda de lo que ya está al hablar contigo con sinceridad. Ni tampoco habrá posibilidad alguna de que escuche tus consejos. Cuanto menos hable de ello, más caerá en el aislamiento que permitirá al hombre abusar de ella.

Cuando sí tengas oportunidad de pasar tiempo con ella, intenta organizarlo para pasar parte de ese tiempo a solas con ella y parte junto a amigos o familiares que apreciáis. Cuanto más tiempo pase con gente que ha sido importante para ella, mejor será la oportunidad para recordarle que puede gustar a la gente y ser amada sin que la maltraten. Dale una oportunidad para que haga cosas que la ayuden a sentirse bien, ya sea hacer galletas o jugar al tenis. El hombre, sin duda alguna, ataca con regularidad su amor propio, así que para ti es importante aprovechar esta oportunidad para halagar, y no para criticar.

Tendrás suerte si puedes hacer estas cosas. Algunos han perdido el contacto con su hija porque su novio se la ha llevado, y le ha exigido que no esté en contacto con su familia. Si es menor de edad, llamar a la policía es una opción, y es aún mejor si su novio es un adulto que puede ser acusado de secuestro o de mantener relaciones sexuales con una menor. La ley cambia en cada Estado, así que consigue información fiable acerca de cuáles serán las probables consecuencias antes de actuar. Puede que tu decisión exija considerar las posibilidades legales y también la reacción que probablemente tendrá tu hija. Si la policía la encuentra, no te sorprendas si ella se niega a ir con ellos. Tal vez no haya nada que tú puedas hacer si ella huye constantemente con el hombre. Si esa opción parece probable, a lo mejor puedes averiguar tranquilamente dónde se encuentra y después, con cuidado, organizar breves encuentros. Mientras mantengas el contacto con ella, puedes recordarle que alguien aparte de su novio se preocupa por ella y le cuidará si decide irse. Por absurdo que pueda parecer, probablemente ella siente que él es la única persona que la quiere, así que el mensaje debe transmitirse en cada oportunidad.

Llegará un momento en el que será oportuno poner toda tu energía para salvar a tu hija, y tal vez sientas que debes seguir con ello, aunque sea en vano o contraproducente. Resiste la tentación de continuar cuando parezca perjudicial para ella o para ti. Retoma tus actividades habituales y también asegúrate de estar en contacto con gente en la que puedas confiar para que te apoye. Si tú y tu pareja no estáis de acuerdo en lo que debéis hacer, no permitas que eso suponga un obstáculo en vuestra relación; es un momento en el que más os necesitáis el uno al otro y en el que vuestra hija os necesita en el mejor estado posible. Hablad con una tercera parte e intentad llegar a una solución o al menos a un acuerdo de entendimiento y respeto para la postura de cada uno.

Si tu hijo es la persona violenta, haz todo lo posible para que asista a clases para autocontrolar la furia o al menos visite a un asesor y asegúrate de hacer saber a la joven que tú entiendes que él no le conviene y que no debería estar con un hombre peligroso, aunque sea tu hijo.

Sobre todo, no dejes que la rabia te abrume. Puede que te apetezca actuar violentamente contra el hombre o incluso contra tu hija, pero éste es el camino que yo espero que todos intentemos cambiar. Parafraseando la plegaria, trabaja para tener el valor de cambiar lo que puedes, la paciencia para aceptar lo que no puedes y la sabiduría para ver la diferencia.

23

Malos tratos entre lesbianas

Durante todos los años desde que *Libérate* se publicó por primera vez, ha quedado muy claro que la violencia es un problema grave y generalizado entre lesbianas. Si eres una lesbiana que ha sido maltratada, puede que hayas sido una de las muchas que fueron reacias a anunciar públicamente algo tan perturbador. Puede que ahora te encuentres entre aquellas que creen firmemente que el debate abierto es fundamental para que tú y otras lesbianas que son maltratadas podáis recibir el apoyo y la ayuda práctica que necesitáis. Es una triste ironía que tantas lesbianas hayan trabajado al lado de heterosexuales para crear centros de acogida y Hogares Seguros y un movimiento nacional contra los malos tratos, pero que en realidad las lesbianas que son maltratadas no dispongan de servicios, y que solamente se haya publicado un puñado de artículos sobre el tema. La Coalición Nacional contra la Violencia Doméstica norteamericana ha reconocido esta disparidad y ha duplicado su compromiso para luchar contra la homofobia dentro del movimiento de las mujeres maltratadas y para fomentar los servicios para lesbianas.[1]

A nivel local tanto el movimiento contra los malos tratos como la comunidad lesbiana necesitan tomarse en serio este problema, trabajar juntos donde puedan para obtener educación común y servicios cooperativos para que a las víctimas lesbianas se les pueda asegurar refugios seguros y puedan recibir apoyo. Las mujeres que necesitan

---

1. Un paso en esa dirección es la antología sobre malos tratos entre lesbianas, iniciada por la coalición: Kerry Lobel, *Naming the Violence: Speaking Out About Lesbian Battering*, Seattle, Seal Press, 1986.

ayuda la lograrán como resultado de las extensas campañas de educación que están llevando a cabo las comunidades lesbianas, en el sentido de que la comunidad está preocupada, la comunidad quiere ayudar, y no debe culparse a la víctima. También deben existir servicios disponibles para lesbianas que maltratan y que están decididas a cambiar la manera en que se relacionan con sus parejas.

La cuestión de quién maltrata

Puede que te sientas confundida por saber quién, si tu pareja o tú, es «la persona que maltrata». A lo mejor algunas veces has devuelto el golpe a tu pareja en defensa propia, o quizás ahora estás siendo maltratada, pero en tu última relación tú eras la persona violenta. Posiblemente aún llevas contigo esa culpa y la identificación de «la agresora», que no es cierta en esta relación. También puede darse el caso de que tu pareja y tú os peguéis la una a la otra con la misma cantidad de fuerza y frecuencia. Además, si las dos os maltratáis emocionalmente, el cuadro puede llegar a ser desconcertante, especialmente si vuestras vidas y sentimientos están tan unidos que a veces no sabes dónde están tus límites personales.

En el movimiento hay una polémica acerca de si la «agresión mutua» existe. Algunos trabajadores insisten en que solamente una persona es la «agresora» y que siempre controla a su pareja, aunque al principio a veces pueda parecer «agresión mutua». Yo estoy entre los que creen que este modelo de comportamiento es sólo uno entre muchos, que algunas mujeres que están igualadas equitativamente se pelean con la misma fuerza y regularidad, así como que las parejas pasan por temporadas en las que una abusa y maltrata a la otra, y luego la otra le lleva la delantera y abusa y maltrata a la primera. O una mujer puede maltratar y controlar a una pareja que nunca devuelve el golpe y raras veces se resiste, pero en su próxima relación ella puede ser la que es maltratada y la que no toma represalias. Hago estas afirmaciones basándome en lo que las mujeres me han contado, mientras que otras han dicho que desconfían de lo que digan las mujeres que se encuentran en medio de estas relaciones, sobre todo aquellas que han maltratado.

Hasta que tengamos más conocimientos sobre estos temas, hay varias cosas que puedes tener presentes para que te ayuden a aclarar lo que te está pasando. Pregúntate si has estado amenazada físicamente o si has sido golpeada por tu pareja. Si la respuesta es sí, te están maltratando físicamente. ¿Tienes libertad para estar con amigos, para vestir, cocinar y hablar como tú quieras, o para hacer cursos o trabajos que te gusten, sin temer sufrir un castigo por parte de tu pareja? Si no es así, entonces ella te está controlando, lo que representa la esencia del maltrato. Utilizando los criterios de lavado de cerebro y de «hacer volver loco» del capítulo 24 como lista de control, pregúntate a ti misma si has sido maltratada emocionalmente por tu pareja. Si han abusado de ti sexualmente, o te han maltratado física o emocionalmente, necesitas separarte algún tiempo de tu pareja, ante todo para estar a salvo. En segundo lugar, necesitas tiempo para estar sola y con buenos amigos para recobrar una perspectiva clara de lo que te ha pasado.

Aquí tienes otro grupo de preguntas para ti: ¿he pegado, maltratado emocionalmente o intentado controlar y castigar a mi pareja? ¿He insistido, por ejemplo, en que ella se vistiera, cocinara, hablara, se ocupara de la casa, hiciera el amor, condujera y otras cosas sólo de la manera que yo creo que es correcta? Si las respuestas son afirmativas, tú eres la única que puedes acabar con ello y tendrás que alejarte de ella para no hacerle más daño, mientras aprendes a dominar tu furia y a relacionarte íntimamente sin necesidad de controlar.

Si cada una de las dos golpeó a la otra en defensa propia, pero fue lo suficientemente grave como para herir a una de las dos o causar miedo a alguna de vosotras, ese comportamiento es lo bastante dañino para merecer métodos de prevención en un futuro. Si se empleó más fuerza de la necesaria o incluso si hubo justo la cantidad necesaria para defenderse, hay un grave problema por solucionar.

La naturaleza de los malos tratos entre lesbianas

Algunas personas creen que los malos tratos entre lesbianas tienen tendencia a ser «suaves». Es posible que esta actitud demuestre una necesidad de negar o minimizar la existencia de la violencia entre lesbianas. Tal vez refleje el hecho de que muchos asesores y directores de grupo han oído hablar de lesbianas que tiran cosas, se agarran y empujan, pero sin pruebas de lesiones graves, o que las lesbianas políticamente sofisticadas, feministas y que trabajan en el movimiento contra los malos tratos tienden a horrorizarse y a asustarse al menor indicio de violencia en sus vidas. Se dan cuenta de que es probable que se intensifique y, al igual que otras mujeres, tienden a pedir ayuda a asesores muy al principio de los problemas en su relación. Aunque estas especulaciones sean correctas, también es cierto que hay muchas lesbianas peligrosamente violentas. Sabemos que al menos algunas lesbianas que maltratan defienden sus acciones porque para ellas son necesarias, y no están dispuestas a cambiar. Posiblemente, las mujeres más peligrosas no reconocerán su comportamiento agresivo hasta que se enfrenten al sistema judicial. Sabremos más sobre ellas cuando muchas más lesbianas se arriesguen a llamar a la policía, cuando la policía y los fiscales se tomen los malos tratos entre lesbianas en serio, y cuando las lesbianas que maltratan reciban trato judicial como grupo.

En la comunidad lesbiana, se ha investigado muy poco acerca de los malos tratos, pero en los próximos años podemos esperar mucha más investigación, parte de la cual estará pensada para determinar su alcance y gravedad. Si descubrimos que el grado de violencia entre lesbianas es tan alto como el de violencia entre hombres heterosexuales, ¿qué significará eso para nuestras teorías de que una razón principal de que los hombres maltraten es que simplemente por ser hombres tienen permiso explícito o implícito para ser violento, que pueden salir impunes porque tienen recursos superiores y vínculos menos fuertes con los niños? La respuesta corta es que simplemente no lo sabemos.

Un estudio intentó descubrir si las lesbianas que maltrataban tenían recursos que fueran superiores a los de sus parejas, pero no se encontró una correlación significativa. Puede que hubiera un desequilibrio de recursos que no se tuvieran en cuenta. Tal vez un recurso importante que da poder es simplemente las ganas de utilizar la fuerza física. Puesto que muchas mujeres no están educadas para reaccionar físicamente, si una mujer elige ese método de combate, su pareja puede resultar rápidamente intimidada y empezar a ceder, no a una fuerza superior, sino a la disposición de la mujer violenta a utilizar dicha fuerza.

Cuando los malos tratos entre lesbianas empezaron a reconocerse públicamente, hubo la especulación de que eran las «marimachos» las que maltrataban a las que hacen de «chicas» de la relación, pero ahora, según se deduce de la observación informal por parte de asesores y otras personas, parece bastante evidente que éste no es un modelo de comportamiento típico o generalizado. En muchas parejas donde existen los malos tratos, los papeles «hombre-mujer» no se representan para nada. Cuando están presentes, a veces es la que hace de «chica» quien maltrata.

Responsabilidad por los malos tratos

Sí sabemos algunas cosas. Si los malos tratos se alternan entre tu pareja y tú, si os peleáis con igual fuerza al mismo tiempo o si tu pareja o tú tenéis el control físico o psicológico de la situación, la persona que maltrata a otra es la persona responsable de ello. Sólo ella puede ponerle fin. No se puede culpar a la mujer que sufre los malos tratos por lo que le ocurre. Si estás siendo maltratada, probablemente tendrás que dejar a tu pareja para romper esa pauta, y ella tendrá que esforzarse mucho durante un largo período de tiempo para cambiar su comportamiento de violencia y control. Mientras tanto, tendrás que pedir ayuda para reconstruir tu autoestima y tu red social. Probablemente no serás capaz de continuar la relación de una manera que sea segura y en la que cada una de vosotras tenga igual poder. Donde haya posibilidad de ello, necesitarás ayuda de una tercera parte, después de que hayas hecho tu trabajo individual, para negociar y mantener un nuevo estilo de relación.

Cómo utilizar *Libérate*

Cuando *Libérate* se publicó por primera vez, hablé con los editores sobre si deberíamos incluir información acerca de los malos tratos entre lesbianas. Después de pensarlo detenidamente, estuvimos de acuerdo en que cualquier cosa que yo pudiera haber dicho sobre ello se habría basado en pocos conocimientos y en muchas conjeturas, así que decidimos no intentar hablar específicamente de las necesidades de las lesbianas. Yo esperaba, como ya dije en la introducción original, que gran parte del libro fuera útil para lesbianas y hombres homosexuales que sufrían malos tratos por parte de sus parejas. Muchos lectores nos han dicho que así fue. Utilizaron sus técnicas bien practicadas en «traducir» la lectura heterosexual en un lenguaje apropiado para su orientación sexual, descartando lo que no se ajustaba a ella.

Exceptuando el primer capítulo de *Libérate*, que trata de los papeles tradicionales masculinos y femeninos y del matrimonio, la mayoría de la materia, con modificaciones en su lenguaje, se puede aplicar a lesbianas igual que a heterosexuales, aunque hay determinadas partes que tendrán ramificacones especiales para ti, como lesbiana. Para saber lo que puedes esperar de la policía y los fiscales, por ejemplo, tendrás que informarte de las costumbres y actitudes actuales hacia las lesbianas en tu propia comunidad, y puede que estén cambiando rápidamente. Lo mismo sirve para los problemas de custodia de los hijos, aunque, en general, sabemos que en una pareja una lesbiana que no ha tenido ningún hijo probablemente tendrá, si es que tiene alguno, pocos derechos sobre los niños. Sin embargo, la ley es distinta en cada Estado y está sujeta a grandes variaciones en su interpretación de un lugar a otro, dependiendo de los valores predominantes de la comunidad y de los prejuicios de los jueces.

Como los temas de confidencialidad afectan a todos los aspectos de la vida lesbiana, tendrás que utilizar tu imaginación al aplicar algunas partes del libro, sobre todo si aún eres una lesbiana no declarada. Esto puede suceder especialmente en los capítulos que tratan de «Fin al aislamiento» y «Recurrir a los demás». Además, las partes sobre amor propio, como por ejemplo el capítulo «Tú puedes ser tu propia asesora», deberías leerlas en el contexto de cómo tu vida y tu amor propio se han visto afectados por los malos tratos homofóbicos societales que has sufrido por tu condición de lesbiana, por parte de representantes de muchas instituciones. También se debería poner mucha atención a las autocríticas que son el resultado de la homofobia interiorizada reflejo de ese «mundo real» hostil. Dado que gran parte del mundo es homofóbico y está listo para insultarte sólo porque tu orientación sexual no es la misma que la suya, es doblemente importante que no te confabules con ella maltratándote a ti misma.

Servicios de emergencia

Si necesitas vivienda de emergencia, tus opciones en casi todas las ciudades serán limitadas. En las comunidades rurales, puede que familias particulares ofrezcan «hogares seguros» durante unos días, pero no hay garantía de que tengan conocimiento alguno de los problemas de las lesbianas. Si estás huyendo de tu vida, puede que no des importancia a su actitud durante las primeras veinticuatro horas, pero cuando estás en crisis, ser el huésped de personas homofóbicas no mejorará tu estado de ánimo. Así que intenta crear un plan de emergencia antes de que lo necesites, que te permita estar con personas afables y que te cuiden.

Si decides ir a un centro de acogida, tendrás que averiguar si el personal es conservador en aspectos como la orientación sexual o están dispuestos a dar cobijo a una lesbiana. Tal vez encuentres a una lesbiana empática trabajando allí, u otros miembros del personal o de la administración que están dispuestos a ayudar a todas las mujeres y que ofrecen un ambiente de acogida. En algunos centros, hay miembros de personal libres de prejuicios, pero puede que un administrador o la dirección les hayan prohibido incluso tratar temas de lesbianas; y tampoco las actitudes del personal te dirán mucho sobre cómo van a aceptarte las otras mujeres. Algunas lesbianas que han sido maltratadas han fingido que mantenían una relación con un hombre y han encontrado verdadero refugio en los centros de acogida, pero la decepción seguro que les ha pasado factura.

Probablemente esperas que nunca necesites alojamiento de emergencia, pero si alguna vez has tenido motivos para considerar esta opción, aunque fuera momentáneamente, esto es un indicio de que puede que en el futuro lo necesites. Por lo tanto, si ahora no estás en crisis, es el momento de recoger información. Tendrás más tiempo para recopilarla y estarás en un estado emocional mejor para asimilarla y evaluarla.

Poner fin al aislamiento

En muchas comunidades, es difícil para las lesbianas que son maltratadas abrirse paso entre el aislamiento que era típico de todas las mujeres maltratadas hace diez años. Pero se puede conseguir. Si has declarado públicamente tu condición y formas parte de una comunidad lesbiana, sabrás qué organismos existen que ayuden a las lesbianas en distintos temas y puede que sepas cuáles de ellos van a ocuparse convenientemente de tu seguridad. Si no estás segura y quieres proteger tu intimidad, haz algunas indagaciones discretas, del estilo de «Tengo una amiga que...» o por teléfono. La respuesta te dará una idea de la postura de la institución con respecto a las lesbianas maltratadas. Si parece positiva, pregunta si disponen de un servicio de grupos de alojamiento o de asesoramiento a nivel individual y si las mujeres que lo ofrecen tienen experiencia en temas de violencia y cuestiones de lesbianas. Puedes preguntar por los objetivos generales de su programa. ¿Qué papel piensan que ellos o la comunidad lesbiana en general debería tener en la lucha para poner fin a los malos tratos? Según ellos, ¿quién es responsable de los malos tratos? ¿Cuál es su postura sobre la implicación del sistema judicial en cuanto a los malos tratos entre lesbianas? Si el organismo no tiene una postura clara de que la persona que maltrata es responsable por ello y si no están dispuestos a debatir los pros y los contras implicando a la policía y a la justicia, o si su actitud respecto a los malos tratos es notablemente distinta a la tuya, busca ayuda en otra parte.

Confidencialidad

Es probable que la confidencialidad sea un tema especial para ti, y por supuesto tienes derecho a mantener en secreto tu situación, aunque puede que también existan algunas razones para no hacerlo. Pero si tu elección es que nadie en la comunidad sepa quién te está maltratando, o ni siquiera que esto está pasando, pregunta a los representantes de la organización por su archivo y quién tiene acceso a los expedientes. No aceptes confianzas, pide hablar con el director o con la persona que sabe cómo funciona el sistema a fin de obtener información detallada. ¿Dónde se guardan los expedientes? ¿Hasta qué punto son detallados? ¿Quién tiene acceso a ellos? ¿Cómo puedes obtener acceso a ellos si quieres leerlos? Si tienes pensado asistir a una sesión de grupo o asesoramiento, averigua si hay un ambiente de centro social en el que mucha gente puede verte entrar y salir. Si es así, es posible que te encuentres con conocidos que te harán preguntas inocentes y molestas. Si no eres astuta al desviar preguntas como «¿Por qué estás aquí?», te convendría más buscar ayuda en otra parte.

Servicios de asesoramiento

Una vez estés convencida de que se mantendrá tu confidencialidad o hayas decidido que no es un problema, entonces tienes que averiguar de qué servicios dispones que se ajusten a tus necesidades. Si no hay ningún programa especial para mujeres que han sido maltratadas, aún puedes obtener algo de ayuda. Puedes entrar en un grupo de terapia o apoyo general donde hables de tu relación. Habla con la directora sobre lo que quieres y averigua si es comprensiva con tu situación y si seguirá dándote su apoyo tomes las decisiones que tomes. Pídele que piense si los miembros del grupo serán comprensivos contigo, más que impacientes, por no vivir de acuerdo a su concepción de lo que una mujer, una feminista o una lesbiana, debería ser. Puedes pedirle que explique tu situación y tus necesidades al grupo o que te dé tiempo para que lo hagas tú misma, aplazando tu compromiso hasta que sepas cuáles son. sus respuestas.

Si tu necesidad de preservar tu intimidad es muy grande o no quieres que te asocien con organizaciones de ayuda a las lesbianas, puedes hacer preguntas similares al personal de centros de acogida u Hogares Seguros, o a teléfonos de ayuda para mujeres maltratadas. La mayoría podrá ofrecerte apoyo y asesoramiento, e información sobre vivienda, asistencia social y la policía, pero en cada caso tendrás que preguntarles si saben si lo que están diciendo sirve tanto para lesbianas como para heterosexuales. En algunos casos quizá no tengan esta información, pero estarán dispuestos a averiguarla para ti. Si es así, deja que lo hagan. Te quitará presión y a ellos les dará la oportunidad de informarse, lo que beneficiará a la próxima lesbiana que llame.

Encontrar apoyo

Es posible que lo mejor para ti sea mantener una actitud completamente abierta sobre los malos tratos. Decir en voz alta lo que está pasando puede ser un poderoso mensaje para ti misma de que no eres la culpable y de que no estás avergonzada. También puede ser un mensaje para la comunidad lesbiana de que sí, de que esto realmente está ocurriendo delante de nuestras narices y tenemos que empezar a ocuparnos de ello. Por supuesto, no querrás correr el riesgo de decir lo que piensas a menos que tengas algo de seguridad en que como mínimo recibirás algo de apoyo. Necesitarás casi toda tu energía para enfrentarte a tu miedo, a tu ira y a tu dolor. Puede que no quede mucha fuerza para hacer frente a una difícil batalla política dentro de tu propia comunidad (aunque para algunas personas este hecho puede aumentar su valor en lugar de disminuirlo). Intenta hablar con un amigo o activista de la comunidad para ver qué tipo de respuesta obtienes. Si es negativa, no te rindas, tantea a otra persona con cuidado hasta que hayas encontrado un par de personas que te den su apoyo.

Si decides que en la comunidad no puedes recibir apoyo o estás tan encerrado en tu condición que ni siquiera te atreves a pedirlo, te convendría más buscar un asesor particular que esté familiarizado con los malos tratos y bien informado acerca de temas de lesbianas o al menos esté dispuesto a aprender. No importa ni tu estilo de vida ni la decisión que tomes; el apoyo de gente afectuosa, comprensiva, es fundamental para pasar por esta experiencia con el menor número de cicatrices emocionales posible.

24

Maltrato emocional

Si tu pareja sentimental te ha agredido físicamente, es casi seguro que también habrás estado expuesta a maltrato emocional. Tal vez lo peor de ello haya sido el terror continuo y crónico a ser golpeada o asesinada. Quizás haya sido el desgaste más sutil de tu amor propio y capacidad de actuar de forma independiente, o la vergüenza y humillación que soportas diariamente. Tal vez, como casi todas las mujeres que lo sufren, tú vives el maltrato emocional como algo incluso más difícil de llevar que los malos tratos físicos.

Podría darse el caso de que raras veces hayas sido agredida físicamente, pero las amenazas te hayan mantenido en un estado de temor y hayan provocado que paulatinamente hayas perdido tu sentido de la identidad, puesto que has ido cediendo a las ideas y peticiones de tu pareja. Si esa persona no te ha pegado ni amenazado pero ha utilizado métodos más sutiles para manipularte, controlarte y debilitarte, tal vez te sientas más sumisa, confundida y con tendencia a autoinculparte que muchas mujeres que han sido golpeadas gravemente. Una mujer que tiene un ojo morado o un hueso roto conoce algo que le han hecho, pero el maltrato emocional a veces es tan complejo y desconcertante que es difícil de definir. Si no puede identificarse claramente, la persona que lo padece puede creer que se lo está imaginando.

Gran parte de *Libérate* ofrece implícitamente maneras de defenderse o recuperarse del maltrato emocional. En el capítulo introductorio «A quién se dirige el libro» se describe una escala de malos tratos emocionales. Pero no vas a encontrar un análisis, una definición clara o un apartado especial sobre el tema. Cuando se escribió *Libérate*, yo todavía luchaba, igual que muchas de las mujeres expuestas a malos tratos psicológicos, para identificarlo en términos concretos. Buscábamos modos de definirlo partiendo de la irritabilidad normal y los insultos esporádicos que la mayoría de las parejas profieren de vez en cuando. En realidad, gran parte de ese comportamiento es ofensivo, pero puede no ser permanentemente dañino hasta que alcanza el nivel de una campaña para reducir el sentido de autoestima de la pareja y mantener el control. Dado que la persona abusiva puede ejercer control sobre la otra, es más peligroso cuando es un modelo de comportamiento por parte de sólo un miembro de la pareja, aunque también puede ser perjudicial cuando se trata de una batalla psicológica mutua.

Entender la tabla de coacción

Dado que para la mayoría de nosotros es tan difícil obtener una visión clara del maltrato emocional, en este capítulo voy a utilizar un marco que establece cierta distancia de ello. En su libro *Rape In Marriage*, Diana Russell reeditó una tabla de coacción de una publicación de Amnistía Internacional, *Report on Torture*, que describía el lavado de cerebro de los prisioneros de guerra; ella sugería que también describe la «tortura de las mujeres». Muchas personas que lavan el cerebro a sus parejas sentimentales utilizan métodos similares a los de los guardias de la prisión, que reconocen que el control físico nunca se lleva a cabo fácilmente sin la cooperación del prisionero. La manera más eficaz de conseguir esta cooperación es mediante manipulación subversiva de la mente y de los sentimientos de la víctima, que entonces se convierte en prisionera psicológica y también física. Estos métodos forman la esencia de los malos tratos emocionales. En el debate siguiente sobre el lavado de cerebro y el ejercicio para ayudarte a identificarlo, he modificado el lenguaje de las categorías de la tabla de coacción en cuanto a amenidad, pero he mantenido su significado fundamental.

La tabla de coacción de Biderman

Método general	*Efectos y propósitos*
Aislamiento	Priva a la víctima de todo apoyo social [para la] capacidad de resistir. Desarrolla una intensa preocupación con uno mismo. Hace que la víctima dependa del interrogador.
Monopolización de percepción	Fija la atención en un aprieto inmediato; fomenta la introspección. Elimina estímulos que compiten con los que controla el apresador. Frustra todas las acciones no consecuentes con conformidad.
Debilidad inducida y agotamiento	Debilita la capacidad mental y física para resistir.
Amenazas	Estimula la ansiedad y la desesperación.
Complacencias esporádicas	Ofrece motivación positiva para sumisión.
Demostrar «omnipotencia»	Sugiere inutilidad de resistencia.
Degradación	Hace que el precio de la resistencia parezca más dañino para el amor propio que la rendición. Reduce al prisionero a inquietudes de «nivel animal».
Imponer peticiones triviales	Crea hábito de sumisión.

Aislamiento

El aislamiento es la manera más eficaz de preparar el terreno para el lavado de cerebro, puesto que una vez que la víctima está fuera de apoyo emocional y cuadros de realidad, el resto del proceso es relativamente fácil. Puede que tengan a un prisionero solo en una celda, para aumentar la dependencia de los guardias y una subsiguiente disposición a obedecer. Los fanáticos religiosos a veces cercan a un posible candidato e introducen reiteradamente en su conciencia una ideología estricta, mientras a la víctima se la aísla de anteriores relaciones e ideas conflictivas. Las mujeres que son maltratadas a menudo están privadas de contacto con casi todo el mundo excepto con la persona que maltrata para que los mensajes de interés propio, degradantes o amenazadores puedan saturar sus sentidos.

Un hombre que maltrata a menudo sigue un proceso de alejar poco a poco a su esposa o novia de cualquier persona de la que ella se sienta cerca mediante una combinación de peticiones, amenazas y manipulación. Puede que se queje de que ella mantenga una amistad con un antiguo novio, después tal vez haga comentarios críticos acerca de sus amigas divorciadas por ser una mala influencia y finalmente insista en que ella no hable por teléfono cuando él esté en casa. A lo mejor insulta a sus amigos, conocidos o familiares para que ellos voluntariamente se alejen o la mujer se sienta demasiado avergonzada para invitarlos a su casa. Puede que esté al lado de la mujer, excepto cuando él está en el trabajo, y si decide dejarla sola, la llama por teléfono periódicamente para asegurarse de que está en casa o la convence de que tiene espías que la vigilan y le informan. A veces sí tiene espías. La mujer puede confabularse sin darse cuenta con su campaña para aislarla porque o bien está demasiado deprimida para querer estar con otras personas o demasiado avergonzada para dejar que los demás la vean si tiene cardenales. La pareja violenta también puede amenazarla de que si habla con alguien le pegará o incluso la matará.

Las lesbianas pueden maltratar a sus parejas de forma similar. A menudo hay excusas adicionales para los malos tratos. Por ejemplo, una lesbiana que tiene miedo a reivindicar su identidad puede pedir a su amante «declarada» que deje a sus amigas lesbianas y, en realidad, se encierre con ella. La compañera maltratada puede verse obligada a esconder muchas de sus verdaderas ideas y sentimientos porque parecen amenazadores para el trabajo o las relaciones de la mujer agresiva.

A la mujer maltratada, tanto si es lesbiana como heterosexual, se le puede permitir ver a gente, sobre todo si la persona que maltrata quiere que ella trabaje, pero el aislamiento aún puede tener lugar a un nivel más sutil y emocional. Por ejemplo, no se le permite hablar de lo que se le hace dentro de su casa, y puede estar aterrorizada por la violencia del agresor si ella, sin querer, cuenta a alguien a lo que está sujeta. Para estar a salvo, se vuelve extrañamente callada o superficial.

También puede que esté convencida de que si sus amigos o colegas saben lo de la violencia, creerán que es culpa suya. Bajo estas circunstancias, ella se encuentra emocional y socialmente aislada de los demás porque les esconde sus sentimientos, sus pensamientos y su forma de vida, y en realidad ellos no la conocen.

Humillación o degradación

En cuanto la mujer deja de relacionarse abiertamente con otras personas, la influencia de la persona que maltrata se vuelve primordial. Es bombardeada con información falsa y valores distorsionados, y no hay nadie para reforzar sus propias ideas de la verdad. Este proceso de aislamiento y la desconfianza de sí mismo que crea es eficaz para ganar poder sobre otra persona. Pero aún hay más. La persona que maltrata puede criticar a la mujer por errores sin importancia, a veces en público, o recordándole experiencias humillantes. Puede que le diga constantemente que es mala, estúpida y que está loca, que es una fulana, y también que la insulte de la peor manera posible. También cabe la posibilidad de que la exponga a indirectas sexuales acerca de su comportamiento con otros hombres, que haga alarde de sus relaciones con otras mujeres, la insulte o simplemente la ignore.

Además de estos malos tratos, las lesbianas pueden insultar a sus parejas con palabras que degradan su orientación sexual y la relación que en momentos más felices es más valorada. A la lesbiana que sufre el maltrato se la llama «maldita tortillera» o «femenina» o «marimacho». O es acusada de amar realmente a hombres.

Algunas personas que maltratan encuentran maneras grotescas y extremistas para degradar a la pareja, como por ejemplo violarla delante de los niños u obligarla a comer del plato de un animal. El sentido de humillación extrema hace que la mujer crea que no merece ser tratada ni como a un ser humano, y también puede provocar que piense que nadie más aparte de su pareja querría tener algo que ver con ella. Cuando ocasionalmente la persona que la maltrata la trata bien, ella está tan ávida de recibir una pizca de cariño que la acepta agradecida. Con el tiempo, la conciencia de su dependencia y su gratitud por la mínima atención contribuye aún más al sentimiento de degradación de la mujer, y se maltrata a sí misma con letanías de autoinculpación.

Las personas que maltratan buscan la conformidad con peticiones triviales, relacionadas con todas las faceta de la vida: comida, ropa, dinero, arreglos de la casa, hijos y conversación. Controlan el aspecto de su pareja, critican sus valores, su lenguaje y sus costumbres al cuidar de los niños. Insisten en tener horas de comer meticulosas con menús ordenados, que pueden cambiar o ser contradictorios de un día para otro o al momento.

Al principio, la mujer maltratada puede pensar que su pareja es irracional, y quejarse. Más adelante, sea porque quiere vivir tranquila o porque tiene miedo, intenta obedecer. Al fin y al cabo, ¿qué importa si la cena debe servirse exactamente a las 9 o si tiene que llevar amarillo a la fuerza aunque le quede horrible? A la larga, tal vez sea bueno para los niños que siempre tengan sus juguetes guardados en su sitio cuando su padre está en casa. Una mujer con un compañero agresivo intenta leer su mente, anticiparse a sus deseos y desviar su ira. Pronto parece evidente que sus peticiones no tienen fin, y su tiempo y su energía se centran en él y en su rabia inminente por todo lo que ella hace que puede resultar estar «mal». Todo es importante en cuanto a cómo le afectará a él, y sus deseos, sentimientos e ideas se vuelven insignificantes. Con el tiempo ni siquiera sabrá lo que ella quiere, siente y piensa. Él monopoliza todas sus percepciones con sus peticiones triviales para que ella pierda su perspectiva en la magnitud de su situación total.

Una lesbiana que maltrata puede insistir en que sabe lo que es «correcto» sobre el estilo de vida de las lesbianas, como si sólo hubiera uno. Criticará la ropa de su pareja por ser demasiado «femenina», demasiado «masculina» o demasiado «tortillera», y sus costumbres sexuales por ser «morbosas» o demasiado parecidas a las de los heterosexuales. Una mujer que acaba de declararse lesbiana puede ser especialmente vulnerable a estas ofensas verbales. Su prioridad cambia desde sus propias preferencias en estilo y hábitos hasta lo que ella proyecta que evitará que su pareja se disguste con ella.

Las personas que maltratan convencen a la mujer de que ellas son las únicas que conocen la manera correcta de hacer las cosas. Cuando su comportamiento tiene consecuencias desastrosas, como ocurre a menudo, culpan a la pareja. Las personas que maltratan incluso pueden llegar a afirmar que tienen poderes sobrenaturales. Por regla general, afirman que son superiores intelectualmente y que tienen mucho mundo. Como la mujer maltratada ha empezado a rebajarse a sí misma, puede que llegue a creérselo. Ya en la fase de luna de miel inicial, ella puede haber desarrollado la idea de que su pareja es brillante, con mucho mundo, experto y erudito, y habrá hecho todo lo posible para alentarlo. Las personas que maltratan también pueden tener momentos, especialmente después de una agresión, en los que «confiesan» que creen que son incompetentes e inútiles; el contraste de estos momentos de vulnerabilidad con su actitud habitual de ser todopoderosos hace que se ganen la simpatía de la mujer y a ella le da esperanza para un diálogo abierto. Su supuesta respectiva superioridad e inferioridad refuerzan el poder sobre ella y reprimen su capacidad de crear cambio.

Las amenazas son un denominador común casi natural en todos estos procesos. La persona que maltrata amenaza con dejar a la pareja, amenaza con hacer daño a los niños o a otros miembros de la familia; a ella le dice: «Ya me encargaré yo de que nadie te quiera nunca», y amenaza con matar. Como algunas de estas acciones se cumplen, la mujer nunca puede estar segura de cuándo se llevarán a cabo las otras. Está obligada a obedecer peticiones irracionales y aumenta su atención en la persona que la maltrata pero no en sí misma. Se centra en lo que puede hacer para preservar su seguridad a corto plazo, y eso la distrae de considerar cómo elaborar un plan de verdadera seguridad a largo plazo.

La persona que no maltrata físicamente, al principio puede obligar a la mujer a hacer acciones que la avergüencen o la humillen, y después amenazarla con contárselo a su familia o amigos. Una lesbiana puede amenazar a su pareja no declarada con revelar su relación a su jefe o a su familia. Un hombre que maltrata puede decir a su pareja que se llevará a los niños, que destruirá objetos de valor sentimental o que la acosará y humillará en presencia de sus compañeros de trabajo o de su jefe, o que utilizará otros métodos para provocar que pierda su trabajo. A menudo él controla todo el dinero incluso si lo gana ella y puede que de vez en cuando le quite las llaves del coche o su talonario si ella no le obedece. Si ella no cede a sus peticiones, puede empezar a poner en práctica alguna de esas amenazas. Emocionalmente, a veces las personas que maltratan son extraordinariamente imaginativas. Pueden ser tan aterradores con sus parejas como físicamente violentos.

Impotencia y agotamiento

Las heridas físicas crónicas causadas por los malos tratos crean un continuo estado de agotamiento. La mujer que está expuesta a estas técnicas de lavado de cerebro acaba agotada por la tensión, el miedo y su ir y venir continuo en su esfuerzo para organizar de manera suficientemente eficaz el mundo de su marido para evitar los malos tratos. También debe esforzarse para no demostrar su miedo, dolor y rabia, ya que es probable que cualquier manifestación de emociones sea ridiculizada o castigada. La debilidad física, la desconfianza de sí misma y el odio hacia sí misma, reforzados por la insistencia de su pareja de que es estúpida, está loca y no sabe cómo se hacen las cosas, al final convence a la mujer maltratada emocionalmente de que es incapaz de cuidar de sí misma o de hacer ningún paso para romper su relación.

Complacencias esporádicas

Si hay un momento en el que la mujer ve una esperanza de huir o se desespera lo suficiente como para correr cualquier riesgo a fin de escapar, a menudo la persona agresiva lo nota y encuentra alguna forma de complacerla, sea un coche nuevo, una noche fuera o una propuesta aparentemente tierna y cariñosa de pasar tiempo juntos. La esperanza de que el agresor cambie sustituye al miedo o desesperación de la mujer, y decide continuar esforzándose en la relación.

Algunas de las técnicas de lavado de cerebro en cada una de las categorías mencionadas anteriormente son extremas, pero no poco comunes. Algunos agresores las utilizan de manera disciplinada y regular, otros esporádicamente. Pero incluso el uso suave y poco frecuente de las técnicas a veces es eficaz a la hora de ganar poder. Cuando se combinan con malos tratos físicos constituyen métodos seguros de mantener a una mujer en una relación y de garantizar la obediencia. Estos métodos no son los únicos medios del maltrato emocional. Sin duda alguna, existen innumerables maneras de que una persona pueda manipular las emociones de una pareja sentimental de forma negativa, pero solamente mencionaré dos más.

Distanciamiento emocional

Se sabe que el agotamiento psicológico o la distancia emocional tienen un efecto sumamente devastador en los niños, pero poco se conoce de su impacto en los adultos. Es un motivo de queja tan común por parte de las mujeres hacia sus parejas que durante muchos años ha sido motivo constante de chistes. El hombre sentado en la mesa detrás del periódico tomando el desayuno mientras su mujer le prende fuego para llamar su atención es sólo una de las muchas variaciones del tema. Una mujer a menudo piensa que hay algo malo en ella por querer que el hombre con el que mantiene una relación esté presente. Ella quiere que él hable, que escuche, que exprese sus sentimientos, que entienda los matices de su conversación. Si él está concentrado en el periódico o en la televisión o sólo simula que escucha, entonces la mujer empieza a sentirse como un ser inexistente. Si no tiene a otras personas en su vida que le hagan saber que la escuchan y que la comprenden y que se preocupan por ella de una manera que refleja quién es ella realmente, puede que con el tiempo empiece a dudar de su juicio y su valor.

«Hacer volver loco»

Otro método de maltrato emocional es «hacer volver loco». Es difícil describirlo porque se manifiesta de muchas maneras. En la película *Luz que agoniza* el marido baja con regularidad las luces de gas y cuando su mujer se queja por ello, él dice que se está imaginando que han cambiado. En su forma más extrema, un hombre así puede quitar las cosas de su mujer de su sitio habitual, y cuando ella diga que las echa en falta, quejarse de su incapacidad. Después las vuelve a poner en su sitio y la acusa de imaginar que no están allí. Esto es «hacer volver loco».

Muchas personas que maltratan a sus parejas niegan y minimizan sus defectos, y a menudo mienten acerca de esas cuestiones insignificantes en las que la mujer se pregunta si se equivoca en lo que ella cree que es cierto. «¿Quién mentiría sobre algo que tiene tan poca importancia? Lo debo de haber entendido mal.» Cuando ella lo ha «entendido mal» muchas veces y su pareja refuerza esa idea —«Yo nunca he dicho eso. Debes de estar imaginando cosas»—, la mujer empieza a dudar de su cordura. Las pequeñas contradicciones —«Yo nunca como el bistec muy hecho»/«Yo siempre quiero mi bistec poco hecho»— pueden tener un efecto similar.

Como no existe un papel establecido socialmente para las lesbianas, una mujer que maltrata puede utilizar la ambivalencia o confusión de su pareja sobre quién se ocupa de qué tareas para confundirla constantemente con ideas distintas o peticiones acerca de qué papel, si es que hay alguno, debería tener cada una de ellas. Ser dependiente o realizar las tareas domésticas, por ejemplo, puede ser premiado el viernes y criticado el sábado. Un traspaso de culpabilidad del agresor a la víctima a veces provoca que la víctima crea que está loca. «Te lo has buscado tú misma. Te gusta que te pegue», dice el hombre agresivo, y con el tiempo la mujer se pregunta a sí misma: «¿Me gusta, subconscientemente? ¿Es culpa mía?». Las personas que maltratan a menudo pueden estar afectadas por miedos, ira y depresión, y pueden intentar deshacerse de estos sentimientos fanfarroneando, amenazando y dominando a una mujer o a una familia entera. Entonces sienten un alivio, y los demás se sienten asustados, enfadados o deprimidos. Luego se les puede criticar por esos sentimientos mientras el agresor se jacta de no dejar que sus sentimientos pierdan el control de esa manera. Cuando los demás se preguntan qué hay de mal en ellos, están empezando a volverse un poco «locos».

Algunas personas que maltratan son expertas en sacar un rasgo del que una mujer está muy satisfecha y utilizarlo en su contra. Esto puede ocurrir de dos maneras. Por ejemplo, valorar independencia de espíritu o la capacidad analítica de ella se puede hacer que parezca un defecto. La independencia se convierte en rechazo o egoísmo, y a la capacidad analítica se la llama «lógica aplastante», «frialdad» o «presunción». Cuando la mujer empieza a creer que sus virtudes son sus defectos, su capacidad para tener opiniones también se reduce. Otra táctica es convencer a la pareja maltratada de que realmente no es divertida, ni inteligente ni tiene talento artístico. Puede que a una lesbiana que está satisfecha por su creciente tranquilidad con su identidad lesbiana su pareja agresiva le diga que no tiene derecho a llamarse a sí misma lesbiana a menos que lo declare a su jefe, a su abuela y a sus vecinos. Cuando una mujer maltratada empieza a dudar de si tiene ese rasgo especial del que ella siempre ha estado segura, el resto de su concepto de sí misma se pone rápidamente en duda.

Problemas para identificar los malos tratos

¿Por qué los integrantes del movimiento de las mujeres maltratadas hicieron más hincapié en los maltratos físicos que en los emocionales? Tal vez porque reconocemos que, hasta cierto punto, todo el mundo maltrata emocionalmente y, si todos somos culpables, entonces no queremos culpar a nadie más, por miedo a que a su vez nos hagan responsables de ello. O creíamos que el maltrato emocional no era «tan malo» porque, al fin y al cabo, era muy común. No nos dimos cuenta de «lo malo» que puede ser. ¿Una mentira? ¿Una petición irracional? ¿Un insulto? ¿Una manipulación esporádica? ¿Que en realidad no te escuchen? ¡Oh, vamos! Todo el mundo hace estas cosas. Eso no es nada del otro mundo. Hay algo de cierto en eso, excepto cuando una persona lo utiliza para controlar a otra, o para asustarla o destruir su amor propio; excepto cuando es un modelo de comportamiento que caracteriza la relación y da casi todo el poder a una sola persona; excepto cuando una persona se vuelve tan insegura de sí misma que no puede confiar en su criterio y piensa que no tiene derecho a tener opiniones.

Tampoco sabíamos qué nombre poner al maltrato emocional. No es tan claro como un ojo morado. A menudo es sutil y también confuso si la persona maltratada también maltrata emocionalmente. «No es justo que tache esto de maltrato porque yo también lo hago.» Debería recordarse que, aunque ambos cónyuges lo hagan, sigue siendo maltrato. A veces es difícil decir si una persona está siendo maltratada por la pareja o se maltrata a sí misma. ¿Qué hay de una mujer que es neurótica, que tiene un concepto muy bajo de sí misma, que difiere constantemente de su marido, que cede su poder a los demás? ¿No es posible que el maltrato emocional en realidad no se esté llevando a cabo para nada contra ella y que se lo esté imaginando? Seguro que cabe esta posibilidad, pero probablemente como mínimo está siendo fomentada por la pareja.

Identificar el maltrato emocional y utilizar *Libérate* para reducirlo

Si te preguntas si estás siendo maltratada emocionalmente, responde a las siguientes preguntas para determinar lo que te está pasando. Si te han expuesto a un lavado de cerebro, a un «proceso para volverte loca» o a un abandono psicológico, empieza a disminuir su impacto haciendo los ejercicios señalados en *Libérate*.

Actividad 38   *Lista de control de maltrato emocional*

¿Estás aislada?

A.   A menudo   A veces   Nunca

1. *¿Tu pareja pone en ridículo o insulta a las personas que a ti te gustan?*   _____   _____   _____

2. *¿Tu pareja está celosa de tus amigos, de tu familia e incluso de las mascotas?*   _____   _____   _____

3. *¿Tu pareja te intercepta el correo o las llamadas telefónicas?*   _____   _____   _____

4. *¿Tu pareja se enfada o se molesta, haciendo que pierdas tu entusiasmo, justo antes o durante un acontecimiento social que esperabas con mucha ilusión?*   _____   _____   _____

392

B.   *A menudo   A veces   Nunca*

1. *¿Te opones a que la gente te llame
   por teléfono a casa porque a tu
   pareja le molesta compartir tu
   tiempo?*   _____   _____   _____
2. *¿Tienes menos contacto y haces
   menos actividades con amigos y con
   la familia que antes de que
   empezaras la relación?*   _____   _____   _____
3. *¿Te sientes incómoda por estar con tu
   pareja y tus amigos al mismo tiempo?*   _____   _____   _____
4. *¿Estás nerviosa o asustada por lo
   que dirá o hará tu pareja si llegas
   aunque sólo sean unos minutos tarde
   del trabajo, de comprar o de visitar
   a alguien?*   _____   _____   _____

Si tienes muchas respuestas en «a menudo» en el apartado A, estás
en peligro de aislarte tanto del apoyo y la perspectiva de los demás que
a la larga no serás capaz de evaluar lo que te han hecho o de reconocer
una situación o a una persona peligrosa. Si has contestado muchas veces «A menudo» en el apartado B, quizá te hayas adaptado tan bien al
aislamiento que tu pareja te ha impuesto que has empezado a aislarte a
ti misma. Puedes empezar a romper esta pauta leyendo el capítulo 12,
«Fin al aislamiento», y el capítulo 13, «Recurrir a los demás».

¿La persona que te maltrata monopoliza tu atención?

                                                    A menudo   A veces   Nunca

1. *¿Crees que tu ropa, tus opiniones
   y decisiones deben tener el visto
   bueno de tu pareja?*   _____   _____   _____
2. *¿Te sientes agobiada por la presencia
   de tu pareja aunque no esté contigo?*   _____   _____   _____
3. *¿Hablas cautelosamente o evitas
   hablar para no arriesgarte a
   molestar a tu pareja?*   _____   _____   _____

393

4. *¿Planeas tus actividades para evitar
   que tu pareja se dé cuenta de ellas?* _____ _____ _____
5. *¿A menudo sientes que tienes que
   «ir con pies de plomo»?* _____ _____ _____

Si has marcado muchas respuestas en «A menudo», estás centrando tanto tu atención en las opiniones y reacciones de tu pareja que pronto perderás de vista tus propios derechos, sentimientos y deseos. Esta monopolización de tu atención por parte de tu pareja, en combinación con el aislamiento de las otras personas, puede conducirte hacia la dirección a una dependencia excesiva de tu pareja. Si has marcado varias respuestas «A veces», debes leer el capítulo 4 y hacer las actividades 5 y 6 para que puedas empezar a centrarte en lo que necesitas y quieres para ti.

¿Tu pareja afirma ser todopoderosa?

A menudo A veces Nunca

1. *¿Tu pareja afirma que es
   excepcionalmente inteligente o
   erudita, o que tiene poderes
   extraordinarios?* _____ _____ _____
2. *¿Tu pareja afirma que tiene mucho
   más mundo que tú?* _____ _____ _____
3. *¿Tu pareja afirma que tiene amigos
   o contactos que le informarán de
   tus actividades cuando estás fuera
   de casa?* _____ _____ _____
4. *¿Tu pareja afirma saber la manera
   «correcta» de hacer las cosas,
   y que tú no sabes lo que es
   «correcto»?* _____ _____ _____

Si has marcado dos o más de los puntos anteriores, puede que con el tiempo tu pareja te haya convencido de que él o ella es omnipotente o como mínimo muy superior a ti, y de que no eres capaz de tomar tus propias decisiones. Lee el capítulo 10, «Tú puedes ser tu propia asesora», y haz de la actividad 14 a la 17 para obtener una perspectiva más positiva de lo que tú haces que sea «correcto», inteligente, competente o cariñoso.

¿Tu pareja te hace peticiones triviales?

	A menudo	A veces	Nunca
1. ¿Tu pareja insiste en que las actividades tengan lugar de una manera determinada o a horas exactamente indicadas?	____	____	____
2. ¿Tu pareja interrumpe tu trabajo u otras cosas que son importantes para ti, para satisfacer sus necesidades?	____	____	____
3. ¿Tu pareja te exige que solamente lleves ropa, joyas, etc. para lo que él te haya dado el visto bueno?	____	____	____
4. ¿Tu pareja insiste en que hagas las tareas de la casa, o revisa tu trabajo o hace comentarios hipercríticos?	____	____	____
5. ¿Tu pareja te pide informes detallados de las actividades de cada hora?	____	____	____

Si tu pareja te hace peticiones triviales, puede que te sientas como una criada o como una niña incompetente. Te centrarás en las pequeñas tareas mecánicas que se esperan de ti y renunciarás a hacer tu propio juicio sobre su valor. Para hacer frente a estas peticiones, haz las actividades que se encuentran en «Una acción valiente al día» y considera la opción de hacer un curso de autoafirmación (esta categoría no quiere dar a entender que las personas que maltratan emocionalmente no hagan también peticiones exorbitantes. A menudo empiezan con cosas de menor importancia, que aumentan hasta convertirse en más importantes, o puede que la persona que maltrata empiece con algo tan inaceptable que cuando pasa a otra cosa menos dramática, en comparación puede parecer más razonable. Estas peticiones pueden suponer «préstamos» de dinero, que nunca se devuelven, o el uso de un coche que se estropea o no se devuelve a tiempo para que tú puedas asistir a un compromiso importante, o un montón de cosas más).

¿Estás agotada, débil o eres dependiente?

	A menudo	A veces	Nunca
1. ¿Te sientes incapaz de hacer tareas que antes solías hacer bien y con facilidad?	___	___	___
2. ¿Padeces enfermedades de mayor o menor importancia?	___	___	___
3. ¿Tienes sensación de terror?	___	___	___
4. ¿Crees que no podrías organizar tu vida sin tu pareja?	___	___	___

Las respuestas afirmativas a estas preguntas indican que las peticiones triviales de tu pareja te están agotando. Tal vez te sientas débil o dependiente por razones que no están claras. Pregúntate a ti misma cómo te sientes cuando no estás con tu pareja. Si esto no ha ocurrido desde hace mucho tiempo, intenta irte aunque sea por unos días para ver cómo te sientes cuando la presión desaparece. Puede que tengas mucha más energía. Si estos sentimientos persisten durante mucho tiempo, ve a ver a un asesor. Mientras tanto, haz las actividades 15, 16 y 19a y b.

¿Te sientes humillada o degradada?

	A menudo	A veces	Nunca
1. ¿Tu pareja te obliga a hacer cosas que van en contra de tus valores religiosos o morales?	___	___	___
2. ¿Tu pareja ridiculiza los rasgos que tú más admiras o valoras en ti misma?	___	___	___
3. ¿Tu pareja te dice que nadie más te querría?	___	___	___

4. *¿Tu pareja te ha convencido para que hagas algo y después te ha hecho sentir culpable o avergonzada de ello?*   _____   _____   _____

5. *¿Tu pareja te mantiene despierta hasta tarde, te pregunta por episodios románticos o sexuales reales o imaginarios?*   _____   _____   _____

6. *¿Tu pareja te obliga a disculparte por cosas que no has hecho?*   _____   _____   _____

7. *¿Tu pareja insiste en que pidas permiso para gastar dinero para las cosas de la casa o cosas personales, tanto si el dinero proviene de un fondo comunitario o de tus propios ingresos?*   _____   _____   _____

8. *¿Tu pareja usa sobrenombres con connotaciones sexuales como «fulana» o «puta» para referirse a ti?*   _____   _____   _____

9. *¿Tu pareja hace alarde de relaciones o flirtea con otras en presencia tuya?*   _____   _____   _____

Las preguntas anteriores hacen referencia a las actividades y peticiones que te hacen sentir humillada o degradada. Parece como si estas experiencias tuvieran que motivar a una persona para poner fin a una relación, pero a menudo no es así. Las personas que han experimentado estas cosas a menudo siguen con la relación porque están avergonzadas de enfrentarse a cualquier otra persona y esperan poder «arreglar» la relación, lo que hará que la humillación parezca ser por una buena causa. Un curso de autoafirmación puede ayudarte a decir que no a algunas de las peticiones degradantes de tu pareja. Pero si tu pareja es violenta, haz un plan para tu seguridad antes de intentar algo nuevo. Los capítulos 12, «Fin al aislamiento», y 13, «Recurrir a los demás», te ayudarán a encontrar maneras de conocer a gente y de hacer amigos que te animarán a sentirte bien contigo misma.

¿Tu pareja te amenaza?

	A menudo	A veces	Nunca
1. ¿Tu pareja te amenaza con hacer públicas las cosas que has hecho o que has contado en momentos privados?	____	____	____
2. ¿Tu pareja te amenaza con dejarte o divorciarse cada vez que discutís?	____	____	____
3. ¿Tu pareja te dice que si te vas o le niegas tu amor o afecto se suicidará o se volverá loca?	____	____	____
4. ¿Tu pareja alcohólica se refiere indirectamente a la posibilidad de volver a beber, a menos que hagas lo que te pida y te asegures de no disgustarle?	____	____	____
5. ¿Tu pareja te amenaza con «castigarte o darte una lección» si tú «no te portas bien»?	____	____	____
6. ¿Tu pareja te amenaza con quitarte las llaves del coche, el dinero o el talonario si no obedeces a sus peticiones?	____	____	____
7. ¿Tu pareja utiliza expresiones o ruidos corporales o de la cara para expresar una rabia extrema y pérdida de control, para asustarte?	____	____	____
8. ¿El hecho de ser maltratada o golpeada en el pasado ha hecho que tengas miedo de que vuelva a suceder, si no obedeces?	____	____	____
9. ¿Tu pareja tiene pistolas, cuchillos u otras armas muy a mano?	____	____	____

Tanto si estás amenazada con perder a tu pareja, con la responsabilidad de la salud mental o el suicidio de tu pareja, o con sufrir daño tú misma, el uso de la fuerza asegura que no puedas tener una relación de respeto y amor mutuo. Si has marcado afirmativamente las preguntas 5 a 8, puedes estar en grave peligro. Una manera de reducir estas amenazas es ignorándolas, pero lo haces arriesgándote a resultar gravemente herida. Éste puede ser el momento en el que pienses seriamente en dejar a tu pareja. Si quieres ayuda para tomar esa decisión, lee la primera parte, «Tomar la decisión de irse o quedarse», y haz las actividades.

¿Tu pareja complace de vez en cuando tus deseos?

	A menudo	A veces	Nunca
1. *Justo cuando estás pensando en separarte, o cuando has sido maltratada, o por ninguna razón en especial, ¿tu pareja te mima con regalos?*	____	____	____
2. *¿Tu pareja hace de pronto algo que has estado pidiendo durante mucho tiempo?*	____	____	____
3. *¿Tu pareja se vuelve inesperadamente comprensiva sobre algo que generalmente le provocaría furia?*	____	____	____
4. *¿Tu pareja te impresiona con una sensibilidad excepcional hacia tus sentimientos y deseos?*	____	____	____
5. *Después de que tu pareja te haya humillado, ¿te mima con cariño o atenciones especiales?*	____	____	____

Esta categoría, complacencias esporádicas, es la que te «engancha». Puede que estas cosas no sucedan muy a menudo, pero siempre se tiene la esperanza de que sean expresiones del verdadero carácter de tu pareja y de que aparecerán regularmente. Haz de la actividad 23 a la 25 para tener una perspectiva de cómo son las cosas positivas que ha hecho tu pareja en comparación con los malos tratos. Asegúrate de incluir todos los más humillantes, degradantes y otros malos tratos emocionales en la «Lista de lo más peligroso». Constituyen un peligro para tu salud mental.

¿Tu pareja hace cosas que te hacen creer que estás loca?

A.   A menudo A veces Nunca

1. *¿Tu pareja sugiere que eres «estúpida» o que estás «loca» si no estás de acuerdo con ella?* _____ _____ _____

2. *¿Tu pareja se disculpa y dice que los malos tratos son un indicio de profundo amor y miedo a perder tu amor?* _____ _____ _____

3. *¿Tu pareja insiste en que los dos estáis en una batalla contra un mundo lleno de enemigos?* _____ _____ _____

4. *Después de maltratarte, ¿tu pareja expresa tanto pesar, culpa u odio hacia sí mismo, que al final acabas siendo tú la que consuela a tu pareja?* _____ _____ _____

5. *¿Tu pareja te ha cargado con secretos vergonzosos, embarazosos o criminales que sólo tú conoces?* _____ _____ _____

6. *¿Tu pareja miente con cosas insignificantes?* _____ _____ _____

7. *¿Tu pareja hace peticiones contradictorias?* _____ _____ _____

8. *¿Tu pareja contradice las cosas positivas que los demás dicen sobre ti?* _____ _____ _____

9. *¿Tu pareja dice cosas negativas de algún rasgo tuyo que a ti te gusta, como por ejemplo «sosa», «intelectual», «remilgada»?* _____ _____ _____

10. *¿Tu pareja hace favores que no*
    has pedido, y luego se enfada o
    se ofende cuando
    tú no haces nada a cambio? _____ _____ _____

B.   *A menudo A veces Nunca*

1. *¿Desconfías de tus sentimientos*
   hacia ti misma, hacia tu pareja
   o hacia los demás? _____ _____ _____

2. *¿Te sientes avergonzada de acciones*
   pasadas que en su día te hicieron
   sentir orgullosa? _____ _____ _____

3. *¿Tienes miedo de que no gustes*
   a nadie si todos descubren
   «al verdadero tú»? _____ _____ _____

4. *¿Crees que eres la única que puede*
   salvar a tu pareja de la ruina,
   la depresión, el alcoholismo,
   la locura o el suicidio?
   Y sin embargo, ¿crees que tú eres
   la que depende de él? _____ _____ _____

5. *¿Simplemente «pasa» que cuando*
   te estás preparando para un examen
   que se avecina, una entrevista de
   trabajo, una evaluación o un
   acontecimiento importante,
   te distraes y estás preocupada
   por una crisis en tu vida de pareja
   o trabajo que parece más importante? _____ _____ _____

6. *¿Tu pareja hace que pongas en duda*
   tus amistades de muchos años? _____ _____ _____

7. *¿Te sientes confundida sobre lo que*
   es amor y lo que es odio?
   ¿O lo que es correcto
   e incorrecto? _____ _____ _____

401

A menudo A veces Nunca

8. *¿Tu pareja te bombardea con
palabras, a veces de muchas sílabas,
hasta que tú crees que debe saber
de lo que está hablando, y cedes
ante su postura?*   _____   _____   _____

La mayoría de estas preguntas indican que la persona que maltrata está haciendo algo para que la pareja se debilite, pero las respuestas afirmativas en las preguntas «A» indican que tu pareja se dedica a un comportamiento de «hacer volver loco» o de «luz de gas», y en las «B» muestran hasta qué punto estás empezando a asumir la responsabilidad por ello. Lo segundo es especialmente probable si estás siendo alejada de otras personas y si «el que hace volver loco» manifiesta otras clases de poder. Relacionarte con otras personas te ayudará a dar validez a tu cordura. Lee los capítulos 12, «Fin al aislamiento», y 13, «Recurrir a los demás».

¿Tu pareja está emocionalmente distante o es descuidada?

Tu pareja:

A menudo A veces Nunca

1. *¿Te ignora o asiente
distraídamente cuando empiezas
una conversación?*   _____   _____   _____
2. *¿Refunfuña, se queja o te pone en
ridículo cuando lloras, estás
preocupada o pides
apoyo emocional?*   _____   _____   _____
3. *¿Se niega a confiar en ti cuando
está preocupado, dolido o asustado?* _____   _____   _____
4. *¿Ignora tus deseos de sexo, o se
niega a hacer lo que te excita o
satisface?*   _____   _____   _____
5. *¿Quita importancia a tus triunfos,
se opone a tus proyectos,
menosprecia tus éxitos?*   _____   _____   _____

402

6. *¿Se niega a compartir sus proyectos
   o esperanzas de éxito?* _____   _____   _____

7. *¿Hace caso omiso de tu necesidad
   de ayuda cuando estás enferma,
   cansada o agobiada de trabajo?* _____   _____   _____

Tú:

1. *¿Has renunciado a pedir compañía
   a tu pareja?* _____   _____   _____

2. *¿Has dejado de pedir empatía o
   apoyo emocional?* _____   _____   _____

3. *¿Has renunciado a pedir ayuda
   a tu pareja cuando estás enferma,
   cansada o la necesitas?* _____   _____   _____

4. *¿Has dejado de preguntar a tu
   pareja por sus proyectos,
   preocupaciones o logros?* _____   _____   _____

5. *¿Has cogido la costumbre de evitar
   el sexo, siempre que es posible,
   pero a soportarlo como una rutina
   tolerable cuando es inevitable?* _____   _____   _____

Si muchas de estas situaciones son frecuentes en tu relación, tu pareja es psicológicamente inalcanzable para ti y te tiene abandonada, lo que supone una forma de malos tratos. Si la mayoría de tus respuestas estaban en la parte «B», tal vez hayas estado minimizando el abandono, puesto que has aprendido que es todo lo que puedes esperar de tu pareja. Quizá no seas capaz de obtener todo lo que quieres de tu pareja, pero puedes reducir el dolor de la desatención pasando tiempo con amigos que te presten atención y encontrando un trabajo que te dé satisfacciones. Lee los capítulos 11, 12, 13 y 17.

Hacer cambios

Después de que hayas terminado la actividad 38, si aún no estás segura de si la persona que maltrata eres tú o tu pareja, invierte las preguntas que empiezan por «Tu pareja...» y haz el ejercicio de nuevo para comprobar lo que tú haces. Si los dos sois emocionalmente agresivos, y si no estás siendo maltratada, podéis sacar provecho de la ayuda de un asesor o de otra persona que tenga algo de objetividad. Una tercera persona os puede ayudar a controlar que no abuséis el uno del otro y proporcionar una atmósfera relativamente segura en la que cada uno pueda admitir su vulnerabilidad y pedir respeto.

Puede que hayas empezado a maltratar psicológicamente a tu pareja en momentos de rabia e impotencia para vengarte del abuso sexual o los malos tratos físicos, y puede que momentáneamente te haya dado una sensación de poder. Pero la capacidad de rebajar el amor propio de otra persona no es un poder real. Eso no te permite vivir la clase de vida que tú quieres. Además, puede que te haga sentir culpable o incluso que llegues a creer que te mereces las represalias de tu pareja. El mensaje de *Libérate* es que puedes hacer cambios en ti misma, y éste es otro ejemplo. Decide si quieres ser agresiva y si quieres estar libre del maltrato de otra persona. Entonces actúa para hacer los cambios que quieres.

Si no tienes un modelo de maltrato a tu pareja, pero tu pareja te maltrata emocionalmente, puede que un asesor también fuera útil, aunque sólo sea para secundar tu postura de que tu pareja es agresiva y puede cambiar. Los comentarios de tu lista de control te instan a empezar a ampliar tus relaciones sociales, y ahora es un buen momento para empezar. Si tu pareja se opone a que busques ayuda profesional o a que estés activa y te relaciones con otras personas, eso es otra prueba más de que tiene interés en que sigas siendo como eres ahora.

Tal vez los amigos te dicen que te han lavado el cerebro, pero tú afirmas, por ejemplo, que tu pareja no te impide que veas a otra gente, que te quedas en casa porque te gusta estar sola o que tú eliges estar con tu pareja. Si los amigos persisten en sus opiniones, querrás decirles que se ocupen de sus asuntos o puede que quieras tener en cuenta la posibilidad de que si te están lavando el cerebro, tú no lo sabes. Podrías decidir demostrarte a ti misma y a ellos que tomas tus propias decisiones. Si quieres correr un riesgo y estás dispuesta a actuar de forma abierta, puedes decidir salir por tu cuenta para ver a tus amigos o apuntarte a un curso. Si no te están manipulando, probablemente tu pareja se alegrará de que hagas algo por ti misma y te animará a hacerlo. Si pone pegas a tu decisión, se queja mucho o te «explica» todas las razones por las que no tienes que hacer cosas por tu cuenta, debería quedarte claro que no eres libre de evolucionar por ti misma sin que te hagan pagar un precio por ello.

La peor parte de los malos tratos emocionales es que la víctima al final asume el papel de su agresor y empieza a rebajarse, degradarse y humillarse a sí misma. Ésta es la razón por la que funciona tan bien cuando lo hace. El lavado de cerebro hace que muchas mujeres estén tan debilitadas, sean tan dependientes y estén tan abrumadas por el terror, que parece como si nunca pudieran llegar a ser personas independientes, activas, optimistas. Pero sí que pueden. Son capaces de separarse de las parejas que las maltratan y de recuperar su amor propio y su autonomía.

Puesto que has leído hasta aquí, probablemente hayas reconocido el problema y sepas los cambios que quieres hacer. Puede que te sientas agobiada por lo que tienes delante, pero ya has hecho varios pasos importantes. Incluso si no puedes influir en tu pareja tanto como querrías, puedes empezar a reaccionar de manera diferente y situarte en una perspectiva distinta. Puedes sentirte realizada en cualquier tarea que hagas en casa o en un trabajo remunerado. Puedes empezar a hacer cosas agradables y a permitirte a ti misma disfrutar conscientemente de ellas. Tus recursos interiores particulares, propios, han estado sin explotar durante algún tiempo, pero ahora los estás utilizando y cuanto más los utilices, más crecerán. Has emprendido el camino hacia una nueva forma de vida en la que luchas, aprendes a valorarte a ti misma y te relacionas con otras personas que te valoran. Te gratificará estar con gente y estar sola, y utilizarás nuevas técnicas para hacer frente al conflicto y a la crítica con firmeza y de un modo pacífico. Éste es el milagro del espíritu humano.

Bibliografía

1. Aspectos sociales y políticos de los malos tratos

Davidson, Terry, *Conjugal Crime*, Nueva York, Hawthorn Books, 1978.

Perspectiva general del problema de los malos tratos. El libro incluye la historia de la propia vida del autor con su padre agresivo, un ministro. Aconseja a las mujeres maltratadas que deciden quedarse con sus parejas y a aquellas que deciden irse, y habla de cómo tratar con los niños, los amigos y la familia, los asesores y el clero. El listado de centros de acogida ya no es fiable.

Dobash, R. Emerson y Russell Dobash, *Violence Against Wives: A Case Against Patriarchy*, Nueva York, The Free Press, 1979.

El enfoque de los autores es intelectual, político y personal. Examinan los malos tratos en el contexto histórico y en la aceptación generalizada del dominio de los hombres sobre las mujeres. Estudiaron el sistema policial y se entrevistaron con víctimas de la violencia; nos presentan numerosos testimonios de esposas maltratadas que describen las reacciones concretas a sus situaciones. Aunque todas las víctimas son mujeres escocesas, sus historias son idénticas a las de las mujeres americanas.

Fleming, Jennifer Baker, *Stopping Wife Abuse*, Nueva York, Anchor Books/Doubleday, 1979.

Unas cincuenta páginas están dirigidas a la propia mujer maltratada, y el resto del libro está pensado para profesionales y otras personas que quieran ayudar a las mujeres maltratadas. Incluye capítulos sobre asesoramiento psicológico, niños, legislación, investigación, centros de acogida y un largo capítulo dedicado al sistema jurídico.

Martin, Del, *Battered Wives*, San Francisco, Volcano Press, 1981.
 Una versión actualizada del primer libro sobre malos tratos. Es una visión de conjunto e incluye reportajes de investigación, pero puede leerse con facilidad. Un buen libro para víctimas, profesionales y todo el público en general.

Tavris, Carol y Carole Offir, *The Longest War: Sex Differences in Perspective*, Nueva York, Harcourt Brace Jovanich, 1977.
 Es una presentación sumamente entretenida de varias perspectivas sobre las diferencias, las injusticias y los roles entre los sexos.

2. El matrimonio y la familia: valores nuevos y tradicionales

Bird, Caroline, *The Two Paycheck Marriage: How Women at Work Are Changing Life in America*, Nueva York, Pocket Books, 1979.

Levitan, Sar A. y Richard S. Belous, *What's Happening to the American Family*, Baltimore, The Johns Hopkins University Press, 1981.

Mitchell, Joyce Slayton, *Be a Mother and More: Career and Life Planning for Young Women*, Nueva York, Bantam Books, 1980.
 Mitchell ayuda a adolescentes y a otras mujeres jóvenes a entender que la cuestión de ser madre o trabajar no es apropiada para muchas de ellas. La verdadera cuestión es cómo planificar la vida para que las mujeres jóvenes puedan integrar todas sus funciones de la manera más satisfactoria. El libro incluye historias de madres casadas y solteras, madres a tiempo completo y madres que también trabajan fuera de casa.

3. ¿Siempre es correcto deshacer la familia?

Butler, Sandra, *Conspirancy of Silence: The Trauma of Incest*, Nueva York, Bantam Books, 1978.

Un debate sobre las agresiones incestuosas por parte de varones adultos contra menores de sexo femenino, incluyendo relatos en primera persona de las acciones contados por las niñas, sus madres y los hombres. La autora trata el tema dentro del contexto de los papeles entre sexos.

Finkelhor, David, *Sexually Victimized Children*, Nueva York, The Free Press, 1979.
Un estudio académico fácil de leer, que incluye una descripción de varias teorías sobre el incesto.

Giovannoni, Jeanne M. y Rosina M. Becerra, *Defining Child Abuse*, Nueva York, The Free Press, 1979.
Habla de las dificultades para definir los malos tratos a niños, y los cambios que existen en esa definición desde el punto de vista histórico y dentro de distintos grupos culturales. Se establecen comparaciones entre las definiciones de varios trabajadores profesionales y no profesionales.

Sanford, Linda T., *Silent Children: A Parent's Guide in the Prevention of Child Abuse*, Nueva York, Anchor Press Doubleday, 1980.

Wheat, Patte, con Leonard L. Lieber, *Hope for the Children: A Personal History of Parents Anonymous*, Minneapolis, Winston Press, 1979.
Relatos de antiguos padres que maltrataban que tejen esta historia de Padres Anónimos, una organización de autoayuda para padres que maltratan o desatienden a sus hijos.

4. ¿Qué te debes a ti misma?

Baer, Jean, *How to Be an Assertive (Not Aggressive) Woman in Life, in Love, and on the Job*, Signet, 1976.

Butler, Pamela E., *Self-Assertion For Women: A Guide to Becoming Androgynous*, Nueva York, Harper and Row, 1976.

Fleming, Jennifer Baker y Carolyn Kott Washburne, *For Better, For Worse: A Feminist Handbook on Marriage and Other Options*, Nueva York, Charles Scribner's Sons, 1977.

«Opciones» es aquí la palabra importante. Puede que leer acerca de distintas maneras con las que las mujeres han ejercido sus derechos dentro y fuera del matrimonio te ayude a darte cuenta de que tú tienes derechos. No es muy probable que tu actual compañero los reconozca, pero puedes encontrar otras personas que lo harán, cuando ya hayas visto cuáles son.

French, Marilyn, *The Women's Room*, Nueva York, Summit Books, 1977.

Una novela que cataloga la vida de las mujeres mientras habla de la pesadez, los riesgos, las tragedias, las risas y los triunfos de una mujer como ama de casa de clase media antes del movimiento de la mujer, o como una «mujer mayor» divorciada y estudiante.

Friedan, Betty, *The Feminine Mystique*, Nueva York, Dell, 1963 (trad. cast.: *Mística de la feminidad*, Barcelona, Sagitario, 1975).

Aunque algo de información ahora está pasada de moda, este primer libro popular que habla del movimiento contemporáneo de las mujeres aún es pertinente para la vida de las mujeres.

Morgan, Robin, *Sisterhood is Powerful: An Anthology of Writings from the Women's Liberation Movement*, Nueva York, Random House, 1970.

5. «Pero aún le quiero»

Branden, Nathaniel, *The Psychology of Romantic Love*, Nueva York, Bantam Books, 1980 (trad. cast.: *La psicología del amor romántico*, Barcelona, Paidós, 2000).

Goldstine, Daniel, Katherine Larner, Shirley Zuckerman y Hilary Goldstine, *The Dance-Away Lover: And Other Roles We Play in Love, Sex, and Marriage*, Nueva York, Ballantine Books, 1977.

Peck, M. Scott, *The Road Less Traveled: A New Psychology of Love, Traditional Values and Spiritual Growth*, Nueva York, Simon and Schuster, 1978 (trad. cast.: *La nueva psicología del amor*, Barcelona, Salamandra, 1997).

Peele, Stanton y Archie Brodsky, *Love and Addiction*, Nueva York, New American Library, 1976.

6. Tomar la decisión

Goodman, Ellen, *Turning Points*, Nueva York, Fawcett, 1980.
    Historias de personas —en su mayoría mujeres— que han introducido cambios importantes en sus vidas y relaciones. Algunos han ocurrido después de una lenta y cuidadosa planificación, otros han sido repentinos y, a veces, forzados.

McNulty, Faith, *The Burning Bed*, Nueva York, Bantam Books, 1981.
    Ésta es la historia verdadera de una esposa maltratada que quemó a su ex marido mientras éste dormía. Emocionante como una novela, puede ayudarte a que te des cuenta del peligro que tiene un último recurso, cuando la presión que sufre la víctima es insoportable.

Miller, Gordon Porter, *Life Choices: How to Make Decisions Take Control of Your Life and Get the Future You Want*, Nueva York, Bantam Books, 1981 (trad. cast.: *Cómo decidir mejor y más rápido*, Bilbao, Deusto, 1986).

Viscott, David, *Risking*, Nueva York, Pocket Books, 1977 (trad. cast.: *Cómo arriesgar en la vida*, Buenos Aires, Emecé, 1992).
    Después de hablar de correr riesgos en general y de cuestiones como el control y la estima, Viscott pasa a tratar clases concretas de riegos: autonomía, cambio, amor. Incluye «Lo que se debe hacer al arriesgarse y lo que no».

Willison, Marilyn Murray, *Diary of a Divorced Mother*, Nueva York, Bantam Books, 1981.

7. Asistencia médica, policial o legal en caso de emergencia

Ehrenreich, Barbara y Deidre English, *For Her Own Good: 150 Years of the Experts' Advice to Women*, Nueva York, Anchor Press/Doubleday, 1978 (trad. cast.: *Por su propio bien*, Madrid, Taurus, 1990).

Fleming, Jennifer Baker, *Stopping Wife Abuse*, Nueva York, Anchor Books/Doubleday, 1979.

8. Tomar decisiones legales

Antoniak, Helen, Nancy Lynch Scott y Nancy Worcester, *Alone: Emotional, Legal and Financial Help for the Widowes Or Divorced Woman*, Millbrae, California, Les Femmes, 1979.

DeCrow, Karen, *Sexist Justice: How Legal Sexism Affects You*, Nueva York, Vintage Books, 1975.

Gillers, Stephen, *The Rights of Lawyers and Clients: An American Civil Liberties Union Handbook*, Nueva York, Discuss Books/Avon, 1979.

Ross, Susan C., *The Rights of Women: An American Civil Liberties Union Handbook*, Nueva York, Discuss Books/Avon, 1973.

Women in Transition, *Women in Transition: A Feminist Handbook on Separation and Divorce*, Nueva York, Charles Scribner's Sons, 1975.

Woolley, Persia, *The Custody Handbook*, Nueva York, Summit Books, 1979.

9. Obtener ayuda de un asesor

Halas, Celia y Roberta Matteson, *I've Done So Well – Why Do I Feel So Bad?*, Nueva York, Macmillan, 1978.

Miller, Jean Baker, *Toward a New Psychology of Women*, Boston, Beacon Press, 1976 (trad. cast.: *Hacia una nueva psicología de la mujer*, Barcelona, Paidós, 1992).

Robson, Elizabeth y Gwenyth Edwards, *Getting Help: A Woman's Guide To Therapy*, Nueva York, E. P. Dutton, 1980.

Smith, Dorothy y Sara J. David (comps.), *Women Look at Psychiatry*, Vancouver, Canadá, Press Gang Publishers, 1975.

10. Tú puedes ser tu propia asesora

Berlin, Sharon B., «Women and Self-Criticism», en Steven Paul Schinke (comp.), *Behavioral Methods in Social Work*, Nueva York, Aldine, 1981, págs. 135–136.

Briggs, Dorothy Corkille, *Celebrate Yourself*, Nueva York, Doubleday, 1977.

Burns, D. D., *Feeling Good: The New Mood Therapy*, Nueva York, New American Library, 1980 (trad. cast.: *Sentirse bien: una nueva fórmula contra las depresiones*, Barcelona, Paidós, 2000).

Davis, Martha, Elizabeth Robbins Eshelman y Matthew McKay, *The Relaxation and Stress Reduction Workbook*, Richmond, California, New Harbinger Publications, 1980.

Gaylin, Willard, *Feelings*, Nueva York, Ballantine Books, 1979.

Gendlin, Eugene T., *Focusing*, Nueva York, Bantam Books, 1981 (trad. cast.: *Focusing: proceso y técnica del enfoque corporal*, Bilbao, Mensajero, 1999).

Greenburg, Dan, con Marcia Jacobs, *How to Make Yourself Miserable*, Nueva York, Random House, 1966 (trad. cast.: *Cómo ser un perfecto desdichado*, Buenos Aires, Hormé, 1988).

413

Para valorar este libro debes ser capaz de reírte un poco de ti misma, incluso en medio de la tragedia. Bajo el humor encontramos algunos mensajes serios y acertados.

Jongeward, Dorothy y Dru Scott, *Women As Winners: Transactional Analysis for Personal Growth*, Reading, Massachusetts, Addison-Wesley, 1977.

Lewinsohn, Peter M. y otros, *Control Your Depression*, Englewood Cliffs, Nueva Jersey, Prentice-Hall, 1978.

Rubin, Theodore Isaac, *The Angry Book*, Nueva York, Macmillan, 1969.

12. Fin al aislamiento

Coleman, Emily y Betty Edwards, *Brief Encounters: How to Make the Most of Relationships that May Not Last Forever*, Garden City, Nueva York, Anchor Press/Doubleday, 1980.
No permitas que las ideas poco comunes te desanimen. Hay algunas que vale la pena probar, así que sigue leyendo.

Gambrill, E. D. y C. A. Richey, *It's Up To You: Developing Assertive Social Skills*, Nueva York, Harper and Row, de próxima publicación.

Powell, Barbara, *Overcoming Shyness: Practical Scripts For Overcoming Shyness*, Nueva York, McGraw-Hill, 1979.

13. Recurrir a los demás

Fast, Barbara, *Getting Close*, Nueva York, Berkeley, 1979.

Leefeldt, Christine y Ernest Callenbach, *The Art of Friendship*, Nueva York, Berkeley, 1981.

McGinnis, Alan Loy, *The Friendship Factor: How to Get Closer to the People You Care For*, Minneapolis, Augsburg, 1979.

Este libro trata de aumentar y mantener la intimidad entre amigos, amantes y familia. El autor, un ministro, tiene cosas sensatas que decir en cuanto a expresar necesidad, ser fiel y resolver problemas.

14. La primera semana

Colgrove, Melba, Harold H. Bloomfield y Peter McWilliams, *How to Survive the Loss of a Love*, Nueva York, Bantam Books, 1981 (trad. cast.: *Cómo sobrevivir a la pérdida del amor*, Barcelona, Medici, 1993).

Newman, Mildred y Bernard Berkowitz, con Jean Owen, *How to Be Your Own Best Friend*, Nueva York, Random House, 1971 (trad. cast.: *Cómo ser el mejor amigo de ti mismo: diálogo con dos psicoanalistas*, Barcelona, Urano, 1988).

Pogrebin, Letty Cottin, *Growing Up Free: Raising Your Child in the 80s*, Nueva York, Bantam Books, 1981.

Yglesias, Helen, *Starting Early, Anew, Over and Late*, Nueva York, Rawson, Wade, 1978.
    Historias de distintos «comienzos» de la autora, de los primeros éxitos de tres jóvenes, y de dieciséis personas más que empezaron algo nuevo o de nuevo en una etapa más avanzada de su vida. Algunas de ellas son personajes públicos, otras no. Sus «comienzos» han sido en vocaciones y relaciones, y en estilos de vida.

15. Protegerte a ti y a los niños

Phillips, Debora, con Robert Judd, *How To Fall Out of Love*, Nueva York, Fawcett, 1978.

Acerca de niños y para ellos:

Briggs, Dorothy Corkille, *Your Child's Self-Esteem*, Nueva York, Dolphin/Doubleday, 1975.

415

Gardner, Richard A., *The Boys and Girls Book About Divorce*, Nueva York, Bantam Books, 1980 (trad. cast.: *Libro para chicos de padres separados*, Buenos Aires, Galerna, 1978).

Pogrebin, Letty Cottin, *Growing Up Free: Raising Your Child In the 80s*, Nueva York, Bantam Books, 1981.

Rofes, Eric (comp.), *The Kids Book of Divorce, By, For, and About Kids*, Lexington, Mass., Lewis, 1981.
   Escrito por niños de una escuela privada como parte de su trabajo en clase. Para niños de 11 a 14 años.

Turow, Rita, *Daddy Doesn't Live Here Anymore: A Guide for Divorced Parents*, Nueva York, Anchor Press/Doubleday, 1978.

16. Las cuestiones prácticas de asistencia social y vivienda

Milwaukee County Welfare Rights Organization, *Welfare Mothers Speak Out*, Nueva York, W. W. Norton, 1972.

Sheehan, Susan, *A Welfare Mother*, Nueva York, New American Library, 1976.

17. La economía de una vida sin pareja

Chesler, Phyllis y Emily Jane Goodman, *Women, Money and Power*, Nueva York, Bantam Books, 1977.

Porter, Sylvia, *Sylvia Porter's New Money Book For the 80s*, Nueva York, Avon, 1980.
   Éste es el libro de cuentas más vendido, y Porter es una economista respetada. También hace numerosas suposiciones sexistas, lo que puede reforzar tus ideas de que en lo que se refiere al dinero, no tienes exactamente los mismos derechos, intereses o dotes que tiene el hombre en tu vida. Si decides leerlo, ten mucho, mucho cuidado de leer entre líneas.

Scheele, Adele, *Skills For Success: A Guide to the Top for Men and Women*, Nueva York, Ballantine Books, 1979.

Van Caspel, Venito, *Money Dynamics for the 80s*, Reston, Virginia, Reston Publishers, 1980.

18. La sexualidad

Baetz, Ruth, *Lesbian Crossroads: Personal Stories of Lesbian Struggles Triumphs*, Nueva York, William Morrow, 1980.

Barbach, Lonnie Garfield, *For Yourself: The Fulfillment of Female Sexuality*, Nueva York, Anchor Press/Doubleday, 1975.

Boston Women's Health Book Collective, *Our Bodies, Ourselves: A Book By And For Women*, Nueva York, Simon and Schuster, 1973.

Brown, Gabrielle, *The New Celibacy: How To Take A Vacation From Sex – And Enjoy It!* Nueva York, Ballantine Books, 1980 (trad. cast.: *El nuevo celibato*, Barcelona, Grijalbo Mondadori, 1982).

Hite, Shere, *The Hite Report*, Nueva York, Dell, 1979 (trad. cast.: *El informe Hite*, Barcelona, Plaza y Janés, 1996).
El método científico de Hite ha sido muy criticado. Los testimonios de muchas mujeres que hablan de su sexualidad pueden ser de ayuda para cualquier mujer que se sienta sola con sus idiosincrasias sexuales.

Martin, Del y Phyllis Lyon, *Lesbian/Woman*, Glide, 1972.

Tavris, Carol y Susan Sadd, *The Redbook Report on Female Sexuality*, Nueva York, Dell, 1977.
Ya que esta encuesta realizada a 100.000 mujeres casadas descubrió noticias sorprendentemente buenas acerca de la satisfacción sexual de las mujeres, quizá puedas llegar a deprimirte o ser crítica contigo misma porque has dejado pasar esta oportunidad. Otro modo de verlo es que si quieres ir a por ella, por lo visto ahí fuera hay hombres que pueden ser buenas parejas sexuales.

417

Vida, Ginny, *Our Right to Love: A Lesbian Resource Book*, Nueva York, Prentice Hall, 1978.

19. Un nuevo amor

Adams, Jane, *Sex and the Single Parent*, Nueva York, Coward, McCann and Geoghegan, 1978.
Describe cómo llevan los padres su vida sexual en relación con sus hijos.

Gould, Roger L., *Transformations: Growth and Change in Adult Life*, Nueva York, Simon and Schuster, 1978.

Halpern, Howard, *Cutting Loose: An Adult Guide to Coming to Terms with Your Parents*, Nueva York, Bantam Books, 1981.
Comprender la relación con tus padres y los papeles que tenéis cada uno te ayudará a evitar modelos destructivos repetitivos.

Krantzler, Mel, *Learning to Love Again*, Nueva York, Bantam Books, 1979.

Sunila, Joyce, *The New Lovers: Younger Men/Older Women*, Nueva York, Fawcett, 1980.

Vizinczey, Stephen, *In Praise of Older Women: The Amorous Recollections of Andras Vajda*, Nueva York, Ballantine Books, 1965 (trad. cast.: *En brazos de la mujer madura*, Barcelona, Plaza y Janés, 1998).
Si eres una «mujer mayor», no todo ha terminado para ti. Ahí fuera hay hombres que realmente valoran a las mujeres maduras como parejas sexuales. Esta novela habla acerca de uno de ellos.

20. El largo recorrido

Edwards, Marie y Eleanor Hoover, *The Challenge Of Being Single*, Nueva York, New American Library, 1975.

McConnel, Adeline y Beverly Anderson, *Single After 50: How To Have The Time Of Your Life*, Nueva York, McGraw-Hill, 1980.

Peterson, Nancy L., *Our Lives For Ourselves: Women Who Have Never Married*, Nueva York, C. P. Putnam's, 1981.

Westoff, Leslie Aldridge, *Breaking Out Of The Middle-Age Trap*, Nueva York, New American Library, 1980.

22. Malos tratos entre adolescentes

Adams, Caren, Jennifer Fay y Jan Loreen-Martin, *No Is Not Enough: Helping Teen-agers Avoid Sexual Assault*, San Luis Obispo, CA, Impact Publishers, 1984.

Bateman, Py, *Acquaintance Rape Awareness and Prevention for Teenagers*, Seattle, Alternatives to Fear, 1982.

Bateman, Py y Gayle Stringer, *Where Do I Start? A Parent's Guide for Talking to Teens About Acquaintance Rape*, Dubuque, IA, Kendall/Hall Publishing Company, 1984.

Fay, Jennifer J. y Billie Jo Flerchinger, *Top Secret: Sexual Assault Information for Teenagers Only*, Renton, WA, King County Rape Belief, 1982.

Gordon, Sol, *The Teenage Survival Book*, Nueva York, Bood Times, 1981.

Lindsay, Jeanne Warren, *Teenage Marriage*, Buena Park, CA, Morning Glory Press, 1984.

NiCarthy, Ginny, *Assertion Skills for Young Women*, Seattle, New Directions for Young Women, 1981.

NiCarthy, Ginny, «Addictive Love and Abuse: A Course for Teenage Women», en *The Second Mile: Contemporary Approaches in Coun-*

seling Young Women, Seattle, New Directions for Young Women, 1983.

23. Malos tratos entre lesbianas

Lobel, Kerry, *Naming the Violence: Speaking Out About Lesbian Battering*, Seattle, Seal Press, 1986.

El Western Center on Domestic Violence (WCDV) preparó dos importantes paquetes: uno sobre los malos tratos en las relaciones entre lesbianas, y otro sobre cuestiones de homofobia y heterosexismo. Ambos paquetes se pueden obtener a través de este centro.

En las publicaciones *Off Our Backs*, *Gay Community News*, entre otras, aparecen periódicamente artículos sobre los malos tratos entre lesbianas.

Otras fuentes

Violencia contra la mujer:

La mayoría de estos libros son estudios serios, dirigidos más a gente intelectual que al público general, pero si tú no estás en crisis y quieres saber lo que están descubriendo los sociólogos y otros pensadores sobre este problema, hojéalos para ver si pueden responder a tus necesidades.

Chesler, Phyllis, *Mothers on Trial: The Battle for Children and Custody*, Nueva York, McGraw-Hill, 1986.
Este libro puede ser sumamente desalentador si estás pensando en irte y tienes miedo de perder la custodia de tus hijos. También puede leerse como si fuera una guía para saber cómo puedes evitar que prosperen los esfuerzos de tu pareja para quitarte la custodia. Puede que quieras enseñar a tu abogado la parte que habla de los hombres que maltratan para que comprenda la gravedad de tu situación.

Fortune, Marie, *Sexual Violence: The Unmentionable Sin: An Ethical and Pastoral Perspective*, Nueva York, Pilgrim Press, 1983.

Pagelow, Mildred Daley, *Family Violence*, Nueva York, Praeger, 1984.
Actualmente, ésta es la mejor perspectiva general del problema, que abarca agresiones a la pareja, malos tratos a niños, a mayores y examina los conocimientos actuales sobre la cuestión de si los malos tratos se aprenden en las familias.

Russell, Diana E. H., *Rape in Marriage*, Nueva York, Macmillan, 1982.

Schechter, Susan, *Women and Male Violence: The Visions and Struggles of the Battered Women's Movement*, Boston, South End Press, 1982.

Walker, Lenore, *The Battered Woman Syndrome*, Nueva York, Springer, 1984.

Libros de autoayuda:

Black, Claudia, *It Will Never Happen to Me: Children of Alcoholics*, Denver, MAC Publications, 1981.

Black, Claudia, *Repeat After Me*, Denver, MAC Publications, 1981.

Halpern, Howard, *How to Break Your Addiction to a Person*, Nueva York, Bantam Books, 1982.

Schaef, Anne Wilson, *Co-dependence: Misunderstood – Mistreated*, Minneapolis, Winston Press, 1986.

Sonkin, Daniel Jay y Michael Durphy, *Learning to Live Without Violence: A Handbook for Men*, San Francisco, Volcano Press, 1982.

White, Evelyn C., *Chain Chain Change: For Black Women Dealing with Physical and Emotional Abuse*, Seattle, Seal Press, 1985.

Zambrano, Myrna M., *Mejor sola que mal acompañada: para la mujer golpeada/For the Latina in an Abusive Relationship*, Seattle, Seal Press, 1985.

Direcciones de interés

España

**Oficinas de atención a las víctimas –
Ministerio de Justicia**
En la dirección http://www.mju.es/mvictimas.
htm se incluyen direcciones e información
sobre las oficinas de asistencia a las víctimas.

Albacete	967 596 642
Alicante	965 287 573
Ávila	920 225 781
Badajoz	924 284 278
Barcelona	933 164 504
Bilbao	944 235 829
Burgos	947 264 433
Cáceres	927 620 295
Castellón	964 356 148
Ceuta	956 513 295
Ciudad Real	926 295 529
Cuenca	969 225 707
Elche	965 448 601
Gerona	972 219 060
Gijón	985 197 204
Gran Canaria	928 332 627
Granada	958 249 794
Guadalajara	949 209 970
Huesca	974 290 141
Ibiza	971 304 168
León	987 895 175
Lérida	973 700 202
Logroño	941 214 734
Madrid	900 150 909
Málaga	952 136 675
Melilla	952 670 322
Menorca	971 352 333
Mérida	924 304 080
Murcia	968 229 264

Oviedo	985 239 657
Palencia	979 170 592
Palma de Mallorca	900 321 321
Pamplona	948 427 192
Ponferrada	987 451 249
Salamanca	923 217 390
San Sebastián	943 474 517
Santander	942 314 758
Segovia	921 462 462
Sevilla	954 599 805
Soria	975 214 930
Tarragona	977 220 922
Tenerife	922 214 031
Teruel	978 647 524
Toledo	925 226 298
Valencia	963 865 530
Valladolid	983 413 460
Vitoria	945 234 897
Zamora	980 535 680
Zaragoza	976 208 459

Asociación de mujeres juristas Themis
themis.matriz.net/home.html
Proporciona información de sentencias y legislación relativa a la situación de la mujer.

Derechos de la mujer
http://www.derechos.org/ddhh/mujer/
Enlaces a webs informativos latinoamerica-
nos e internacionales.

**Federación de mujeres separadas y divor-
ciadas**
http://www.redestb.es/fedmujeres/
Información, servicio de asesoría jurídica y
atención psicológica. Centros en las principales comunidades autónomas españolas.

Madrid: Teléfono: 91.441.85.55
Fax: 91.399.40.84
fedmujeres@retemail.es

Fundación Mujeres
http://www.fundacionmujeres.es
Organización no gubernamental. Proporciona información sobre trabajo y educación y asesoramiento contra el maltrato físico.
Paseo de la Castellana 113, 7ª Dcha, 28046 Madrid
Telf.: 91 556 83 84. Fax: 91 556 82 51
Correo electrónico: mujeres@fundacionmujeres.es

Argentina
Instituto Social y Político de la Mujer
http://www.ispm.org.ar/violencia/home-violencia2.ht ml
Información acerca de los derechos de la mujer.
Direcciones y teléfonos de asesoramiento jurídico y psicológico.

Escuela de Salud Pública
Marcelo T. de Alvear 2202, piso 3, of. 34
854-9096 (de 8 a 11 hs.)
431-9892 (de 20 a 23 hs)

Asociación Argentina de Prevención de la Violencia Familiar
Av. Rivadavia 3192
Tel: 867-2220

Dirección de la Mujer (Gobierno Autónomo de la Ciudad de Buenos Aires)
Salguero 765
Horario: Lunes a viernes de 13 a 19 hs.
Servicio telefónico 24 hs. 393-6446/6447

Casa Azucena Villaflor
calle 22 Nº 4435 entre 166 y 167, Berisso
Pcia de Buenos Aires, 1923 Argentina

Centro de Apoyo a la Mujer Maltratada
Larrea 3291 (7600) Mar del Plata
Ciudad de Buenos Aires
Tel: 72-0524

Brasil
Centro Feminista de Estudos e Assessoria
Información sobre la lucha contra la discriminación de la mujer.
SCN, Quadra 6, Bloco A, Sala 602, Edifício Venâncio 3000 70718-900 - Brasília-DF - Brasil Tel: +55(061)328-1664

Fax: +55(061)328-2336
http://www.cfemea.org.br/
Correo electrónico:
assessoria.parlamentar@cfemea.org.br

Bolivia
Centro de Información y Desarrollo de la Mujer
Av. Villazón 1970, Piso 2,
Casilla postal 14036, Bolivia
Tel: 591-2-364646
Correo electrónico: cidem@utama.bolnet.bo

Chile
Isis Internacional
Casilla 2067 Correo Central. Santiago, Chile
Tel: (56-2) 633 4582
Fax: (56-2) 638 3142
http://www.isis.cl
Correo electrónico: isis@reuna.cl

Casa de la Mujer de Valparaíso
San Ignacio 487,
Valparaíso, Chile
Tel: (32) 211-846
Correo electrónico: mujeres@entelchile.net

Servicio Nacional de la Mujer
Teatinos 950, Piso 5 6500322 Santiago de Chile
Tel: (56-2) 549.6100
Fax: (56-2) 549.6158
http://www.sernam.cl/
Correo electrónico: info@sernam

Costa Rica
Instituto Nacional de la Mujer
Tel.-fax: 253-7841 o 2539624, Apdo 59-2015, 100 metros oeste ICE San Pedro, San José, Costa Rica
http://www.inamu.go.cr
Correo electrónico: info@inamu.go.cr

Ecuador
Mujeres ALAI
Casilla 17-12-877 Av. 12 Octubre N18-24, Of 503 Quito, Ecuador
Tel: (593 2) 505074 221570
http://alainet.org/mujeres/
Correo electrónico: info@alainet.org

Consejo Nacional de las Mujeres
Naciones Unidas E9-08 y Shyris (esquina)
Tel: (593-2) 259753
Fax: (593-2) 259763 Quito
http://www.conamu.gov.ec
Correo electrónico: conamu@uio.satnet.net

Guatemala
Tertulia
Directora: Laura E. Asturias
Apartado Postal 18 Puerta Parada 01973,
Guatemala
http://www.geocities.com/guatertulia/
Correo electrónico: leasturias@intelnet.net.gt

México
Comunicación e Información de la Mujer
(CIMAC)
Balderas 86, Centro, México D.F.
Tel: 510 00 85 / 510 20 33 / 512 57 96
cimac@laneta.apc.org

Adivac
Pitágoras 842 Narvarte CP 03020 México
D.F. Tel: 56 82 79 69 Cel: 59 04 70 65 Fax:
55 43 47 00
http://www.laneta.apc.org/adivac
Correo electrónico: adivac@laneta.apc.org

CIDHAL
Calle las Flores N° 11 (antes 12),
Col. Acapantzingo, Cuernavaca, Mor.
(ruta 6), Tel/Fax: (73) 18-20-58 y 14-05-86
http://www.laneta.apc.org/cidhal
Correo electrónico: cidhal@laneta.apc.org

Instituto de la Mujer del Distrito Federal
San Antonio Abad 122, 5 piso, col Tránsito,
México DF http://www.inmujer.df.gob.mx/

Panamá
Asociación Panameña para el Planeamien-
to de la Familia
Ave. Principal, La Locería, Edificio
Fundavico, Mezanine,
Cuidad de Panamá
Tel: 236-3328 /260-7005

Centro de Apoyo a la Mujer Maltratada
Circunvalación, Casa 1-27, Mateo
Iturralde, San Miguelito,
Ciudad de Panamá
Tel: 267-0770

Centro Pastoral de Mujeres Contra el Mal-
trato
Calle Venado Final, Casa #419-A,
Cuidad de Panamá
Tel: 262-6403

Perú
CENDOC, Centro de Documentación so-
bre la Mujer

Tel: 447-9376, Lima, Perú
http://ekeko2.rcp.net.pe/cendoc-mujer/
Correo electrónico:
postmast@lechuza.org.pe

Centro de la Mujer Peruana FLORA
TRISTAN
Parque Hernán Velarde Nro. 42
Teléfonos: (51-1) 4331457 - 433-2765
Fax: (51-1) 433-9060 - 433-9500
Lima 1 - Perú
http://www.rcp.net.pe/FLORA
Correo electrónico: postmast@flora.org.pe

Puerto Rico
Coordinadora Paz para la Mujer
Proyecto Coalición Contra la Violencia Do-
méstica
P.O. Box 1007 RMS 108
San Juan, Puerto Rico 00919
Teléfono: (787) 281-7579
Tel./Fax: (787) 767-6843
Correo electrónico:
pazparalamujer@yunque.net

Oficina de Asuntos para la Mujer
Municipio de San Juan
Tel: (787) 758-5400

Centro Mujer y Nueva Familia
Tel: (787) 857-4685
Correo electrónico: cmujer@coqui.net

Casa protegida Julia de Burgos
San Juan, Puerto Rico
Tel. (787) 723-3500 / 723-2814

Hogar Ruth, Inc.
Vega Baja, Puerto Rico
Tel. (787) 792-6596 / 883-1884

Hogar Clara Lair
Hormigueros, Puerto Rico
Tel. (787) 849-3075

Hogar nueva mujer Santa María de la
Merced
Cayey, Puerto Rico
Tel. (787) 263-6473

República Dominicana
Centro de Investigación Para la Acción Fe-
menina (CIPAF)
C/ Luis F. Thomen 358, Ens. Quisqueya
Santo Domingo, República Dominicana
Tel: 1(809)563-5263 *
Fax: 1(809)563-1159

Uruguay
Casa de la Mujer de la Unión
Serrato 2613 Montevideo,
Uruguay
Tel: 50-60-601

Organización CLADEM
(Comité de América Latina y el Caribe para
la Defensa de los Derechos de la Mujer)
Organización privada sin ánimo de lucro
orientada a mejorar la situación socio-jurídi-
ca de la mujer.
http://www.eurosur.org/CLADEM/

CLADEM ARGENTINA
Campichuelo 624, (1405) Buenos Aires,
ARGENTINA
Telefax: (54 11) 49640697
Correo electrónico:
czurutuza@ciudad.com.ar
czurutuza@yahoo.com

CLADEM BOLIVIA
Av. Linde No 100. Zona Linde, Cochabamba,
BOLIVIA
Casilla 864, Cochabamba, BOLIVIA
Telefax: (591-4) 28-8969 y 289902
Correo electrónico:
infante@comteco.entelnet.bo

CLADEM BRASIL
Rua Barbosa Lopez 350, C.E.P. 04720 Sao
Paulo SP, BRASIL
Teléfono: (55 11) 51811636
Fax: (55 11) 51811640
Correo electrónico:
cladem@osite.com.br

CLADEM COLOMBIA
CRA. 28 # 51-22, Santa Fe de Bogotá,
COLOMBIA
Tels: (57 1) 3125071 - 3103415 - 2353986
Fax: (57 1) 3103261
Correo electrónico:
casmujer@Colnodo.apc.org

CLADEM ECUADOR
Apartado Postal 17-03-720, Quito,
ECUADOR
Pasaje Carlos Ibarra 176 y 10 de Agosto, Edi-
ficio Yurak Pirka, Oficina 900,
Quito, ECUADOR
Teléfonos: (593 2) 570619 y 570561
Fax: (593 2) 580825
Correo electrónico: cedhu@ecuanex.net.ec

CLADEM HONDURAS
Apartado Postal 4562, Tegucigalpa, HON-
DURAS Col. Palmira, Paseo de la República
del Perú 327 (a cuadra y media del Edificio
de Naciones Unidas), Tegucigalpa,
HONDURAS
Telefax: (504 2) 390747 y 311661
Correo electrónico: cdm@sdnhon.org.hn

**COMITÉ DE CREACIÓN DE CLADEM-
MÉXICO
ZONA CENTRO-SUR**
Coatepec Nro 1, Dpto. 4, Col. Roma Sur, C.P.
06760 México D.F., MÉXICO
Teléfonos.: (52 5) 5747850 y 2646951
Fax: (52 5) 5746215
Correo electrónico: abogadas@laneta.apc.org

**COMITÉ DE CREACIÓN DE CLADEM-
MÉXICO
ZONA NORTE**
Apartado Postal 972, Administración Postal nº
1, Tijuana, Baja California C.P. 22400,
MÉXICO
Calle Ottawa Nro 16, Fraccionamiento Paraí-
so, La Mesa, Tijuana, Baja California,
MÉXICO
Telefax.: (52 6) 6080136
En caso de no funcionar llamar al:
(52 66) 817441
Correo electrónico: clademnt@usa.net

CLADEM NICARAGUA
Apartado Nº 4402, Managua, NICARAGUA
De la Texaco Montoya 1 y 1/2 c. al Sur,
Managua, NICARAGUA
Teléfonos.: (505 2) 668940 y 222563
Fax : (505 2) 668405
Correo electrónico:
cenidh@nicarao.org.ni

CLADEM PANAMÁ Apartado No. 6-4155
El Dorado, Panamá, PANAMÁ
Obarrio No. 72, Edificio Clínica Panamá, 1er
piso, Oficina 2, Panamá, PANAMÁ
Teléfono: (507) 223 5220
Fax: (507) 223 3693
Correo electrónico: cefa@sinfo.net

CLADEM PARAGUAY
Ciudad de Chiba 2224 y Pizarro (Bo. Sta. Li-
brada), Asunción, PARAGUAY
Teléfono: (595 21) 310603
Fax: (595 21) 222264
Correo electrónico: mpompa@mmail.com.py

CLADEM PERÚ
Jr. Caracas 2624, Lima 11, PERÚ
Telefax: (51 1) 4631236, 463-8515 y 4600876
Correo electrónico: demus@amauta.rcp.net.pe

CLADEM PUERTO RICO
Apartado 21515, Estación U.P.R., Río Pie-
dras, 00931-1515, PUERTO RICO
Calle Eleanor Roosevelt 131, Hato Rey, San
Juan 00918, PUERTO RICO
Telefax: (1787) 7536430
Casa: (1787) 7596458
Correo electrónico: AnaRLFEM@igc.apc.org

ENLACE DE CLADEM EN CHILE
Calle Sucre 2200 Dpto. 303, Santiago, CHILE
Telefax casa: (56 2) 274 9481
Fax oficina: (56 2) 678 5332
Correo electrónico: antony@terra.cl

ENLACE DE CLADEM EN EL SALVADOR
Apartado Postal 3159, Correo Central, San
Salvador, EL SALVADOR
Boulevard María Cristina 144, San Salvador,
EL SALVADOR
Teléfono: (503) 2255810
Fax: (503) 2255812
Correo electrón.: CEMUJER@netcomsa.Com

ENLACE DE CLADEM EN GUATEMALA
9ª Avenida 2-59, Zona 1, Guatemala,
GUATEMALA

Teléfonos: (502) 2323821, 2211268, 2211286
y 2211323
Fax: (502) 2518163
Correo electrónico: CALDH@guate.net

ENLACE DE CLADEM EN URUGUAY
Jose Batlle y Ordoñez 1733, Apto. 402,
11600 Montevideo, URUGUAY
Teléfono: (598 2) 622 9991
Fax: (598 2) 902 4574
Correo electrónico: gradufau@adinet.com.uy

**COORDINACIÓN REGIONAL DE CLA-
DEM**
España 225, 1er piso Dpto. C, Rosario 2000,
ARGENTINA
Telefax: (54 341) 4252242
Fax: (54 341) 4370874
Correo electrónico: insgenar@tau.org.ar

OFICINA REGIONAL
Apartado Postal 11-0470, Lima, PERÚ
Jr. Estados Unidos 1295, Dpto. 702, Jesús
María, Lima 11, PERÚ
Teléfono: (51 1) 4639237
Fax: (51 1) 4635898
Correo electrónico:
cladem@chavin.rcp.net.pe
Web: http://www.derechos.org/cladem/